Die Auswirkungen der Verordnung Nr. 1/2003 auf das europäische und deutsche Kartellverfahren

Schriftenreihe zum deutschen und europäischen Gesellschafts- und Wirtschaftsrecht

Herausgegeben von Günter Christian Schwarz

Band 2

PETER LANG
Frankfurt am Main · Berlin · Bern · Bruxelles · New York · Oxford · Wien

Julia Zwiener

Die Auswirkungen der Verordnung Nr. 1/2003 auf das europäische und deutsche Kartellverfahren

PETER LANG
Europäischer Verlag der Wissenschaften

Bibliografische Information Der Deutschen Bibliothek
Die Deutsche Bibliothek verzeichnet diese Publikation in der Deutschen Nationalbibliografie; detaillierte bibliografische Daten sind im Internet über <http://dnb.ddb.de> abrufbar.

Zugl.: Würzburg, Univ., Diss., 2004

D 20
ISSN 1614-239X
ISBN 3-631-53332-2

www.peterlang.de

Meinen Eltern

Vorwort

Vor gut fünf Jahren ist mit einem von der Kommission der Europäischen Gemeinschaften vorgelegten Weißbuch besonders hierzulande eine lebhafte Diskussion über die Novellierung des europäischen Kartellrechts entbrannt. Die wohl wichtigsten darin vorgesehenen Änderungen waren der Wechsel von dem bisherigen Genehmigungs- zu einem Legalausnahmesystem und eine unmittelbare Anwendbarkeit des Art. 81 Abs. 3 EG-Vertrag durch nationale Kartellbehörden und Gerichte. Neben dem Vorwurf der Schwächung des Wettbewerbsprinzips, wurde die Primärrechtsmäßigkeit der Reform an sich infrage gestellt. Dennoch folgte im September 2000 ein „Vorschlag für eine Verordnung des Rates zur Durchführung der in den Artikeln 81 und 82 EG-Vertrag niedergelegten Wettbewerbsregeln". Die dem Vorhaben entgegengebrachten Bedenken bezogen sich nun nicht mehr in erster Linie auf grundlegende Fragen wie die der Primärrechtsmäßigkeit als vielmehr auf Probleme der Rechtssicherheit und kohärenten Anwendung des Gemeinschaftsrechts. Die Verordnung Nr. 1/2003 erlangte am 01. Mai 2004 in der vorgesehenen Fassung Geltung. Die hiesigen Überlegungen befassen sich mit den Auswirkungen dieser Verordnung auf das europäische und deutsche Kartellverfahren. Ziel dieser Arbeit ist es, die neuen Entscheidungstypen, Untersuchungs- und Sanktionsbefugnisse von Kommission und Bundeskartellamt darzustellen, die Art und Weise der Zusammenarbeit zu erläutern und Verbesserungsvorschläge in Bezug auf Rechtssicherheit und kohärente Anwendung des Gemeinschaftsrechts zu unterbreiten.

Die vorliegende Arbeit wurde von der Juristischen Fakultät der Bayerischen Julius-Maximilians-Universität im Juni 2004 als Dissertation angenommen.

Mein besonderer Dank gilt Herrn Prof. Dr. Günter Christian Schwarz, der mich bei der Auswahl des Themas äußerst hilfreich beriet und stets für alle Probleme und Fragen ein offenes Ohr hatte. Insbesondere möchte ich mich für die Aufnahme in die Schriftenreihe und die Anstellung als wissenschaftliche Mitarbeiterin bedanken. Auch die Herstellung des Kontaktes zu Frau Silke Hossenfelder am Bundeskartellamt war für den Fortgang der Arbeit von außerordentlicher Bedeutung.

Sie und Herr Dr. Bardong schenkten mir einige Stunden ihrer wertvollen Zeit und haben mit fachkundigen Ratschlägen und aufschlussreichen Hinweisen aus der Praxis die Bearbeitung der Dissertation in hervorragender Weise unterstützt. Für ihr Entgegenkommen bedanke ich mich ganz herzlich.

Mein Dank gilt auch Frau Prof. Dr. Inge Scherer für die schnelle und dennoch sehr gründliche Erstellung des Zweitgutachtens. Ihre wertvollen Anregungen und Impulse haben eine Abrundung der Arbeit ermöglicht.

Besonders hilfreich war die Förderung durch das Europäische Rechtszentrum der Universität Würzburg, für welche ich mich auch sehr bedanken möchte.

Zu den wichtigsten Unterstützern dieser Arbeit gehört mein Freund Marc-Hubertus, der nicht nur durch rasches Korrekturlesen während seiner Examensvorbereitungszeit die Fertigstellung vorantrieb, sondern mir auch durch Nachsicht, Verständnis und unermüdliches Zuhören die erforderliche Kraft zum Durchhalten gab.

Gewidmet habe ich die Dissertation meinen Eltern, die mir durch ihre Unterstützung nicht nur das Studium, sondern auch die Promotion ermöglicht haben. Sie haben durch ihren Glauben an mich den Grundstein für diese Arbeit gelegt und sie mit immerwährendem Verständnis und unglaublicher Geduld begleitet. Ihnen danke ich von ganzem Herzen.

Frankfurt a.M., im August 2004 Julia Zwiener

Inhaltsverzeichnis

Abkürzungsverzeichnis

ABl.	Amtsblatt der Europäischen Gemeinschaften
Abs.	Absatz
AcP	Archiv für die civilistische Praxis
a.F.	alte Fassung
AG	Die Aktiengesellschaft
Am. Econ. Rev.	American Economic Review
AnwBl.	Anwaltsblatt
Art.	Artikel
Aufl.	Auflage
AWD/BB	Außenwirtschaftsdienst des Betriebs Beraters
BB	Betriebs Berater
Bd.	Band
BDI	Bund Deutscher Industrie
BGB	Bürgerliches Gesetzbuch
BKartA	Bundeskartellamt
BT-Drucks.	Bundestags Drucksache
Buchst.	Buchstabe
BVerfG	Bundesverfassungsgericht
BVerfGE	Bundesverfassungsgerichtentscheidung
BVerwG	Bundesverwaltungsgericht
BMWA	Bundeswirtschaftsministerium
bzw.	beziehungsweise
CMLR	Common Market Law Review
bzw.	beziehungsweise
d.h.	das heißt
DB	Der Betrieb

ECN	Europäisches Wettbewerbsnetz
EG	Europäische Gemeinschaft(en)
EG	Vertrag zur Gründung der Europäischen Gemeinschaft
EMRK	Europäische Menschenrechtskonvention
EuG	Gericht erster Instanz der Europäischen Gemeinschaften
EuGH	Gerichtshof der Europäischen Gemeinschaften
EuR	Europarecht
E. L. Rev.	European Law Review
EuZW	Europäische Zeitschrift für Wirtschaftsrecht
EWG	Europäische Wirtschaftsgemeinschaft
f.	folgende Seite
ff.	folgenden Seiten
FKVO	Fusionskontrollverordnung
Fn.	Fußnote
ggf.	gegebenenfalls
GVO	Gruppenfreistellungsverordnung
GVOen	Gruppenfreistellungsverordnungen
GWB	Gesetz gegen Wettbewerbsbeschränkungen
i.S.	im Sinne
i.e.S	im engeren Sinne
i.V.m.	in Verbindung mit
JUS	Juristische Schulung
JZ	Juristenzeitung
RabelsZ	Rabels Zeitschrift für ausländisches und int. Privatrecht
RegE	Regierungsentwurf
RIW	Recht der internationalen Wirtschaft
Rs.	Rechtssache
Rn.	Randnummer

S.	Seite
Slg.	Sammlung
sog.	sogenannt, -e, -er, -en
StPO	Strafprozessordnung
Tz.	Teilziffer
m.w.N	mit weiteren Nachweisen
n.F.	neue Fassung
NJW	Neue Juristische Wochenschrift
Nr.	Nummer
OwiG	Ordnungswidrigkeitengesetz
ÖJZ	Österreichische Juristen Zeitung
p.	page (engl.)
u.U.	unter Umständen
UZwG	Gesetz über den unmittelbaren Zwang bei Ausübung öffentlicher Gewalt durch Vollzugsbeamte des Bundes
v.	von
Verf.	Verfassung
vgl.	vergleiche
VO	Verordnung
VOV	Verordnungsvorschlag
VwVG	Verwaltungsvollstreckungsgesetz
VwGO	Verwaltungsgerichtsordnung
WM	Wertpapiermitteilungen
WRP	Wettbewerb in Recht und Praxis
WuW	Wirtschaft und Wettbewerb
ZHR	Zeitschrift für das gesamte Handels- und Wirtschaftsrecht
ZIP	Zeitschrift für Wirtschaftsrecht

1. Kapitel: Einführung

Mit einem „Weißbuch über die Modernisierung der Vorschriften zur Anwendung der Artt. 85 und 86 EG-Vertrag"[1] hat die Kommission der Europäischen Gemeinschaften im April 1999 die bislang folgenschwerste Reform des europäischen Wettbewerbsrechts eingeleitet. Daraufhin folgte am 27.09.2000 ein „Vorschlag für eine Verordnung des Rates zur Durchführung der in den Artikeln 81 und 82 EG-Vertrag niedergelegten Wettbewerbsregeln"[2], welche die Verordnung Nr. 17/62[3] und die entsprechenden Verordnungen für den Verkehrsbereich ersetzen sollte. Am 26.11.2002 wurde dieser Vorschlag unter Berücksichtigung einiger Änderungen vom Rat angenommen. Die Verordnung Nr. 1/2003 des Rates zur Durchführung der in den Artikeln 81 und 82 des Vertrages niedergelegten Wettbewerbsregeln[4] wurde am 16.12.2002 einstimmig verabschiedet und ist gemäß ihres Art. 45 am 24.01.2003 in Kraft getreten. Die Neuregelungen erlangten im Hinblick auf die EU-Osterweiterung[5] im Mai 2004 Geltung. Mit ihnen wurden zahlreiche flankierende Vorschriften erlassen.[6] Einführend wird zunächst ein kurzer Überblick über das Reformvorhaben, seine Entwicklung und die ihm entgegengebrachten Reaktionen gegeben und schließlich der Gegenstand und Gang dieser Untersuchung beschrieben werden.

---

1 Weißbuch über die Modernisierung der Vorschriften zur Anwendung der Artikel 85 und 86 EG-Vertrag; ABl.EG vom 24.4.1999 Nr. C 132/1 (im Folgenden Weißbuch).

2 Vorschlag für eine Verordnung des Rates zur Durchführung der in den Artikeln 81 und 82 EG-Vertrag niedergelegten Wettbewerbsregeln und zur Änderung der Verordnungen (EWG) Nr. 1017/68, (EWG) Nr. 2988/74, (EWG) Nr. 4056/86 und (EWG) Nr. 3975/87 („Durchführungsverordnung zu den Artikeln 81 und 82 EG-Vertrag"); ABl.EG vom 19.12.2000 Nr. C 365 E/284 (im Folgenden VOV).

3 Verordnung Nr. 17/62 des Rates, Erste Durchführungsverordnung zu den Artikeln 85 und 86 des Vertrages; ABl.EG vom 06.02.1962 Nr. 204/62. Zuletzt geändert durch die Verordnung (EG) Nr. 1216/1999, ABl.EG vom 15.06.1999 Nr. L 148/5.

4 Verordnung Nr. 1/2003 des Rates vom 16.02.2002 zur Durchführung der in den Artikeln 81 und 82 des Vertrages niedergelegten Wettbewerbsregeln; ABl.EG vom 4.1.2003 Nr. L 1/1.

5 Press Releases der Kommission vom 26.11.2002, DN: MEMO/02/268.

6 Beispielsweise die Verordnung Nr. 773/2004 der Kommission vom 07.04.2004 über die Durchführung von Verfahren auf der Grundlage der Artikel 81 und 82 EG-Vertrag durch die Kommission, ABl.EG vom 27.04.2004 Nr. L 123/18; Bekanntmachung der Kommission über die Behandlung von Beschwerden durch die Kommission gemäß Artikel 81 und 82 EG-Vertrag, ABl.EG vom 27.04.2004 Nr. C 101/65; Bekanntmachung der Kommission über die Zusammenarbeit innerhalb des Netzes der Wettbewerbsbehörden, ABl.EG vom 27.04.2004 Nr. C 101/43; Leitlinien über den Begriff der Beeinträchtigung des zwischenstaatlichen Handels in den Artikeln 81 und 82 des Vertrags, ABl.EG vom 27.04.2004 Nr. C 101/81; Bekanntmachung der Kommission über informelle Beratung bei neuartigen Fragen zu den Art. 81 und 82 des Vertrages, die in Einzelfällen auftreten (Beratungsschreiben), ABl.EG vom 27.04.2004 Nr. C 101/78.

§ 1 Überblick über das Reformvorhaben

Mit einer aus 45 Artikeln bestehenden Kartellverfahrensreform wurde das seit über 40 Jahren geltende europäische Kartellverfahren überholt und völlig neu gestaltet. Die hierbei wohl wichtigsten Änderungen für Kommission, nationale Kartellbehörden Gerichte und Marktteilnehmer liegen zum einen im Wechsel von einem Genehmigungs- zu einem Legalausnahmeprinzip, zum anderen in der unmittelbaren Anwendbarkeit des Art. 81 Abs. 3 EG durch nationale Kartellbehörden und Gerichte.

A. Legalausnahme

Die wohl gravierendste Änderung für die auf dem Gemeinsamen Markt tätig werdenden Unternehmen stellt der Wechsel zu einem Legalausnahmeprinzip dar.

I. Regelung nach der VO Nr. 17/62

Nach dem in der VO Nr. 17/62 geltenden Genehmigungssystem, wurde das Kartellverfahren der Kommission durch Anmeldung, Beschwerde oder von Amts wegen eingeleitet. Die Einleitung hing vom Ermessen der Kommission ab (Opportunitätsprinzip).[7] Eine Anmeldung wurde von einem an einem Kartell beteiligten Unternehmen vorgenommen und zielte auf den Erlass eines Negativattests (Art. 2 VO Nr. 17/62) oder auf eine Freistellung nach Art. 81 Abs. 3 EG (Art. 4 VO Nr. 17/62) ab. Beschwerden wurden regelmäßig von dritten Personen oder Personenvereinigungen mit einem berechtigten Interesse (Art. 3 Abs. 2 Buchst. b VO Nr. 17/62) oder von Mitgliedstaaten[8] (Art. 3 Abs. 2 Buchst. a VO Nr. 17/62) erhoben.[9] Unternehmen mussten Vorhaben, die möglicherweise unter Artt. 81 oder 82 EG fielen, bei der Kommission anmelden. Diese entschied darüber, ob die Maßnahmen freigestellt oder verboten wurden. Erfolgte eine Anmeldung nicht, setzten sich die Unternehmen der Gefahr eines Bußgeldes aus. Nach Art. 81 Abs. 1 EG verbotene Maßnahmen waren nach Art. 81 Abs. 2 EG unwirksam.

II. Regelung nach der VO Nr. 1/2003

Auch nach Art. 1 Abs. 1 VO Nr. 1/2003 sind Vereinbarungen, Beschlüsse und aufeinander abgestimmte Verhaltensweisen i. S. des Art. 81 Abs. 1 EG, die nicht die Voraussetzungen des Art. 81 Abs. 3 EG erfüllen, verboten und gemäß Art. 81 Abs. 1 und 2

---

7 *Ritter*, in: Immenga/Mestmäcker, EG-Wettbewerbsrecht, Bd. 2, VO 17, A. Rn. 34; *Emmerich*, Kartellrecht, 2. Teil, § 39, 3., S. 453.

8 Die Mitgliedstaaten mussten ein berechtigtes Interesse nicht nachweisen. Ihr uneingeschränktes Beschwerderecht ergab sich vielmehr aus Art. 89 Abs. 1 EG. Auf diesem basierte auch ihr Anspruch auf Einleitung eines Verfahrens und Vornahme von Ermittlungen durch die Kommission; *Ritter*, in: Immenga/Mestmäcker, EG-Wettbewerbsrecht, Bd. 2, VO 17, B., Art. 3 Rn. 6 f.

9 *Emmerich*, Kartellrecht, 2. Teil, § 39, 3., S. 452.

EG von Anfang an nichtig, ohne dass es einer vorherigen Entscheidung bedarf. Gleiches gilt nach Art. 1 Abs. 3 VO Nr. 1/2003 für die missbräuchliche Ausnutzung einer marktbeherrschenden Stellung i.S. von Art. 82 EG. Sind die Voraussetzungen des Art. 81 Abs. 3 EG erfüllt, sind Kartellvereinbarungen nach Art. 1 Abs. 2 VO Nr. 1/2003 ohne vorherige Behördenentscheidung gültig. Es ist somit nicht nur die Pflicht zur Anmeldung einer Vereinbarung, sondern vielmehr die Möglichkeit, eine solche bei der Kommission wie bisher anzumelden, entfallen.[10] Die Einleitung eines Verfahrens erfolgt nun lediglich von Amts wegen oder aufgrund einer Beschwerde. Letzteres wird regelmäßig dann der Fall sein, wenn sich ein drittes Unternehmen, durch wettbewerbsbeschränkende Maßnahmen anderer Unternehmen, beeinträchtigt fühlt. Die Vertragsparteien einer Vereinbarung werden nicht den umständlicheren Weg über die Kartellbehörden wählen, sondern Klage beim Zivilgericht einreichen.

B. Unmittelbare Anwendbarkeit

Eine weitere, vor allem für nationale Behörden einschneidende Änderung ist in der unmittelbaren Anwendbarkeit des Art. 81 Abs. 3 EG zu sehen.

I. Regelung nach der VO Nr. 17/62

Der EG-Vertrag regelt in Artt. 84, 85 EG die parallele Zuständigkeit von Gemeinschaftsbehörden und nationalen Kartellbehörden bei der Anwendung von EG-Kartellrecht. Seit ihrem Bestehen stellte die VO Nr. 17/62 jedoch eine speziellere Regelung dar.

Laut Art. 9 Abs. 2 VO Nr. 17/62 bestand für die Anwendung des Art. 81 Abs. 1, 2 EG eine konkurrierende Zuständigkeit der Kommission und der nationalen Kartellbehörden. Nach Art. 9 Abs. 3 VO Nr. 17/62 blieb die nationale Behörde zuständig, solange die Kommission nicht ein Verfahren nach Artt. 2 (Erteilung eines Negativattestes), 3 (Erteilung einer Untersagungsverfügung), oder 6 (Freistellung nach Art. 81 Abs. 3 EG) eingeleitet hatte. Im Hinblick auf die unterschiedlichen wettbewerbspolitischen Ansichten in den Mitgliedstaaten, auch im Verhältnis zur Kommission, hielt man eine Zentralisierung für notwendig, um eine einheitliche Anwendung des Gemeinschaftsrechts gewährleisten zu können.[11] Mit der Einleitung des Verfahrens durch die Kom-

---

[10] Der von der Kommission gebrauchte Begriff „Legalausnahme" ist insoweit missverständlich, als dass es gesetzliche Ausnahmen vom Kartellverbot, in Form von sekundärrechtlichen GVOen, auch bisher schon gab. Lediglich die Anmeldepflicht ist entfallen und die bisherige präventive Kontrolle wurde durch eine repressive ersetzt. An materiellem Recht hat sich nichts geändert. Das Verbotsprinzip des Art. 81 Abs. 1 EG mit seiner Unwirksamkeitsfolge nach dessen Absatz 2 bleibt erhalten; vgl. *Schütz*, Zur Änderung des Kartellverfahrens gemäß Artikel 81 EG, WuW 2000, 686.

[11] Langen/*Bunte*, Kommentar zum deutschen und europäischen Kartellrecht, Einführung zum EG-Kartellrecht Rn. 83.

mission, welche in der Praxis mit einer Mitteilung an den oder die Mitgliedstaaten verbunden war, entfiel schon in der Vergangenheit die Zuständigkeit der mitgliedstaatlichen Behörde.[12]

In der Bekanntmachung über die Zusammenarbeit zwischen der Kommission und den Wettbewerbsbehörden der Mitgliedstaaten bei der Bearbeitung von Fällen im Anwendungsbereich der Artt. 85, 86 EG[13] waren Regelungen zum Ablauf des Verfahrens vorgesehen. Grundsatz war hierbei, dass lediglich Fälle, die sich hauptsächlich in den Mitgliedstaaten auswirkten und bei welchen eine Freistellung wahrscheinlich nicht in Betracht kam, von den Behörden der Mitgliedstaaten geprüft werden.

II. Regelung nach der VO Nr. 1/2003

Nach Art. 5 S. 1 VO Nr. 1/2003 sollen nun nationale Kartellbehörden Art. 81 EG in seiner Gesamtheit anwenden können. Dies beinhaltet auch eine unmittelbare Anwendbarkeit des Art. 81 Abs. 3 EG. Nationale Behörden sind demnach befugt zu prüfen, ob das Kartellverbot des Art. 81 Abs. 1 EG verletzt ist und wenn ja, ob eventuell die Voraussetzungen des Absatzes 3 vorliegen.

1. Zuständigkeit der Kommission

Die Zuständigkeit der Kommission ist in Art. 4 VO Nr. 1/2003 festgelegt. Dort wird sie zur Vornahme aller in der Verordnung vorgesehenen Befugnisse ermächtigt. Hiernach kann sie nicht nur über die Verpflichtung zur Abstellung einer Zuwiderhandlung (Art. 7 VO Nr. 1/2003), den Erlass einstweiliger Maßnahmen (Art. 8 VO Nr. 1/2003) und die Annahme von Verpflichtungszusagen (Art. 9 VO Nr. 1/2003) entscheiden, sie hat vielmehr die Möglichkeit zur Festlegung der Wettbewerbspolitik durch den Erlass so genannter Positiventscheidungen (Art. 10 VO Nr. 1/2003). Davon abgesehen ist sie auch in Zukunft berechtigt, die Zuständigkeit nationaler Behörden durch Verfahrenseinleitung (Art 11 Nr. 6 VO Nr. 1/2003) zu beenden.

2. Zuständigkeit der nationalen Kartellbehörde

Der Zuständigkeitsbereich der nationalen Wettbewerbsbehörden ist im Gegensatz zu dem der Kommission nur sehr knapp geregelt. Eine ausdrückliche Ermächtigung zur Anwendung des Art. 81 Abs. 3 EG existierte in Art. 5 des VOV noch nicht. Hiernach sollten die Wettbewerbsbehörden der Mitgliedstaaten für die Anwendung des Verbots des Art. 81 Abs. 1 EG in Einzelfällen, wenn die Voraussetzungen des Art. 81 Abs. 3 EG nicht erfüllt sind, und für die Anwendung des Verbots des Art. 82 EG zuständig

---

12 Langen/*Bunte*, Kommentar zum deutschen und europäischen Kartellrecht, Einführung zum EG-Kartellrecht Rn. 84.

13 ABl.EG vom 15.10.1997 Nr. C 313/3.

sein. Eine unmittelbare Anwendbarkeit auch des Art. 81 Abs. 3 EG ergab sich jedoch aus den Erwägungsgründen.[14] Zwar sind diese, zumindest für die Kommission, auch verbindlich, im Hinblick auf die Bedeutung einer solchen Regelung für die Anwendungspraxis nationaler Wettbewerbsbehörden bleibt jedoch festzuhalten, dass die in Art. 5 S. 1 VO Nr. 1/2003 verwirklichte klare Formulierung der einzig richtige Weg ist.

Nach Art. 5 VO Nr. 1/2003 sind nationale Behörden nunmehr für die Anwendung der Artt. 81, 82 EG zuständig. Sie werden nach Art. 5 Satz 2 VO Nr. 1/2003 von Amts wegen oder aufgrund von Beschwerden, nicht nur Entscheidungen erlassen, um die Abstellung von Zuwiderhandlungen zu veranlassen (1. Spiegelstrich), sondern in Zukunft auch einstweilige Maßnahmen anordnen (2. Spiegelstrich), Verpflichtungszusagen annehmen (3. Spiegelstrich) oder entsprechende Sanktionen verhängen (4. Spiegelstrich). Sind sie der Meinung, dass die Voraussetzungen für ein Verbot nicht gegeben sind, können sie entscheiden, dass für sie kein Grund zum Tätigwerden besteht (Art. 5 Satz 3 VO Nr. 1/2003). Der Vollzug dieser Befugnisse soll sich nach dem nationalen Verfahrensrecht richten.

§ 2 Entwicklung des Reformvorhabens

Die Reform hat sich aus den Missständen im damals bestehenden EG-Kartellverfahren entwickelt. Sowohl im Weißbuch als auch in den Erwägungsgründen des VOV und der VO Nr. 1/2003 selbst legte die Kommission ausführlich Ziel und Hintergrund ihres Vorhabens dar.

A. Ziel

Die Kommission sah das Ziel der Reform in erster Linie in der Gewährleistung einer wirksamen Kontrolle, insbesondere durch die Möglichkeit eines verstärkten Vorgehens gegen schwere Wettbewerbsbeschränkungen. Dies sollte durch eine Verlagerung ihres Tätigkeitsschwerpunktes geschehen. In einem System, welches ohne Anmeldung und Genehmigung auskommt, sollte sie sich in Zukunft verstärkt auf Beschwerden und von Amts wegen eingeleitete Verfahren konzentrieren können.[15] Daneben sollte, unter Wahrung der Rechtssicherheit, das Verwaltungsverfahren für Unternehmen verein-

---

[14] VOV, Erwägungsgrund 4. Einzige Erklärung für die Nichtregelung in der Verordnung selbst kann in dem Versuch der Kommission gesehen werden, deutlich zu machen, dass eine dem Art. 10 VOV entsprechende Kompetenz zum Erlass von Positiventscheidungen für die nationalen Behörden nicht besteht; vgl. *Gröning*, Die dezentrale Anwendung des EG-Kartellrechts gemäß dem Vorschlag der Kommission zur Ersetzung der VO 17/62, WRP 2001, 83, 84 Fn. 12.

[15] Weißbuch Tz. 41 f.

facht werden, um diesen erhebliche, durch das Anmeldeerfordernis entstehende, Kosten zu ersparen und so deren Wettbewerbsfähigkeit zu fördern.[16]

B. Hintergründe

Neben den von der Kommission ins Auge gefassten Zielen ist der Hintergrund der Reform jedoch auch in den Mängeln des EG-Kartellverfahrens nach der VO Nr. 17/62 zu suchen. Im Folgenden sollen zunächst die wesentlichen Nachteile dieses Verfahrensrechts dargestellt und sodann die Frage erörtert werden, inwieweit die VO Nr. 1/2003 diese Nachteile wohl zu beseitigen vermag. An erster Stelle ist hier das von der Kommission wiederholt angebrachte Vollzugsdefizit zu erwähnen.

I. Das Vollzugsdefizit

Im Weißbuch hob die Kommission immer wieder ihre erhebliche Arbeitsbelastung hervor[17] und stellte sie, zusammen mit dem Wunsch, sich mehr auf schwere Kartellrechtsverstöße konzentrieren zu können, als Grund für die Notwendigkeit einer Reform dar.[18]

Schon bei Inkrafttreten der VO Nr. 17/62 war die Kommission dem Vorwurf ausgesetzt, die bei ihr anhängigen Verfahren nicht ausreichend effizient bearbeiten zu können.[19] In den ersten vier Jahren des Bestehens der VO Nr. 17/62 sah sie sich bereits mit 37.450 Fällen konfrontiert.[20] Im Jahre 1987 waren allein 2.917 Anmeldungen anhängig. Diese sind jedoch bis Ende 1994 auf 604 zurückgegangen. In den Jahren 1987 bis 1994 stiegen die neu eingegangenen Anmeldungen nach den Artt. 85 und 86 EG (a.F.) von 190 auf 236. Im Jahre 1995 waren es 368 neue Anmeldungen. 1999 sank die Zahl auf 167 neue Anmeldungen und im Jahr 2000 auf 101 Anmeldungen. Im Jahre 1995 wurden 433 Kartellrechtsfälle abgeschlossen, 1999 sogar 582 Fälle. Im Jahre 2000 sank die Zahl auf 379 Fälle. Zwischen 1988 und 1998 wurden nur 13 % der neuen Fälle von Amts wegen eingeleitet.[21] Im Jahre 2000 waren es fast 30 %.[22]

Hieraus ergeben sich ein Rückgang anhängiger und neu zugehender Anmeldungen in den Jahren bis zum Verfassen des VOV, die Steigerung der jährlich abgeschlossenen

---

16 Weißbuch Tz. 50 f.

17 Weißbuch Tz. 19, 24, 25, 40, 44, 60.

18 Weißbuch Tz. 55, 68.

19 *Groger/Janicki*, Weiterentwicklung des europäischen Wettbewerbsrechts, WuW 1992, 991,994; *Möschel*, Subsidiaritätsprinzip und europäisches Kartellrecht, NJW 1995, 281, 282; *Lässig*, Die dezentrale Anwendung des europäischen Kartellrechts, S.6.

20 Weißbuch Tz. 25.

21 Weißbuch Tz. 44.

22 Bericht der Kommission – XXX. Bericht über die Wettbewerbspolitik 2000, SEK/2001/0694 endg. Tz. 6.

und die Erhöhung der Zahl der von Amts wegen eingeleiteten Fälle.[23] Zwar liegt diese Entwicklung nicht etwa an einer erhöhten Personalkapazität der Generaldirektion IV[24], sondern ist vielmehr auf gezielte Maßnahmen der Kommission, wie die Erledigung des Großteils der Fälle auf informellem Wege und die Regelung durch Standardvereinbarungen im Wege der Rechtsetzung, namentlich durch GVOen, zurückzuführen. Dies ändert jedoch nichts daran, dass unter dem Strich eine zunehmende Belastung der Kommission nicht feststellbar ist. Aus diesem Grund wurde ihr teilweise vorgeworfen, sie habe das Massenproblem lediglich erfunden, um eine einschneidende Reform zu rechtfertigen.[25] Dieser Vorwurf könnte der Grund dafür sein, dass die Kommission bei Vorlage des VOV weniger auf die Arbeitsbelastung direkt abstellte.

Dort führte sie vielmehr die Schwächen des Systems an, welche einen wirksamen Schutz des Wettbewerbs, insbesondere die Ahndung besonders schwerer Wettbewerbsverstöße, unmöglich machen würden.[26] Als Hauptgründe wurden Freistellungsmonopol und Anmeldesystem genannt. Nationalen Behörden und Gerichten würde durch ersteres die effektive Durchsetzung der Wettbewerbsregeln erschwert. Letzteres lenke die Kommission von der Verfolgung schwerer Kartellverstöße ab und mache eine solche nahezu unmöglich.[27] Im Hinblick auf die Zunahme der von Amts wegen eingeleiteten Fälle in den letzten Jahren kann der Verweis auf solche Mängel allein indes nicht überzeugen.

Er muss jedoch, wie auch von der Kommission immer wieder betont wurde, im Zusammenhang mit den Entwicklungen, denen die Europäische Gemeinschaft entgegenblickte und entgegenblickt, gesehen werden. In diesem Rahmen spielen nicht nur die Wirtschafts- und Währungsunion, sondern auch die EU-Osterweiterung und die Globalisierung der Wirtschaft eine erhebliche Rolle.[28]

Die Wirtschafts- und Währungsunion wird bei den beteiligten Staaten langfristig eine noch stärkere Wirtschaftsintegration zur Folge haben. Sie wird, aufgrund der Reduzierung von Transaktionskosten und der Erhöhung der Preistransparenz, zu immer mehr

---

23 Die von dieser Tendenz abweichenden Werte lassen sich erklären. Der Anstieg der Neuanmeldungen im Jahr 1995 war wohl durch den EU-Beitritt Schwedens, Finnlands und Österreichs bedingt. Die Tatsache, dass im Jahre 2000 lediglich 379 Fälle abgeschlossen wurden, könnte auf die Rechtsetzungstätigkeit der Kommission zurückgeführt werden.

24 *Bartodziej*, Reform der EG-Wettbewerbsaufsicht und Gemeinschaftsrecht, S. 42; *Paulweber/Kögel*, Das europäische Wettbewerbsrecht am Scheideweg, AG 1999, 500, 503.

25 *Emmerich*, Zur Mär von der Arbeitsüberlastung der Kommission, WuW 2001, 3.

26 VOV, Begründung I., A; VOV, Erwägungsgrund 3.

27 VOV, Begründung I., A.

28 Weißbuch Tz. 6 ff.

Handel und folglich zu immer mehr Wettbewerb führen. Mehr Wettbewerb erfordert, wenn er zusätzlich auf einem größeren Markt stattfindet, mehr Kapazitäten, um seiner Beschränkungen Herr zu werden. In diesem Punkt wirkt sich auch die EU-Osterweiterung aus. Zwar ist eine Teilnahme der neuen Mitgliedstaaten an der Wirtschafts- und Währungsunion noch nicht vorauszusehen, jedoch stellt schon ihre Aufnahme in die EU erhebliche Anforderungen an die Wettbewerbspolitik der Kommission. Dies nicht zuletzt deshalb, weil eine Nichtteilnahme einiger Mitgliedstaaten die auf dem Gemeinsamen Markt tätig werdenden Unternehmen erst recht zu einer Abschottung der Märkte bewegen kann.[29]

Auch die Öffnung des Marktes über die Gemeinschaftsgrenzen hinaus macht eine Stärkung der Wirtschaftspolitik der Kommission erforderlich. Im Zuge der wirtschaftlichen Globalisierung betreffen Wettbewerbsbeschränkungen oft den Weltmarkt. Sie sind deshalb besonders gefährlich. Aufgrund ihrer Vielschichtigkeit erfordern sie eingehende, arbeitsintensive Untersuchungen, bei denen die Kommission mit anderen Wettbewerbsbehörden zusammenarbeiten muss.[30]

Zusammenfassend kann also gesagt werden, dass ein Anstieg der Arbeitsbelastung der Kommission im Rahmen des Kartellrechts in den letzten Jahren nicht festzustellen ist. Die Kommission hat es vielmehr geschafft durch Erledigung der Fälle auf informellem Wege und die Regelung von Standardvereinbarungen durch GVOen die Zahl der von Amts wegen erledigten Fälle zu heben. Im Hinblick auf die Wirtschafts- und Währungsunion, die EU-Osterweiterung und die Globalisierung der Wirtschaft ist jedoch in Zukunft von einem Anstieg der Belastung der Kommission auszugehen, weshalb eine Reformierung des derzeit bestehenden Anmeldesystems notwendig erscheint.

II. Comfort letter und Gruppenfreistellungsverordnung

Weitere Schwachstellen des Kartellverfahrens nach der VO Nr. 17/62 waren in Instituten wie dem comfort letter und den von der Kommission, aufgrund einer Ermächtigung des Rates, erlassenen GVOen zu finden.

Der comfort letter, durch welchen der größte Teil der eingeleiteten Verfahren beendet wurde, stellte ein einfaches Verwaltungsschreiben dar, in welchem die Kommission dem Antragsteller mitteilte, dass nach ihrer Rechtsauffassung die Voraussetzungen für die Anwendung des Art. 81 Abs. 1 EG im Augenblick nicht erfüllt oder aber die für

---

29 Weißbuch Tz. 6.

30 Weißbuch Tz. 8.

eine Freistellung notwendigen Voraussetzungen gegeben waren.[31] Die Rechtswirkung des comfort letter war im Einzelnen umstritten. Der EuGH tendierte dazu, eine Bindungswirkung abzulehnen, sodass ein Tätigwerden der nationalen Kartellbehörden weiterhin möglich war.[32] Die damit verbundene Rechtsunsicherheit für betroffene Unternehmen stellte den Hauptkritikpunkt an diesem Institut dar. Dieser Kritik wird die Einführung eines Legalausnahmesystems jedoch nicht entgegenwirken. Der Mangel an Rechtssicherheit betroffener Unternehmen wird durch den Wegfall einer Möglichkeit zur Anmeldung und den generellen Verzicht auf Freistellungen nach Art. 81 Abs. 3 EG nicht verbessert werden.

GVOen enthalten in der Regel detaillierte Kataloge schwarzer und weißer Klauseln.[33] Besteht eine durch mehrere Unternehmen geschlossene Vereinbarung ausschließlich aus weißen Klauseln, so ist sie automatisch freigestellt. Eine vorherige Anmeldung der Vereinbarung war nicht erforderlich.[34] Der Kommission fehlte hierdurch allerdings jeglicher Einblick in die tatsächlichen Wettbewerbsverhältnisse. Das ihr nach den Ermächtigungsverordnungen des Rates zustehende Kontrollrecht[35] lief in der Praxis meist ins Leere.[36] Abgesehen hiervon wurde den Unternehmen durch den Zwang, diesen streng formulierten Texten in ihren Vereinbarungen zu entsprechen, regelmäßig ein starres Muster aufgezwängt (Zwangsjackeneffekt).

---

31 EuG, Urteil v. 22.05.1996, Rs. T-277/94 (AITEC), Slg. 1996, II-354 Rn. 49 ff.; Gegenstück dazu stellte der sog. discomfort letter dar, bei welchem ein Verstoß zwar bejaht wurde, ein Anlass zum Einschreiten aus Sicht der Kommission jedoch aus Opportunitätsgründen nicht gegeben war; vgl. *Ritter*, in: Immenga/Mestmäcker, EG-Wettbewerbsrecht, Bd. 2, VO 17, A. Rn. 31.

32 EuGH, Urteil v. 10.07.1980, Rs. 253/78 und 1 bis 3/79 (Guerlain), Slg. 1980, I-2327, 2375. Anders, jedoch ohne Begründung: EuGH, Urteil v. 13.1.1994, Rs. C-376/92 (Metro), Slg. 1994, I, 30, 39. So auch die h.M.; vgl. nur *Rehbinder*, in: Immenga/Mestmäcker, EG-Wettbewerbsrecht, Bd. 1, Einl. F Rn. 33; *Wolf*, Zum Verhältnis von europäischem und deutschem Wettbewerbsrecht, EuZW 1994, 233, 234; Langen/*Bunte*, Kommentar zum deutschen und europäischen Kartellrecht, Art. 81 EG, Gen. Prinz. Rn. 180; *Ritter/Braun/Rawlingson*, European Competition Law, p. 135.

33 *Veelken*, in: Immenga/Mestmäcker, EG-Wettbewerbsrecht, Bd. 1, GFVO, A., Art. 14 Rn. 26.

34 EuGH, Urteil v. 3.2.1976, Rs. 63/75 (Roubaix/Roux), Slg. 1976, I-111, 118; Langen/*Bunte*, Kommentar zum deutschen und europäischen Kartellrecht, Art. 81, Gen. Prinz. Rn. 200.

35 Nach Artt. 7 der Ermächtigungsverordnungen VO Nr. 19/65, ABl.EG vom 06.03.1965 Nr. B 533, 535/65; VO Nr. 2821/71, ABl.EG vom 29.12.1971 Nr. L 285/46, 48 und VO Nr. 1534/91, ABl.EG vom 07.06.1991 Nr. L 143/1, 3 steht der Kommission das Recht zu die Vorteile der GVO dem Unternehmen wieder zu entziehen, wenn deren Maßnahmen Wirkungen entfalten, die mit den Freistellungsvoraussetzungen des Art. 81 Abs. 3 EG nicht vereinbar sind.

36 *Möschel*, Subsidiaritätsprinzip und europäisches Kartellrecht, NJW 1995, 281, 283 f.

Hierdurch wurden Vertriebsstrukturen standardisiert. Die Entwicklung moderner, wettbewerbsfähiger Vertriebssysteme wurde verhindert.[37]

GVOen sind auch in Zukunft vorgesehen. Inwieweit sie im neuen System überhaupt einen Sinn haben, soll an dieser Stelle noch offen bleiben. Die Möglichkeit der Kommission Wettbewerbsverhältnisse zu überblicken, wird in einem System der Legalausnahme zusätzlich geschwächt werden. Auch der mit GVOen verbundene Zwangsjakkeneffekt wird weiterhin zu einer Standardisierung von Vertriebsstrukturen führen.[38] Dies gilt gerade in einem System, in welchem GVOen die Aufgabe zukommt für Rechtssicherheit zu sorgen. Unternehmen werden künftig verstärkt versuchen, die Anforderungen solcher Verordnungen zu erfüllen.

Defizite des Kartellverfahrens nach der VO Nr. 17/62, die sich durch Schwachstellen von Instituten wie comfort letter und GVO ergaben, werden durch die Reform somit nicht ausgeglichen werden können.

III. Mangelnde dezentrale Anwendung durch nationale Behörden

Verbesserungsbedürftig am bisherigen Kartellverfahren war außerdem die dezentrale Anwendung der Wettbewerbsregeln durch nationale Behörden. Diese sind grundsätzlich für eine Bearbeitung vieler Fälle eher geeignet als die Kommission, da sie die lokalen Märkte und Marktteilnehmer besser kennen und Nachprüfungen schneller durchführen können.[39]

In der Vergangenheit hatten von den 15 der EG-Mitgliedstaaten nur neun Staaten ihren nationalen Kartellbehörden eine ausdrückliche Befugnis zur Anwendung des gemeinschaftsrechtlichen Wettbewerbsrechts eingeräumt. Lediglich fünf Staaten machten tatsächlich von dieser Befugnis Gebrauch.[40] Dies war allerdings nicht Grund, sondern wohl eher Resultat daraus, dass die Zahl der Fälle einer dezentralen Anwendung des

---

37 Kommission, Grünbuch zur EG-Wettbewerbspolitik gegenüber vertikalen Wettbewerbsbeschränkungen vom 22.1.1997, KOM (1996) 721 endg. Tz. 219 ff.; *Edward/Lane*, European Community Law, Rn. 245; *Paulweber/Kögel*, Das europäische Wettbewerbsrecht am Scheideweg, AG 1999, 500, 503.

38 In der GVO 2790/99 für Vertikalvereinbarungen wurden die den Zwangsjackeneffekt verursachenden „weißen Klauseln" durch eine Beurteilung nach der Marktmacht der Unternehmen ersetzt. Dies kann jedoch bei Horizontalvereinbarungen, die ja unabhängig von der Marktmacht der beteiligten Unternehmen gefährlich sind, nicht geschehen.

39 Weißbuch Tz. 46.

40 Dies sind Frankreich, Deutschland, Spanien, Griechenland und Portugal; vgl. Studie der Association Européenne des Advocats, 1999, zusammengefasst in: *Zinsmeister*, Die dezentrale Anwendung des EG-Wettbewerbsrechts durch die nationalen Kartellbehörden, WuW 1999, 115,116. Der einzige Staat, der in der Vergangenheit vereinzelt ausschließlich EG-Wettbewerbsrecht herangezogen hat, ist Deutschland; vgl. z.B. Beschluss des BKartA vom 24.7. 1995 „Ruhrgas/Thyssengas III"; WuW/E BKartA 2778.

EG-Rechts bislang gering geblieben ist. Eine konsequente dezentrale Anwendung ist nach Ansicht der Kommission in erster Linie an ihrem Freistellungsmonopol gescheitert.[41] Die nationalen Kartellbehörden konnten, da ihnen die Anwendung des Art. 81 Abs. 3 EG nach Art. 9 Abs. 1 VO Nr. 17/62 nicht gestattet war, über ein Verbot nach Art. 81 Abs. 1 EG nur dann entscheiden, wenn eine Freistellung unter allen erdenklichen Gesichtspunkten ausgeschlossen war.[42]

Eine Abschaffung dieses Monopols sollte somit in erster Linie dazu beitragen, dass die Wettbewerbsregeln auf der Ebene angewandt werden, auf der dies am wirksamsten ist.[43] Auf diese Weise wollte man dem in Art. 5 EG niedergelegten Subsidiaritätsprinzip gerecht werden. Die Kommission führte in diesem Rahmen aus, dass nationale Behörden nicht nur über gute Kenntnis der lokalen Märkte und der nationalen Marktteilnehmer, sondern auch über die notwendigen personellen und rechtlichen Mittel verfügen und so, teilweise mit Hilfe einer über das ganze Land verbreiteten Infrastruktur, Nachprüfungen schneller durchführen können. Abgesehen hiervon seien nationale Behörden für Beschwerdeführer einfacher zu erreichen.[44]

Es stellt sich die Frage, ob durch die Aufgabe des Freistellungsmonopols der Kommission und die Möglichkeit nationaler Behörden und Gerichte, Art. 81 Abs. 3 EG unmittelbar anzuwenden, eine dezentrale Anwendung der gemeinschaftlichen Wettbewerbsregeln tatsächlich gefördert werden kann. Teilweise wurde ein Zusammenhang zwischen dem Freistellungsmonopol der Kommission und der Zahl der nationalen Verfahren unter Anwendung des Gemeinschaftsrechts nämlich mit dem Hinweis verneint, die Kommission hätte trotz ihrer Monopolstellung eine dezentrale Anwendung der Wettbewerbsregeln fördern können.[45]

Im Falle von Obstruktionsanmeldungen[46] hätte sie beispielsweise von der Einleitung eines Verfahrens absehen und die nationale Behörde benachrichtigen können. Dieser

---

[41] Weißbuch Tz. 47, VOV, Begründung II., C., 1., a.; *Paulweber/Kögel*, Das europäische Wettbewerbsrecht am Scheideweg, AG 1999, 500, 503.

[42] Langen/*Bunte*, Kommentar zum deutschen und europäischen Kartellrecht, Einf. zum EG KartellR Rn. 87; vgl. auch Bekanntmachung über die Zusammenarbeit zwischen der Kommission und den Wettbewerbsbehörden der Mitgliedstaaten bei der Bearbeitung von Fällen im Anwendungsbereich der Art. 85 und 86 EG-Vertrag, ABl.EG vom 15.10.1997 Nr. C 313/3, 7.

[43] VOV, Begründung III.

[44] Weißbuch Tz. 46.

[45] *Eilmansberger*, Zum Vorschlag der Kommission für eine Reform des Kartellvollzugs, JZ 2001, 365, 367.

[46] Obstruktionsanmeldungen sind Anmeldungen bei der Kommission, die von Unternehmen lediglich deshalb vorgenommen wurden, um ein Verfahren vor einer nationalen Behörde zu umgehen.

Möglichkeit war sich die Kommission jedoch selbst bewusst.[47] Auch sollte eine dezentrale Anwendung von Gemeinschaftskartellrecht nicht nur in diesen Fällen gefördert werden. Bei Fällen, bei welchen, anders als bei Obstruktionsanmeldungen, nicht schon von einem Verbot ausgegangen wurde, sondern bei denen die Voraussetzungen des Art. 81 Abs. 3 EG möglicherweise vorgelegen hätten, hätte eine solche Vorgehensweise nicht ernsthaft als Alternative empfohlen werden können, um die dezentrale Anwendung zu stimulieren. Solange nationale Behörden nicht zur vollständigen Prüfung des Art. 81 EG befugt waren, musste die Kommission ein Verfahren selbst einleiten, da sonst eine umfassende Beurteilung des Falles nicht gewährleistet worden wäre. Allein die Möglichkeit der Kommission, Obstruktionsanmeldungen dadurch abzuwehren, dass sie kein Verfahren einleitet sondern vielmehr die nationale Behörde benachrichtigt, rechtfertigt also noch nicht den Schluss, es würde kein Zusammenhang zwischen dem Freistellungsmonopol und der geringen Anzahl an dezentralen Verfahren geben.

Bei der Beurteilung, ob ein solcher Zusammenhang besteht, ist vielmehr zu fragen, ob die Aufgabe des Freistellungsmonopols einen Anstieg dezentral behandelter Fälle zur Folge haben wird. Derzeit werden wegen des Anwendungsausschlusses nach Art 9 Abs. 1 VO Nr. 17/62 lediglich Fälle von den Behörden der Mitgliedstaaten geprüft, bei welchen eine Freistellung wahrscheinlich nicht in Betracht kommt.[48] Die Aufgabe des Freistellungsmonopols der Kommission hat zur Folge, dass grundsätzlich alle Fälle von nationalen Behörden überprüft werden können, was wiederum einen Anstieg der dezentral behandelten Fälle zur Folge haben wird. Die Behauptung, nationale Behörden werden sich dieser Fälle trotz Aufhebung des Freistellungsmonopols auch in Zukunft nicht annehmen[49], ist rein spekulativ. Von ihr kann nicht ausgegangen werden. Jedenfalls kann Kritik an Reformbestrebungen nicht auf der Vermutung basieren, dass betroffene Behörden ihrer Arbeit nicht zuverlässig nachgehen werden.

Durch die Abschaffung der ausschließlichen Zuständigkeit der Kommission bei der Anwendung des Art. 81 Abs. 3 EG kann die dezentrale Anwendung des Gemeinschaftskartellrechts durch nationale Behörden gefördert werden.

---

47 Vgl. Bekanntmachung über die Zusammenarbeit zwischen der Kommission und den Wettbewerbsbehörden der Mitgliedstaaten bei der Bearbeitung von Fällen im Anwendungsbereich der Artikel 85, 86 EG-Vertrag; ABl.EG vom 15.10.1997 Nr. C 313/3, 10.

48 Bekanntmachung über die Zusammenarbeit zwischen der Kommission und den Wettbewerbsbehörden der Mitgliedstaaten bei der Bearbeitung von Fällen im Anwendungsbereich der Artikel 85, 86 EG-Vertrag; ABl.EG vom 15.10.1997 Nr. C 313/3, 6.

49 *Eilmansberger*, Zum Vorschlag der Kommission für eine Reform des Kartellvollzugs, JZ 2001, 365, 367.

IV. Ergebnis

Vorliegend wird ersichtlich, dass die bislang bestehenden kartellverfahrensrechtlichen Mängel, wie das Vollzugsdefizit, welchem die Kommission wenigstens in Zukunft ausgesetzt sein wird, oder die geringe Zahl der Fälle dezentraler Anwendung des EG-Kartellrechts eine grundsätzliche Reform des EG-Kartellverfahrens notwendig machen.

C. Vorläufer

Wie schon erwähnt, hat die Kommission in den vergangenen Jahren immer wieder Maßnahmen ergriffen, um die Zahl der Anmeldungen zu reduzieren und die genannten Ziele zu verwirklichen.

I. Bekanntmachungen

Schon 1970 legte sie, um Vereinbarungen geringer Bedeutung dem Anwendungsbereich des Art. 81 Abs. 1 EG zu entziehen, in einer Bekanntmachung[50] das Erfordernis einer „spürbaren Beeinträchtigung des Wettbewerbs" für jede Wettbewerbsbeschränkung fest.[51] Daneben bediente sie sich einiger anderer Bekanntmachungen, um den Anwendungsbereich des Art. 81 Abs. 1 EG einzudämmen und die Anzahl der Anträge auf Erteilung eines Negativattests zu verringern.[52]

II. Entwicklungen im Rahmen von Vertikalvereinbarungen

Viel weiter reichte jedoch die Reformtätigkeit der Kommission im Hinblick auf Vertikalvereinbarungen. Nachdem sie am 22.01.1997 ein Grünbuch über vertikale Beschränkungen des Wettbewerbs[53] herausgegeben und damit eine umfassende Diskussi-

---

[50] Bekanntmachung der Kommission vom 27. Mai 1970 über Vereinbarungen, Beschlüsse und aufeinander abgestimmte Verhaltensweisen von geringer Bedeutung, die nicht unter Artikel 85 Absatz 1 des Vertrages zur Gründung der Europäischen Wirtschaftsgemeinschaft fallen, ABl.EG vom 02.06.1970 Nr. C 64/1; zuletzt aktualisiert in ABl.EG vom 09.12.1997 Nr. C 372/13.

[51] Eingeführt wurde der Begriff der spürbaren Beeinträchtigung jedoch schon in der ersten, nach Art. 85 EG (a.F.) getroffenen, förmlichen Entscheidung der Kommission; vgl. Kommission, Entscheidung vom 11.3.1964, ABl.EG vom 9.4.1964 Nr. L 915/64, „Grosfillex-Fillistorf". Der EuGH hat den Begriff in der Rechtssache Völk/Vervaeke aufgegriffen und in seinem Urteil verankert; EuGH, Urteil v. 9.7.1969, Rs. 5/69 (Völkl/ Ets Vervaeke s.p.r.l.), Slg. 1969, 295, 302.

[52] Bekanntmachung über Alleinvertriebsverträge mit Handelsvertretern, ABl.EG vom 24.12.1962 Nr. 139/3921; Bekanntmachung über Vereinbarungen, Beschlüsse und aufeinander abgestimmte Verhaltensweisen, die eine zwischenbetriebliche Zusammenarbeit betreffen, ABl.EG vom 29.7.68 Nr. C 75/3, berichtigt im ABl.EG vom 28.8.1968 Nr. C 84/14; Bekanntmachung über die Beurteilung von kooperativen Gemeinschaftsunternehmen nach Art. 85 EG-Vertrag, ABl.EG vom 16.2.1993 Nr. C 43/2.

[53] Grünbuch zur EG-Wettbewerbspolitik gegenüber vertikalen Wettbewerbsbeschränkungen, KOM (1996) 721 endgültig.

on in der Öffentlichkeit angeregt hatte, wurde das Regelwerk für vertikale Wettbewerbsbeschränkungen grundlegend überarbeitet.

1. Änderung des Art. 4 Abs. 2 VO Nr. 17/62

Mit der Hinwirkung auf eine Änderung des Art. 4 Abs. 2 VO Nr. 17/62 tat die Kommission 1999 erstmals einen entscheidenden Schritt zur Reduzierung der bei ihr eingehenden Anmeldungen.[54]

Durch die daraufhin erlassene VO Nr. 1216/1999[55] erweiterte der Rat den Anwendungsbereich des Art. 4 Abs. 2 Nr. 2 VO Nr. 17/62 dahingehend, dass alle vertikalen Vereinbarungen von der Pflicht einer Anmeldung als Voraussetzung einer Freistellung befreit waren. Für sie galt somit nicht die Regelung des Art. 6 Abs. 1 VO Nr. 17/62, wonach eine Freistellung ab dem Zeitpunkt der Anmeldung, nicht aber vor diesem Datum, wirksam werden konnte. Nichtsdestotrotz war eine Anmeldung nach Art. 4 Abs. 2 Nr. 2 S. 2 VO Nr. 17/62 zur Abwendung der Bußgeldfolge nach Art. 15 Abs. 5 VO Nr. 17/62 weiterhin möglich.[56]

2. Gruppenfreistellungsverordnungen

Daneben hat die Kommission, um die Anzahl der Freistellungsanträge zu verringern, eine Reihe von GVOen erlassen, welche als Gesetze im materiellen Sinne die Behörden und Gerichte der Mitgliedstaaten binden. Hierfür hat der Rat zunächst drei Ermächtigungsverordnungen erlassen.[57] Gestützt auf die VO Nr. 19/65 erließ die Kommission u.a. einige Verordnungen im Bereich der vertikalen Vereinbarungen.[58] Von diesen wurden die VO Nr. 1983/83 und die VO Nr. 1984/83 über Alleinvertriebs- und Alleinbezugsvereinbarungen, sowie die VO Nr. 4087/88 über Franchiseverträge, durch die umfassende GVO Nr. 2790/99[59] ersetzt. In dieser wurde, um den sog. „Zwangsjakkeneffekt“[60] zu vermeiden, auf „weiße Klauseln“ verzichtet und vielmehr auf die für

---

[54] Vorschlag für eine Verordnung des Rates zur Änderung der Verordnung (EWG) Nr. 19/65/EWG über die Anwendung von Artikel 85 Absatz 3 des Vertrages auf Gruppen von Vereinbarungen und aufeinander abgestimmten Verhaltensweisen, KOM (1998) 546 endg., ABl.EG vom 26.11.1998 Nr. C 365/30, 31.

[55] ABl.EG vom 10.6.1999 Nr. L 148/5.

[56] *Sauter*, in: Langen/Bunte, Kommentar zum deutschen und europäischen Kartellrecht, VO Nr. 17/62, Art. 4 Rn. 3 f.

[57] VO Nr. 19/65, ABl.EG vom 6.3.1965 Nr. 533/65; VO Nr. 2821/71, ABl.EG vom 29.12.1971 Nr. L 285/1; VO Nr. 1534/91, ABl.EG vom 7.6.1991 Nr. L 143/1.

[58] VO Nr. 1983/83, ABl.EG vom 30.6.1983 Nr. L 173/1, geändert durch die VO Nr. 1582/97, ABl.EG vom 6.8.1997 Nr. L 214/2; VO Nr. 1984/83, ABl.EG vom 30.6.1983 Nr. L 173/5 geändert durch die VO Nr. 1582/97, ABl.EG vom 6.8.1997 Nr. L 214/2; VO Nr. 1475/95, ABl.EG vom 29.6.1995 Nr. L 145/25; VO Nr. 4087/88, ABl.EG vom 28.12.1988 Nr. L 359/46.

[59] VO Nr. 2790/99, ABl.EG vom 29.12.1999 Nr. L 336/21.

[60] Vgl. 1. Kap., § 2, B., II.

die Beurteilung vertikaler Vereinbarungen bedeutsame Marktmacht abgestellt. Effizienzsteigernde Vorteile einer Wettbewerbsbeschränkung nach Art. 81 Abs. 3 EG ergeben sich bei Vertikalvereinbarungen nämlich nur bei einer begrenzten Marktmacht der beteiligten Unternehmen. „Weiße Klauseln" allein sind folglich ohnehin nicht geeignet, bestehende wettbewerbliche Gefahren auszuräumen. Demnach wurde eine Freistellung für alle Vertikalverbindungen eingeführt, bei denen der Anteil des Lieferanten auf dem relevanten Markt 30% nicht übersteigt.[61]

D. Das Weißbuch

Den Reformprozess an sich leitete die Kommission im April 1999 ein, indem sie ein Weißbuch über die Modernisierung der Vorschriften zur Anwendung der Artikel 85 und 86 EG-Vertrag veröffentlichte, welches im Wesentlichen dem später folgenden VOV entsprach. Anlässlich der am Weißbuch entstandenen Kritik nahm man jedoch einige Normen zur Verbesserung der Rechtssicherheit und Kohärenz hinzu.[62] Teilweise wurden aber auch Vorschläge aus dem Weißbuch nicht in den VOV übernommen. Die wichtigsten sollen im Folgenden kurz dargestellt werden, wobei von Interesse ist, ob sie ohnehin ersetzbar, entbehrlich oder gar überflüssig waren oder ob sich die Kommission diesbezüglich eine gewisse Inkonsequenz vorwerfen lassen muss.

I. Teilfunktionsgemeinschaftsunternehmen im Produktionssektor

Die Kommission schlug im Weißbuch vor, für Teilfunktionsgemeinschaftsunternehmen im Produktionssektor, welche nicht in den Anwendungsbereich einer GVO fallen, eine Ausnahme von dem geplanten Legalausnahmeprinzip zu machen und diese einer vorherigen Kontrolle zu unterziehen.[63] Eine entsprechende Regelung taucht im VOV selbst nicht auf.

Bei Teilfunktionsgemeinschaftsunternehmen auf dem Produktionssektor handelt es sich um kooperative Gemeinschaftsunternehmen, welche Produktionsanlagen gemeinschaftlich nutzen. Dies geschieht, um Investitionskosten zu senken und Überproduktionen, welche durch die, bei teuren Anlagen geforderte, hohe Ausnutzungsrate entstehen können, zu vermeiden oder aber um die Nutzung solcher Anlagen und die damit verbundene Herstellung bestimmter Erzeugnisse und Erschließung neuer Märkte über-

---

[61] Auch wenn der Marktanteil eines Unternehmens nicht zwangsweise einen Schluss auf dessen Marktmacht zulässt, so ist er doch geeignetes Indiz für eine solche.

[62] Beispielsweise Artt. 3, 13, 16, 4 Abs. 2 VOV, welche jedoch an anderer Stelle näher beleuchtet werden sollen.

[63] Weißbuch Tz. 79 ff.

haupt zu ermöglichen.[64] Die Beurteilung solcher Gemeinschaftsunternehmen erfolgt nicht nach der FKVO[65], da diese lediglich Aufgaben im Tätigkeitsbereich der Gründerunternehmen übernehmen. Sie erfüllen somit nicht i.S. des Art. 3 Abs. 4 FKVO dauerhaft alle Funktionen einer selbständigen wirtschaftlichen Einheit.[66] Eine Anwendung des Art. 81 Abs. 1 EG kommt dann in Betracht, wenn die Gründung des Gemeinschaftsunternehmens Auswirkungen auf den Wettbewerb zwischen den Müttern hat. Dies ist bei Teilfunktionsgemeinschaftsunternehmen namentlich dann der Fall, wenn die Zusammenarbeit bei den Gründern zur Einstellung der Produktion auf diesem Gebiet führt, eine Vereinheitlichung der Preise erfolgt oder wettbewerbsbeschränkende Auswirkungen auf Dritte festgestellt werden können.[67]

Die hier geschilderten Vereinbarungen betreffen die gesamte Struktur der jeweiligen Unternehmen und sind notwendige Voraussetzung beträchtlicher Investitionen für sie. Die Einführung eines Legalausnahmeprinzips bedeutet für die Betroffenen ein erhebliches Maß an Rechtsunsicherheit. Eine Auflösung durch die Wettbewerbsbehörde kann sich als äußerst problematisch erweisen, weshalb eine Abnahme von Vereinbarungen dieser Art und die Lähmung unternehmerischer Initiative zu befürchten ist. Eine Verhinderung von Aktivitäten, die den Wettbewerb stärken, nicht schwächen, wird die Folge sein.[68] Eine Ausnahmeregelung für diese Fälle wäre somit dringend erforderlich gewesen.

Die Kommission führte schon im Weißbuch aus, entsprechende Fälle könnten beispielsweise auch in der FKVO[69] geregelt werden. Auch in der Begründung zum VOV wurde darauf hingewiesen, dass im Rahmen der damals geplanten Veränderungen der FKVO eine solche Überlegung weiter verfolgt werden wird.[70] Dies hätte sich tatsächlich angeboten, da kooperative den konzentrativen Gemeinschaftsunternehmen ähnlich

---

64 *Wolff*, Wettbewerbsbeschränkende Wirkungen der Gründung gemeinsamer Produktionsunternehmen und ihre Beurteilung nach den §§ 1, 23 GWB, BB 1966, 920 f.

65 Verordnung Nr. 139/2004 des Rates über die Kontrolle von Unternehmenszusammenschlüssen, ABl. EG vom 29.01.2004 Nr. L 24/01.

66 Bekanntmachung über die Unterscheidung zwischen konzentrativen und kooperativen Gemeinschaftsunternehmen, ABl.EG vom 31.12.1994 Nr. C 385/1.

67 *Emmerich*, in: Immenga/Mestmäcker, EG-Wettbewerbsrecht, Bd. 1, Art. 85, B. Rn 326 ff.

68 Stellungnahme des Wirtschafts- und Sozialausschusses zum Weißbuch über die Modernisierung der Vorschriften zur Anwendung der Artikel 81 und 82 EG-Vertrag - Arbeitsprogramm der Kommission Nr. 99/027, ABl.EG vom 23.2.2002 Nr. C 51/55, 65.

69 Damals noch VO Nr. 4064/89, ABl.EG vom 21.12.1989 Nr. L 395/1, berichtigt in ABl.EG vom 21.09.1990 Nr. L 257/13, zuletzt geändert durch Verordnung Nr. 1310/97, ABl.EG vom 30.6.1997 Nr. L 180/1, berichtigt in ABl.EG vom 07.01.1998 Nr. L 3/16 und ABl.EG vom 13.02.1998 Nr. L 40/17.

70 VOV, Begründung I., B.

sind und bei beiden unumkehrbare Wirkungen entstehen.[71] Auch wären Produktionsgemeinschaftsunternehmen dann in den Genuss kürzerer Verfahrensdauern gekommen, was wiederum zu mehr Rechtssicherheit und zur Stärkung des Wettbewerbsprinzips beitragen hätte können. Der Schutz des Wettbewerbs wäre durch eine zusätzliche Beurteilung anhand von Kriterien der Marktbeherrschung verstärkt worden. Um den Unternehmen, und wohl auch den Behörden selbst, einen unnötigen administrativen Aufwand zu ersparen, wurde im Weißbuch eine Mindestinvestitionssumme als Voraussetzung für eine vorherige Kontrolle vorgeschlagen.[72] Wie hoch diese sein sollte und ob Produktionsgemeinschaftsunternehmen, die sie nicht erreichen, weiterhin der Kartellverordnung unterliegen sollten, blieb unklar. Auch wurden keine Vorschläge über eine konkrete Ausgestaltung in der FKVO, wie zum Beispiel zur Frage, ob für ihre Anwendung auch die dort genannten Aufgreifschwellen erreicht sein müssen, gemacht.

Hieran war schon abzulesen, dass die Kommission ihre Rechtsetzungstätigkeit nicht konsequent vorantreiben und es zu einer Verwirklichung dieses Vorschlags im Rahmen der Reform der FKVO nicht kommen würde. Die Kommission beschränkte sich vielmehr darauf, den hier beschriebenen Mangel durch die VO Nr. 1/2003 flankierende Maßnahmen auszugleichen.[73]

II. Zentralisierung der richterlichen Kontrolle bei Nachprüfungen

Schon nach Art. 14 Abs. 1 VO Nr. 17/62 war die Kommission befugt, erforderliche Nachprüfungen bei Unternehmen vorzunehmen. Widersetzte sich das Unternehmen den angeordneten Nachprüfungen, so hatte die Behörde des jeweiligen Mitgliedstaates nach Art. 14 Ab. 6 VO Nr. 17/62 Amtshilfe zu leisten. Weil in entsprechenden Fällen grundsätzlich die Verfahrensvorschriften des nationalen Rechts zu beachten sind, war regelmäßig[74] zunächst eine richterliche Anordnung zu erwirken. Da Nachprüfungen oftmals bei verschiedenen Unternehmen in unterschiedlichen Mitgliedstaaten vorge-

---

71 Stellungnahme des Wirtschafts- und Sozialausschusses zum Weißbuch über die Modernisierung der Vorschriften zur Anwendung der Artikel 81 und 82 EG-Vertrag-Arbeitsprogramm der Kommission Nr. 99/027, ABl.EG vom 23.2.2002 Nr. C 51/55, 65; a.A. *Baron*, welcher der Ansicht ist, für die Rechtssicherheit sei es ausreichend, den Unternehmen im Rahmen der Verordnung selbst die Möglichkeit einer Anmeldung, verbunden mit einem Anspruch auf eine Entscheidung der Kommission zu geben; vgl. *Baron*, Rechtssicherheit in einem System der Parallelkompetenzen, Vortrag im Rahmen der Konferenz über die Reform des Europäischen Wettbewerbsrechts, Freiburg 9./10. November 2000.

72 Weißbuch Tz. 80.

73 Hierzu 2. Kapitel, § 1, B., V., 4,5.

74 Beispielsweise in Verfahren in Frankreich, Großbritannien, Irland, Spanien, Luxemburg, Griechenland und auch Deutschland; vgl. Weißbuch Tz. 110, Fn. 64.

nommen werden müssen, bestand die Gefahr von Verzögerungen und divergierenden Entscheidungen nationaler Gerichte.

Um dies zu vermeiden, machte die Kommission im Weißbuch verschiedene Vorschläge.[75] Zum einen eine Zentralisierung der richterlichen Kontrolle auf ein Gericht der Gemeinschaft. Zum anderen eine punktuelle Harmonisierung und Vereinfachung der nationalen Verfahrensrechte. Bezüglich der zweiten Möglichkeit räumte jedoch auch die Kommission ein, dass sie tief greifende Veränderungen in den gerichtlichen Verfahrensrechten in bestimmten Mitgliedstaaten erfordern würde und deshalb sehr kompliziert wäre.[76] Gleichwohl wurde auch der Vorschlag einer Zentralisierung der richterlichen Kontrolle nicht in den VOV übernommen. Wie an anderer Stelle noch auszuführen sein wird, wäre dies jedoch absolut wünschenswert gewesen. Warum die Kommission ihren diesbezüglichen Bestrebungen nicht weiter nachgegangen ist, bleibt indes offen.

III. Regelung des Beschwerdeverfahrens

Im Hinblick auf das Ziel, sich in Zukunft auf die Bekämpfung besonders schwerer Wettbewerbsbeschränkungen zu konzentrieren, betonte die Kommission im Weißbuch die besondere Bedeutung von Beschwerden. Aufgrund der Tatsache, dass ein Großteil wertvoller Informationen die Kommission auf dem Beschwerdeweg erreicht, müsse gewährleistet sein, dass dieser in Zukunft bequem von jeder natürlichen oder juristischen Person mit berechtigtem Interesse gegangen werden kann. In diesem Zusammenhang wurde neben der generellen Vereinfachung des Beschwerdeabweisungsverfahrens und der Einführung von Vorschriften über den Erlass einstweiliger Maßnahmen[77] die Einführung von Bearbeitungsfristen vorgeschlagen.[78]

Konkret sollte es sich hierbei um eine Frist von vier Monaten handeln, nach welcher die Kommission dem Beschwerdeführer mitteilen müsse, wie sie gedenke in seinem Fall zu verfahren. So habe dieser die Möglichkeit, sich, im Falle einer Abweisung der Beschwerde wegen Fehlen des Gemeinschaftsinteresses, an die staatliche Behörde oder ein nationales Gericht zu wenden.[79] Innerhalb dieser Frist sollte die Kommission darüber unterrichten, ob sie eine Untersuchung vorzunehmen gedenke. Sei eine weitere Untersuchung nicht vorgesehen, so müsse sie dies schriftlich mitteilen. Hierdurch sollte dem Beschwerdeführer die Möglichkeit eröffnet werden, Klage vor dem EuG zu

---

75 Weißbuch Tz. 110 f.
76 Weißbuch Tz. 110 f.
77 Diesen Vorschlag hat sie mit Art. 8 VOV auch umgesetzt.
78 Weißbuch Tz. 117 f.
79 Weißbuch Tz. 120.

erheben. Würde sich die Kommission für eine Untersuchung entscheiden, so solle sie auch dies dem Beschwerdeführer innerhalb der Frist mitteilen. Stelle sie erst nach eingehender Untersuchung fest, dass sie der Beschwerde nicht stattgeben könne, so müsse eine schriftliche Begründung vorgelegt werden.

Die Übernahme einer Prüfungsfrist in den VOV und die VO Nr. 1/2003 wäre aus den von der Kommission selbst genannten Gründen zu begrüßen gewesen. Das Vorhaben wurde vom Europäischen Parlament und auch von Mitgliedstaaten und Vertretern der Industrie unterstützt.[80] Dessen ungeachtet wurde diese Regelung nicht weiter verfolgt. Die Kommission äußerte jedoch in ihrer Begründung die Absicht, eine Orientierungshilfe für potenzielle Beschwerdeführer in Form einer Bekanntmachung herauszugeben, in der die Behandlung von Beschwerden dargelegt wird.[81]

Dies ist mit der Bekanntmachung über die Behandlung von Beschwerden durch die Kommission gem. Art. 81 und 82 EG-Vertrag, die gleichzeitig mit der VO Nr. 1/2003 Geltung erlangte auch geschehen.[82] In dieser Bekanntmachung stellt die Kommission die verschiedenen Möglichkeiten zur Einreichung von Beschwerden bei mutmaßlichen Zuwiderhandlungen dar und macht Ausführungen zur Behandlung solcher Beschwerden. In diesem Zusammenhang betont die Kommission auch, innerhalb eines angemessenen Zeitraumes über eine Beschwerde befinden zu wollen, wobei die Länge dieses Zeitraumes von dem Umständen des Einzelfalles abhängen soll. Zwar führt die Kommission weiterhin aus, dass sie sich grundsätzlich bemühen wird, dem Beschwerdeführer innerhalb von vier Monaten nach Eingang der Beschwerde mitzuteilen, wie sie weiter vorzugehen beabsichtigt. [83] Gleichzeitig weist sie jedoch darauf hin, dass eine Rechtspflicht zur Einhaltung dieser Frist nicht besteht und umgeht so einen aus einer Verpflichtung folgenden Handlungs- und Begründungszwang.[84]

E. Die ursprüngliche Fassung der VO Nr. 1/2003

Im Folgenden soll kurz auf die Regelungen eingegangen werden, welche im VOV enthalten waren, in der VO Nr. 1/2003 dann jedoch keinen Niederschlag fanden. Bloße Änderungen von im VOV enthaltenen Regelungen hingegen werden nicht hier, sondern an entsprechender Stelle dieser Arbeit beleuchtet werden.

---

80 White paper on reform of Regulation 17, Summary of the observations, 7.1.

81 VOV, Begründung II., C., 1., b.

82 Bekanntmachung der Kommission über die Behandlung von Beschwerden durch die Kommission gemäß Artikel 81 und 82 EG-Vertrag, ABl.EG vom 27.04.2004 Nr. C 101/65.

83 Bekanntmachung der Kommission über die Behandlung von Beschwerden durch die Kommission gemäß Art. 81 und 82 EG-Vertrag, ABl.EG vom 27.04.2004 Nr. C 101/65, 72.

84 Vgl. *Schütz*, Zur Änderung des Kartellverfahrens gemäß Artikel 81 EG, WuW 2000, 686, 695, der dies schon vor Erlass der Bekanntmachung entsprechend vermutet hat.

I. Gruppenfreistellungsverordnungen

Nach bisheriger Rechtslage konnte die Kommission nur dann GVOen erlassen, wenn sie hierzu in einer weiteren Verordnung vom Rat ermächtigt wurde.[85] Dies ist beispielsweise im Bereich von Vertikalvereinbarungen[86], Spezialisierungsvereinbarungen[87], Forschungs- und Entwicklungsvereinbarungen[88] sowie Vereinbarungen in der Versicherungswirtschaft[89] geschehen.

Mit Art. 28 Abs. 1 des VOV wollte die Kommission eine umfassende und vorbehaltlose Befugnisnorm zum Erlass von GVOen schaffen. Nach Art. 30 VOV sollte die Kommission in einer GVO bestimmte Voraussetzungen festsetzen können, unter denen auf einem bestimmten Markt bestehende Arten von Vereinbarungen, Beschlüssen oder abgestimmten Verhaltensweisen vom Anwendungsbereich der Verordnung ausgeschlossen werden können. Die Kommission sollte das Vorliegen dieser Voraussetzungen dann in einer gesonderten Verordnung feststellen und eine Frist setzen können, nach deren Ablauf die GVO auf diese Vereinbarungen, Beschlüsse oder abgestimmten Verhaltensweisen nicht mehr anwendbar gewesen wäre. Hierdurch wollte man Arten von Vereinbarungen, deren Gefährlichkeit gerade darin liegt, dass sie parallel oder in Netzstrukturen auftreten, gemeinsam den Vorteil der Freistellung entziehen.

In der VO Nr. 1/2003 wurde dieser Vorschlag jedoch nicht umgesetzt. Die Mehrheit der Mitgliedstaaten in den Ratsverhandlungen war gegen eine solche Regelung. Entsprechende Einwände waren jedoch zu erwarten. Eine unbegrenzte Rechtsetzungsbefugnis der Kommission auf dem Gebiet der GVOen würde eine diesbezügliche Beteiligung der Mitgliedstaaten völlig ausschließen. Auch die nach Art. 28 Abs. 5 VOV vorgesehene Anhörung des Beratenden Ausschusses hätte eine vollständige Verlagerung der Zuständigkeiten nicht wirklich ausgleichen können. Die Einwände der Mitgliedstaaten waren deshalb vermutlich in der Angst begründet, die Kommission könne durch den Erlass unzähliger GVOen in verschiedenen Bereichen die Anwendungspraxis zu Art. 81 Abs. 1 EG ohne ihre Beteiligung liberalisieren.[90]

---

85 Z.B. VO Nr. 19/65, ABl.EG vom 6.3.1965 Nr. 533/65; VO Nr. 2821/71, ABl.EG vom 29.12.1971 Nr. L 285/1; VO Nr. 1534/91, ABl.EG vom 7.6.1991 Nr. L 143/1.

86 VO Nr. 1983/83, ABl.EG vom 30.06.1983 Nr. L 173/1, VO Nr. 1984/83, ABl.EG vom 30.06.1983 Nr. L 173/5.

87 VO Nr. 417/85, ABl.EG vom 22.02.1985 Nr. L 53/1, zuletzt geändert durch ABl.EG vom 29.01.1993 Nr. L 21/8.

88 VO Nr. 418/85, ABl.EG vom 22.02.1985 Nr. L 53/5, zuletzt geändert durch ABl.EG vom 29.01.1993 Nr. L 21/8.

89 VO Nr. 3932/92, ABl.EG vom 31.12.1992 Nr. L 398/7.

90 Vgl. auch *Gröning*, Die dezentrale Anwendung des EG-Kartellrechts gemäß dem Vorschlag der Kommission zur Ersetzung der VO 17/62, WRP 2001, 83, 85.

II. Registereintragung

Auf der Grundlage von Art. 4 Abs. 2 VOV wollte die Kommission durch Verordnung Arten von Vereinbarungen, Beschlüssen und abgestimmten Verhaltensweisen bestimmen können, deren Praktizierung von den entsprechenden Unternehmen in ein Register eingetragen werden muss. Die Einführung einer solchen Pflicht wurde deshalb kritisiert, weil sie zusätzlichen Verwaltungsaufwand für Kommission und Unternehmen darstelle, eine Pflicht zur Preisgabe von Geschäftsgeheimnissen bedeute und sonst nichts an positiven Wirkungen mit sich bringe.[91] Letzteres soll einer genaueren Prüfung unterzogen werden.

Im Rahmen eines Anmeldesystems erlangt nicht nur die Kommission Kenntnis von allen geplanten Anmeldungen. Auch betroffene Dritte, Konkurrenten, Zulieferer und Verbraucher können sich, zumindest über die Anmeldungen, bei denen die Kommission eine für den Antragsteller positive Entscheidung plant, unterrichten. Deren wesentlicher Inhalt musste nämlich bislang nach Art 19 Abs. 3 VO Nr. 17/62 im Amtsblatt veröffentlicht werden. Diese Möglichkeit entfällt in einem Legalausnahmesystem gänzlich.

Zunächst bleibt dennoch zu überprüfen, ob sich in Folge des Legalausnahmesystems ein Transparenzverlust einstellen wird. Bislang entschieden Unternehmen, deren geplante Maßnahmen nicht unter eine GVO fielen, die Frage, ob sie diese Maßnahmen anmeldeten oder nicht danach, wie wahrscheinlich eine Freistellung tatsächlich war. Schätzten sie das geplante Verhalten selbst als wettbewerbswidrig ein, so wurde eine Anmeldung in der Regel nicht vorgenommen.[92] Solche hard core-Kartelle werden demnach weder in einem Anmeldesystem noch in einem Legalausnahmesystem angemeldet bzw. eingetragen werden. Sie können somit bei der Frage, ob ein Legalausnahmesystem tatsächlich zu einem Transparenzverlust führt, nicht berücksichtigt werden.[93] Auch Maßnahmen, die von den jeweiligen Unternehmen in jedem Fall als kartellrechtlich zulässig beurteilt wurden und bei denen ein Bußgeld ohnehin nicht drohte, wurden wegen des mit einer Anmeldung verbundenen immensen bürokratischen Auf-

---

91 Legislativvorschlag des Europäischen Parlaments, enthalten in: Bericht des Europäischen Parlaments, endgültig A5-0229/2001, S. 7; Stellungnahme des Bundesverbandes der Deutschen Industrie (BDI) vom 19.1.2001, B., 4.

92 *Schaub*, Freiburg Conference, Reform of European Competition law, S. 1.

93 So auch *Möschel*, Systemwechsel im Europäischen Wettbewerbsrecht?, JZ 2000, 61, 63. A.A. offensichtlich *Schaub*, Freiburg Conference, Reform of European Competition law, S. 2; *Rogowski*, Europäisches Kartellrecht im Wandel, WM 2001, 620.

wands in der Regel nicht angemeldet.[94] Die Behauptung, die Kommission war schlussendlich lediglich mit kartellrechtlich positiv zu beurteilenden Maßnahmen beschäftigt und dadurch in ihren Ressourcen unnötig eingeschränkt, kann somit nicht ganz unterstützt werden. Der Praxis des bisherigen Systems entsprach es vielmehr, dass in erster Linie diejenigen Vereinbarungen angemeldet wurden, bei denen eine Einschätzung schwer fiel. In solchen Fällen wollten die Unternehmen das Bußgeldrisiko grundsätzlich nicht eingehen. Allein diese gilt es somit zu betrachten. Entfällt in Zukunft die Möglichkeit einer Anmeldung, wird die Kommission nicht mehr ohne weiteres von ihnen Kenntnis erlangen, was schließlich zu einem Transparenzverlust führen wird. Ungewiss ist, ob einem solchen Transparenzverlust mit einer entsprechenden Registereintragung entgegengewirkt hätte werden können.

An dieser Stelle bleibt zunächst festzuhalten, dass auch betroffene Dritte, wie Konkurrenten, Zulieferer und Verbraucher unter einem etwaigen Transparenzverlust leiden werden. In dieser Hinsicht hätte eine Registereintragung somit ohnehin nur dann wirklich Sinn, wenn zumindest ein nichtvertraulicher Teil des Registers im Amtsblatt veröffentlicht und für jedermann einsehbar wäre. Unbeschadet dessen würde eine Eintragungspflicht jedoch allein deshalb ihre praktische Wirkung verfehlen, weil für die betroffenen Unternehmen kein wesentlicher Anreiz bestehen würde, sich in das Register eintragen zu lassen.[95] Eine Verbesserung der Rechtssicherheit würde sich durch eine Eintragung, anders als bei einer Anmeldung nach der VO Nr. 17/62, nämlich nicht ergeben. Die Kommission plante, in den zur Registereintragung erlassenen Verordnungen Sanktionen für den Fall einer Verletzung der Nichteintragungspflicht festzulegen. Zwar kann bei den hier zu betrachtenden Grauzonefällen mehr als bei hard core-Kartellen davon ausgegangen werden, dass sich die Unternehmen, um entsprechende Sanktionen zu vermeiden, zur Registereintragung melden würden. Ob dies in entscheidendem Maße der Fall sein würde, muss hingegen bezweifelt werden. Praktische Wirksamkeit wäre Verordnungen nach Art. 4 Abs. 2 VOV somit wahrscheinlich nur in begrenztem Maße zukommen.

---

94 *Becher*, Reform des Wettbewerbsrechts aus der Sicht der Industrie, in: Europäisches Wettbewerbsrecht im Wandel, S. 35 f.

95 So aber *Möschel*, Freiburg Conference, Reform of European Competition law, S. 1.

§ 3 Reaktionen auf das Reformvorhaben

Nachdem die Kommission das Weißbuch veröffentlicht hatte, forderte sie alle Interessierten auf, Stellung zu nehmen. Der Wirtschafts- und Sozialausschuss tat dies im Dezember 1999.[96] Das Europäische Parlament verabschiedete im Januar 2000 eine Entschließung.[97] Wettbewerbsbehörden sämtlicher Mitgliedstaaten sowie diejenigen Estlands, Ungarns und der Tschechischen Republik schlossen sich, wie auch Industrieverbände und Anwaltschaft, an.[98] Die Stellungnahmen waren ausgesprochen uneinheitlich. Aus etlichen Richtungen wurde das Reformvorhaben an sich zwar begrüßt, die Geeignetheit und Verhältnismäßigkeit der einzelnen Regelungen jedoch stark in Zweifel gezogen.[99] Größter Kritikpunkt in den bei der Kommission eingegangenen Stellungnahmen war die Gefahr der fehlenden kohärenten Anwendung des Gemeinschaftskartellrechts, die durch den Wechsel zu einem Legalausnahmesystem und der dezentralen Anwendung des Gemeinschaftskartellrechts entstehe.[100] Sogar von Befürwortern des Weißbuches wurde die Notwendigkeit der Gewährleistung einer einheitlichen Rechtsanwendung immer wieder betont.[101] In dem im darauf folgenden Jahr vorgelegten VOV versuchte man den wesentlichen Besorgnissen, die im Rahmen der öffentlichen Konsultation geäußert wurden, Rechnung zu tragen.[102] Im Folgenden sollen die Reaktionen, die insbesondere auf den VOV folgten, kurz dargestellt werden.

---

96 Stellungnahme des Wirtschafts- und Sozialausschusses zum „Weißbuch über die Modernisierung der Vorschriften zur Anwendung der Artikel 81 und 82 EG-Vertrag – Arbeitsprogramm der Kommission Nr. 99/027", ABl.EG vom 23.2.2000 Nr. C 51/55.

97 Entschließung des Europäischen Parlaments zum Weißbuch der Kommission über die Modernisierung der Vorschriften zur Anwendung der Artikel 85 und 86 EG-Vertrag, BRatsDrucks 99/00.

98 Vgl. VOV, Folgenabschätzung Tz. 6.

99 Nur beispielhaft: Stellungnahme der Regierung der Bundesrepublik Deutschland zum Weißbuch der Kommission über die Modernisierung der Vorschriften zur Anwendung der Artikel 81 und 82 EG, in: Kartellpolitische Wende in der Europäischen Union? Zum Weißbuch der Kommission vom 28. April 1999, 28. Sondergutachten der Monopolkommission; *Mestmäcker*, Versuch einer kartellpolitischen Wende in der EU, EuZW 1999, 523; *Rittner*, Zurück zum Missbrauchsprinzip im EG-Kartellrecht?, DB 1999, 1485.

100 Kartellpolitische Wende in der Europäischen Union? Zum Weißbuch der Kommission vom 28. April 1999, Sondergutachten 28 der Monopolkommission, S. 19 f.; *Möschel*, Systemwechsel im Europäischen Wettbewerbsrecht?, JZ 2000, 61, 64.

101 Stellungnahme des Wirtschafts- und Sozialausschusses zum „Weißbuch über die Modernisierung der Vorschriften zur Anwendung der Artikel 81 und 82 EG-Vertrag – Arbeitsprogramm der Kommission Nr. 99/027", ABl.EG vom 23.2.2000 Nr. C 51/55, 62; *v. Wogau*, Reform des Wettbewerbsrechts aus der Sicht des Europäischen Parlaments, in: Europäisches Wettbewerbsrecht im Wandel, S. 27, 31; *Chambu*, Official Written Response of France to the White Paper, in: Modernisation and Decentralisation of EC Competition Law, p. 79, 83; *Kessler*, The Experience of National Authorities: Spain, in: Modernisation and Decentralisation of EC Competition Law, p.123, 128; *Winton*, United Kingdom Reaction to the White Paper, in: Modernisation and Decentralisation of EC Competition Law, p.129, 131.

102 VOV, Begründung I., B.

A. Reaktion des EP und des Wirtschafts- und Sozialausschusses

Mit Schreiben vom 18.10.2000 konsultierte der Rat gemäß Art. 83 EG das Europäische Parlament zu dem Verordnungsvorschlag. Die Präsidentin des Europäischen Parlaments überwies diesen dann an den Ausschuss für Wirtschaft und Währung als federführenden Ausschuss sowie an den Ausschuss für Industrie, Außenhandel, Forschung und Energie und den Ausschuss für Recht und Binnenmarkt als mitberatende Ausschüsse. Der Ausschuss für Wirtschaft und Währung benannte Jonathan Evans im November 2000 als Berichterstatter.

Das Europäische Parlament hielt von Anbeginn der Diskussionen an eine grundsätzliche Modernisierung der Europäischen Wettbewerbsregeln für erforderlich[103] und unterstützte die Kommission in ihrem Vorhaben. Die Vorschläge wurden als „gute, wenn auch verbesserungsfähige Diskussionsgrundlage für die anstehenden Reformen" begrüßt.[104] Auch der Wirtschafts- und Sozialausschuss befürwortete den VOV uneingeschränkt und erklärte sich bereit, die Kommission bei ihrem „ehrgeizigen und innovativen Unterfangen" zu unterstützen. Auch er forderte jedoch die Vornahme weiterer, die Verordnung begleitender Maßnahmen durch die Kommission, um so Rechtssicherheit und eine kohärente Anwendung des Rechts zu gewährleisten.[105]

B. Reaktionen der Industrieverbände

Auch von der Mehrheit der deutschen und europäischen Industrieverbände wurden die Reformvorschläge der Kommission grundsätzlich begrüßt.[106] Gerade die Abschaffung des Anmeldesystems wurde als Beseitigung unnötiger bürokratischer Lasten, die meist mit erheblichem Kostenaufwand verbunden seien, durchweg positiv aufgenommen.[107] Teilweise schlug man aber auch hier Ersatzlösungen, wie die Erteilung eines Anspruchs auf eine belastbare Stellungnahme der Kommission in Fällen, die mit erhebli-

---

103 *V. Wogau*, Reform des Wettbewerbsrechts aus der Sicht des Europäischen Parlaments, in: Europäisches Wettbewerbsrecht im Wandel, S. 27, 29; Entschließung des Europäischen Parlaments zum Weißbuch der Kommission über die Modernisierung der Vorschriften zur Anwendung der Artikel 85 und 86 EG-Vertrag Tz. 1, BRatsDrucks 99/00.

104 *Schaub*, Freiburg Conference, Reform of European Competition law, S. 1, 2; Legislativvorschlag des Europäischen Parlaments, enthalten in: Bericht des Europäischen Parlaments, endgültig A5-0229/2001, S. 22.

105 Stellungnahme des Wirtschafts- und Sozialausschusses zum „Vorschlag für eine Verordnung des Rates zur Durchführung der in den Artikeln 81 und 82 EG-Vertrag niedergelegten Wettbewerbsregeln" ABl.EG vom 29.5.2001 Nr. C 155/73, 74.

106 *Becher*, Reform des Wettbewerbsrechts aus der Sicht der Industrie, in: Europäisches Wettbewerbsrecht im Wandel, S. 35.

107 Stellungnahme des Bundesverbandes der Deutschen Industrie (BDI) vom 19.1.2001, A., 1.; *Rogowski*, Europäisches Kartellrecht im Wandel, WM 2001, 620; *Becher*, Reform des Wettbewerbsrechts aus der Sicht der Industrie, in: Europäisches Wettbewerbsrecht im Wandel, S. 35, 36.

chen Investitionen verbunden sind, zur Erhöhung der Rechtssicherheit der Unternehmen, vor.[108] Die dezentrale Anwendung des Gemeinschaftsrechts wurde u.a. wegen der Gefahr einer Renationalisierung des Wettbewerbsrechts[109] mit besorgten Augen betrachtet.[110] In diesem Sinne wurde auch der in Art. 3 VOV zunächst vorgesehene Ausschluss des nationalen Rechts, in Fällen in denen Gemeinschaftsrecht anwendbar ist, befürwortet.[111] Die Ermittlungsbefugnisse, die sich die Kommission selbst einräumte, wurden als sehr, wenn nicht sogar zu weit gehend erachtet. Eine ausreichende Kompetenz der Kommission für alle vorgeschlagenen Maßnahmen wurde diesbezüglich in Abrede gestellt.[112] Als weiterer Problempunkt wurde die Wahrung der Rechtssicherheit der Unternehmen gesehen. Unternehmen würden in Zukunft keine verbindliche behördliche Auskunft mehr darüber erhalten, ob ihre Vereinbarungen nichtig seien oder nicht. Die Freistellungsvoraussetzungen des Art. 81 Abs. 3 EG würden erheblichen Interpretationsspielraum zulassen, sodass es für Unternehmen schwierig sei, ihr Verhalten selbst einzuschätzen. Nicht selten seien heute mit Kooperationsvereinbarungen Investitionen in Höhe von dreistelligen Millionenbeträgen verbunden. Wenn Unternehmen hier die Wirksamkeit ihrer Vereinbarungen nicht vorhersehen können, sei eine erhebliche Investitionsunsicherheit, die letztlich zu Investitionshemmnissen und der Gefährdung von Arbeitsplätzen führen könne, die Folge. In diesem Zusammenhang forderte man von der Kommission weitere Schritte, um die Rechtssicherheit der Unternehmen zu fördern.[113] Diese versprach daraufhin, den Unternehmen die Selbsteinschätzung ihres Verhaltens durch Bekanntmachungen, Leitlinien und GVOen zu erleichtern.[114]

---

108 *Rogowski*, Europäisches Kartellrecht im Wandel, WM 2001, 620.

109 Zu einer solchen könnte schon die verstärkte Berücksichtigung industrie- und standortpolitischer Interessen durch nationale Behörden führen; vgl. *Becher*, Reform des Wettbewerbsrechts aus der Sicht der Industrie, in: Europäisches Wettbewerbsrecht im Wandel, S. 35, 38.

110 White paper on reform of Regulation 17, Summary of the observations, 5.2.

111 Vgl. hierzu die Stellungnahme des Bundesverbandes der Deutschen Industrie (BDI) vom 19.1.2001, B., 3., der erhebliche Bedenken bezüglich der Diskussion, einen Vorrang des Gemeinschaftsrecht auf Art. 81 EG zu beschränken, äußert.

112 Vgl. hierzu die Stellungnahme des Bundesverbandes der Deutschen Industrie (BDI) vom 19.1.2001, B., 15; *Rogowski*, Europäisches Kartellrecht im Wandel, WM 2001, 620.

113 *Schaub*, Wandel des Europäischen Wettbewerbsrechts, in: Europäisches Wettbewerbsrecht im Wandel, S. 13, 23; *Becher*, Reform des Wettbewerbsrechts aus der Sicht der Industrie, in: Europäisches Wettbewerbsrecht im Wandel, S. 35, 36; Stellungnahme der Regierung der Bundesrepublik Deutschland zum Weißbuch der Kommission über die Modernisierung der Vorschriften zur Anwendung der Artikel 81 und 82 EG, in: Kartellpolitische Wende in der Europäischen Union? Zum Weißbuch der Kommission vom 28. April 1999, 28. Sondergutachten der Monopolkommission, S. 3.

114 VOV, Begründung II., C., 3.

C. Reaktionen aus Deutschland

Die Reaktionen, die der Kommission von deutscher Seite entgegengebracht wurden, waren höchst unterschiedlich. Sie gingen von grundsätzlicher Zustimmung bis zu vehementer Ablehnung, wobei letztere wohl den größeren Teil ausmachte.

Die Bundesregierung hat die Entwürfe der Kommission weitgehend begrüßt.[115] Sie selbst hält die Behörden der Mitgliedstaaten bei einer Durchsetzung des Wettbewerbsrechts für geeigneter und hatte deshalb die Abschaffung des Freistellungsmonopols immer wieder gefordert.[116] Der Abschaffung der Anmeldepflicht brachte sie allerdings einige Bedenken entgegen. Hierhin tendierte auch der Bundesrat.[117] Fundamentale Kritik wurde dem Vorhaben jedoch hauptsächlich von wissenschaftlicher Seite entgegengebracht.[118] Eine eindeutige Position nahm auch der wissenschaftliche Beirat beim Bundesministerium für Wirtschaft und Technologie ein. Dieser lehnte den Vorschlag grundsätzlich ab und legte dem Bundeswirtschaftsminister nahe, alles zu tun, um die Fehlentwicklungen zu verhindern. Zur Not müsse, bei Inkrafttreten der entsprechenden Verordnung, eine Klage der Bundesregierung zum EuGH vorgenommen werden, um diese für nichtig erklären zu lassen.[119] In diese Richtung ging auch die Auffassung der Monopolkommission.[120] Diese hatte schon im Hinblick auf das Weißbuch ihre starken Bedenken dargelegt. Diese Bedenken habe die Kommission im VOV in keiner Weise ausräumen können. Für die Realisierung der in diesem Rahmen unterbreiteten Vorschläge solle die Bundesregierung ggf. mit einer Klage zum EuGH sorgen.

D. Reaktionen anderer Mitgliedstaaten

Die von deutscher Seite vorgebrachte Kritik wurde in den meisten anderen EU-Ländern nicht in diesem Maße geteilt. Immerhin wurde sowohl der Wechsel zu einem

---

[115] Stellungnahme der Regierung der Bundesrepublik Deutschland zum Weißbuch der Kommission über die Modernisierung der Vorschriften zur Anwendung der Artikel 81 und 82 EG, in: Kartellpolitische Wende in der Europäischen Union? Zum Weißbuch der Kommission vom 28. April 1999, 28. Sondergutachten der Monopolkommission, S. 1.

[116] Stellungnahme der Bundesregierung zum Tätigkeitsbericht des Bundeskartellamtes 1997/1998, BTDrucks 14/1139.

[117] Vgl. hierzu BR-Beschluss vom 09.07.1999, BRatsDrucks 310/99, S. 1, 3.

[118] Vgl. hierzu beispielhaft: neben *Möschel*, der ja Vorsitzender der Monopolkommission war, Systemwechsel im Europäischen Wettbewerbsrecht?, JZ 2000, 61; *Mestmäcker*, Versuch einer kartellpolitischen Wende in der EU, EuZW 1999, 523; *Paulweber/Kögel*, Das Europäische Wettbewerbsrecht am Scheideweg, AG 1999, 500; *Emmerich*, Anmerkungen zu der „neuen" Wettbewerbspolitik der Europäischen Kommission, WRP, 2000, 858; z.T. auch *Deringer*, Stellungnahme zum Weißbuch der Europäischen Kommission über die Modernisierung der Vorschriften zur Anwendung der Art. 85 und 86 EG-Vertrag (Art. 81 und 82 EG), EuZW 2000, 5.

[119] *Möschel*, Reform der europäischen Kartellpolitik, WuW 2000, 1096, 1101.

[120] Folgeprobleme der europäischen Kartellverfahrensreform, Sondergutachten der Monopolkommission gemäß § 44 Abs. 1 Satz 4 GWB.

Legalausnahmesystem als auch die Aufgabe des Freistellungsmonopols von 12 der 14 Mitgliedstaaten, die sich zum Weißbuch der Kommission äußerten, unterstützt.[121] Grundsätzlich wurde das Reformvorhaben mit der Maßgabe befürwortet, dass noch einige Verbesserungen bezüglich der Rechtssicherheit der Unternehmen und der einheitlichen Anwendung des Gemeinschaftsrechts vorgenommen werden.[122]

Die im Verhältnis positivere Einstellung der anderen Mitgliedstaaten hatte wohl verschiedene Gründe. Zum einen kann neben Deutschland kaum ein anderer Mitgliedstaat auf ein derart streng geregeltes nationales Kartellrecht zurückgreifen. Die Sorge, aufgrund des Anwendungsausschlusses auf lange Sicht von einem vom europäischen Recht abweichenden nationalen Kartellrecht Abschied nehmen zu müssen, greift deshalb in anderen Mitgliedstaaten nicht so tief. Viele haben ihr nationales Kartellrecht in den letzten Jahren ohnehin dem EG-Kartellrecht angeglichen.[123] Zum anderen finden sich Mitgliedstaaten wie Frankreich in wichtigen Teilen der Reformbestrebungen, wie dem des Legalausnahmesystems wieder[124] und befürworten eine entsprechende Entwicklung naturgemäß auch aus nationaler Überzeugung.

§ 4 Gegenstand und Gang der Untersuchung

Die vorliegende Arbeit will sich nicht mit Fragen wie etwa der Vereinbarkeit eines Legalausnahmesystems mit dem EG-Vertrag auseinandersetzen, sondern vielmehr mit der Verordnung, wie sie am 24.01.2003 in Kraft getreten ist und seit Mai 2004 gilt. Ihre Auswirkungen werden im Folgenden beleuchtet.

Vor diesem Hintergrund sollen die im Verfahren der Kommission und dem des Bundeskartellamtes eingetretenen Änderungen dargestellt werden. Im Einzelnen werden die verschiedenen Entscheidungstypen, ihre Rechtsnatur und Rechtswirkung herausge-

---

121 White paper on reform of Regulation 17, Summary of the observations, 4.1., 5.1., 6.1.

122 Vgl. National Economic Research Associates (n/e/r/a), The Commission's White Paper On Modernisation: Economic Analysis and Legal Certainity, competition brief, july 1999, 1, 2, 7; *Chambu*, Official Written Response of France to the White Paper, in: Modernisation and Decentralisation of EC Competition Law, p. 79; *Kessler*, The Experience of National Authorities: Spain, in: Modernisation and Decentralisation of EC Competition Law, p.123, 128; *Winton*, United Kingdom Reaction to the White Paper, in: Modernisation and Decentralisation of EC Competition Law, p.129, 130; starke Bedenken hinsichtlich der Rechtssicherheit werden geäußert bei *Haans*, The Effects of the White Paper on the Dutch Competition Act, in: Modernisation and Decentralisation of EC Competition Law, p. 113, 120.

123 *Chambu*, Official Written response of France to the White Paper, in: Modernisation and Decentralisation of EC Competition Law, p. 79 ff.

124 *Bloom*, A UK Perspective on the Europeanisation of National Competition Law, in: Modernisation and Decentralisation of EC Competition Law, p. 69; *Haans*, The Effects of the White Paper on the Dutch Competition Act, in: Modernisation and Decentralisation of EC Competition Law, p. 113; *Kessler*, The Experience of National Authorities: Spain, in: Modernisation and Decentralisation of EC Competition Law, p.123.

arbeitet. An verschiedenen Stellen fanden die Rechte betroffener und drittbetroffener Unternehmen Berücksichtigung. Nötigenfalls werden Lösungsansätze geboten und Verbesserungsvorschläge unterbreitet.

Im Anschluss daran werden sowohl Untersuchungs- als auch Sanktionsbefugnisse nach der neuen Verordnung dargestellt. In diesem Zusammenhang war besonders auf die Rechte betroffener Unternehmen einzugehen.

Für ein Gelingen der Reform von herausragender Bedeutung ist eine enge Zusammenarbeit zwischen der EG-Kommission und den nationalen Wettbewerbsbehörden. Auch hierauf soll eingegangen werden. Im Sinne der unbedingt erforderlichen Rechtssicherheit und kohärenten Anwendung des Gemeinschaftsrechts soll die vorliegende Arbeit in diesem Zusammenhang Vorschläge für eine Verteilung der Fälle im neuen System unterbreiten.

Schlussendlich wird im Rahmen des Verfahrens vor dem BKartA das Verhältnis von nationalem zu EG-Kartellrecht untersucht und die in der Verordnung hierfür vorgesehene Norm beleuchtet.

Die Auswirkungen der Reform auf das Verfahren nationaler Gerichte, deren Befugnis zur Anwendung der Artt. 81 und 82 EG-Vertrag sowie ihre Zusammenarbeit mit der EG-Kommission werden in der vorliegenden Arbeit keine Berücksichtigung finden.

2. Kapitel: Auswirkungen auf das EG-Kartellverfahren

Im Folgenden sollen die Auswirkungen der VO Nr. 1/2003 auf das Kartellverfahren der Kommission dargestellt werden.

§ 1 Auswirkungen auf die Entscheidungspraxis der Kommission

Die Kartellverfahrensreform hat direkte Auswirkungen auf die Entscheidungspraxis[125] der Kommission. Im Folgenden soll die Frage beantwortet werden, wie sich der Wechsel zu einem Legalausnahmesystem auf das Tätigwerden der Kommission und die einzelnen Entscheidungstypen auswirkt.

A. Auswirkungen auf bestehende Entscheidungstypen

Hierfür ist zunächst die Entscheidungspraxis der Kommission nach der VO Nr. 17/62 kurz zu erläutern.

I. Entscheidungstypen nach der VO Nr. 17/62

Entschloss sich die Kommission nach der VO Nr. 17/62 ein Verfahren einzuleiten, so konnte dieses, abhängend von dem bei der Anmeldung der Vereinbarung von den Unternehmen gestellten Antrag, in unterschiedliche Richtungen gehen. Die Kommission hatte drei Möglichkeiten zu entscheiden. Zunächst konnte sie in einem Negativattest feststellen, dass für sie kein Anlass besteht, gegen das Vorhaben einzuschreiten (Art. 2 VO Nr. 17/62). Das Negativattest stellte zwar eine formelle Entscheidung gemäß Art. 249 EG dar[126], es war jedoch nur rein deklaratorisch und führte lediglich zu einer Selbstbindung der Kommission.[127]

Verstieß das angemeldete Kartell gegen Art. 81 Abs. 1 EG und lagen die Voraussetzungen des Art. 81 Abs. 3 EG vor, konnte es von der Kommission freigestellt werden (Art. 9 VO Nr. 17/62). Waren die Freistellungsvoraussetzungen des Art. 81 Abs. 3 EG hingegen nicht erfüllt, stellte die Kommission die Zuwiderhandlung fest (Art. 3 Abs. 1 VO Nr. 17/62). Die Feststellung einer Zuwiderhandlung konnte auch in einem von Amts wegen oder aufgrund einer Beschwerde eingeleiteten Verfahren erfolgen. Sie wurde vorgenommen, um die Beteiligten zum Abstellen der Zuwiderhandlung zu verpflichten, ihnen eine Geldbuße aufzuerlegen oder, wenn mit Wiederholung zu rechnen

---

125 Vorliegend ist festzuhalten, dass im Folgenden nicht zwingend formelle Entscheidungen gemäß Art. 249 EG gemeint sind, sondern zunächst jede Art von Maßnahmen der Kommission. Ob im Einzelfalle eine Entscheidung im rechtstechnischen Sinne vorliegt, wird jeweils an Ort und Stelle geprüft werden.

126 *Dißars*, Das Negativattest nach europäischem Kartellrecht, S. 7.

127 EuG, Urteil v. 8.6.1995, Rs. T-7/93 (Langnese-Iglo), Slg. 1995, II-1533, 1550.

war[128], die Rechtslage zu klären.[129] Um eine Überlastung der Kommission durch das schwerfällige Verfahren förmlicher Entscheidungen zu vermeiden, wurde das Institut des comfort letter entwickelt.[130] Schlussendlich wurden über 90 % der eingeleiteten Verfahren durch diesen oder durch Verfahrenseinstellungen beendet.[131]

II. Mit der Reform eingetretene Änderungen

Im Folgenden ist auf die durch die Reform eintretenden Veränderungen einzugehen.

1. Einzelfreistellung

Einzelfreistellungen, wie sie bislang von der Kommission nach Art. 9 VO Nr. 17/62 erlassen wurden, wird es nun nicht mehr geben. Vereinbarungen, welche die Voraussetzungen der Artt. 81 Abs. 1 und 82 EG nicht erfüllen oder welche die des Art. 81 Abs. 3 EG erfüllen, sind *de lege lata* erlaubt. Für konstitutive Freistellungsentscheidungen gibt es keinen Platz mehr.

2. Negativattest

Auch Negativatteste werden im neuen System nicht mehr erlassen werden. Gleichwohl sind auch jetzt Positiventscheidungen möglich, die nach Ansicht der Kommission mit den bisherigen Negativattesten vergleichbar sind.[132] Dies ist jedoch nur insoweit richtig, als es sich um die förmliche, deklaratorische Feststellung handelt, dass Art. 81 Abs. 1 EG nicht anwendbar ist und die Kommission aus diesem Grunde ein Tätigwerden nicht für notwendig hält.

3. comfort letter

Für das Institut des comfort letter wird in Zukunft kein Bedarf mehr bestehen. Sein Zweck, nämlich die Entlastung der Kommission durch den Wegfall förmlicher Entscheidungen, entfällt in einem System, in welchem Vereinbarungen ohne Behördenentscheidung automatisch und vom Gesetz her erlaubt sind.

B. Einführung neuer Entscheidungstypen

Die VO Nr. 1/2003 beinhaltet die Einführung einer Reihe neuer Entscheidungstypen, die in erster Linie für eine kohärente Anwendung des EG-Kartellrechts, mehr Transparenz und für Rechtssicherheit sorgen sollen. Im Folgenden werden diese Entscheidungstypen kurz dargestellt, ihre Rechtsnatur und Rechtswirkung erörtert und offene Fragen beantwortet. Ggf. werden Rechte von Unternehmen, die Adressaten der Kom-

---

[128] EuGH, Urteil v. 2.3.1983, Rs. 7/82 (GVL), Slg. 1983, 483, 502 f.

[129] *Ritter*, in: Immenga/Mestmäcker, EG-Wettbewerbsrecht, Bd. 2, VO 17, B., Art. 3 Rn. 25.

[130] Vgl. 1. Kap., § 2, B., II.

[131] Weißbuch Tz. 34.

[132] Weißbuch Tz. 89.

missionsentscheidungen sind, genauer untersucht. Diese sind, im Hinblick auf den mit einem Wechsel zu einem Legalausnahmesystem verbundenen Verlust an Rechtssicherheit, von besonderem Interesse.

I. Nichtanwendbarkeitsentscheidungen, Art. 10 VO Nr. 1/2003

Nach Art. 10 VO Nr. 1/2003 soll die Kommission aus Gründen des öffentlichen Interesses durch Entscheidung feststellen können, dass Art. 81 EG nicht anwendbar ist, weil entweder die Voraussetzungen des Absatzes 1 nicht greifen oder die Voraussetzungen des Absatzes 3 vorliegen, oder dass Art. 82 EG nicht einschlägig ist.

1. Grundsätzliches

Entscheidungen nach Art. 10 VO Nr. 1/2003 werden nach Art. 30 VO Nr. 1/2003 im Amtsblatt veröffentlicht. Im neuen System stellen Nichtanwendbarkeitsentscheidungen die einzige Art von Positiventscheidungen dar. Sie können in einem Legalausnahmesystem lediglich deklaratorischen Charakter haben.[133]

2. Rechtsnatur

Zunächst ist die Rechtsnatur von Entscheidungen nach Art. 10 VO Nr. 1/2003 zu klären, um dann auf ihre Rechtswirkung und auf die ihnen zukommende Bedeutung im neuen System eingehen zu können. Das europäische Recht kennt verschiedene Arten von Rechtsakten. Mit Ausnahme der sog. „akte sui generis"[134] sind sie alle in Art. 249 EG aufgezählt. Namentlich handelt es sich um Verordnungen (Art. 249 Abs. 2 EG), Richtlinien (Art. 249 Abs. 3 EG), Entscheidungen (Art. 249 Abs. 4 EG) und Empfehlungen und Stellungnahmen (Art. 249 Abs. 5 EG). Geklärt werden muss hier, welchem dieser Rechtsakte Entscheidungen nach Art. 10 VO Nr. 1/2003 zuzuordnen sind.

a. Wortlaut

Art. 10 VO Nr. 1/2003 spricht ausdrücklich von einer „Entscheidung" der Kommission. Daraus lässt sich jedoch nicht zwingend schließen, dass es sich um eine Entscheidung i. S. des Art. 249 Abs. 4 EG handeln soll. Schon der EG-Vertrag geht nicht von einem einheitlichen Entscheidungsbegriff aus.[135] Ob es sich tatsächlich um eine Entscheidung i.S. des Art. 240 Abs. 4 EG handelt, ist vielmehr danach zu beurteilen, ob

---

[133] VOV, Begründung zu Art. 10 VOV.

[134] *Bleckmann*, Europarecht Rn. 470.

[135] Beispielsweise meint Art. 230 Abs. 4 EG nicht zwingend Entscheidungen i.S. des Art. 249 Abs. 4 EG; vgl. *Krück*, in: v.d.Groeben/Thiesing/Ehlermann, Kommentar zum EU-/EG-Vertrag, Bd. 4, Art. 173 Rn. 44. Auch ist in Art. 100 Abs. 1 EG offensichtlich nicht eine Entscheidung i.S. des Art. 249 Abs. 4 EG gemeint, *Dißars*, Das Negativattest nach europäischem Kartellrecht, S. 6.

die Kommission bei der Anwendung des Art. 10 VO Nr. 1/2003 eine verbindliche Einzelfallregelung treffen will oder nicht.[136]

b. Sinn und Zweck

Durch den Erlass von Nichtanwendbarkeitsentscheidungen will die Kommission in bestimmten Fällen, namentlich wenn es das öffentliche Interesse verlangt, die Rechtslage klären, so die Wettbewerbspolitik festlegen und im neuen System ihrer Aufgabe, für Rechtseinheit zu sorgen, gerecht werden.[137] Durch Entscheidungen nach Art. 10 VO Nr. 1/2003 sollen Rechtsfragen für eine Fülle gleichgelagerter gegenwärtiger und künftiger Fälle geklärt werden.[138] Anders als Entscheidungen i.S. des Art. 249 Abs. 4 EG sollen sie scheinbar nicht nur für Einzelfälle gelten, sondern, eher wie Verordnungen, eine Vielzahl von Fällen regeln. Dennoch prüft die Kommission eine bestimmte Vereinbarung auf ihre Wettbewerbsmäßigkeit. Auch das wird aus dem Wortlaut des Art. 10 VO Nr. 1/2003 deutlich. Die Kommission will zwar für eine Vielzahl von nachfolgenden Fällen die Rechtslage klären. Dies soll jedoch durch die Beurteilung eines bestimmten Falles geschehen, durch welche dann automatisch später auftauchende Rechtsfragen in anderen Fällen geklärt werden können. Wie schon erwähnt soll Positiventscheidungen nach Art. 10 VO Nr. 1/2003 laut Weißbuch dieselbe Rechtswirkung zukommen wie Negativattesten im gegenwärtigen System. Auch dies spricht dafür, dass es sich hier um eine Einzelfallregelung i.S. des Art. 249 Abs. 4 handelt.[139]

3. Rechtswirkung

Die Entscheidungen nach Art. 10 VO Nr. 1/2003 im neuen System zukommende Bedeutung hängt unmittelbar mit ihrer Rechtswirkung zusammen. In diesem Zusammenhang stellt sich die Frage, inwieweit sie die Kommission selbst, aber auch nationale Behörden und Gerichte binden.

a. Selbstbindung der Kommission

Fraglich ist zunächst, ob die Kommission selbst an die von ihr nach Art. 10 VO Nr. 1/2003 erlassene Entscheidung gebunden sein wird oder ob sie weiterhin eine Untersagung aussprechen und Sanktionen verhängen können wird. Hierbei werden verschiedene Fälle zu unterscheiden sein.

---

136 *Oppermann*, Europarecht, Rn. 563.

137 VOV, Begründung zu Art. 10 VOV; VO Nr. 1/2003 Erwägungsgrund 14.

138 *Gröning*, Die dezentrale Anwendung des EG-Kartellrechts gemäß dem Vorschlag der Kommission zur Ersetzung der VO Nr. 17/62, WRP 2001, 83, 86.

139 Weißbuch Tz. 89.

aa. Veränderte Tatsachen

Zum einen der Fall, dass sich die der Nichtanwendbarkeitsentscheidung zugrunde liegenden Tatsachen geändert haben oder neue Tatsachen bekannt werden[140], unter deren Berücksichtigung eine Entscheidung nach Art. 10 VO Nr. 1/2003 nicht erlassen hätte werden dürfen. Für diesen Fall hätte sich aus dem Wortlaut des Art. 10 VOV unproblematisch ergeben, dass die Kommission an ihre Entscheidung selbst nicht gebunden ist. Hiernach sollte sie nämlich feststellen, dass Art. 81 EG nach den ihr „vorliegenden Erkenntnissen" keine Anwendung findet. Ihre Entscheidung hätte sich somit nicht auf erst später gewonnene Erkenntnisse bezogen. Art. 10 VO Nr. 1/2003 hingegen spricht nicht mehr von den der Kommission „vorliegenden Erkenntnissen". Diese Formulierung ist jedoch ohnehin überflüssig, da die Kommission immer nur nach den ihr vorliegenden Erkenntnissen entscheidet. Verändern sich die Tatsachen, so liegt ein anderer Sachverhalt zu Grunde und die Kommission ist nicht weiter an ihre Entscheidung gebunden.

bb. Unveränderte Tatsachen

Hiervon ist der Fall zu unterscheiden, dass sich weder die der Entscheidung zugrunde liegenden Tatsachen geändert haben, noch der Kommission neue Tatsachen bekannt geworden sind. An dieser Stelle wird nicht einfach unter Verweis auf den allgemeinen Grundsatz der „Selbstbindung der Verwaltung" eine Bindungswirkung angenommen werden können.[141] Richtigerweise ist nämlich zwischen „Selbstbindung durch ständige Verwaltungspraxis" und „Selbstbindung durch einen förmlichen Verwaltungsakt" zu unterscheiden.[142] Eine Abweichung von der ständigen Verwaltungspraxis ist nur dann zulässig, wenn kein Verstoß gegen den Gleichberechtigungsgrundsatz anzunehmen ist[143], wohingegen für die Abweichung von einem Verwaltungsakt andere Kriterien eine Rolle spielen. Der hier beschriebene Fall wird die Bindungswirkung der Kommis-

---

140 Was der Kommission bekannt ist, lässt sich aus den bei ihr vorliegenden Akten erkennen; so zumindest für den Fall des Negativattests Gleiss/Hirsch, Kommentar zum EWG- Kartellrecht, Bd. 2, Art. 2 VO Nr. 17/62 Rn. 12.

141 So aber *Sauter*, in: Langen/Bunte, Kommentar zum deutschen und europäischen Kartellrecht, Art. 2 VO Nr. 17 Rn. 5; v. Borries, Europarecht von A-Z, S. 427, *Ehricke*, Die Bindungswirkung von Negativattesten und Verwaltungsschreiben im Gemeinschaftsrecht, ZHR 158 (1994), 170, 176. Dies unter anderem deshalb, weil man sich ohne Art. 8 Abs. 3 Buchst. a VO Nr. 17/62, von welchem der Grundsatz der Selbstbildung der Verwaltung im Kartellrecht regelmäßig hergeleitet wird, mit einer Begründung schwer tun wird.

142 Schwarze, Europäisches Verwaltungsrecht, Bd. 2, S. 1044 f.

143 EuGH, Urteil v. 30.1.1974 Rs. 148/73 (Louwage), Slg. 1974, 81, 89; *Dißars*, Das Negativattest nach europäischem Kartellrecht, S. 136.

sion aufgrund eines vorausgegangenen Verwaltungsakts betreffen.[144] Aus dem auch im europäischen Recht geltenden Rechtsstaatsprinzip ergibt sich, dass ein bestandskräftiger Verwaltungsakt die Behörde bis zu seiner Aufhebung bindet.[145] Die Kommission wird somit nur dann an eine Entscheidung nach Art. 10 VO Nr. 1/2003 nicht mehr gebunden sein, wenn sie diese aufgehoben hat. Zu der Frage, wann auch rein deklaratorische Verwaltungsakte aufgehoben werden können, hat der EuGH einige allgemeine Rechtsgrundsätze entwickelt.[146]

(1) Rechtswidrige Kommissionsentscheidungen

Hiernach ist die Rücknahme[147] eines rechtswidrigen deklaratorischen Verwaltungsakts[148] ex-nunc möglich.[149] Bei einer Rücknahme ex-tunc ist eine Abwägung des öffentlichen Interesses an der Gesetzmäßigkeit der Verwaltung, mit dem im Einzelfall bestehenden privaten Vertrauensschutzinteresse, vorzunehmen.[150] Im Rahmen des Negativattests wird dem Vertrauen der betroffenen Unternehmen in die Erteilung des Negativattests grundsätzlich der Vorrang gewährt, weil gegenüber dem Adressaten der Entscheidung ein Vertrauenstatbestand geschaffen wurde, aufgrund dessen er mit einer Änderung der Lage nicht rechnen muss. Regelmäßig haben die betroffenen Unternehmen im Hinblick darauf schon erhebliche finanzielle Dispositionen vorgenommen.[151] Im Rahmen von Entscheidungen nach Art. 10 VO Nr. 1/2003 wird die hier vorgenommene Interessenabwägung jedoch anders ausfallen müssen. Eine Begründung liegt

---

[144] Entscheidungen nach Art. 249 Abs. 4 EG die an Private gerichtet sind, sind grundsätzlich mit Verwaltungsakten des deutschen Rechts vergleichbar; *Oppermann*, Europarecht, Rn. 565.

[145] Schwarze, Europäisches Verwaltungsrecht, Bd. 2, S. 846 ff.; *Dißars*, Das Negativattest nach europäischem Kartellrecht, S. 137.

[146] Vgl. EuGH, Urteil v. 1.6.1961 Rs. 15/60 (Simon), Slg. 1961, 239 ff.; Urteil v. 9.3.1978 Rs. 54/77 (Herpels), Slg. 1978, 585, 592; *Junker*, Der Verwaltungsakt im Deutschen und Französischen Recht und die Entscheidung im Recht der Europäischen Gemeinschaften, S. 174 ff., Schwarze, Europäisches Verwaltungsrecht, Bd. 2, S. 940 ff.

[147] Vgl. zur Terminologie *Püttner*, Der Schutz wohlerworbener Rechte im Gemeinschaftsrecht, EuR 1975, 219, 224. Auch in der deutschen Übersetzung einiger EuGH Entscheidungen werden die Begriffe Rücknahme und Widerruf verwendet; vgl. EuGH, Urteil v. 3.3.1982 Rs. 14/81 (Alpha Steel), Slg. 1982, 749, 764; Urteil v. 22.9.1983 Rs. 159/82 (Verli-Wallace), Slg. 1983, 2711, 2718 f.

[148] Um einen solchen wird es sich vorliegend handeln, wenn sich die Tatsachen verändert haben, oder neue Tatsachen bekannt geworden sind, die eine Entscheidung nach Art. 7 VOV rechtfertigen würden.

[149] EuGH, Urteil v. 1.6.1961 Rs. 15/60 (Simon), Slg. 1961, 239, 259 f.; Urteil v. 9.3.1978 Rs. 54/77 (Herpels), Slg. 1978, 585, 592.

[150] *Püttner*, Der Schutz wohlerworbener Rechte im Gemeinschaftsrecht, EuR 1975, 219, 222; Schwarze, Europäisches Verwaltungsrecht, Bd. 2, S. 963.

[151] *Däubler*, Der Widerruf von Verwaltungsakten im Recht der Europäischen Gemeinschaften, NJW 1965, 1646, 1650; *Wendt*, Zur Widerrufbarkeit von Negativattesten im EWG Kartellrecht, AWD/BB 1964, 20, 21; *Dißars*, Das Negativattest nach europäischem Kartellrecht, S. 144.

wiederum in ihrem Sinn und Zweck. Im Unterschied zu Adressaten eines Negativattestes haben Adressaten einer Entscheidung nach Art. 10 VO Nr. 1/2003 kein Antragsrecht.[152] Entsprechende Entscheidungen erlässt die Kommission lediglich im öffentlichen Interesse und zur Festlegung der Wettbewerbsregeln. Berücksichtigt man dies, so müsste das öffentliche Interesse an der Gesetzmäßigkeit der Verwaltung im vorliegenden Fall größer sein als der private Vertrauensschutz betroffener Unternehmen. Der Zweck von Nichtanwendbarkeitsentscheidungen liegt gerade nicht darin, für betroffene Unternehmen die Sachlage zu klären. Dies würde ohnehin einem Legalausnahmeprinzip widersprechen. Der Zweck von Nichtanwendbarkeitsentscheidungen liegt darin, klare Rechtsverhältnisse zu schaffen und so die Wettbewerbsregeln zentral festzulegen. Letzteres ist jedoch bei der Aufrechterhaltung von rechtwidrigen Verwaltungsakten nicht möglich. Das öffentliche Interesse wird somit höher einzuordnen sein als das private Interesse der Betroffenen. Die Kommission muss folglich rechtwidrige Entscheidungen nach Art. 10 VO Nr. 1/2003 auch mit Wirkung ex-tunc zurücknehmen dürfen.

(2) Rechtmäßige Kommissionsentscheidungen

Ebenfalls von Interesse ist, ob der Widerruf einer rechtmäßigen Nichtanwendbarkeitsentscheidung möglich ist. Dies muss sowohl für den Widerruf ex-nunc als auch für den Widerruf ex-tunc abgelehnt werden. Das für den Fall der Rücknahme beschriebene öffentliche Interesse an der Rechtmäßigkeit der Verwaltung kann hier zur Argumentation nicht mehr herangezogen werden, da das Ziel, die Wettbewerbsregeln festzulegen und für eine einheitliche Rechtsanwendung zu sorgen, durch die Aufrechterhaltung einer rechtmäßigen Entscheidung nicht gefährdet werden würde. Das private Vertrauensschutzinteresse der Betroffenen wiegt hier also schwerer als das öffentliche Interesse und muss diesem somit vorgehen.

cc. Ergebnis

Die Kommission ist an eine Entscheidung nach Art. 10 VO Nr. 1/2003 nicht gebunden, wenn sich die zugrunde liegenden Tatsachen ändern oder der Kommission veränderte Tatsachen nachträglich bekannt werden. Haben sich die der Entscheidung zugrunde gelegten Tatsachen nicht geändert, sondern lediglich die Rechtsansicht der Kommission, so ist sie an die Entscheidung nur dann nicht gebunden, wenn sie diese vorher durch Aufhebung beseitigt hat. Ist die von der Kommission erlassene Entscheidung rechtswidrig, so ist eine Aufhebung grundsätzlich möglich. Der Widerruf einer rechtmäßigen Nichtanwendbarkeitsentscheidung ist hingegen ausgeschlossen. Dies

---

[152] Hierzu später 2. Kap., § 1, B., I., 4., a.

ergibt sich in erster Linie aus dem Zweck des Art. 10 VO Nr. 1/2003, die Wettbewerbspolitik festzulegen und so für eine einheitliche Rechtsanwendung zu sorgen.

b. Bindungswirkung gegenüber nationalen Wettbewerbsbehörden

Fraglich ist, welche Wirkung Nichtanwendbarkeitsentscheidungen auf nationale Wettbewerbsbehörden haben.

aa. Echte Bindungswirkung

Nach Art. 10 des VOV hätte eine echte Bindungswirkung nationaler Kartellbehörden an Nichtanwendbarkeitsentscheidungen der Kommission aufgrund der Formulierung „der ihr vorliegenden Erkenntnisse" abgelehnt werden müssen. Entscheidungen hätten sich somit lediglich auf die von der Kommission gewonnenen Erkenntnisse und nicht auf die einer nationalen Kartellbehörde bezogen. Eine tatsächliche Bindungswirkung wäre hier ausdrücklich ausgeschlossen gewesen. Wie schon erwähnt, wurde von dem Wortlaut des VOV in der VO schließlich abgesehen. Somit drängt sich die Frage auf, ob Kommissionsentscheidungen nach Art. 10 VO Nr. 1/2003 nunmehr echte Bindungswirkung gegenüber nationalen Behörden entfalten können. Die Frage nach einer echten Bindungswirkung kann jedoch dahinstehen, wenn nationale Behörden ohnehin faktisch gebunden sind.

bb. Bindungswirkung durch Zuständigkeitsverlust

Hat die Kommission ein Verfahren bereits eingeleitet, so verliert die nationale Behörde nach Art. 11 Abs. 6 VO Nr. 1/2003 die Zuständigkeit für ein weiteres Eingreifen. Ihre Zuständigkeit könnte jedoch nach Abschluss des Kommissionsverfahrens wieder aufleben.

Dieses Problem wurde bislang im Rahmen von Negativattesten diskutiert, wo teilweise ein Wiederaufleben der Zuständigkeit mit Erlass der Entscheidung befürwortet wurde. Der vorübergehende Zuständigkeitsverlust habe nach dieser Ansicht lediglich die Aufgabe, die nationalen Behörden zu zwingen, die Beurteilung des Falles durch die Kommission abzuwarten, um diese möglichenfalls berücksichtigen zu können.[153] Hiergegen wurde jedoch richtigerweise vorgebracht, dass Art. 9 Abs. 3 VO Nr. 17/62 die Einleitung eines der Verfahren nach Art. 2, 3 oder 6 VO Nr. 17/62 voraussetzt. Das Verfahren zur Erteilung eines Negativattests wurde mit dem Antrag des Unternehmens eingeleitet. In diesem Zeitpunkt musste die nationale Behörde endgültig ihre Zuständigkeit verlieren. Hätte der Gesetzgeber einen nur vorübergehenden Zuständigkeits-

---

[153] *Mestmäcker*, Europäisches Wettbewerbsrecht, S. 557; *Gleiss/Hirsch*, Kommentar zum EWG-Kartellrecht, Bd. 2, Art. 9 VO Nr. 17/62 Rn. 13.

verlust gewollt, hätte er dies im Wortlaut des Art. 9 Abs. 3 VO Nr. 17/62 deutlich gemacht.[154]

Da Art. 11 Abs. 6 VO Nr. 1/2003 dem Art. 9 Abs. 3 VO Nr. 17/62 insoweit entspricht, kann die Argumentation übernommen werden. Mit Art. 11 Abs. 6 VO Nr. 1/2003 soll ein dauerhafter Zuständigkeitsverlust der nationalen Behörden erreicht werden. Nur auf diese Weise ist es der Kommission möglich, abweichende Entscheidungen nationaler Kartellbehörden zu verhindern und das mit Art. 11 Abs. 6 VO Nr. 1/2003 verfolgte Ziel[155], für eine einheitliche Rechtsanwendung zu sorgen, zu erreichen. Hat die Kommission ein Verfahren eingeleitet, entfällt auch im neuen System die Zuständigkeit der nationalen Behörde endgültig.[156] Eine dauerhafte faktische Bindung nationaler Behörden an die Nichtanwendbarkeitsentscheidungen der Kommission in Form eines Zuständigkeitsverlustes muss somit bejaht werden.

c. Bindungswirkung gegenüber nationalen Gerichten

Für ein Tätigwerden nationaler Gerichte kommen im Rahmen von zivilrechtlichen Streitigkeiten insbesondere zwei Fälle in Betracht.[157] Zum einen wären dies Schadensersatz- oder Unterlassungsklagen, mit welchen sich ein drittes Unternehmen, das sich durch wettbewerbsbeschränkende Maßnahmen anderer Unternehmen beeinträchtigt fühlt, zur Wehr setzen will und sich dabei auf Art 81 Abs. 1 EG als Schutzgesetz i.S. des § 823 Abs. 2 BGB stützt. Zum anderen Leistungsklagen einer Vertragspartei, wenn diese Erfüllung oder Schadensersatz fordert, weil ihr Vertragspartner die getroffene Vereinbarung als nicht interessengerecht erachtet und deshalb nicht länger am Vertrag festhalten will. In diesen Fällen ist zu klären, ob nationale Gerichte an die Entscheidungen der Kommission gebunden sind und so im Falle einer vorausgehenden Nichtanwendbarkeitsentscheidung der Kommission etwaige Schadensersatz- oder Unterlassungsklagen Dritter abweisen bzw. Leistungsklagen betroffener Vertragspartner stattgeben müssen.

---

[154] *Ehricke*, Die Bindungswirkung von Negativattesten und Verwaltungsschreiben im Gemeinschaftsrecht, ZHR 158 (1994), 170, 180 f.

[155] Vgl. VOV, Erwägungsgrund 15.

[156] Hierfür spricht auch die Ausführung der Kommission in ihrer Bekanntmachung über die Zusammenarbeit innerhalb des Netzes der Wettbewerbsbehörden, ABl.EG vom 27.04.2004 Nr. C 101/43, 50.

[157] *Gröning*, Zur Gefahr divergierender Entscheidungen bei dezentraler Anwendung des EG-Kartellrechts, WRP 2000, 882, 882 f.

aa. Echte Bindungswirkung

Für eine echte Bindungswirkung von Nichtanwendbarkeitsentscheidungen der Kommission könnte zum einen eine einheitliche Rechtsanwendung, um derentwillen Art. 10 VO Nr. 1/2003 immerhin entwickelt wurde, sprechen. Davon abgesehen ist zu bemerken, dass es der Verwerfung von Kommissionsentscheidungen gleichkommt, wenn nationale Gerichte Entscheidungen treffen, die diesen widersprechen. Zur Überprüfung und Verwerfung von Entscheidungen der Gemeinschaftsorgane ist jedoch ausschließlich der EuGH befugt. Für eine echte Bindungswirkung spricht also zum anderen das Verwerfungsmonopol des EuGH. Dessen ungeachtet wird die Bindungswirkung beispielsweise von Negativattesten von der h.M. verneint. Rechtliche Verbindlichkeit kann der Beurteilung der Kommission nur zukommen, soweit sie mit rechtsgestaltender Wirkung ausgestattet ist. Ohne eine rechtsbegründende Kraft der Kommissionsentscheidung ist eine Bindungswirkung nicht anzunehmen.[158] Diese ist bei der Anwendung unmittelbaren Rechts aber grundsätzlich nicht vorhanden.[159] Der Grundsatz der Gewaltenteilung, der zu den wesentlichen Errungenschaften der rechtstaatlichen Kultur aller Mitgliedstaaten gehört, garantiert den nationalen Gerichten Unabhängigkeit gegenüber der Kommission.[160] Auch Entscheidungen nach Art. 10 VO Nr. 1/2003 sind lediglich deklaratorisch. Eine rechtsgestaltende Wirkung kommt ihnen selbst dann nicht zu, wenn die Kommission Art. 81 Abs. 1 EG für unanwendbar hält, weil die Voraussetzungen des Absatzes 3 gegeben sind. Der Grundsatz der Gewaltenteilung muss somit auch im Rahmen von Nichtanwendbarkeitsentscheidungen gegen eine echte Bindungswirkung gegenüber nationalen Gerichten sprechen.

---

[158] *Esser-Wellié*, Die Anwendung der Artikel 85 und 86 EG-Vertrag durch nationale Gerichte, WuW 1995, 457, 463.

[159] Vgl. auch *Baur/Weyer*, in: Frankfurter Kommentar, Bd. 6, EG-Vertrag, Art. 81 Zivilrechtsfolgen Tz. 160.

[160] EuG Urteil v. 24.1.1995, Rs. T 114/92 (BEMIM/Kommission), Slg. 1995, II-147 Rz. 65; *Van Bael/Bellis*, Competition Law of the EEC, p. 515; *Bellamy/Child*, Common Market Law of Competition, 4. Aufl. 1993 Rz. 10-022; *Braakmann*, Die Anwendung der Art. 85 und 86 des EG-Vertrags durch die Gerichte der Mitgliedstaaten, S. 1, 111 Rz. 272; *Obernolte*, Die erste Durchführungsverordnung zu den Artikeln 85 und 86 des EWG-Vertrages, WRP 1962, 103, 108; *Winterfeld*, Neuere Entwicklungen bei der Vereinfachung und Beschleunigung von Kartellverwaltungsverfahren vor der EG Kommission, RIW 1984, 929, 930; Esser-Wellié, Die Anwendung der Artikel 85 und 86 EG-Vertrag durch nationale Gerichte, WuW 1995, 457, 463 f.; *Faull/Weiler*, Conflicts of Resolution in European Competition Law, E.L.Rev. 1978, 116, 127 f.; a.A. *Ehricke*, Die Bindungswirkungen von Negativattesten und Verwaltungsschreiben im Gemeinschaftsrecht, ZHR, 158 (1994), 170, 176 ff. Der EuGH hat zu dieser Frage bislang nicht ausdrücklich Stellung genommen. Wenigstens ist unklar, ob er sich bei der Bejahung der Bindungswirkung in seinem „L'Oréal-Urteil" nicht lediglich auf Freistellungsentscheidungen bezieht, EuGH, Urteil v. 11.12.1980 Rs. 31/80 (L'Oréal/De Nieuwe Amck), Slg. 1980, 3775, 3788 f.; vgl. auch *Baur/Weyer*, in: Frankfurter Kommentar, Bd. 6, EG-Vertrag, Art. 81 Zivilrechtsfolgen Tz. 164.

bb. Bindungswirkung durch Zuständigkeitsverlust

Im Zusammenhang mit Art. 9 Abs. 3 VO Nr. 17/62 war die h.M. der Ansicht, dass Gerichte nicht unter Behörden in dem dort genannten Sinne fallen.[161] Sie haben somit bei Verfahrenseinleitung durch die Kommission nicht ihre Zuständigkeit verloren. Der EuGH leitete dies daraus ab, dass Artt. 81, 82 EG unmittelbar Rechte entstehen lassen können. Diese wären beeinträchtigt, wenn die zu ihrer Anwendung zuständigen Gerichte durch Verfahrenseinleitung der Kommission an einer Rechtsprechung gehindert werden könnten.[162] Aus Art. 11 Abs. 6 VO Nr. 1/2003 wird noch deutlicher als bisher, dass ein Zuständigkeitsverlust gegenüber nationalen Gerichten nicht eintreten soll. Im Gegensatz zu Art. 9 Abs. 3 VO Nr. 17/62 spricht dieser nämlich nicht mehr nur von Behörden, sondern von Wettbewerbsbehörden der Mitgliedstaaten. Dass Gerichte hiervon nicht umfasst sind, ergibt sich aus dem Wortlaut. Eine Bindungswirkung durch Zuständigkeitsverlust tritt hier also nicht ein.

d. Art. 16 VO Nr. 1/2003

Es könnte jedoch Art. 16 VO Nr. 1/2003 zu einer Bindungswirkung von Nichtanwendbarkeitsentscheidungen der Kommission führen. Nach Art. 16 VO Nr. 1/2003 dürfen die Gerichte und Behörden der Mitgliedstaaten nicht Entscheidungen erlassen, die zu Entscheidungen der Kommission in Widerspruch stehen.

aa. Bindungswirkung gegenüber nationalen Behörden

Aus Art. 16 des VOV wurde lediglich ersichtlich, dass Entscheidungen nationaler Behörden nicht mit Entscheidungen der Kommission in Widerspruch stehen dürfen. In der Begründung zu Art. 16 VOV führte die Kommission weiter aus, dass nationale Behörden widersprüchliche Entscheidungen vermeiden müssen, soweit der Sachverhalt *derselbe* ist. An dieser Stelle hätte sich die Frage gestellt, wie diese Formulierung ausgelegt werden muss. Hierbei wäre Art. 11 Abs. 6 VOV zu berücksichtigen gewesen, welcher Art. 11 Abs. 6 der VO Nr. 1/2003 entspricht. Eine Entscheidung der nationalen Behörde wäre wegen des Zuständigkeitsverlustes nicht mehr möglich gewesen. Dies bedeutet jedoch gleichzeitig, dass Art. 16 VOV nicht zur Anwendung gekommen wäre, wenn es sich um die Beurteilung desselben Falles gehandelt hätte. Da anzunehmen ist, dass die Kommission den Anwendungsbereich des Art. 16 VOV in

---

[161] EuGH, Urteil v. 28.2.1991, Rs. C-234/89 (Delimitis/Henninger Bräu), Slg. 1991 I, 935, 991 ff. Rn. 43 ff.; *Emmerich*, Kartellrecht, S. 518; *Kambourolgou*, EWG- Wettbewerbspolitik und Subsidiarität, WuW 1993, 273, 282; *Obernolte*, Die erste Durchführungsverordnung zu den Artikeln 85 und 86 des EWG-Vertrages, WRP 1962, 103, 109; *Langen*/Bunte, Kommentar zum deutschen und europäischen Kartellrecht, Einf. zum EG-Kartellrecht Rn. 68 f.; *Ritter*, in: Immenga/Mestmäcker, EG- Wettbewerbsrecht, Bd. 2, VO 17, B., Art. 9 Rn. 10.

[162] EuGH, Urteil v. 30.1.1974 Rs. 127/73 (BRT/SABAM I), Slg. 1974, 51, 63.

Bezug auf nationale Behörden nicht auf Null reduzieren wollte, wäre davon auszugehen gewesen, dass sie mit „derselbe Sachverhalt" die gleiche Art von Vereinbarung mit den gleichen Auswirkungen meinte. Es sollte sich nicht zwingend um die gleichen Unternehmen oder den gleichen räumlich relevanten Markt handeln, sondern lediglich um die gleichen, den Wettbewerbsverstoß begründenden oder ausschließenden Voraussetzungen. Im Zusammenhang mit nationalen Behörden wäre Art. 16 VOV demnach dann zur Anwendung gekommen, wenn es sich um einen gleich gelagerten Fall handelt.[163] Diese Auslegung hätte der unbestimmte Wortlaut des Art. 16 VOV auch zugelassen.

Problematischer ist dies jedoch bei Art. 16 VO Nr. 1/2003. Nach dessen Wortlaut sind widersprüchliche Entscheidungen verboten, wenn „Wettbewerbsbehörden der Mitgliedstaaten nach Artikel 81 oder 82 des Vertrags über Vereinbarungen, Beschlüsse oder Verhaltensweisen zu befinden haben, die bereits Gegenstand einer Entscheidung der Kommission sind". Es stellt sich die Frage, ob hier „dieselben" Vereinbarungen gemeint sind oder gleichartige Vereinbarungen. Für letzteres spricht auch hier die Tatsache, dass sich der Anwendungsbereich des Art. 16 VO Nr. 1/2003 gegenüber nationalen Behörden auf Null reduzieren würde. Dieses Argument gewinnt auch hinsichtlich der Tatsache an Bedeutung, dass die endgültige Fassung, im Gegensatz zur ursprünglichen Fassung des Art. 16 VO Nr. 1/2003, durch die Einteilung in zwei Absätze speziell zwischen Gerichten und nationalen Behörden unterscheidet. Eine besondere Erwähnung der Wirkung gegenüber nationalen Behörden in Absatz 2 wäre jedoch nicht erforderlich gewesen, wenn Art. 16 VO Nr. 1/2003 gegenüber diesen ohnehin nicht zur Anwendung kommen würde. Gegen eine solche Auslegung spricht zum einen, dass in den Erwägungsgründen der VO Nr. 1/2003 von einer Bindungswirkung gegenüber allen gleich gelagerten Fällen keine Rede ist. Dies ist vor allem im Hinblick darauf bemerkenswert, dass Art. 16 VO Nr. 1/2003 in seiner endgültigen Fassung wesentlich weitergehende Pflichten manifestiert als in seiner ursprünglichen Fassung. Nationale Behörden und Gerichte sollen nunmehr nicht nur bestrebt, sondern verpflichtet sein, keine widersprüchlichen Entscheidungen zu erlassen. Bezieht sich diese Verpflichtung nicht nur auf denselben, sondern auf alle gleich gelagerten Fälle, so wäre, wegen der weitreichenden Folgen einer solchen Vorschrift, eine ausdrückliche Regelung erforderlich gewesen. Deshalb kann davon ausgegangen werden, dass der 2. Absatz des Art. 16 VO Nr. 1/2003 nur der Vollständigkeit halber, und vielleicht deshalb – anders als es der Systematik der VO sonst entspricht – auch an zweiter Stelle, in

[163] So im Ergebnis auch *Eilmansberger*, Zum Vorschlag der Kommission für eine Reform des Kartellvollzugs, JZ 2001, 365, 372.

Art. 16 VO Nr. 1/2003 aufgenommen wurde. Sein Anwendungsbereich wird jedoch praktisch auf Null reduziert sein.

bb. Bindungswirkung gegenüber Gerichten

Schließlich stellt sich die Frage der Bindungswirkung gegenüber nationalen Gerichten.

(1) Anwendungsbereich

Haben nationale Gerichte nach Art. 81 oder 82 des Vertrags über Vereinbarungen, Beschlüsse oder Verhaltensweisen zu befinden, die bereits Gegenstand einer Entscheidung der Kommission sind, dürfen sie nach Art. 16 VO Nr. 1/2003 nicht Entscheidungen erlassen, die Entscheidungen der Kommission zuwider laufen. Dies gilt auch bezüglich Entscheidungen, welche die Kommission in einem von ihr eingeleiteten Verfahren zu erlassen beabsichtigt. Nationale Gerichte sind nicht Behörden i.S. des Art. 11 Abs. 6 VO Nr. 1/2003. Ein Zuständigkeitsverlust bei Einleitung eines Verfahrens durch die Kommission tritt somit nicht ein.[164] Art. 16 VO Nr. 1/2003 findet gegenüber nationalen Gerichten somit seinen eigentlichen Anwendungsbereich.

(2) Wirkung

Im VOV stützte die Kommission Art. 16 ausdrücklich auf Art. 10 EG und den Grundsatz der einheitlichen Anwendung des Gemeinschaftsrechts. Aus Art. 10 EG ergibt sich die Pflicht, die uneingeschränkte und einheitliche Anwendung des Gemeinschaftsrechts und die Wirksamkeit der zu dessen Vollzug ergangenen Maßnahmen nicht zu beeinträchtigen.[165] Hieraus können sich sowohl Konsultations- als auch Informationspflichten der Mitgliedstaaten ergeben.[166] Art. 10 EG entfaltet jedoch nicht unmittelbare Wirkung. Er ist vielmehr immer im Zusammenhang mit anderen Vorschriften des Gemeinschaftsrechts zu sehen. Der EuGH fordert grundsätzlich eine Ausgestaltung von Art. 10 EG durch entsprechende Rechtsakte der Gemeinschaft.[167] An diese Stelle kann Art. 16 VO Nr. 1/2003 treten. Geklärt werden muss in diesem Zusammenhang, welche Pflichten sich hieraus für nationale Behörden und Gerichte ergeben.

Nach Art. 16 VOV sollten nationale Gerichte bestrebt sein, widersprüchliche Entscheidungen zu vermeiden. Das nationale Gericht hat sich in der Urteilsbegründung

---

164 Vgl. 2. Kap., § 1, B., I., 3., b., bb.

165 EuGH, Urteil v. 10.1.1985 Rs. 229/83 (Leclerc/Au blé vert), Slg. 1985, 17, 31; EuGH, Urteil v. 29.1.1985 Rs. 231/83 (Cullet/Leclerc), Slg. 1985, 315, 319 f.

166 *Zuleeg*, in: v.d. Groeben/Thiesing/Ehlermann, Kommentar zum EWG-Vertrag, Bd. 4, 5. Aufl., Art. 5 Rn. 9.

167 *Zuleeg*, in: v.d. Groeben/Thiesing/Ehlermann, Bd. 4, 5. Auflage, Art. 5 Rn. 9; EuGH, Urteil v. 24.5.1982 Rs. 96/81 (Badegewässer), Slg. 82, 1791, 1803; EuGH, Urteil v. 25.5.1982 Rs. 97/81 (Trinkwasser), Slg. 82, 1819, 1832.

jedoch ohnehin mit der Nichtanwendbarkeitsentscheidung auseinander zu setzen. Die in Art. 16 VOV niedergelegten Verpflichtungen hätten somit auch ohne diesen, aufgrund der nationalen Pflicht sich mit dem Prozessstoff und den Beweisergebnissen auseinander zu setzen, bestanden.[168] Nach Art. 16 VO Nr. 1/2003 besteht nun die Pflicht, keine widersprüchlichen Entscheidungen zu erlassen. Dies kann zum einen durch ein Vorabentscheidungsersuchen an den EuGH nach Art. 234 EG oder, wenn ein Verfahren bei der Kommission gerade anhängig ist, die Aussetzung des Verfahrens bis zu deren Stellungnahmen gewährleistet werden.

Art. 16 VO Nr. 1/2003 will somit neben der in Art. 234 EG bestimmten Vorlagepflicht für letztinstanzliche Urteile eine Vorlagepflicht für unterinstanzliche Gerichtsentscheidungen begründen. Nach der Foto-Frost Rechtsprechung des EuGH begründet Art. 234 Abs. 3 EG eine solche Frist nicht nur für letztinstanzliche Gerichte sondern auch für unterinstanzliche Gerichte, wenn diese von der Ungültigkeit von Handlungen der Gemeinschaftsorgane ausgehen wollen.[169] Dies gilt jedenfalls dann, wenn es sich um rechtsgestaltende Kommissionsentscheidungen handelt. Vorliegend wird es sich jedoch um deklaratorische Entscheidungen der Kommission handeln. Nach verbreiteter Ansicht ist jedoch auch in diesen Fällen eine Vorlage geboten, wenn die Entscheidung des Gerichts die Rechtsfolgenanordnung der Kommission konterkarieren würde.[170] Im Falle von Nichtanwendbarkeitsentscheidungen wird diese Gefahr jedoch nicht bestehen. Art. 16 VO Nr. 1/2003 geht diesbezüglich somit über die Rechtsprechung des EuGH hinaus. Auch besteht im Bereich einer feststellenden Entscheidung der Kommission nach Art. 81 Abs. 1 EG bislang keine gemeinschaftsrechtliche Pflicht zur Aussetzung des Verfahrens bis zu einer Stellungnahme der Kommission. Dies resultiert schon aus der unmittelbaren Anwendbarkeit der Vorschrift.[171] Auch diesbezüglich geht Art. 16 VO Nr. 1/2003 also über die bestehende Rechtslage hinaus.

(3) Verstoß

Ein Verstoß gegen Art. 16 VO Nr. 1/2003 wird anzunehmen sein, wenn nationale Gerichte Entscheidungen fällen, die zu Nichtanwendbarkeitsentscheidungen der Kom-

---

168 *Ehricke*, Die Bindungswirkung von Negativattesten und Verwaltungsschreiben im Gemeinschaftsrecht, ZHR 158 (1994), 170, 175; *Esser-Wellié*, Die Anwendung der Artikel 85 und 86 EG-Vertrag durch nationale Gerichte, WuW 1995, 457, 464; *Bornkamm*, Anwendung des EG-Kartellrechts durch den nationalen Zivilrichter, in: Schwerpunkte des Kartelllrechts 1992/93, S. 51, 55; *Dißars*, Das Negativattest nach europäischem Kartellrecht, S. 189.

169 EuGH, Urteil v. 22.10.1987, Rs. 314/85 (Foto-Frost), Slg. 1987, 4225, 4231.

170 *Baur/Weyer*, in: Frankfurter Kommentar, Bd. 6, EG-Vertrag, Art. 81 Zivilrechtsfolgen Tz. 206.

171 *Schröter*, in: v.d.Groeben/Thiesing/Ehlermann, Kommentar zum EU-/EG-Vertrag, Bd. 2/I, Art. 85 Abs. 2 Rn. 204; *Baur/Weyer*, in: Frankfurter Kommentar, Bd. 6, EG-Vertrag, Art. 81 Zivilrechtsfolgen Tz. 206.

mission in Widerspruch stehen. Hierbei stellt sich die Frage, wann von einer widersprüchlichen Entscheidung überhaupt gesprochen werden kann. In der Begründung zu Art. 16 des VOV führte die Kommission aus, dass das Potenzial für widersprüchliche Entscheidungen vom Tenor der Kommissionsentscheidung abhinge. Nationale Gerichte treffen widersprüchliche Entscheidungen zu den Nichtanwendbarkeitsentscheidungen der Kommission in jedem Fall dann, wenn sie Schadensersatz- oder Unterlassungsklagen Dritter stattgeben oder Leistungsklagen von Vertragsparteien abweisen, weil nach ihrer Ansicht die Voraussetzungen des Art. 81 EG vorliegen. Ungewiss ist, ob von einer widersprüchlichen Entscheidung auch dann gesprochen werden kann, wenn Klagen Dritter abgewiesen werden bzw. Klagen von Vertragspartnern entsprochen wird. Hält das nationale Gericht Art. 81 EG aus demselben Grunde für nicht einschlägig wie die Kommission dürften sich keine Probleme ergeben. Halten beide Art. 81 EG zwar für nicht einschlägig, ist jedoch das Gericht der Ansicht, dass die Voraussetzungen des Absatz 1 nicht gegeben sind und die Kommission der Ansicht, dass die Voraussetzungen des Absatz 3 vorliegen oder umgekehrt, stellt sich die Frage, ob von widersprüchlichen Entscheidungen gesprochen werden kann. Bei Negativattesten der Kommission gehörte zum Tenor der Entscheidung lediglich die Feststellung, dass kein Anlass zu einem Einschreiten besteht. In den Entscheidungsgründen wurde dann präzisiert, warum die angemeldete Vereinbarung nicht unter Art. 81 Abs. 1 EG fällt.[172] Hieraus lässt sich jedoch nicht zwingend schließen, dass die Kommission auch im neuen System im Tenor nicht feststellt, dass für Art. 81 Abs. 1 EG die Voraussetzungen fehlen bzw. Art. 81 Abs. 3 EG einschlägig ist. Im Rahmen von Negativattesten konnte Art. 81 EG nämlich ohnehin nur deshalb für nicht anwendbar erklärt werden, weil die Voraussetzungen des Art. 81 Abs. 1 EG nicht vorliegen. Gegen eine genaue Festlegung im Tenor spricht zum einen, dass dieser grundsätzlich keinen Platz für Begründungen in irgendeiner Weise hat. Anders kann es deshalb nur aussehen, wenn die Feststellung nicht lediglich Begründung sein soll. Die Kommission wird jedoch grundsätzlich bestrebt sein, ihre Entscheidung weitest möglich für die Mitgliedstaaten verbindlich zu machen. Es kann somit sein, dass sich ihre Praxis dahingehend entwickeln wird, im Tenor zu bestimmen, warum Art. 81 EG nicht anwendbar ist. Jede nähere Begründung wird dann in den Entscheidungsgründen zu finden sein. Fraglich ist dennoch, ob eine Festlegung im Tenor zu einer derartigen Bindung führen kann. Hierbei ist vom Zweck des Art. 16 VO Nr. 1/2003 auszugehen. Dieser liegt in der einheitlichen Anwendung des Gemeinschaftsrechts zur Schaffung von Rechtssicherheit. Gerichtsentscheidungen werden im Interesse des Einzelnen getroffen. Sie dienen nicht

---

[172] *Ritter*, in: Immenga/Mestmäcker, EG-Wettbewerbsrecht, Bd. 2, VO 17, B., Art. 2 Rn. 23.

dem öffentlichen Interesse. Dem Interesse derjenigen Partei, für welche die Kommissionsentscheidung positiv ist, ist jedoch schon dann gedient, wenn das Urteil bezüglich der Rechtsfolgen mit der Kommissionsentscheidung übereinstimmt. Auf die Gründe im Einzelnen kommt es nicht an. Auf die Frage, warum das nationale Gericht Art. 81 EG für nicht anwendbar erklärt, kann es somit nicht ankommen.

(4) Folgen eines Verstoßes

Problematisch stellt sich die Frage dar, welche Folgen ein Verstoß gegen Art. 16 VO Nr. 1/2003 nach sich zieht. In Betracht kommt hier lediglich ein Vertragsverletzungsverfahren gemäß Art. 226 EG.[173] Zwar kommt dem feststellenden Urteil des EuGH, der Mitgliedstaat begehe eine Vertragsverletzung, nicht nur deklaratorische Wirkung zu. Vielmehr verpflichtet es diesen nach Art. 228 EG zur Regulierung des Verstoßes.[174] Zum einen gibt es jedoch Probleme bei der Zwangsvollstreckung gegen einzelne Staaten,[175] zum anderen kann nach dem Eintreten der Rechtskraft des Gerichtsurteils die Vertragsverletzung grundsätzlich nicht mehr beseitigt werden. Das Urteil des EuGH könnte dann nur für gleich gelagerte Fälle in der Zukunft gelten. Aus diesem Grund war bislang die Reaktion der Kommission auf Vertragsverletzungen durch Gerichte sehr zurückhaltend.[176]

e. Ergebnis

Nichtanwendbarkeitsentscheidungen der Kommission entfalten gegenüber nationalen Behörden aufgrund des Zuständigkeitsverlustes nach Art. 11 Abs. 6 VO Nr. 1/2003 jedenfalls eine dauerhafte faktische Bindungswirkung. Der Anwendungsbereich von Art. 16 Abs. 2 VO Nr. 1/2003 wird deshalb praktisch gen Null laufen. Gegenüber nationalen Gerichten hingegen besteht weder eine echte noch eine faktische Bindungswirkung von Nichtanwendbarkeitsentscheidungen. Art. 16 Abs. 1 VO Nr. 1/2003 findet gegenüber nationalen Gerichten somit seinen eigentlichen Anwendungsbereich. Durch ihn wird eine Vorlagepflicht für unterinstanzliche Gerichte begründet. Ein Verstoß gegen Art. 16 Abs. 1 VO Nr. 1/2003 ist immer dann zu bejahen, wenn nationale Gerichte Schadensersatz- oder Unterlassungsklagen Dritter stattgeben oder Leistungs-

---

173 Dass auch nationale Gerichte Vertragsverletzungen vornehmen können, ist unbestritten; vgl. *Oppermann/Hiermaier*, Zur Einführung: Das Rechtsschutzsystem des EWG-Vertrags, JuS 1980, 785, 786; *Däubler*, Die Klage der EWG-Kommission gegen einen Mitgliedstaat, NJW 1968, 325, 326 f.

174 *Bernhardt*, Das Vertragsverletzungsverfahren gemäß Art. 169 EWGV und seine Anwendung durch die Kommission gegen einen Mitgliedstaat im Rahmen des freien Warenverkehrs, in: Seidl-Hohenveldern, Auf dem Weg nach Europa-Fragen zur europäischen Integration, S. 97.

175 *Oppermann/Hiermaier*, Zur Einführung: Das Rechtsschutzsystem des EWG-Vertrags, JuS 1980, 785, 786.

176 *Krück*, in: v.d.Groeben/Thiesing/Ehlermann, Kommentar zum EU-/EG-Vertrag, Bd. 4, Art. 169. Rn. 64.

klagen von Vertragsparteien abweisen, weil nach ihrer Ansicht die Voraussetzungen des Art. 81 EG vorliegen und so im Widerspruch zu Nichtanwendbarkeitsentscheidungen der Kommission handeln. Wegen eines Verstoßes gegen Art. 16 VO Nr. 1/2003 eingeleiteten Vertragsverletzungsverfahren wird jedoch keine praktische Bedeutung zukommen, da sie die Verletzung wegen der Rechtskraft von Gerichtsurteilen ohnehin nicht mehr beseitigen können.

4. Unternehmensrechte

Von praktischer Bedeutung für auf dem Gemeinsamen Markt tätige Unternehmen ist die Frage, inwieweit ihre Rechte im Rahmen der Kartellverfahrensreform Berücksichtigung gefunden haben.

a. Antragsrecht der Unternehmen

Von Seiten der Industrie wurde die Einräumung eines Antragsrechts für bestimmte, vorher festgelegte Fälle gefordert.[177] Nach Ansicht des BDI würde ein solches auch nur in geringem Maße zu einer Mehrbelastung der Kommission führen. Unternehmen würden den hohen Aufwand, der mit einem Antrag auf eine Nichtanwendbarkeitsentscheidung verbunden sein wird, scheuen, wenn sie nicht ein besonderes Interesse an einer Kommissionsentscheidung hätten. Dieses besondere Interesse könnte gleichzeitig Voraussetzung für ein Antragsrecht sein und nur dann bejaht werden, wenn beispielsweise eine Wettbewerbsbeschränkung durch ein neues Vertriebs- oder Zuliefserersystem oder durch eine Investition erforderlich wird, die für eines der beteiligten Unternehmen, gemessen an seiner Vermögens- und Finanzlage, erheblich ist oder tatsächliche oder rechtliche Umstände vorliegen, die eine kartellrechtliche Beurteilung erheblich erschweren.[178] Hierunter könnten dann auch Teilfunktionsgemeinschaftsunternehmen fallen. Eine Regelung im Bereich der Fusionskontrolle wäre unter diesen Umständen nicht mehr erforderlich.[179]

Gleichwohl wurde solchen Einwänden bei den Gesetzgebungsarbeiten keine Beachtung geschenkt. Dies hat sich jedoch schon aus dem Zweck von Nichtanwendbarkeitsentscheidungen ergeben, der ausschließlich in der Wahrung des öffentlichen Interesses und eben nicht darin liegt, für Rechtssicherheit einzelner Unternehmen zu sorgen. Davon abgesehen würde jedes Antragsrecht eine Rückkehr zum Genehmigungsprinzip darstellen und so den Reformzweck, die Kommission zu entlasten, gefährden. Es kann

---

177 Stellungnahme des Bundesverbandes der Deutschen Industrie (BDI) vom 19.1.2001, B., 9.

178 So auch Stellungnahme des Wirtschafts- und Sozialausschusses zum „Vorschlag für eine Verordnung des Rates zur Durchführung der in den Artikeln 81 und 82 EG-Vertrag niedergelegten Wettbewerbsregeln" ABl.EG vom 29.5.2001 Nr. C 155/73, 76.

179 Vgl. 1. Kap., § 2, B., 1.

nämlich nicht ohne weiteres davon ausgegangen werden, dass Unternehmen den hohen Aufwand eines Antrages nach Art. 10 VO Nr. 1/2003 grundsätzlich scheuen werden. Ihr besonderes Interesse an einer Kommissionsentscheidung wird regelmäßig schon darin liegen, eine nachträgliche Untersagung und ein evtl. verhängtes Bußgeld zu vermeiden. Abgesehen hiervon wird der Aufwand eines Antrags auf Erlass einer Nichtanwendbarkeitsentscheidung wohl im Verhältnis zu dem durch eine Selbsteinschätzung entstehenden Aufwand eher gering sein.

b. Öffentliches Interesse

Nichtanwendbarkeitsentscheidungen werden nur dann erlassen, wenn es aus Gründen des „öffentlichen Interesses" erforderlich ist. Es stellt sich jedoch die Frage, wann ein solches „öffentliches Interesse" zu bejahen sein wird. Derzeit ist nämlich zu befürchten, dass Art. 10 VO Nr. 1/2003 aufgrund des weitgehenden Ermessensspielraumes der Kommission als Einfallstor für industriepolitische Einflüsse dienen wird. Immer dann, wenn an Vereinbarungen politisch wichtige Unternehmen beteiligt sind, kann ein öffentliches Interesse ohne weiteres anerkannt werden. Es ist zu bedenken, dass so die Ausübung des Wettbewerbsrechts in Zukunft unter Umständen von politischen Meinungsverschiedenheiten abhängig ist. Für den Marktteilnehmer würde dies erhebliche Unsicherheiten bei der Einschätzung der Kommissionspraxis bedeuten.[180] Im Hinblick auf die Rechtssicherheit der auf dem Gemeinsamen Markt tätig werdenden Unternehmen wäre eine nähere Beschreibung des Tatbestandsmerkmals „öffentliches Interesse" deshalb wünschenswert gewesen.

Da es sich bei Entscheidungen nach Art. 10 VO Nr. 1/2003 um verfahrensrechtliche Ermessensentscheidungen der Kommission handelt, begründet das Bestehen eines „öffentlichen Interesses" allein zwar noch keine Pflicht zum Erlass einer Entscheidung. Dennoch könnten die oben geschilderten Fälle[181] zumindest als Fälle „öffentlichen Interesses" qualifiziert werden. In diese Richtung ging auch der Vorschlag des Europäischen Parlaments, wonach ein „öffentliches Interesse" unter anderem immer dann vorliegen sollte, wenn die Vereinbarung mit erheblichen finanziellen Risiken oder Kapitalinvestitionen verbunden ist.[182] Tatsächlich wird ein „öffentliches Interesse" jedoch auch dann regelmäßig nur bei gesamtwirtschaftlich wichtigen Vereinbarungen angenommen werden. Solche werden allerdings ausschließlich von industriepolitisch

---

180 Folgeprobleme der europäischen Kartellverfahrensreform, Sondergutachten der Monopolkommission gemäß § 44 Abs. 1 Satz 4 GWB S. 54.

181 Vgl. 2. Kap., § 1, B., I., 4., a.

182 Legislativvorschlag des Europäischen Parlaments, enthalten in: Bericht des Europäischen Parlaments, endgültig A5-0229/2001, S. 9.

wichtigen Großunternehmen abgeschlossen. Eine Benachteiligung kleinerer Unternehmen hinsichtlich der Rechtssicherheit wäre die sich hieraus ergebende Folge[183], die nur dadurch vermieden werden könnte, dass die finanziellen Risiken oder Kapitalinvestitionen grundsätzlich im Verhältnis zur Größe des Unternehmens gesehen werden. Eine solche Betrachtungsweise würde dann jedoch wieder auf die Interessen der Betroffenen und nicht lediglich auf das „öffentliche Interesse" hinauslaufen. Art. 10 VO Nr. 1/2003 soll aber gerade nicht Rechtssicherheit durch den Erlass von Entscheidungen gegenüber Unternehmen, sondern allein Rechtssicherheit durch eine einheitliche Entscheidungspraxis der Kommission bringen. Eine Auslegung des Begriffes „öffentliches Interesse" unter Berücksichtigung des Sinn und Zwecks des Art. 10 VO Nr. 1/2003 wird somit möglicherweise zu einer Diskriminierung kleinerer Unternehmen führen.

Abgesehen von Fällen, in denen Vereinbarungen mit erheblichen finanziellen Risiken oder Kapitalinvestitionen verbunden sind, sollte nach Ansicht des Europäischen Parlaments ein „öffentliches Interesse" immer auch dann eingeräumt werden, wenn der zu beurteilende Fall die Lösung einer neu entstandenen Frage des europäischen Wettbewerbsrechts bzw. die Anwendung derartigen Rechts auf eine neuartige Situation umfasst. In diesen Fällen ist eine Entscheidung der Kommission zu Gunsten einer einheitlichen Rechtsanwendung unbedingt erforderlich.

c. Anhörungsrechte

Die Anhörungsrechte der Parteien, der Beschwerdeführer oder sonstiger Dritter sind in Art. 27 VO Nr. 1/2003 geregelt.

aa. Anhörungsrechte der Parteien

Nach dessen Abs. 1 gibt die Kommission vor dem Erlass von Entscheidungen nach Artt. 7, 8, 23, 24 Abs. 2 VO Nr. 1/2003 den Unternehmen und Unternehmensvereinigungen, gegen die sich das Verfahren richtet, Gelegenheit, sich zu den von ihr in Betracht gezogenen Beschwerdepunkten zu äußern. Entscheidungen nach Art. 10 VO Nr. 1/2003 sind hier nicht genannt. Nach Art. 27 Abs. 1 VO Nr. 1/2003 bestehen somit keine Anhörungsrechte der Parteien. Da eine Nichtanwendbarkeitsentscheidung für diese jedoch ausschließlich positive Wirkung hat, sind solche ohnehin nicht erforderlich.

---

[183] So auch *Mestmäcker*, Versuch einer kartellpolitischen Wende in der EU, EuZW 1999, 523, 527.

bb. Anhörungsrechte Dritter

Grundsätzlich machen Dritte, nicht an der Vereinbarung beteiligte Unternehmen, deren Rechte durch die Nichtanwendbarkeitsentscheidung der Kommission verletzt sein könnten, Anhörungsrechte geltend, um der Kommission ihre Sichtweise darzulegen, die negativen Wirkungen der geplanten Vereinbarung deutlich zu machen und so die für sie entstehenden Nachteile abzuwenden.

(1) Sinn und Zweck

Anhörungsrechte werden jedoch nicht nur um der Stellungnahme selbst willen ausgeübt. Dritte müssen, um Entscheidungen der Kommission anzufechten, ihre individuelle und unmittelbare Betroffenheit geltend machen.[184] Eine individuelle Betroffenheit besteht grundsätzlich bei einer Beteiligung am Untersuchungsverfahren der Kommission.[185] Diese kann durch Antrag auf Einleitung des Verfahrens oder eben durch Ausübung von Anhörungsrechten erfolgen. Hat der Kläger das Untersuchungsverfahren nicht selbst angeregt, so wird er ohne Anhörungsrechte faktisch der Möglichkeit beraubt, sich durch eine mit der Abgabe einer Stellungnahme verbundene Verfahrensteilnahme gegenüber anderen Betroffenen zu individualisieren. Dies führt grundsätzlich zum Verlust der Aktivlegitimation nach Art. 230 Abs. 4 EG.[186]

Allerdings war auch bei Negativattesten die Stellungnahme eines Dritten nicht zwingende Voraussetzung für die Berechtigung Klage zu erheben. Eine Beteiligung des Dritten am Verfahren kann nämlich nur dann für ein individuelles Betroffensein erforderlich sein, wenn sie überhaupt möglich ist.

Hat der Dritte am Untersuchungsverfahren unverschuldet nicht teilgenommen, so wird eine Klagebefugnis gleichwohl bejaht, wenn die Entscheidung der Kommission geeignet ist, das Unternehmen in seinen berechtigten Interessen zu tangieren.[187] Auch der EuGH hat in einem Fall, in dem es um die Klagebefugnis eines nicht am Verfahren beteiligten Drittbetroffenen ging, ausgeführt, dass eine solche beim Vorliegen besonderer Umstände bejaht werden kann.[188] Solche besonderen Umstände müssen vorliegen, wenn ein Recht auf Anhörung vom Gesetz überhaupt nicht vorgesehen ist. Der EuGH kann sich bei einer Entscheidung gegen die Klagebefugnis eines Dritten

---

[184] *Geiger*, Vertrag über die Europäische Union und Vertrag zur Gründung der Europäischen Gemeinschaft, Kommentar, Art. 230 EG Rn. 26.

[185] *V. Dietze*, Verfahrensbeteiligung und Klagebefugnis im EG-Recht, S. 222.

[186] *Eilmannsberger*, Zum Vorschlag der Kommission für eine Reform des Kartellvollzugs, JZ 2001, 365, 373.

[187] *V. Dietze*, Verfahrensbeteiligung und Klagebefugnis im EG-Recht, S. 85.

[188] EuGH, Urteil v. 10.12.1969, Rs. 10, 18/68 (Eridania), Slg. 1969, 459, 482.

schlecht darauf berufen, dieser sei deshalb nicht in das Verfahren einbezogen gewesen, weil er nicht Stellung genommen hat, wenn das Gesetz eine Möglichkeit zur Stellungnahme gar nicht vorsieht.

(2) Art. 26 Abs. 3 S. 2 VOV

Die Anhörungsrechte Dritter waren zunächst ausschließlich in Art. 26 Abs. 3 S. 2 VOV geregelt. Hiernach hätte eine Anhörung vorgenommen werden müssen, wenn ein ausreichendes Interesse nachgewiesen worden wäre. Für welche Art von Entscheidungen Art. 26 Abs. 3 VOV gelten sollte, war nicht ausdrücklich geregelt.

Teilweise ging man davon aus, dass nur solche Entscheidungen umfasst sind, die auch in Art. 26 Abs. 1 VOV genannt wurden.[189] Zwar wäre hiernach der Anwendungsbereich des Art. 26 Abs. 3 S. 2 VOV auf Null reduziert, da Dritte regelmäßig nur bei für die betroffenen Unternehmen positiven Entscheidungen angehört werden wollen und somit bei den in Art. 26 Abs. 1 VOV genannten Entscheidungen eine Ausübung des Anhörungsrechts durch Dritte regelmäßig nicht zu erwarten gewesen wäre. Jedoch sprach auch der Wortlaut des Art. 26 Abs. 3 S. 1 VOV, der in unmittelbarem Zusammenhang mit Art. 26 Abs. 3 S. 2 VOV steht, gegen ein Anhörungsrecht Dritter. Hiernach sollte nämlich die Kommission oder Wettbewerbsbehörden anderer Mitgliedstaaten *auch* andere natürliche oder juristische Personen anhören können. Dies konnte nur bedeuten, dass ihnen diese Möglichkeit, zusätzlich zu der Möglichkeit betroffene Unternehmen anzuhören, bleiben sollte. Da Nichtanwendbarkeitsentscheidungen in Art. 26 Abs. 1 VOV nicht aufgezählt waren, hätte schon nicht die Möglichkeit bestanden, ein betroffenes Unternehmen hierzu anzuhören. Abgesehen hiervon hätte es wohl ausdrückliche Erwähnung gefunden, wenn Art. 26 Abs. 3 VOV im Gegensatz zu Art. 26 Abs. 1 VOV Nichtanwendbarkeitsentscheidungen umfassen hätte sollen. Es ist vielmehr davon auszugehen, dass die Kommission eine Anhörung Dritter bei Nichtanwendbarkeitsentscheidungen vermeiden wollte. Auf diese Weise wollte sie möglicherweise deren Rechte beschneiden und den Vorteil ziehen, dass es keine individuell betroffenen Parteien gibt, die diese Entscheidungen nach Art. 230 Abs. 4 EG anfechten können.[190] Dies wird allein daraus ersichtlich, dass mit Art. 19 Abs. 3 VO Nr. 17/62, der ein Anhörungsrecht Dritter vor dem Erlass von Negativattesten vorsieht, eine entsprechende Regelung in der VO Nr. 17/62 bereits bestanden hat und dennoch nicht in den VOV übernommen wurde.

---

[189] So wohl *Eilmannsberger*, Zum Vorschlag der Kommission für eine Reform des Kartellvollzugs, JZ 2001, 365, 373.

[190] *Eilmannsberger*, JZ 2001, 365, 373.

Nach dem VOV hätte sich die Situation somit in der Weise dargestellt, dass nicht am Verfahren beteiligte Dritte grundsätzlich nicht Klage nach Art. 230 Abs. 4 EG erheben hätten können. Zwar kann davon ausgegangen werden, dass der EuGH das Vorliegen besonderer Umstände bejaht und dem Dritten die Klagebefugnis dennoch zuerkannt hätte. Ob dem tatsächlich so gewesen wäre, hätte man allerdings abwarten müssen.

(3) Art. 27 Abs. 4 VO Nr. 1/2003

Diesen Unsicherheiten hat der Rat allerdings entgegengewirkt und in Art. 27 VO Nr. 1/2003, der Art. 26 VOV sonst weitestgehend entspricht, eine entsprechende Regelung eingefügt. Nach Art. 27 Abs. 4 VO Nr. 1/2003 hat die Kommission, wenn sie beabsichtigt eine Entscheidung nach Artt. 9, 10 VO Nr. 1/2003 zu erlassen, eine Zusammenfassung des Falles zu veröffentlichen, sodass Dritte hierzu Stellung nehmen können. Durch die mit der Abgabe der Stellungnahme verbundene Verfahrensteilnahme kann die Aktivlegitimation nach Art. 230 Abs. 4 EG in jedem Fall herbeigeführt werden. Die Entscheidung des Rates, eine dem Art. 19 Abs. 3 VO Nr. 17/62 entsprechende Regelung doch in die VO Nr. 1/2003 aufzunehmen und so die Rechtssicherheit drittbetroffener Unternehmen wesentlich zu verbessern, ist demnach zu begrüßen.

II. Entscheidungen nach Art. 9 VO Nr. 1/2003

Im Folgenden werden Entscheidungen nach Art. 9 VO Nr. 1/2003 näher beleuchtet. Ziel ist es, ihre Rechtsnatur und Rechtswirkung zu erörtern, offene Fragen hinsichtlich des Verfahrens zu klären und etwaige Bedenken auszuräumen.

1. Grundsätzliches

Nach der VO Nr. 17/62 konnte die Kommission die Einstellung eines Verfahrens von Zusagen oder Verpflichtungserklärungen der betroffenen Unternehmen abhängig machen, deren Einhaltung sie dann von Amts wegen überprüfte. Hierbei handelte es sich um informelle Absprachen zwischen Kommission und Unternehmen.[191] Hielten sich die Unternehmen nicht an die gemachten Zusagen, so konnte die Kommission ein neues Verfahren einleiten und prüfen, ob ein Wettbewerbsverstoß vorlag oder nicht. Nach Art. 9 VO Nr. 1/2003 kann die Kommission durch Entscheidung Zusagen der Unternehmen entgegennehmen, die geeignet sind, die gegenüber einer Vereinbarung erhobenen Einwände auszuräumen. Solche Entscheidungen können befristet werden. Sie besagen, dass für ein Tätigwerden der Kommission kein Anlass besteht. Eine Entscheidung darüber, ob eine Zuwiderhandlung ohne Eingehen der Verpflichtung be-

---

[191] *Ritter*, in: Immenga/Mestmäcker, EG- Wettbewerbsrecht, Bd. 2, VO 17, B., Art. 3 Rn. 34 ff.

standen hat oder noch besteht, wird nicht getroffen.[192] Nach Art. 9 Abs. 2 VO Nr. 1/2003 kann die Kommission das Verfahren wieder aufnehmen, wenn sich die tatsächlichen Verhältnisse in einem für die Entscheidung wesentlichen Punkt geändert haben, die Unternehmen ihre Verpflichtung nicht einhalten oder die Entscheidung auf unvollständigen, unrichtigen oder irreführenden Angaben beruht. Nach Art. 23 Abs. 2 Buchst. c VO Nr. 1/2003 ist die Nichteinhaltung der Zusage mit einer Geldbuße bedroht.

2. Rechtsnatur

Bei den von der Kommission so genannten „Verpflichtungszusagen" handelt es sich um Zusagen, die ein Unternehmen der Kommission im Rahmen eines Untersagungsverfahrens macht. Durch ihre Annahme wird die Zusage des Unternehmens bindend. Die Annahme selbst ist nicht Untersagung und nicht konstitutive Freistellung. Sie enthält lediglich die Verpflichtung des jeweiligen Unternehmens zur Einhaltung seiner Zusagen und die Feststellung, dass die Kommission momentan eine Untersagung nicht vornimmt.[193] Sie ist formelle Entscheidung i. S. des Art. 249 EG.

3. Rechtswirkung

Bei der Frage der Bindungswirkung muss wieder zwischen der Selbstbindung der Kommission, der Bindungswirkung gegenüber nationalen Gerichten und der Bindungswirkung gegenüber nationalen Behörden unterschieden werden.

a. Selbstbindung der Kommission

Zunächst ist zu klären, ob die Kommission an die von ihr gemachte Feststellung, dass für ein Tätigwerden kein Anlass besteht, gebunden ist. Sie könnte hier einer Selbstbindung aufgrund des von ihr erlassenen, rechtskräftigen Verwaltungsaktes unterliegen.[194]

aa. Entscheidung wird gegenstandslos

Eine Selbstbindung durch bestandskräftigen Verwaltungsakt kann jedoch regelmäßig dann nicht eintreten, wenn dieser gegenstandslos geworden ist. Dies kann in verschiedenen Fällen möglich sein.

Halten sich die Unternehmen beispielsweise nicht an die von ihnen gemachten Zusagen, so entfällt der Entscheidung der Kommission, ein Verfahren nicht wieder einzu-

---

[192] VO Nr. 1/2003 Erwägungsgrund 13. Nach Art. 9 Abs. 2 VOV hätte dies ausdrücklich festgelegt werden sollen.

[193] Zumindest solange eine nach Art. 9 Abs. 1 S. 2 VO Nr. 1/2003 gesetzte Frist nicht abgelaufen ist und die Voraussetzungen des Art. 9 Abs. 3 VO Nr. 1/2003 nicht vorliegen; vgl. auch *Jaeger*, Die möglichen Auswirkungen einer Reform des EG-Wettbewerbsrechts, WuW 2000, 1063, 1068.

[194] Vgl. 2. Kap., § 1, B., I., 3., a.

leiten, die zugrunde liegende Bedingung. Einer erneuten Einleitung eines Verfahrens steht dann nichts entgegen. Auch wird eine Entscheidung automatisch gegenstandslos, wenn sich der Sachverhalt nachträglich ändert.[195] Die Kommissionsentscheidung bezieht sich auf den in ihr ausdrücklich dargelegten Sachverhalt.[196] Für einen neuen Sachverhalt gilt die Entscheidung nicht und die Kommission ist hinsichtlich des tatsächlichen Sachverhalts nicht an ihre Zusage, von einer weiteren Prüfung abzusehen, gebunden. Gleiches muss für den Fall gelten, dass die Unternehmen unvollständige, ungenaue oder falsche Angaben gemacht haben. Der in der Entscheidung geschilderte Sachverhalt stimmt mit dem tatsächlichen Sachverhalt nicht überein.[197] Die Zusage der Kommission bezieht sich jedoch grundsätzlich auf den in der Entscheidung geschilderten Sachverhalt. Für jeden anderen Sachverhalt kann die Entscheidung der Kommission nicht gelten. Dies gilt unabhängig von der Frage, ob das Unternehmen ein Verschulden trifft oder nicht.

Aus alledem folgt, dass sich die Entscheidung der Kommission ohnehin regelmäßig auf einen anderen als den tatsächlich eingetretenen Fall beziehen würde, wenn sich die tatsächlichen Verhältnisse in einem wesentlichen Punkt geändert haben, die Unternehmen ihre Verpflichtung nicht einhalten oder die Entscheidung auf unvollständigen, unrichtigen oder irreführenden Angaben beruht. In diesen Fällen tritt eine Selbstbindung durch rechtskräftigen Verwaltungsakt nicht ein. Art. 9 Abs. 3 VO Nr. 1/2003 ist somit lediglich deklaratorischer Art.

bb. Entscheidung wird aufgehoben

Offen ist, inwieweit die Kommission einer Selbstbindung unterliegt, wenn sich die Entscheidung auf den ihr vorliegenden Fall in jeder Hinsicht bezieht. Eine Bindung scheidet aufgrund der Wirkung rechtskräftiger Verwaltungsakte im Gemeinschaftsrecht lediglich dann aus, wenn die Kommission ihre Entscheidung aufgehoben hat. Zur Beantwortung der Frage, wann eine Aufhebung möglich ist, sind hier wieder die vom

---

195 Vgl. die ähnliche Problematik beim Erlass von Negativattesten, die durch die Veränderung von Tatsachen gegenstandslos wurden; *Gleiss/Hirsch*, Kommentar zum EWG-Kartellrecht, Bd. 2, Art. 2 VO Nr. 17/62 Rn. 11; *Mestmäcker*, Europäisches Wettbewerbsrecht, S. 512.

196 Wenigstens in der Begründung zu Art. 9 VOV stellte die Kommission klar, dass in Entscheidungen, mit denen Verpflichtungszusagen angenommen werden, der wesentliche Sachverhalt dargestellt wird.

197 Probleme können sich allerdings ergeben, wenn es sich lediglich um nebensächliche Punkte handelt, da eine Selbstbindung dann freilich nicht ohne weiteres entfallen kann. Schon die Frage, ob es sich um eine nebensächliche Angabe gehandelt hat oder nicht, kann problematisch sein und muss wohl von der Kommission selbst beantwortet werden.

EuGH entwickelten Grundsätze über die Rücknahme und den Widerruf von Verwaltungsakten heranzuziehen.[198]

b. Bindungswirkung gegenüber nationalen Behörden

Eine Bindungswirkung gegenüber nationalen Behörden ergibt sich jedenfalls aus dem Zuständigkeitsverlust der nationalen Behörde gemäß Art 11 Abs. 6 VO Nr. 1/2003.

c. Bindungswirkung gegenüber nationalen Gerichten

Es stellt sich jedoch die Frage, ob nationale Gerichte trotz einer Entscheidung der Kommission einen Verstoß gegen Art. 81 Abs. 1 EG feststellen können. In den Erwägungsgründen zu VO Nr. 1/2003 werden hierzu Ausführungen gemacht.[199] Hiernach lassen Entscheidungen nach Art. 9 VO Nr. 1/2003 die Befugnis der Wettbewerbsbehörden und Gerichte der Mitgliedstaaten, das Vorliegen einer Zuwiderhandlung festzustellen und über den Fall zu entscheiden, unberührt. Das betroffene Unternehmen kann sich auf die Entscheidung der Kommission vor einem nationalen Gericht also nicht berufen. Hieran ändert, wie in den Erwägungsgründen ausdrücklich erwähnt wird[200], auch Art. 16 VO Nr. 1/2003 nichts.

4. Verfahren

Nach Art. 27 Abs. 4 VO Nr. 1/2003 hat die Kommission vor Erlass einer Entscheidung nach Art. 9 VO Nr. 1/2003 eine kurze Zusammenfassung des Falls und den wesentlichen Inhalt der Verpflichtungszusage unter Wahrung der Interessen der Unternehmen zu veröffentlichen, sodass drittbetroffene Unternehmen Stellungnahmen hierzu abgeben können.

In der Begründung zu Art. 9 VOV führte die Kommission aus, dass in der Entscheidung der wesentliche Sachverhalt sowie der prima-facie-Nachweis für die vermutete Zuwiderhandlung dargestellt und die angenommene Verpflichtungszusage wiedergegeben werden.[201] Es ist davon auszugehen, dass die Kommission den Begriff „Prima-facie-Nachweis" aus dem Bereich der einstweiligen Maßnahmen übernommen hat und ausdrücken will, dass eine ausreichend wahrscheinliche Zuwiderhandlung Voraussetzung für eine Entscheidung nach Art. 9 VO Nr. 1/2003 ist. Bei einstweiligen Maßnahmen wird der Grad der erforderlichen Wahrscheinlichkeit von den Interessen be-

---

198 Vgl. hierzu oben *Schwarze*, Europäisches Verwaltungsrecht, Bd. 2, S. 949 ff.

199 VO Nr. 1/2003 Erwägungsgrund 13.

200 VO Nr. 1/2003 Erwägungsgrund 22.

201 VOV, Begründung zu Art. 9 VOV.

stimmt, die durch die in Aussicht genommene Anordnung berührt werden.[202] Eine solche Interessenabwägung wird bei Entscheidungen nach Art. 9 VO Nr. 1/2003 jedoch nicht vorzunehmen sein.

5. Bedenken

Im Rahmen der Fusionskontrolle müssen Zusagen von Unternehmen einen klaren strukturellen Bezug haben. Bloße „Verhaltenszusagen" reichen hier nicht aus.[203] Im Kartellrecht ist dies anders. Auflagen und Bedingungen, welche die Kommission nach Art. 8 Abs. 2 VO Nr. 17/62 den Unternehmen auferlegen konnte, waren meist an ein Tun oder Unterlassen geknüpft, weil lediglich ein solches die Befürchtungen einer Zuwiderhandelung beseitigen konnte.[204] Dies wird sich bei Entscheidungen bezüglich Verpflichtungszusagen nicht anders gestalten. Im Gegensatz zur Fusionskontrolle laufen Zusagen im Kartellrecht auf eine Verhaltenskontrolle hinaus. Dies kann als Vorteil, aber auch als Nachteil bewertet werden.[205] Es muss jedoch bemerkt werden, dass Art. 9 VO Nr. 1/2003 lediglich eine Anpassung des Art. 8 Abs. 2 VO Nr. 17/62 an ein System darstellt, in dem es eben keine konstitutiven Freistellungen mehr gibt, die mit Auflagen oder Bedingungen versehen werden könnten. Hinsichtlich der Verhaltenskontrolle wird sich im Verhältnis zur bestehenden Rechtslage somit nichts ändern. Dabei ist positiv hervorzuheben, dass Entscheidungen der Kommission nach Art. 9 VO Nr. 1/2003, in denen die angenommenen Zusagen jeweils dargestellt werden, den Beteiligten Hinweise für ihr künftiges Verhalten geben. Diese Hinweise können, da sie mit der Entscheidung veröffentlicht werden, auch für andere Unternehmen, Kartellbehörden und Gerichte von Bedeutung sein. Im Hinblick auf die bei der unmittelbaren Anwendung des Art. 81 Abs. 3 EG zu erwartenden Schwierigkeiten, ist ein solcher Nebeneffekt nicht zu unterschätzen.

III. Abstellung von Zuwiderhandlungen, Art. 7 VO Nr. 1/2003

An dieser Stelle sollen Rechtsnatur und Rechtswirkung von Entscheidungen nach Art. 7 VO Nr. 1/2003 beleuchtet und offene Fragen geklärt werden. Insbesondere wird auf

---

[202] *Hitzler*, Einstweilige Anordnungen der EG-Kommission in Verfahren nach Art. 85 und 86 EWG-Vertrag nach der Rechtsprechung des Europäischen Gerichtshofs, WuW 1985, 189, 193.

[203] *Löffler*, in: Langen/Bunte, Kommentar zum deutschen und europäischen Kartellrecht, Art. 8 FKVO Rn. 9.

[204] *Ritter*, in: Immenga/Mestmäcker, EG-Wettbewerbsrecht, Bd. 2, VO 17, B., Art. 8 Rn. 7.

[205] *Mestmäcker*, Versuch einer kartellpolitischen Wende in der EU, EuZW 1999, 523, 527, betrachtet die Entscheidungen der Kommission bezüglich Verhaltenszusagen als gutes Instrument zur Ordnung der Märkte. *Geiger*, Das Weißbuch der EG-Kommission zu Art. 81, 82 EG – eine Reform, besser als ihr Ruf, EuZW 2000, 165, 168, hält eine Ordnung der Märkte durch Verhaltenskontrolle gerade für gefährlich.

die Möglichkeit der Kommission, einzelnen Unternehmen Abhilfemaßnahmen struktureller Art vorzuschreiben, näher eingegangen werden.

1. Grundsätzliches

Art. 7 VO Nr. 1/2003 entspricht, abgesehen von zwei Ausnahmen, Art. 3 der VO Nr. 17/62. Die Kommission kann Unternehmen durch Entscheidung verpflichten, eine vorher von ihr festgestellte Zuwiderhandlung abzustellen. Hinzu kommt fortan zum einen die Möglichkeit bei berechtigtem Interesse eine Zuwiderhandlung festzustellen, wenn diese bereits beendet ist und die Kommission dem Unternehmen keine Geldbuße auferlegt hat. Zum anderen kann die Kommission in Zukunft alle erforderlichen Abhilfemaßnahmen, einschließlich solche struktureller Art, aufgeben.

2. Rechtsnatur

„Feststellen“ einer Zuwiderhandlung i.S. des Art. 3 VO Nr. 17/62 bedeutete, dass der Kommission im Wege des rechtlich vorgeschriebenen Verfahrens der Nachweis gelang, dass die Tatbestandsvoraussetzungen von Art. 81 Abs. 1 oder 82 EG erfüllt sind.[206] Der Antrag des Beschwerdeführers richtete sich jedoch nicht auf die Feststellung der Zuwiderhandlung, sondern auf die Abstellungsverfügung der Kommission.[207] In Zukunft wird diese nach Art. 7 VO Nr. 1/2003 entweder wie bisher Abstellungsverfügungen erlassen oder, wenn die Zuwiderhandlung bereits beendet ist, Entscheidungen, in welchen sie eine solche lediglich feststellt. In beiden Fällen handelt es sich um Entscheidungen i.S. des Art. 249 Abs. 4 EG.

3. Rechtswirkung

Eine Selbstbindung der Kommission wird auch hier aufgrund des vorausgehenden Verwaltungsaktes eintreten. Dieser kann lediglich unter Beachtung der vom EuGH entwickelten Grundsätze aufgehoben werden.[208] Gegenüber nationalen Behörden wird sich eine faktische Bindungswirkung jedenfalls aufgrund des Zuständigkeitsverlusts nach Art. 11 Abs. 6 VO Nr. 1/2003 ergeben.

---

[206] *De Bronett*, Das Beschwerderecht von Personen und Personenvereinigungen bezüglich der Anwendung der Art. 85 und 86 EG-Vertrag durch die Europäische Kommission, WuW 1997, 865, 868.

[207] *Sauter*, in: Langen/Bunte, Kommentar zum deutschen und europäischen Kartellrecht, Art. 3 VO Nr. 17/63 Rn. 2.

[208] Vgl. oben, *Schwarze*, Europäisches Verwaltungsrecht, Bd. 2, S. 949 ff.

Eine Bindungswirkung von Untersagungsentscheidungen der Kommission gegenüber nationalen Gerichten ergibt sich aus Art. 16 VO Nr. 1/2003.[209]

4. Offene Fragen

Im Hinblick auf die Abstellung einer Zuwiderhandlung nach Art. 7 Abs. 1 VO Nr. 1/2003 ergeben sich einige Fragen, die im Folgenden geklärt werden sollen.

a. Beschwerde

Nach Art. 3 VO Nr. 17/62 war die Abstellung von Zuwiderhandlungen auf Antrag oder von Amts wegen möglich. Dies hat sich nicht geändert. Nach Art. 7 Abs. 1 VO Nr. 1/2003 kann die Kommission ihre Entscheidung auf eine Beschwerde hin oder von Amts wegen erlassen. Die näheren Umstände des Beschwerdeverfahrens regeln die Artt. 5 bis 9 VO Nr. 773/2004 und die Bekanntmachung der Kommission über die Behandlung von Beschwerden durch die Kommission gem. Art. 81 und 82 EG-Vertrag.[210] Nach Art. 3 Abs. 2 VO Nr. 17/62 konnten entsprechende Anträge sowohl von Mitgliedstaaten als auch von Personen und Personenvereinigungen, die ein berechtigtes Interesse nachwiesen, gestellt werden. Gleiches gilt nach Art. 7 Abs. 2 VO Nr. 1/2003. Ermittlungen auf Antrag eines Mitgliedstaates kamen bislang insbesondere dann in Betracht, wenn sich die vermutete Zuwiderhandlung auf das Gebiet mehrerer Mitgliedstaaten erstreckte, sodass die nationale Kartellbehörde an der vollständigen Aufklärung des Sachverhalts gehindert war.[211] Im Hinblick auf Artt. 12 und 22 Abs. 1 VO Nr. 1/2003 und das von der Kommission geplante Netzwerk zwischen den mitgliedstaatlichen Behörden wird das Bedürfnis zur Stellung eines solchen Antrages in Zukunft jedoch sinken.

Ein berechtigtes Interesse nach Art. 3 Abs. 2 VO Nr. 17/62 lag bislang vor, wenn eine Person von einer Wettbewerbsbeschränkung oder einer missbräuchlichen Verhaltensweise unmittelbar und individuell beeinträchtigt war oder werden konnte.[212] Gleiches gilt im Rahmen des Art. 7 VO Nr. 1/2003. Die Praxis des EuGH ging bislang dahin, die Beschwerdeberechtigung zu bejahen, wenn die Person in der Lage wäre, eine für

---

209 Für das deutsche Kartellrecht ist mit der 7. GWB-Novelle die Einfügung eines § 33 Abs. 4 GWB geplant, welcher Art. 16 VO Nr. 1/2003 in der Weise Rechnung tragen soll, dass deutsche Gerichte zugunsten des Geschädigten an die Annahme eines Verstoßes gebunden sind, wenn ein solcher durch eine bestandskräftige Entscheidung der Kommission festgestellt wurde.

210 Bekanntmachung der Kommission über die Behandlung von Beschwerden durch die Kommission gemäß Art. 81 und 82 EG-Vertrag, ABl.EG vom 27.04.2004 Nr. C 101/65, 69.

211 *Schröter*, in: v.d.Groeben/Thiesing/Ehlermann, Kommentar zum EU-/EG-Vertrag, Bd. 2/II, Art. 89 EG Rn. 10.

212 *Ritter*, in: Immenga/Mestmäcker, EG-Wettbewerbsrecht, Bd. 2, VO 17, B., Art. 3 Rn. 7.

sie ungünstige Entscheidung nach Art. 230 Abs. 4 EG anzufechten.[213] Da Dritte nach Art. 27 Abs. 4 VO Nr. 1/2003 ein Anhörungsrecht haben, ist ein individuelles Interesse bei der Ausübung eines solchen zu bejahen.[214] In ihrer Bekanntmachung über die Behandlung von Beschwerden führt die Kommission aus, dass ein berechtigtes Interesse gegeben ist, wenn das Unternehmen auf dem relevanten Markt tätig ist oder wenn das beanstandete Verhalten geeignet ist das Unternehmen in seinen unmittelbaren Interessen zu verletzen. Unternehmensverbänden ist ein berechtigtes Interesse im Hinblick auf das Verhalten eines ihrer Mitglieder zuzusprechen, wenn sie befugt sind, die Interessen ihrer Mitglieder zu vertreten und die beanstandete Verhaltensweise geeignet ist, die Interessen der Mitglieder zu verletzen. Eine unmittelbare Betroffenheit des Unternehmensverbandes ist nicht erforderlich. Auch Verbraucherverbände und einzelne Verbraucher oder lokale oder regionale Behörden und Regierungsstellen können eine berechtigtes Interesse darlegen, wenn ihre wirtschaftlichen Interessen insofern unmittelbar verletzt werden, als sie Abnehmer der Produkte oder Dienstleistungen sind, die Gegenstand der Zuwiderhandlung bilden. Nicht ausreichend ist es hingegen grundsätzlich, sich auf das Gemeinwohl zu berufen, ohne eine unmittelbare Verletzung darzutun. [215]

b. Berechtigtes Interesse

Die Möglichkeit eine Zuwiderhandlung festzustellen, wenn diese bereits beendet ist und dem Unternehmen keine Geldbuße auferlegt wurde, bestand für die Kommission auch früher schon. In Zukunft ist sie jedoch ausdrücklich in Art. 7 VO Nr. 1/2003 geregelt. Nach der Rechtsprechung des EuGH galt dies bislang nur dann, wenn die Kommission ein berechtigtes Interesse geltend machen konnte.[216] Ein solches wurde regelmäßig dann bejaht, wenn Wiederholungsgefahr bestand oder die Rechtslage unklar und deshalb von einer Geldbuße abzusehen war.[217] Dem EuGH folgend führt die Kommission in der Begründung zu der dem Art. 7 VO Nr. 1/2003 entsprechenden Norm im VOV aus, dass ein berechtigtes Interesse bejaht werden kann, wenn Wiederholungsgefahr besteht oder der Fall neue Fragen aufwirft, deren Klärung im öffentlichen Interesse steht.[218] Entsprechend dem öffentlichen Interesse in Art. 10 VO Nr. 1/2003 darf ein solches auch hier nur angenommen werden, wenn eine Entscheidung

---

213 EuGH, Urteil v. 25.10.1977 Rs. 26/76 (Metro/SABA), Slg. 1977, 1875, 1897.

214 Vgl. 2. Kap., § 2, B., I., 4., c., bb.

215 Bekanntmachung der Kommission über die Behandlung von Beschwerden durch die Kommission gemäß Art. 81 und 82 EG-Vertrag, ABl.EG vom 27.04.2004 Nr. C 101/65, 69.

216 EuGH, Urteil v. 2.3.1983, Rs.7/82 (GVL) Slg. 1983, 483, 503.

217 Kommission, Entscheidung vom 24.11.1993 ABl.EG vom 29.11.1993 Nr. L 306/50 „Auditel".

218 VOV, Begründung zu Art. 7 VOV.

der Kommission zu Gunsten einer einheitlichen Rechtsanwendung bei der Beurteilung neu entstandener Fragen des europäischen Wettbewerbsrechts oder der Anwendung derartigen Rechts auf eine neuartige Situation unbedingt erforderlich ist. In diesem Fall wird das „öffentliche Interesse“ auch nur bei gesamtwirtschaftlich wichtigen Vereinbarungen angenommen werden. Im Rahmen des Art. 7 VO Nr. 1/2003 ergibt sich daraus jedoch eine Benachteiligung für industriepolitisch wichtige Großunternehmen. Lediglich bei ihnen wird die Kommission eine Zuwiderhandlung feststellen, obwohl diese längst beseitigt ist. Obwohl eine Geldbuße hier nicht mehr verhängt werden kann, ist eine solche, mit einer Veröffentlichung verbundene Feststellung, für diese nachteilig. Die sich im Rahmen des Art. 10 VO Nr. 1/2003 ergebenden Vorteile für Großunternehmen werden hier teilweise ausgeglichen.

c. *Maßnahmen struktureller Art*

Die Kommission ist nun ermächtigt, Unternehmen Maßnahmen struktureller Art aufzugeben, um die Zuwiderhandlung abzustellen.

aa. Grundsätzliches

Unter Maßnahmen struktureller Art versteht man Maßnahmen zur Entflechtung von Unternehmen.[219] Entflechtung ist jeder Eingriff in den personellen oder sachlichen Bestand, der die Loslösung von Teilen eines Unternehmens aus der Unternehmenseinheit, die Auflösung eines Unternehmens unter gleichzeitiger Bildung neuer kleiner Unternehmen aus den Teilen der bisherigen Einheit oder die Beseitigung personeller Verflechtungen zwischen mehreren Unternehmen zum Ziel hat.[220]

Entflechtungen können bei horizontalen Verflechtungen zur Verhinderung von Quersubventionierungen beitragen.[221] Auch ist bei Fällen der „essential facilities“-Doktrin[222] an eine Entflechtung zu denken. Die hier entstehenden Nutzungskonflikte zwischen dem Marktbeherrscher, der Inhaber einer für den Eintritt auf einen anderen Markt wesentlichen Einrichtung ist, und den Wettbewerbern, die auf eine Kooperation angewiesen sind, können durch strukturelle Maßnahmen gelöst werden. Durch eine

---

219 Vgl. *Haus*, Entflechtung nach der KartellVO?, WuW 2001, 659.

220 *Jens*, Probleme einer Entflechtungsregelung im deutschen Wettbewerbsrecht, WuW 1978, 264, 265.

221 *Haus*, Entflechtung nach der KartellVO?, WuW 2001, 659, 661.

222 Nach der „essential facilities“-Doktrin sind marktbeherrschende Unternehmen, welche Inhaber einer für den Eintritt auf einen anderen Markt wesentlichen Einrichtung (beispielsweise eines Telekommunikations-, Energie- oder Verkehrsnetzes) sind, unter bestimmten Umständen dazu verpflichtet, anderen Unternehmen diese Einrichtung entgeltlich zur Verfügung zu stellen.

Entflechtung wird jeder Nutzungswunsch ein fremder, sodass sich eigentumsrechtliche Fragen einer vorrangigen Befugnis zur Inanspruchnahme nicht mehr stellen.[223]

bb. Bedenken

Der Einführung einer Möglichkeit zur Anordnung struktureller Maßnahmen wurden einige Bedenken entgegengebracht.[224] Diese basieren in erster Linie darauf, dass Kontrolle kartellrechtswidrigen Verhaltens grundsätzlich Verhaltenskontrolle und nicht wie Fusionskontrolle Strukturkontrolle ist. Die Entflechtung von Unternehmen wurde bislang lediglich auf dem Gebiet der Fusionskontrolle vorgenommen (Art. 8 Abs. 4 FKVO). Sie war sowohl dem deutschen als auch dem europäischen Kartellrecht[225] bisher fremd.[226] In Rechtsordnungen anderer Länder sind strukturelle Maßnahmen hingegen auch auf dem Gebiet des Kartellrechts schon länger möglich. So zum Beispiel im US-amerikanischen Antitrust Recht, wo sich Gerichte bei Kartellverstößen zwischen dem Verhaltens- und dem Trennungsmodell entscheiden können.[227] Auch das britische[228], neuseeländische[229] und das japanische[230] Kartellrecht sehen entsprechende Maßnahmen vor. Die Monopolkommission entwickelte in ihrem dritten Hauptgutachten einen Gesetzesvorschlag, der die Einführung einer Entflechtungsregelung im Rahmen der Missbrauchsaufsicht im deutschen Recht vorsah.[231] Zu einer entsprechenden Regelung ist es jedoch nicht gekommen.

---

223 Vgl. für den Bereich der Energiewirtschaft *Büdenbender*, Durchleitungen in der Elektrizitätswirtschaft und Eigentumsschutz, WuW 2000, 119, 124.

224 Vgl. beispielsweise Stellungnahme des Bundesverbandes der Deutschen Industrie (BDI) vom 19.1.2001, B., S. 10; *Haus*, Entflechtung nach der KartellVO?, WuW 2001, 659 ff.

225 Vorliegend ist Kartellrecht im engeren Sinne, also ohne die Vorschriften zur Fusionskontrolle, gemeint.

226 Stellungnahme des Bundesverbandes der Deutschen Industrie (BDI) vom 19.1.2001, B., S. 10; *Haus*, Entflechtung nach der KartellVO?, WuW 2001, 659, 660.

227 Z.B.United States v. Microsoft, 7th June 2000, U.S. District Court for the District of Columbia. Hier hat das Bundesbezirksgericht dem Unternehmen Microsoft verschiedene Kartellrechtsverstöße zur Last gelegt und als Sanktion eine Zerschlagung des Unternehmens angeordnet; vgl. *Fleischer/Doege*, Der Fall United States v. Microsoft, WuW 2000, 705, 716.

228 Der Fair Trading Act 1973 ermächtigt den Secretary of State auf Empfehlung der Monopolies and Mergers Commission und nach Genehmigung durch beide Houses of Parliament die Entflechtung eines marktbeherrschenden Unternehmens anzuordnen. Schedule 8, Sec. 14 des Fair Trading Act 1973 enthält diesbezüglich weitgehende Ermächtigungen; vgl. auch *Schulte-Braucks*, Die Auflösung marktbeherrschender Stellungen, S. 34.

229 Sec. 65 (2), Act. No. 113, 1975, New Zealand Statutes 1975.

230 Mit der dritten Novelle zum Antimonopoly Act vom 3.7.1977 hat Japan die Möglichkeit zur Entflechtung marktbeherrschender Unternehmen erweitert und präzisiert; vgl. *Shoda*, Die dritte Novelle des japanischen Antimonopolgesetzes, WuW 1978, 202, 206.

231 Monopolkommission, Fusionskontrolle bleibt vorrangig, Hauptgutachten III 1978/1979, Ziff. 764.

(1) Rechtliche Bedenken

Der Anordnung struktureller Maßnahmen könnten rechtliche Bedenken entgegenstehen. Zum einen stellt sich die Frage nach einer Ermächtigungsgrundlage für entsprechende Eingriffe. Zum anderen muss untersucht werden, ob strukturelle Maßnahmen nicht gegen die im Gemeinschaftsrecht existierende Eigentumsgarantie verstoßen.

(a) Ermächtigungsgrundlage

Zunächst stellt sich die Frage nach einer Ermächtigungsgrundlage für die Einführung der Entflechtung als neues wettbewerbspolitisches Instrument. Nach dem allgemeinen Grundsatz der begrenzten Einzelermächtigung[232] bedürfen die EG und ihre Organe für jeden Rechtsakt einer Rechtsgrundlage im EG-Vertrag. Die Kommission sieht als Rechtsgrundlage für die VO Nr. 1/2003 den Art. 83 EG, der den Rat ermächtigt, zweckdienliche Verordnungen oder Richtlinien zur Verwirklichung der Grundsätze von Art. 81 und 82 zu erlassen.[233] Auf diesem basierte auch Art. 3 Abs. 1 VO Nr. 17/62.[234] Dies muss für Art. 7 VO Nr. 1/2003 in gleicher Weise gelten, soweit er Art. 3 Abs. 1 VO Nr. 17/62 entspricht. Fraglich ist, inwieweit dies für die über Art. 3 Abs. 1 VO Nr. 17/62 hinausgehende Entflechtungsregelung des Art. 7 Abs. 1 S. 2 VOV gilt.

Im Rahmen des Art. 3 Abs. 1 VO Nr. 17/62 führte der EuGH aus, dass die den Unternehmen auferlegten Verpflichtungen nicht die Grenzen dessen überschreiten dürfen, was zur Wiederherstellung legalen Wettbewerbsverhaltens angemessen und erforderlich ist.[235] Daraus wurde abgeleitet, dass die für einen Verstoß gegen das Kartellverbot vorgesehenen Rechtsfolgen nichts verbieten dürfen, was als wettbewerbskonformes Verhalten i.S. der Art. 81, 82 EG verstanden werden kann, und nichts anordnen dürfen, was nicht wettbewerblichem Verhalten entspräche.[236] In diesem Zusammenhang ist festzustellen, dass die marktbeherrschende Stellung eines Unternehmens allein nicht wettbewerbswidrig ist. Zweck des Art. 82 EG ist allein die Verhinderung ihres Missbrauchs. Nur dieser kann zu einem Kartellverbot führen.[237] Die Anordnung einer Entflechtung richtet sich jedoch allein gegen die marktbeherrschende Stellung des Unternehmens, nicht gegen deren Missbrauch. Teilweise wird deshalb davon ausgegangen, eine Entflechtungsanordnung verfolge keinen auf Art. 82 EG zu stützenden,

---

232 Der Grundsatz der begrenzten Einzelermächtigung wird aus Artt. 5 I, 7 I S. 2, 249 I EG hergeleitet; vgl. *Geiger*, Vertrag über die Europäische Union und Vertrag zur Gründung der Europäischen Gemeinschaft, Kommentar, Art. 7 Rn. 15.

233 VOV, Begründung II., B.

234 Vgl. *Haus*, Entflechtung nach der KartellVO?, WuW 2001, 659, 663.

235 EuGH, Urteil v. 6.4.1995 Rs. C-241/91 P und C-242/91 P (Magill), Slg. 1995, I-808, 834.

236 *Haus*, Entflechtung nach der KartellVO?, WuW 2001, 659, 663.

237 *Jung*, in: Grabitz/Hilf, Recht der Europäischen Union, Bd. 1, Art. 82 Rn. 10.

legitimen Zweck und kann nicht geeignet sein, ein missbräuchliches auf ein kartellrechtskonformes Verhalten zurückzuführen.[238] Letzterem ist nicht zuzustimmen. Zwar wird bei einer Entflechtung gegen die marktbeherrschende Stellung des Unternehmens vorgegangen. Dies passiert jedoch nicht völlig losgelöst vom Missbrauch dieser marktbeherrschenden Stellung. Erst wenn der Missbrauchstatbestand erfüllt ist, wird es zu einer Entflechtungsanordnung überhaupt kommen. Es wird also nicht wettbewerbskonformes Verhalten verboten. Marktbeherrschung und Missbrauch können nicht derart voneinander getrennt werden, dass die Anordnung zur Beseitigung der marktbeherrschenden Stellung als Verbot eines wettbewerbskonformen Verhaltens gesehen werden kann. Im Hinblick auf die Ausführungen des EuGH ist lediglich zu beachten, dass nicht die Grenzen dessen überschritten werden, was zur Wiederherstellung legalen Wettbewerbsverhaltens angemessen und erforderlich ist. Entsprechende Grundsätze, auf welche noch näher einzugehen sein wird, wurden jedoch berücksichtigt.

Vielmehr ist zu klären, ob Art. 82 EG die Rechtsfolge einer Entflechtung überhaupt umfasst. Dafür spricht sowohl seine weite Fassung als auch seine unnachgiebige Formulierung („unvereinbar und verboten"). Eine systematische und teleologische Auslegung bestätigen dies. Der systematische Zusammenhang mit Art. 81 EG und dessen Abs. 3 Buchst. b legt den Schluss nahe, dass Art. 82 EG den Missbrauch wirtschaftlicher Macht nicht nur durch verhaltensorientierte Maßnahmen bekämpfen will, sondern auch die Aufrechterhaltung kompetitiver Wettbewerbsstrukturen beabsichtigt.[239] Art. 3 Abs. 1 Buchst. g EG spricht davon, dass die Gemeinschaft ein System errichten solle, welches den Wettbewerb vor Verfälschungen schützt. Dies muss erst recht heißen, dass der Wettbewerb nicht ausgeschaltet sein darf, was auch bedeutet, dass Missbrauchskontrolle immer dann eingreift, wenn ein Unternehmen seine beherrschende Stellung derart verstärkt, dass der Wettbewerb wesentlich behindert wird.[240] Hierbei kann die Kommission nicht lediglich auf verhaltensorientierte Maßnahmen beschränkt sein. Stark vermachtete Marktstrukturen, in denen sie allein durch verhaltensorientierte Maßnahmen wettbewerbsanaloge Ergebnisse zu erzielen versucht, entsprechen nicht dem in Art. 3 Buchst. g EG niedergelegten Ziel.[241] Durch strukturelle Maßnahmen können somit die Grundsätze des Art. 82 EG verwirklicht werden. Art. 83 EG ist somit geeignete Ermächtigungsgrundlage.

---

[238] *Haus*, Entflechtung nach der KartellVO?, WuW 2001, 659, 663.

[239] EuGH, Urteil v. 21.2.1973, Rs. 6/72 (Continental Can), Slg. 1973, 215, 245 f.; näher hierzu *Schulte-Braucks*, Die Auflösung marktbeherrschender Stellungen, S. 296.

[240] EuGH, Urteil v. 21.2.1973, Rs. 6/72 (Continental Can), Slg. 1973, 215, 245 f.

[241] Hierzu näher *Schulte-Braucks*, Die Auflösung marktbeherrschender Stellungen, S. 297.

(b) Eingriff in das Unternehmenseigentum

Teilweise wird vorgetragen, strukturelle Maßnahmen verstoßen gegen die in Art. 295 EG niedergelegte Eigentumsgarantie, nach welcher grundsätzlich nicht in die Eigentumsordnungen der Mitgliedstaaten eingegriffen werden darf.[242] Art. 295 EG beinhaltet jedoch nur, dass die Mitgliedstaaten ihre Kompetenz zu Sozialisierungs- und Reprivatisierungsmaßnahmen behalten.[243] Die auf dem EG-Vertrag basierende Eigentumsbindung haben die Mitgliedstaaten hingegen akzeptiert.[244] Soweit die Kommission also nicht Enteignungen vornimmt oder die Grenzen der auf dem EG-Vertrag basierenden Eigentumsbindung überschreitet, ist Art. 295 EG nicht berührt. Eine Enteignung ist sowohl bei einer Beurteilung nach Art. 14 Abs. 3 GG[245] als auch bei einer Beurteilung nach Gemeinschaftsgrundrechten zu verneinen, da bei Entflechtungen nicht auf die Entziehung von Eigentum, sondern primär auf dessen Umverteilung abgezielt wird.[246] Auch werden nicht die Grenzen der Eigentumsbindung überschritten. Gemeinschaftsgrundrechte können im öffentlichen und im Interesse der Erreichung der Vertragsziele eingeschränkt werden, solange sie nicht in ihrem Wesen angetastet werden.[247] Dies bedeutet, dass eine den Vertragszielen zuwiderlaufende Nutzung des Eigentums unterbunden werden kann. Zu einer Einschränkung der Nutzungsmöglichkeit durch Entflechtung wird es regelmäßig nur dann kommen, wenn durch Verstöße gegen Gemeinschaftskartellrecht eine den Vertragszielen zuwiderlaufende Nutzung des Eigentums unterbunden werden soll.[248] Die Grenzen der auf dem EG-Vertrag ba-

---

242 *Möhring*, Entflechtungsmaßnahmen der EWG-Kommission bei Unternehmenskonzentrationen nach deutschem Recht, in: Rechtsvergleichung und Rechtsvereinheitlichung. Festschrift zum fünfzigjährigen Bestehen des Instituts für ausländisches und internationales Privat und Wirtschaftsrecht der Universität Heidelberg, S. 345; zit. nach *Schulte-Braucks*, Die Auflösung marktbeherrschender Stellungen, S. 307, Fn. 118; ähnlich auch *Haus*, Entflechtung nach der KartellVO?, WuW 2001, 659, 664.

243 *Schulte-Braucks*, Die Auflösung marktbeherrschender Stellungen, S. 308.

244 Unter Eigentumsbindung versteht man die Minderung der Verfügungsmacht und Nutzungsbefugnis des Eigentümers im Hinblick auf die Sozialbindung; vgl. *Schulte-Braucks*, Die Auflösung marktbeherrschender Stellungen, S. 308.

245 Zum einen ist fraglich, inwieweit eine Berufung auf Grundrechte nach deren Missbrauch überhaupt möglich ist; vgl. BVerfG, Beschluss v. 29.7.1968, BVerfGE 24, 119, 147; *Biedenkopf*, in: Wirtschaftsordnung und Rechtsordnung, S. 113, 135. Zum anderen zielt eine Entflechtung nicht primär auf die Entziehung von Eigentum, sondern auf dessen Umverteilung ab. Soweit auf diese Weise Monopolpotential verloren geht, müssen die Interessen des Unternehmens hinter denen des Staates zurücktreten; vgl. hierzu *Schulte-Braucks*, Die Auflösung marktbeherrschender Stellungen, S. 287 f.

246 *Schulte-Braucks*, Die Auflösung marktbeherrschender Stellungen, S. 287 f.

247 EuGH, Urteil v. 14.5.1974, Rs. 4/73 (Nold/Kommission der EG) Slg. 1974, 491, 508.

248 *Riegel*, Das Eigentum im europäischen Recht, S. 216. sonst. *Schulte-Braucks*, Die Auflösung marktbeherrschender Stellungen, S. 309.

sierenden Eigentumsbindung werden somit nicht überschritten. Die in Art. 295 EG niedergelegte Eigentumsgarantie ist somit nicht verletzt.

(2) Wettbewerbspolitische Bedenken

Anstelle von rechtlichen Bedenken könnten auch wettbewerbspolitische Bedenken gegen die Anordnung struktureller Maßnahmen sprechen.

(a) Abhängigkeit von Forschung und Entwicklung

Geht man davon aus, dass Unternehmensgröße und Marktmacht Voraussetzungen für erfolgreiche Forschung und Entwicklung sind (Schumpeter-Hypothese[249]) könnten Entflechtungsanordnungen der Kommission zu einer Eindämmung des technischen Fortschritts auf dem Gemeinsamen Markt führen. Empirische Untersuchungen in den USA[250], und der BRD[251] haben jedoch keinen systematischen Anstieg der Innovationsfähigkeit eines Unternehmens bei steigendem Konzentrationsgrad beweisen können. Selbst die Relation der Beschäftigung hochqualifizierten Personals in Forschung und Entwicklung zur Konzentrationsrate des Unternehmens ist als gering einzuschätzen.[252] Vielmehr wurde nachgewiesen, dass größere Unternehmen zwar mehr Geld pro Patent aufwenden, im Verhältnis dennoch eine geringere Anzahl an Patenten erhalten, als mittlere und kleine Unternehmen.[253] Es ist sogar davon auszugehen, dass eine hohe Konzentrationsrate die Innovationsaktivität eines Unternehmens behindert. Bei marktbeherrschenden Unternehmen fehlt es nämlich oftmals an dem erforderlichen Innovationswillen. Ein solcher würde durch die Entflechtung des Unternehmens wieder gefördert werden.[254] Eine Behinderung des technischen Fortschritts auf dem Gemeinsamen Markt durch Entflechtungsanordnungen der Kommission ist somit nicht zu befürchten.

---

249 *Schumpeter*, Capitalism, Socialism and Democracy, 4th., S. 392.

250 *Scherer*, Firm, Size, Market Structure, Opportunity, and the Output of Patented Iventions, American Economic Review Vol. 55., 1965, 1097, 1098.

251 *Tabbert*, Unternehmensgröße, Marktstruktur und technischer Fortschritt. Eine empirische Untersuchung für die Bundesrepublik Deutschland, S. 123.

252 *Tabbert*, Unternehmensgröße, Marktstruktur und technischer Fortschritt. Eine empirische Untersuchung für die Bundesrepublik Deutschland, S.115.

253 *Heuchert*, Der Einfluß der Konzentration auf den technischen Fortschritt, S. 183 ff.

254 *Schulte-Braucks*, Die Auflösung marktbeherrschender Stellungen, S. 208.

(b) Economies of scale

Entflechtungen könnten sich auch unter dem Gesichtspunkt der „economies of scale“[255] nachteilig für Großunternehmen auswirken. Großen Produktionseinheiten regelmäßig zukommende, technisch bedingte Produktionsvorteile könnten den betroffenen Unternehmen durch Entflechtungsmaßnahmen genommen werden. In diese Richtung gehende Bedenken sind bei genauer Betrachtung jedoch unberechtigt. Zum einen werden economies of scale nur dann beeinträchtigt, wenn die Entflechtung in einzelne Betriebe des Unternehmens eingreift. Eine Entflechtungsregelung, die Betriebseinheiten unversehrt lässt, würde die Produktionsvorteile von großen Einheiten ohnehin nicht tangieren.[256] Zum anderen erfordert weder der US-amerikanische noch der europäische Markt einen hohen Konzentrationsgrad, um diese Vorteile für die Unternehmen effektiv werden zu lassen. Für beide ist ein Marktanteil von weniger als 10 % ausreichend um eine optimale Nutzung der economies of scale zu ermöglichen. Entflechtungen werden in den meisten Fällen jedoch nicht zu einem unter 10% liegenden Marktanteil führen.[257]

cc. Vorteile

Vorliegend sollen jedoch nicht nur die vorgebrachten Bedenken ausgeräumt, sondern vielmehr die Vorteile einer Einführung von Entflechtungsanordnungen dargestellt werden. Ein Vorteil könnte darin liegen, Unternehmen durch strukturelle Maßnahmen im Rahmen des Kartellrechts daran zu hindern, die Fusionskontrolle der Kommission durch internes statt externes Unternehmenswachstum zu umgehen. Hierbei ist jedoch zu bemerken, dass der Gesetzgeber das interne gegenüber dem externen Wachstum bewusst privilegiert hat. Eine solche Privilegierung hängt in erster Linie damit zusammen, dass internes Wachstum in den meisten Fällen auf der Leistung des Unternehmens beruht. Dieser Leistungsanreiz darf nicht durch Entflechtungsanordnungen ungerechtfertigt eingedämmt werden.[258] Unbeschadet dessen kann durch Entflechtungsanordnungen im Bereich des Kartellrechts eine Schutzlücke im Recht der Wettbewerbsbeschränkungen geschlossen werden.[259] Fusionskontrolle allein vermag das externe Zusammenwachsen von Unternehmen zu bremsen. Gegen ein internes

---

[255] In der klassischen Volkswirtschaftslehre gilt das Gesetz der steigenden Skalenerträge („economies of scale“). Demzufolge fallen die durchschnittlichen Produktionskosten bei steigender Menge eines produzierten Gutes bis auf ein Minimum, um dann allerdings wieder anzusteigen.

[256] *Schulte-Braucks*, Die Auflösung marktbeherrschender Stellungen, S. 208.

[257] *Schulte-Braucks*, Die Auflösung marktbeherrschender Stellungen, S. 208, 289 f.

[258] *Schulte-Braucks*, Die Entflechtung als Aufgabe der Wettbewerbspolitik, BB 1981, 1369, 1371.

[259] Vgl. zu dieser Problematik im deutschen Recht *Rehbinder*, Schutzlücken bei der kartellrechtlichen Kontrolle von Marktmacht, ZHR 137 (1974), 527.

Wachstum kann sie hingegen nicht helfen. Zwar soll dieses, wie schon erwähnt, bewusst privilegiert werden, eine Privilegierung wird jedoch schon dadurch erreicht, dass lediglich der Missbrauch einer marktbeherrschenden Stellung und nicht schon die marktbeherrschende Stellung an sich verboten ist. Dieser Missbrauchskontrolle muss jedoch zu höchst möglicher Effektivität verholfen werden. Bislang beinhaltete sie lediglich die nachträgliche Kontrolle wettbewerbswidrigen Verhaltens und versuchte die Symptome missbrauchter Marktmacht zu bekämpfen. Bei stark vermachteten Marktstrukturen kann eine effektive Kontrolle unter Umständen jedoch nur durch eine Auflösung dieser Marktmacht garantiert werden. Teilweise müssen die Rahmenbedingungen des Wettbewerbs wieder hergestellt und die Selbststeuerungskräfte des Marktes reaktiviert werden, um unternehmerische Handlungsfreiheit überhaupt zu ermöglichen.[260]

dd. Grenzen

Dies soll jedoch nicht einer Privilegierung internen Wachstums entgegenwirken und eine Sanktionierung von Marktmacht an sich bedeuten. Hierfür würde zum einen, wie bereits erläutert, ohnehin die Ermächtigungsgrundlage fehlen. Zum anderen würde dies die Gefährdung wirtschaftlichen Wachstums bedeuten.[261] Um dies zu verhindern, müssen freilich gewisse Grenzen eingehalten werden, auf die hier näher eingegangen werden soll.

Der VOV sah ein unbeschränktes Ermessen der Kommission hinsichtlich der Anordnung struktureller Maßnahmen vor. Der Ausübung einer solchen Befugnis wurden keine Grenzen gesetzt. Die Kommission rief damit kritische Stimmen vor allem im Bereich der Industrie hervor.[262] Auch in der Legislativen Entscheidung des Europäischen Parlaments[263] wurde Art. 7 Abs. 1 S. 2 VOV als unangemessen und voreilig beschrieben und der Vorschlag gemacht, entsprechende Maßnahmen nur so weit zuzulassen, wie sie verhältnismäßig und für die tatsächliche Beendigung der Zuwiderhandlung erforderlich sind.[264] Dieser Vorschlag wurde in der VO Nr. 1/2003 berücksichtigt. Nach Art. 7 Abs. 1 S. 2 VO Nr. 1/2003 müssen Abhilfemaßnahmen verhaltensorientierter und struktureller Art verhältnismäßig und für eine Abstellung der Zuwiderhandlung erforderlich sein. Die Verhältnismäßigkeit einer strukturellen Maßnahme

---

[260] Auch *Möschel*, Preiskontrollen über marktbeherrschende Unternehmen, JZ 1975, 393, 397 f.

[261] *Schulte-Braucks*, Die Entflechtung als Aufgabe der Wettbewerbspolitik, BB 1981, 1369, 1370.

[262] Stellungnahme des Bundesverbandes der Deutschen Industrie (BDI) vom 19.1.2001, B., S. 10.

[263] Legislativvorschlag des Europäischen Parlaments, enthalten in: Bericht des Europäischen Parlaments, endgültig A5-0229/2001, S. 24.

[264] Legislativvorschlag des Europäischen Parlaments, enthalten in: Bericht des Europäischen Parlaments, endgültig A5-0229/2001, S. 98.

kann nur dann bejaht werden, wenn ein erhebliches, durch die Struktur eines Unternehmens an sich bedingtes Risiko anhaltender oder wiederholter Zuwiderhandlungen gegeben ist.[265] Außerdem können Abhilfemaßnahmen struktureller Art nach Art. 7 Abs. 1 S. 3 VO Nr. 1/2003 nur in Ermangelung einer verhaltensorientierten Abhilfemaßnahme von gleicher Wirksamkeit[266] oder dann festgelegt werden, wenn die verhaltensorientierte Maßnahme mit einer größeren Belastung für die beteiligten Unternehmen verbunden wäre. Durch diese Subsidiarität können Entflechtungen nur bei Marktstrukturen angeordnet werden, in denen eine effektive Kontrolle nicht anders möglich ist. In diesen Fällen wird unternehmerische Handlungsfreiheit nicht beeinträchtigt, sondern erst ermöglicht.[267] Mit Art. 7 Abs. 1 S. 2, 3 VO Nr. 1/2003 dürften wesentliche Bedenken gegen das Instrument der Entflechtungsanordnung ausgeräumt worden sein.

IV. Einstweilige Anordnungen, Art. 8 VO Nr. 1/2003

Ein weiterer, mit der Kartellverfahrensreform neu geregelter Entscheidungstyp ist die einstweilige Anordnung nach Art. 8 VO Nr. 1/2003. Auch hier sollen Rechtsnatur und Rechtswirkung näher beleuchtet und offene Fragen erörtert werden. Ferner wird auf die Rechte betroffener Unternehmen näher einzugehen sein.

1. Grundsätzliches

Einstweilige Anordnungen[268] waren im Gemeinschaftskartellrecht bislang nicht ausdrücklich vorgesehen. Die Kommission konnte sie nur in dringenden Fällen erlassen, wenn auf den ersten Blick ein eindeutiger Verstoß gegen Art. 81 oder Art. 82 EG festgestellt werden konnte und die Gefahr eines schweren, durch die Endentscheidung nicht wieder gutzumachenden Schadens für den Antragsteller bestand.[269] Einstweilige Anordnungen wurden in erster Linie durch Beschwerden drittbetroffener Unternehmen veranlasst. Sie konnten jedoch auch von Amts wegen erlassen werden.[270]

---

[265] VO Nr. 1/2003 Erwägungsgrund 12.

[266] Dies kann beispielsweise für Fälle gelten, in denen Marktergebniskontrolle in Form von Preismissbrauchsaufsicht auf lange Sicht praktisch scheitert; vgl. EuGH, Urteil v. 14.2.1978, Rs. 27/76 (UnitedBrands/Kommission), Slg. 1978, 207.

[267] *Möschel*, Preiskontrollen über marktbeherrschende Unternehmen, JZ 1975, 393, 397 f.

[268] Im Sprachgebrauch des EuGH und der Kommission wird der englische Begriff „interim measures" häufig wörtlich mit „einstweilige Maßnahmen" übersetzt. Dem deutschen Sprachgebrauch würde jedoch die Bezeichnung „einstweilige Anordnung" entsprechen; vgl. auch *Hitzler*, Einstweilige Anordnungen der EG-Kommission in Verfahren nach Art. 85 und 86 EWG-Vertrag nach der Rechtsprechung des Europäischen Gerichtshofs, WuW 1985, 189. Eine Änderung in der deutschen Fassung der VO Nr. 1/2003 wäre deshalb zu begrüßen.

[269] Erstmals: EuGH, Beschluss v. 17.1.1980, Rs. 792/79 R (Camera Care), Slg. 1980, 119, 131.

[270] *Dieckmann*, in: Wiedemann, Handbuch des Kartellrechts, § 48 Rn. 3.

Da sich diese Praxis bewährt hat, wurde im Weißbuch ihre ausdrückliche Regelung und eine Präzisierung der Verfahrensvorschriften gefordert.[271] Letztendlich wurden in Art. 8 VO Nr. 1/2003 die Grundsätze der bisherigen Kommissionspraxis übernommen. Präzisiert wurde das Verfahren hingegen nicht.

Nach Art. 8 VO Nr. 1/2003 ist die Kommission zum Erlass einstweiliger Anordnungen von Amts wegen befugt, wenn die Gefahr eines ernsten, nicht wieder gutzumachenden Schadens für den Wettbewerb besteht und eine Zuwiderhandlung prima facie festzustellen ist. Nach Art. 8 Abs. 2 VO Nr. 1/2003 werden einstweilige Anordnungen für höchstens 1 Jahr erlassen und sind nicht verlängerbar. Sie sind nach Art. 31 Abs. 1 VO Nr. 1/2003 zu veröffentlichen. Bislang war, da es sich nicht um abschließende Entscheidungen i.S. des Art. 10 Abs. 3 VO Nr. 17/62 handelte, eine Anhörung des Beratenden Ausschusses nicht ausdrücklich gefordert. Die Kommission hatte eine solche, im Hinblick auf das inhaltliche Gewicht einstweiliger Anordnungen, jedoch regelmäßig durchgeführt.[272] Im VOV wurden einstweilige Anordnungen zwar ausdrücklich geregelt, Art. 14 VOV verwies jedoch nur auf Entscheidungen nach Art. 7, 9, 10, 22 und 23 Abs. 2. VOV. Demnach hätte man wohl bei einstweiligen Anordnungen auf eine Anhörung des Beratenden Ausschusses im Hinblick auf die Beschleunigung des Verfahrens verzichtet. In Art. 14 Abs. 1 VO Nr. 1/2003 wird Art. 8 VO Nr. 1/2003 nun jedoch aufgeführt, sodass ein Hinzuziehen des Beratenden Ausschusses ausdrücklich vorgeschrieben ist. Im Sinne einer Beschleunigung des Verfahrens sieht Art. 14 Abs. 2 VO Nr. 1/2003 bei einstweiligen Anordnungen eine Anhörungsfrist von lediglich acht Tagen vor. Auch eine Fristverkürzung ist zulässig, wenn kein Mitgliedstaat hiergegen Einwände erhebt. In diesem Sinne kann außerdem davon ausgegangen werden, dass einstweilige Anordnungen, wie bisher[273], nur in der jeweiligen Verfahrenssprache vorgelegt werden müssen.

2. Schaden für den Wettbewerb

Im Rahmen des Art. 8 VO Nr. 1/2003 stellt sich die Frage, wann ein dringender Fall bzw. ein ernster, nicht wieder gutzumachender Schaden besteht. Nach Ansicht des EuG war die Dringlichkeit bislang nicht eigenes Tatbestandsmerkmal sondern Element des Eintretens eines schweren, nicht wieder gutzumachenden Schadens.[274] Dies kann auch im Rahmen des Art. 8 Abs. 1 VO Nr. 1/2003 gelten. Ein ernster, nicht wieder gutzumachender Schaden war bisher nach Ansicht des EuGH zu bejahen, wenn durch

---

[271] Weißbuch Tz. 122.

[272] *Ritter*, in: Immenga/Mestmäcker, EG-Wettbewerbsrecht, Bd. 2, VO 17, B., Art. 3 Rn. 58.

[273] *Ritter*, in: Immenga/Mestmäcker, EG-Wettbewerbsrecht, Bd. 2, VO 17, B., Art. 3 Rn. 58.

[274] EuG, Urteil v. 24.1.1992 Rs. T-44/90 (La Cinq), Slg. 1992, II-1 Rn. 29.

den Wettbewerbsverstoß die wirtschaftliche Existenz des betroffenen Unternehmens gefährdet ist.[275] Diese Definition kann jedoch nicht übernommen werden, da sie auf die Auswirkungen des relevanten Verhaltens auf das betroffene Unternehmen abstellt. Dieser Bezug soll in Zukunft aber gerade vermieden werden. Deshalb fordert Art. 8 VO Nr. 1/2003 ausdrücklich die Gefahr eines Schadens „für den Wettbewerb". Theoretisch konnte ein solcher zwar auch in der Vergangenheit zum Erlass einstweiliger Anordnungen führen. Da die Kommission jedoch nur auf Antrag tätig wurde[276], bestehen keine Anhaltspunkte dafür, unter welchen Umständen ein Schaden für den Wettbewerb gegeben war.[277] Bei der Beurteilung der Frage, ob der Erlass einer einstweiligen Maßnahme geboten ist, wurde grundsätzlich eine Interessenabwägung vorgenommen. Statt der Interessen der beteiligten und drittbetroffenen Unternehmen werden nun die Interessen der beteiligten Unternehmen mit denen eines funktionierenden Wettbewerbs abzuwägen sein. In den Genuss einer Sicherheitsleistung, wie sie die Kommission bislang angeordnet hat[278], wenn die einstweilige Anordnung auf Antrag eines Wettbewerbers erfolgte und sie dem Adressaten, falls sie nicht durch die Endentscheidung bestätigt worden wäre, erheblichen Schaden hätte zufügen können, werden die Unternehmen nun allerdings nicht kommen.

3. „Prima facie" Verstoß

Die Kommission stellte in Art. 8 VOV das Erfordernis einer „prima facie" festgestellten Zuwiderhandlung auf. Diese Formulierung wurde in die VO Nr. 1/2003 übernommen. Schon im Fall „Camera Care" sprach die Kommission, in Anlehnung an die englische Fassung des Art. 83 § 2 VerfO EuGH von einem „prima facie case". Hiernach musste eine Zuwiderhandlung gegen Art. 81, 82 EG mit ausreichender Wahrscheinlichkeit vorliegen. Der Grad der erforderlichen Wahrscheinlichkeit wurde von den Interessen bestimmt, die durch die in Aussicht genommene Anordnung berührt wurden.[279] An die Wahrscheinlichkeit waren dabei umso geringere Anforderungen zu stellen, desto mehr die Interessen des Antragstellers berührt waren. Nunmehr wird

---

275 EuG, Urteil v. 12.7.1991 Rs. T-23/90 (Peugeot), Slg. 1991, II-653 Rn. 72. A.A. *Hitzler*, Einstweilige Anordnungen der EG-Kommission in Verfahren nach Art. 85 und 86 EWG-Vertrag nach der Rechtsprechung des Europäischen Gerichtshofs, WuW 1985, 189, 193, der einen entsprechenden Schaden auch dann für gegeben hielt, wenn der spätere Ersatz des materiellen Schadens allein zur Wiedergutmachung nicht ausgereicht hätte, der Höhe nach nur schwer zu konkretisieren gewesen wäre oder die Durchsetzung von Ersatzansprüchen besondere Schwierigkeiten erwarten ließ.

276 *Dieckmann*, in: Wiedemann, Handbuch des Kartellrechts, § 48 Rn. 3.

277 *Oritz Blanco*, EC Competition Procedure, p.286.

278 *Hitzler*, Einstweilige Anordnungen der EG-Kommission in Verfahren nach Art. 85 und 86 EWG-Vertrag nach der Rechtsprechung des Europäischen Gerichtshofs, WuW 1985, 189, 194.

279 *Hitzler*, Einstweilige Anordnungen der EG-Kommission in Verfahren nach Art. 85 und 86 EWG-Vertrag nach der Rechtsprechung des Europäischen Gerichtshofs, WuW 1985, 189, 193.

man freilich nicht mehr auf die Interessen des Antragstellers abstellen können. Vielmehr werden an die Wahrscheinlichkeit der Zuwiderhandlung umso geringere Anforderungen zu stellen sein, desto größer die Interessen *des Wettbewerbs* sind.

4. Unternehmensrechte

Bei der Frage nach den Rechten einzelner Unternehmen muss zwischen Anhörungs- und Antragsrechten unterschieden werden.

a. Anhörungsrechte

Die Forderung des BDI[280], ein Anhörungsrecht betroffener Unternehmen in Art. 8 VOV ausdrücklich zu regeln, war unberechtigt. Durch die Aufzählung in Art. 26 Abs. 1 VOV, der die Anhörungsrechte regeln sollte, wäre dieses Recht in ausreichendem Maße gewahrt gewesen. Gleiches gilt im Hinblick auf die VO Nr. 1/2003. Anhörungsrechte betroffener Unternehmen beim Erlass einstweiliger Anordnungen sind, wie bei allen anderen Kommissionsentscheidungen auch, in Art. 27 VO Nr. 1/2003 geregelt. In dessen Absatz 1 findet Art. 8 VO Nr. 1/2003 ausdrücklich Erwähnung.

b. Antragsrechte

Nach Art. 8 Abs. 1 VO Nr. 1/2003 werden einstweilige Anordnungen ausschließlich von Amts wegen erlassen. Die Kommission legte, entgegen ihrer bisherigen Entscheidungspraxis, in der Begründung zu Art. 8 VOV ausdrücklich fest, dass ein Tätigwerden nur im öffentlichen Interesse, nicht im Interesse einzelner Unternehmen infrage kommt. Der Forderung, Antragstellungen wenigstens dann zuzulassen, wenn dargelegt werden kann, dass einem oder mehreren Unternehmen oder einer Gruppe von Verbrauchern ein Schaden droht[281], entgegnete sie mit einem Verweis auf die Zuständigkeit nationaler Gerichte. Dies passt zu der von der Kommission immer wieder vorgenommenen Trennung der Aufgaben von Behörden und nationalen Gerichten, wonach Behörden das öffentliche Interesse zu wahren haben und Gerichte für die Rechte des Einzelnen zuständig sind. Die Kommission verfolgt hiermit die von ihr beispielsweise in Art. 10 VO Nr. 1/2003 vorgegebene Linie, nur im öffentlichen Interesse tätig zu werden. Allerdings könnte der Fall hier anders gelagert sein als im Rahmen des Art. 10 VO Nr. 1/2003. Bei dem Antrag auf Erlass einstweiliger Maßnahmen handelt es sich zwar um ein eigenständiges Begehren. Dieses steht jedoch im engen Zusammenhang mit einem Antrag nach Art. 7 VO Nr. 1/2003, zu dessen Stellung grundsätzlich jedes Unternehmen befugt ist, das ein berechtigtes Interesse darlegen kann. Sieht man einstweilige Anordnungen also im Zusammenhang mit Beschwerden drittbetroffener

[280] Stellungnahme des Bundesverbandes der Deutschen Industrie (BDI) vom 19.1.2001, B., S 10.

[281] Stellungnahme des Bundesverbandes der Deutschen Industrie (BDI) vom 19.1.2001, B., S. 10.

Unternehmen, so müssen sie sozusagen schon deshalb auf Antrag erlassen werden können, weil ohne sie eine der Beschwerde entsprechende Endentscheidung und somit auch die Beschwerde selbst u. U. wirkungslos bleiben könnte. Man könnte also behaupten, ein Antragsrecht müsse schon unmittelbar aus dem Beschwerderecht drittbetroffener Unternehmen folgen. Die Tatsache, dass der EuGH als Rechtsgrundlage für den Erlass einstweiliger Anordnungen bislang Art. 3 VO Nr. 17/62 herangezogen hat, kann diese Auffassung nicht zwingend stützen, da er in diesem Zusammenhang lediglich festgestellt hat, dass der Kommission ein gewisser Spielraum eingeräumt werden müsse, der es ihr ermöglicht, im Rahmen von Untersagungsentscheidungen den Umständen des Einzelfalls entsprechend die wirksamste Entscheidung zu treffen.[282] Hieraus lässt sich einerseits kein Antragsrecht drittbetroffener Unternehmen herleiten. Andererseits spricht eine solche Feststellung jedoch auch nicht unbedingt gegen ein solches. Praktisch werden Drittbetroffene nun jedoch ohnehin kein Interesse daran haben, den Erlass einstweiliger Anordnungen zu beantragen, da die Kommission bei einer entsprechenden Entscheidung nicht ihre Interessen, sondern ausschließlich die des Wettbewerbs berücksichtigen wird. Unbenommen bleibt es den Unternehmen, den Erlass einer einstweiligen Anordnung anzuregen und zu hoffen, dass ein ernster, nicht wieder gutzumachender Schaden für den Wettbewerb zu befürchten ist.

V. Beratungsschreiben der Kommission

Die Kommission hat mit der VO Nr. 1/2003 u.a. die Bekanntmachung über informelle Beratung bei neuartigen Fragen zu den Art. 81 und 82 des Vertrages[283] erlassen und auf diese Weise die Möglichkeit eines informellen Beratungsschreibens der Kommission geschaffen.

1. Grundsätzliches

In ihrer Bekanntmachung führt die Kommission zunächst aus, dass Unternehmen selbst in der Lage seien, die Rechtmäßigkeit ihres Verhaltens zu beurteilen und auf dieser Grundlage zu entscheiden, ob und in welcher Form sie eine Vereinbarung oder ein Verhalten aufnehmen oder fortsetzen wollen. Sie haben eine genaue Kenntnis des Sachverhalts und könnten sich zudem auf Gruppenfreistellungsverordnungen, die

---

[282] EuGH, Beschluss v. 17.10.1980, Rs. 792/79 R (Camera Care) Slg. 1980, 119, 131.

[283] Bekanntmachung der Kommission über informelle Beratung bei neuartigen Fragen zu den Art. 81 und 82 des Vertrages, die in Einzelfällen auftreten (Beratungsschreiben), ABl.EG v. 27.04.2004 Nr. C 101/78.

Rechtsprechung, die Entscheidungspraxis der Kommission und etliche Leitlinien und Bekanntmachungen stützen.[284]

Falls es dennoch zu ernsthaften Rechtsunsicherheiten kommt, will die Kommission den Unternehmen jedoch unter bestimmten Voraussetzungen mit informellen Beratungsschreiben weiterhelfen.

2. Rechtsnatur

Die Kommission führt am Ende der Bekanntmachung ausdrücklich aus, dass es sich bei entsprechenden Schreiben nicht um formelle Entscheidungen der Kommission handelt.[285] Beratungsschreiben dienen ausschließlich dazu, den Unternehmen bei ihrer Selbsteinschätzung zu helfen. Sie sind lediglich informelle Verwaltungsschreiben.

3. Rechtswirkung

Als informelle Verwaltungsschreiben haben sie keinerlei Bindungswirkung. In diesem Zusammenhang führt die Kommission aus, dass sie nicht gehindert ist, Vereinbarungen oder Verhaltensweisen, welche einmal die materielle Grundlage eines Beratungsschreibens bildeten, beispielsweise auf eine Beschwerde hin, neu zu überprüfen. Auch die Wettbewerbsbehörden der Mitgliedstaaten, Gemeinschaftsgerichte und nationale Gerichte sind nicht an Beratungsschreiben gebunden.[286]

4. Voraussetzungen

Beratungsschreiben können Unternehmen begehren, die an einer Vereinbarung beteiligt sind, welche unter Artt. 81 oder 82 EG fallen könnte. Um eine Rückkehr zu einem Genehmigungsprinzip zu vermeiden und den Zweck der Reform, nämlich die vermehrte Kontrolle schwerwiegender Wettbewerbsverstöße, nicht aus dem Auge zu verlieren, hat die Kommission strenge Voraussetzungen an ein entsprechendes Begehren geknüpft.

Neben formellen Voraussetzungen für die entsprechende Anfrage, müssen besondere materielle Voraussetzungen erfüllt sein. Zum einen muss die materielle Beurteilung der Vereinbarung eine Frage der Rechtsanwendung aufwerfen, die weder durch den

---

[284] Bekanntmachung der Kommission über informelle Beratung bei neuartigen Fragen zu den Art. 81 und 82 des Vertrages, die in Einzelfällen auftreten (Beratungsschreiben), ABl.EG v. 27.04.2004 Nr. C 101/78.

[285] Bekanntmachung der Kommission über informelle Beratung bei neuartigen Fragen zu den Art. 81 und 82 des Vertrages, die in Einzelfällen auftreten (Beratungsschreiben), ABl.EG v. 27.04.2004 Nr. C 101/78, 80.

[286] Bekanntmachung der Kommission über informelle Beratung bei neuartigen Fragen zu den Art. 81 und 82 des Vertrages, die in Einzelfällen auftreten (Beratungsschreiben), ABl.EG v. 27.04.2004 Nr. C 101/78, 80.

bestehenden EG-Rechtsrahmen, einschließlich der Rechtsprechung der Gemeinschaftsgerichte, noch durch allgemein verfügbare Orientierungshilfen, die Entscheidungspraxis der Kommission oder frühere Beratungsschreiben geklärt ist.[287] Zum anderen muss eine prima facie Bewertung des Sachverhalts und der Hintergründe nahe legen, dass eine Klärung im Wege eines Beratungsschreibens zweckmäßig ist. Dies richtet sich entweder nach der wirtschaftlichen Bedeutung der von der Vereinbarung betroffenen Waren oder Dienstleistungen aus Sicht des Verbrauchers oder nach dem Ausmaß, in dem die Vereinbarung einer im Markt verbreiteten Gepflogenheit entspricht. Auch der Umfang der mit der Transaktion einhergehenden Investitionen im Verhältnis zur Größe der beteiligten Unternehmen und die Verbindung der Transaktion mit einem strukturellen Vorgang, wie der Gründung eines Teilfunktionsgemeischaftsunternehmens, kann für die Zweckmäßigkeit der Beratung sprechen. Nicht beantwortet werden Anfragen, die diese Voraussetzungen nicht erfüllen und solche, die lediglich hypothetischen Charakter haben. Auch Fragen zu Vereinbarungen die tatsächlich nicht mehr praktiziert werden, wird die Kommission nicht beantworten.[288]

5. Bewertung

Mit der Möglichkeit eines Beratungsschreibens beabsichtigt die Kommission, die immer wiederkehrende Kritik, sie würde mit der Reform in erster Linie für Rechtsunsicherheit bei den Unternehmen in besonders schwerwiegenden und komplexen Fällen und bei neuartigen Rechtsfragen sorgen, auszuräumen. Auch der Notwendigkeit, für Teilfunktionsgemeinschaftsunternehmen eine Ausnahmeregelung zu schaffen[289], wird durch die Möglichkeit eines Beratungsschreibens wenigstens teilweise Rechnung getragen. Grundsätzlich ist dieser Weg, gerade weil er zwischen einer faktischen Rückkehr zum Genehmigungssystem auf der einen Seite und einer völligen Selbstüberlassung der Unternehmen auf der anderen Seite liegt, sehr zu befürworten. Da derzeit jedoch nicht abzusehen ist, inwieweit die Kommission bei entsprechenden Anfragen die strengen materiellen Voraussetzungen als gegeben ansehen und tatsächlich tätig werden wird, wäre allerdings wenigstens für Teilfunktionsgemeinschaftsunternehmen eine weitergehende Regelung angebracht.[290]

---

[287] Bekanntmachung der Kommission über informelle Beratung bei neuartigen Fragen zu den Art. 81 und 82 des Vertrages, die in Einzelfällen auftreten (Beratungsschreiben), ABl.EG v. 27.04.2004 Nr. C 101/78, 79.

[288] Bekanntmachung der Kommission über informelle Beratung bei neuartigen Fragen zu den Art. 81 und 82 des Vertrages, die in Einzelfällen auftreten (Beratungsschreiben), ABl.EG v. 27.04.2004 Nr. C 101/78, 79.

[289] Vgl. hierzu 1. Kapitel, § 2, D, I.

[290] Vgl. hierzu 1. Kapitel, § 2, D, I.

§ 2 Auswirkungen auf die Untersuchungsbefugnisse der Kommission

Um die Auswirkungen der EG-Kartellverfahrensreform auf die Untersuchungsbefugnisse der Kommission nach der VO Nr. 17/62 herausarbeiten zu können, müssen diese zunächst kurz dargestellt werden. Anschließend ist auf die nach der VO Nr. 1/2003 bestehenden Befugnisse einzugehen. Hierbei werden die relevanten Normen vorgestellt und sodann die Rechte der von den Ermittlungen betroffenen Unternehmen beleuchtet.

A. Untersuchungsbefugnisse nach der VO Nr. 17/62

Die Untersuchungsbefugnisse der Kommission richteten sich nach Artt. 11 und 14 VO Nr. 17/62. Neben Einzelfall bezogenen Ermittlungen in Unternehmen konnte die Kommission nach Art. 12 VO Nr. 17/62 auch ganze Wirtschaftszweige untersuchen.

I. Auskunftsrecht und Nachprüfungsbefugnis

Nach der VO Nr. 17/62 hatte die Kommission verschiedene Ermittlungsbefugnisse, von denen sie, bei konkreten Anhaltspunkten für einen Kartellrechtsverstoß (Anfangsverdacht), Gebrauch machen konnte.[291] Zunächst wäre hier das Auskunftsrecht nach Art. 11 VO Nr. 17/62 zu nennen. Dieses wurde durch ein zweistufiges Verfahren der Kommission ausgeübt, in dessen erstem Abschnitt den Betroffenen das Auskunftsverlangen übersendet wurde.[292] Blieb dies ohne Erfolg, konnte die Kommission eine förmliche Auskunftsentscheidung erlassen (Art. 11 Abs. 5 VO Nr. 17/62). Auskunftspflichtig waren, neben den Regierungen und den zuständigen Behörden der Mitgliedstaaten, die Unternehmen und Unternehmensvereinigungen, die nach Maßgabe des Erforderlichkeitskriteriums über möglicherweise relevante Informationen verfügten.[293] Verlangte die Kommission die Auskunft, wie in der Praxis meist der Fall, von einem Unternehmen oder einer Unternehmensvereinigung, so waren zur deren Erteilung lediglich die Inhaber der Unternehmen oder deren Vertreter verpflichtet. Bei juristischen Personen, Gesellschaften und nicht rechtsfähigen Vereinen waren dies die nach Gesetz und Satzung zur Vertretung berufenen Personen (Art. 11 Abs. 4 VO Nr. 17/62). Grundsätzlich bestand jedoch die Möglichkeit einer Auskunftserteilung durch bevoll-

---

[291] *Burrichter/Hauschild*, in: Immenga/Mestmäcker, EG-Wettbewerbsrecht, Bd. 2, VO 17, B., Art. 11 Rn. 1.

[292] Richtete sich das Auskunftsverlangen an ein Unternehmen oder eine Unternehmensvereinigung, so wurde der zuständigen Behörde des Mitgliedstaates, in dessen Hoheitsgebiet sich der Sitz des Unternehmens befand, regelmäßig eine Abschrift des Verlangens übermittelt (Art. 11 Abs. 2 VO Nr. 17/62).

[293] *Kerse*, E. C. Antitrust Procedure, S. 98; *Burrichter/Hauschild*, in: Immenga/Mestmäcker, EG-Wettbewerbsrecht, Bd. 2, VO 17, B., Art. 11 Rn. 5.

mächtigte Personen, wie zum Beispiel Rechtsanwälte.[294] Wurde deren Auskunft aber ohne Billigung einer nach Art. 11 Abs. 4 VO Nr. 17/62 autorisierten Person erteilt, zog ihre Unrichtigkeit oder Unvollständigkeit für das Unternehmen keinerlei Folgen nach sich.[295]

Waren die hierdurch erlangten Informationen für die Kommission nicht ausreichend, um eine Entscheidung fällen zu können, so hatte sie nach Art. 14 VO Nr. 17/62 zusätzlich ein Nachprüfungsrecht. Während das Auskunftsrecht dazu diente, Neues in Erfahrung zu bringen, übte die Kommission ihr Nachprüfungsrecht in der Regel aus, um die Richtigkeit und Tragweite von Informationen zu überprüfen, die sie bereits besaß.[296] Die Nachprüfung stellte ein, gegenüber dem Auskunftsrecht völlig selbständiges, zweigliedriges Verfahren dar.[297] Die Durchführung der ersten Phase bedingte, anders als bei dem Verfahren nach Art. 11 VO Nr. 17/62, nicht den Eintritt in die zweite Phase.[298] Der erste Abschnitt des Verfahrens bestand aus einem einfachen Prüfungsauftrag, der den betroffenen Unternehmen durch den Bediensteten der Kommission vorgelegt wurde. Dieser Prüfungsauftrag begründete noch nicht die Pflicht, die Nachprüfung zu dulden.[299] Weigerte sich das Unternehmen, so konnte die Kommission jedoch eine förmliche Nachprüfungsentscheidung erlassen, um eine Duldung zu erzwingen (Art. 14 Abs. 3 VO Nr. 17/62).

Nach Art. 14 Abs. 1 VO Nr. 17/62 waren die Kommissionsbediensteten unter anderem befugt, die Räumlichkeiten, Grundstücke und Transportmittel der Unternehmen zu betreten. Dieses Betretungsrecht ging nach Ansicht des EuGH besonders weit und um-

---

[294] *Sauter*, in: Langen/Bunte, Kommentar zum deutschen und europäischen Kartellrecht, VO Nr. 17, Art. 11 Rn. 9; *Burrichter/Hauschild*, in: Immenga/Mestmäcker, EG-Wettbewerbsrecht, Kommentar, Bd. 2, VO 17, B., Art. 11 Rn. 6.

[295] *Gleiss/Hirsch*, Kommentar zum EWG-Kartellrecht, Bd. 2, Art. 11 VO Nr. 17/62 Rn. 15; *Burrichter/Hauschild*, in: Immenga/Mestmäcker, EG-Wettbewerbsrecht, Bd. 2, VO 17, B., Art. 11 Rn. 6.

[296] *Burrichter/Hauschild*, in: Immenga/Mestmäcker, EG-Wettbewerbsrecht, Bd. 2, VO 17, B., Art. 14 Rn. 3.

[297] EuGH, Urteil v. 18.19.1989, Rs. 374/87 (Orkem), Slg. 1989, 3343, 3347.

[298] EuGH, Urteil v. 26.6.1980, Rs. 136/79 (National Panasonic), Slg. 1980, 2033, 2055; EuGH, Urteil v. 21.9.1989 Rs. 46/87 (Hoechst), Slg. 1989, 2919, 2925. Das Nachprüfungsverfahren musste sich demnach nicht zwingend in zwei aufeinander folgenden Phasen vollziehen; vgl. *Oritz Blanco*; EC Competition Procedure, 1996, p. 122. In den meisten Fällen fing die Kommission jedoch mit einem Prüfungsauftrag an, auch wenn sie schlussendlich eine Prüfungsentscheidung erlassen wollte; vgl. *Burrichter/Hauschild*, in: Immenga/Mestmäcker, EG-Wettbewerbsrecht, Bd. 2, VO 17, B., Art. 14 Rn. 3.

[299] *Burrichter/Hauschild*, in: Immenga/Mestmäcker, EG-Wettbewerbsrecht, Bd. 2, VO 17, B., Art. 14 Rn. 3.

fasste, wenn auch nicht die gewaltsame Verschaffung des Zugangs[300], die Befugnis zum ziel- und zweckgerichteten Suchen nach Informationsquellen, die noch nicht bekannt oder vollständig bezeichnet waren.[301] Aus dem Wortlaut des Art. 14 Abs. 1 VO Nr. 17/62 ergab sich jedoch, dass Privaträume vom Betretungsrecht grundsätzlich ausgeschlossen waren. Das Grundrecht auf Unverletzlichkeit der Wohnung war nach Ansicht des EuGH nicht verletzt, da die Gemeinschaftsrechtsordnung den Schutz von Geschäftsräumen nicht umfasst.[302]

II. Untersuchung von Wirtschaftszweigen

Nach Art. 12 VO Nr. 17/62 konnte die Kommission, wenn sie die Vermutung einer Einschränkung oder Verfälschung des Wettbewerbs hatte, Untersuchungen in einem Wirtschaftszweig vornehmen. Nach einer Anhörung des Beratenden Ausschusses gemäß Artt. 12 Abs. 4, 10 Abs. 3 bis 6 VO Nr. 17/62 erließ die Kommission einen förmlichen Einleitungsbeschluss, auf dessen Grundlage sie dieselben Ermittlungsbefugnisse hatte wie in Einzelfällen. Rechtsmittel konnten die Unternehmen, mangels unmittelbarer Betroffenheit, nicht gegen den Einleitungsbeschluss, sondern lediglich gegen die individuell gegen sie gerichteten Ermittlungshandlungen einlegen.[303]

B. Untersuchungsbefugnisse nach der VO Nr. 1/2003

Vergleichsweise werden nun die Untersuchungsbefugnisse nach der VO Nr. 1/2003 dargestellt und insbesondere Unternehmensrechte beleuchtet.

I. Art. 17 VO Nr. 1/2003

Mit Art. 17 VO Nr. 1/2003 hat die Kommission Art. 12 VO Nr. 17/62, an das neue System angepasst, übernommen. Neben kleinen sprachlichen Änderungen, wurde mit Absatz 1 Satz 3 die Möglichkeit eröffnet, interessierte Parteien um Stellungnahme zu bitten. Außerdem sind sektorübergreifende Untersuchungen ausdrücklich vorgesehen. In der Vergangenheit hatte die Untersuchung von Wirtschaftszweigen kaum praktische Bedeutung. Lediglich in zwei Fällen wurden auf Art. 12 VO Nr. 17/62 gestützte Maß-

---

300 EuGH, Urteil v. 21.9.1989, Rs. 46/87 und 227/88 (Hoechst), Slg. 1989, 2919,2916 ff. In solchen Fällen ist war Kommission auf die Hilfe der Behörden des einzelnen Mitgliedstaates angewiesen (Art. 14 Abs. 4 VO Nr. 17).

301 Das Betretungsrecht war nach Ansicht des EuGH nutzlos, wenn es die Bediensteten der Kommission darauf beschränkt hätte, nur die Unterlagen und Akten zu verlangen, die vorher genau bezeichnet werden konnten; vgl. EuGH, Urteil v. 21.9.1989, Rs. 46/87 (Hoechst), Slg. 1989, 2919, 2927.

302 EuGH, Urteil v. 21.9.1989, Rs. 46/87 (Hoechst), Slg. 1989, 2919, 2924; EuGH, Urteil v. 17.10.1989, Rs. 97-99/87 (Dow Chemical Ibérica), Slg. 1989, 3181, 3185 f.

303 *Burrichter/Hauschild*, in: Immenga/Mestmäcker, EG-Wettbewerbsrecht, Bd. 2, VO 17, B., Art. 12 Rn. 1 f.

nahmen durchgeführt.[304] Die Kommission drückte im Weißbuch ihre Absicht aus, diese Alternative in Zukunft vermehrt nutzen zu wollen. [305] Kommt es tatsächlich zu der mit der Reform bezweckten Entlastung, wäre ihr dies auch möglich. Die Notwendigkeit, die in Zukunft fehlende präventive Kontrolle durch verstärktes repressives Vorgehen auszugleichen, lässt eine solche Entwicklung in hohem Maße wünschenswert erscheinen. Der Kommission würde sich auf diese Weise eine weitere, bislang nicht genutzte Möglichkeit eröffnen, sich auf die Verfolgung schwerwiegender Kartellrechtsverletzungen zu konzentrieren. Sie kann nicht allein auf den vermehrten Eingang von Beschwerden vertrauen, sondern muss selbst vermehrt tätig werden. Gerade hard core Kartelle können, aufgrund ihrer erheblichen Auswirkungen auf den Wettbewerb, auf diese Weise aufgedeckt werden.

II. Art. 18 VO Nr. 1/2003

In den wesentlichen Punkten entspricht Art. 18 VO Nr. 1/2003 dem Art. 11 VO Nr. 17/62. Zwei Änderungen wurden jedoch vorgenommen. Zum einen die Einbeziehung von bevollmächtigten Rechtsanwälten in den Kreis der zur Auskunft berechtigten Personen (Art. 18 Abs. 4 S. 2 VO Nr. 1/2003).[306] Zum anderen der Wechsel von einem zweigliedrigen in ein eingliedriges Auskunftsverfahren. Dieser Wechsel war im VOV noch nicht vorgesehen und stellt eine wesentliche Änderung zur bisherigen Rechtslage dar. Nach Art. 18 Abs. 1 VO Nr. 1/2003 kann die Kommission nunmehr ihr Auskunftsrecht von vornherein durch einfaches Auskunftsverlangen oder förmliche Entscheidung geltend machen. Der Sinn dieses Wechsels liegt wohl darin, das Verfahren zu beschleunigen und Auskünfte immer dann direkt mit einer förmlichen Entscheidung zu erzwingen, wenn ohnehin feststeht, dass das Unternehmen auf ein einfaches Auskunftsverlangen nicht reagieren wird.

III. Art. 19 VO Nr. 1/2003

Nach Art. 19 VO Nr. 1/2003 kann die Kommission natürliche und juristische Personen, unabhängig davon, ob sie am Verfahren beteiligt sind oder nicht, befragen und, wie aus den Erwägungsgründen der VO Nr. 1/2003 ersichtlich wird, deren Antworten zu Protokoll nehmen.[307] Hierbei kommen alle Personen in Betracht, die möglicherweise über sachdienliche Informationen verfügen. Neu geregelt ist auch die Pflicht, nationale Wettbewerbsbehörden von der Befragung zu unterrichten. Deren Bedienstete

---

[304] Im Brauereisektor; vgl. ABl.EG vom 19.11.1969 Nr. C 148/3.

[305] Weißbuch Tz. 115.

[306] In Art. 18 Abs. 4 S. 2 VO Nr. 1/2003 wird jedoch lediglich das geregelt, was ohnehin bislang Praxis war, sodass sich eine wesentliche Änderung nicht ergibt.

[307] VO Nr. 1/2003 Erwägungsgrund 25.

können dann die Bediensteten der Kommission und die anderen von dieser ermächtigten Begleitpersonen bei der Durchführung der Befragung unterstützen.

Der entscheidende Punkt besteht darin, dass die Kommission nun ohne Versendung eines schriftlichen Auskunftsverlangens Informationen einholen kann. Eine solche Möglichkeit gab es zwar nach den Regeln der VO Nr. 17/62 noch nicht, tatsächlich blieb es der Kommission jedoch auch bislang schon unbenommen, sich auf diese Weise Informationen zu verschaffen. Meist geschah dies in informellen Treffen zwischen Vertretern der Generaldirektion IV und solchen der Unternehmen, in denen dann Aussagen gemacht, protokolliert und unterschrieben wurden.[308] Auch wurden nationale Wettbewerbsbehörden von solchen Treffen schon vorab unterrichtet. [309] Stieß die Kommission auf entscheidungserhebliche Tatsachen, blieb es jedoch selten bei einer informellen Befragung. Für die befragten Personen bestand keine Pflicht zur Auskunftserteilung. Insbesondere konnten auf der Grundlage eines solchen Treffens nicht Auskunftsentscheidungen erlassen und unrichtige Aussagen sanktioniert werden.[310] In den meisten Fällen wurde deshalb eine Bestätigung der Aussagen auf formellem Wege nach Art. 11 VO Nr. 17/62 angestrebt.[311]

Dennoch müssen bei Befragungen nach Art. 19 VO Nr. 1/2003 die Rechte von Unternehmen und Einzelpersonen Berücksichtigung finden. Bei der Befragung von Angestellten in den Geschäftsräumen des Unternehmens besteht die Möglichkeit, dass sich die befragten Personen aus dem Stegreif zu Stellungnahmen über Ereignisse hinreißen lassen, die vor Jahren stattgefunden haben und an die sie sich nicht mehr genau erinnern können. Bei einer Befragung nach Art. 19 VO Nr. 1/2003 ist nicht gewährleistet, dass diejenigen Personen befragt werden, die eine vollständige und präzise Antwort geben können. Der Ausschuss für Recht und Binnenmarkt wollte für Beschuldigte das Recht auf einen anwaltlichen Beistand und das Recht, nicht gegen sich selbst aussagen zu müssen, manifestiert wissen. Das Recht zur Aussageverweigerung sollte auch für Rechtsanwälte gelten.[312] Eine solche Regelung hätte jedoch nur das festgeschrieben, was ohnehin gilt. Die Kommission hat im Rahmen des Art. 19 VO Nr. 1/2003 keiner-

---

[308] *Oritz Blanco*, EC Competition Procedure, p. 98.

[309] *Oritz Blanco*, EC Competition Procedure, p. 98.

[310] *Gleiss/Hirsch*, Kommentar zum EWG-Kartellrecht, Bd. 2, Art. 11 VO 17/62 Rn. 2; *Burrichter/Hauschild*, in: Immenga/Mestmäcker, EG-Wettbewerbsrecht, Bd. 2, VO 17, B. Art. 11 Rn 8, *Sauter*, in: Langen/Bunte, Kommentar zum deutschen und europäischen Kartellrecht, VO 17, B., Art. 11 Rn. 12.

[311] *Oritz Blanco*, EC Competition Procedure, p. 98.

[312] Stellungnahme des Ausschusses für Recht und Binnenmarkt, enthalten in: Bericht des Europäischen Parlaments, endgültig A5-0229/2001, S. 50.

lei Anspruch auf die Aussage der Befragten.[313] Diese können eine solche also jederzeit grundsätzlich verweigern oder auf das Beisein ihres Anwaltes bestehen. Viel wichtiger ist indes, dass die befragten Personen wissen, dass eine Aussagepflicht nicht besteht. Die Kommissionsbediensteten müssten dies vor der Befragung deutlich machen und so den Einzelnen davor schützen, sich zu einer Aussage auch nur überredet zu fühlen. Geschieht dies nicht, so dürften die gewonnenen Informationen nicht als Beweismittel verwendet werden.

Dieser Anforderung wurde die Kommission mit Art. 3 Abs. 1 VO Nr. 773/2004 teilweise gerecht, in dem sie festlegte, dass sie der befragten Person zu Beginn der Befragung deren Rechtsgrundlage und Zweck mitteilt und auf den freiwilligen Charakter hinweist. Nicht geregelt bleibt hierbei allerdings, was mit Informationen geschieht, welche die Kommission ohne Einhaltung dieser Vorschrift erlangt. Auch hier besteht weiterhin Regelungsbedarf.

IV. Art. 20 VO Nr. 1/2003

Mit Art. 20 Abs. 2 Buchst. a VO Nr. 1/2003 hat die Kommission Art. 14 Abs. 1 Buchst. d VO Nr. 17/62 übernommen, nach welchem Bedienstete der Kommission und andere von ihr ermächtigte Begleitpersonen im Rahmen von Ermittlungen zum Betreten aller Räumlichkeiten, Grundstücke und Transportmittel von Unternehmen und Unternehmensvereinigungen befugt waren. Art. 20 Abs. 2 Buchst. b und c der VO Nr. 1/2003 begründen das Recht, Bücher und sonstige Geschäftsunterlagen zu prüfen und hiervon Abschriften anzufertigen. Sie entsprechen Art. 14 Abs. 1 Buchst. a und b der VO Nr. 17/62. Die einzige Änderung besteht in der Klarstellung, dass es weder bei Geschäftsunterlagen noch bei den von ihnen gefertigten Abschriften auf die Form ankommt. Hiermit wurde dem früher herrschenden Streit um ein Schriftformerfordernis die Grundlage genommen.[314]

Nach Art. 20 Abs. 2 Buchst. d VO Nr. 1/2003 kann die Kommission betriebliche Räumlichkeiten und Bücher oder Unterlagen versiegeln. Eine solche Regelung ist sinnvoll, wenn sich Ermittlungen über mehrere Tage hinziehen und die Gefahr besteht,

---

313 Zwar hatte die Kommission im Weißbuch die Sanktionierung auch unrichtiger mündlich angeforderter Informationen vorgesehen, im VOV von einer entsprechenden Regelung dann jedoch richtigerweise abgesehen; vgl. Weißbuch Tz. 112.

314 Für ein Schriftformerfordernis war bislang z.B. Gleiss/Hirsch, Kommentar zum EWG-Kartellrecht, Bd. 2, Art. 14 VO 17 Rn. 17. Auf ein solches konnte es richtigerweise jedoch schon deshalb nicht ankommen, weil sonst Umgehungsmöglichkeiten der Unternehmen Tür und Tor geöffnet worden wären; vgl. *Oritz Blanco*, EC Competition Procedure, p. 131, *Burrichter/Hauschild*, in: Immenga/Mestmäcker, EG-Wettbewerbsrecht, Bd. 2, VO 17, B., Art. 14 Rn. 10.

dass relevante Unterlagen entwendet werden.[315] Das Brechen von Siegeln kann nach Art. 23 Abs. 1 Buchst. e VO Nr. 1/2003 mit einer Geldbuße geahndet werden. Nach dem sehr weitreichenden Wortlaut des Art. 20 Abs. 2 Buchst. e VOV hätten Kommissionsbedienstete auch Privatwohnungen bzw. einzelne Räume in Privatwohnungen oder Möbel versiegeln können.[316] Dies hätte möglicherweise einen, unter den vorliegenden Umständen nicht gerechtfertigten Eingriff in das Grundrecht auf Unverletzlichkeit der Wohnung dargestellt. Eine derart weitgehende Regelung wäre nicht erforderlich gewesen. Die Gefahr, dass Bedienstete der Kommission ihre Nachprüfungen nicht innerhalb eines Tages abschließen und deshalb die Entwendung entscheidender Unterlagen über Nacht riskieren müssen, besteht bei Ermittlungen in Privatwohnungen in der Regel nicht. Im Gegensatz zu Geschäftsäumen, deren Durchsuchung ab einer bestimmten Unternehmensgröße an einem Tag schlichtweg nicht möglich ist, können Privatwohnungen in dieser Zeit wohl durchsucht werden. Es ist davon auszugehen, dass der Wortlaut des Art. 20 Abs. 2 Buchst. e VOV in der VO Nr. 1/2003 deshalb ausdrücklich eingeschränkt wurde.

Die von Seiten der Industrie geforderte Einschränkung des Art. 20 Abs. 2 Buchst. d VO Nr. 1/2003 in der Weise, dass Geschäftsräume und Unterlagen nur dann versiegelt werden dürfen, wenn sie für die Ermittlungen bedeutsam sind[317], kann in dieser Form hingegen nicht unterstützt werden. Es ist ja gerade davon auszugehen, dass Kommissionsbedienstete nicht wissen, wo sich entsprechende Unterlagen befinden. Durch die Aufbewahrung von belastendem Material an Orten, an denen mit einer solchen nicht gerechnet werden kann, die also auf den ersten Blick „für die Ermittlungen ohne Bedeutung“ sind, könnte das Unternehmen die Sicherung vor Entwendung umgehen. Abgesehen hiervon ist nicht davon auszugehen, dass die Bediensteten der Kommission Räume und Unterlagen versiegeln, in denen sie relevantes Material ohnehin nicht vermuten. In der VO Nr. 1/2003 wurde eine Einschränkung dennoch vorgenommen. Hiernach muss das Ausmaß der Versiegelung für die Nachprüfung erforderlich sein. Dies kann jedoch aus genannten Gründen nicht heißen, dass die versiegelten Räume oder Unterlagen für die Ermittlung von Bedeutung sein müssen, sondern lediglich, dass die Versiegelung an sich erforderlich sein muss. Eine Erforderlichkeit wird immer dann zu bejahen sein, wenn anderenfalls die Gefahr besteht, dass relevante Unterlagen entwendet werden. Auch muss die Dauer der Versiegelung erforderlich sein. Aus den

---

315 VOV, Begründung zu Art. 20 VOV.

316 Art. 20 Abs. 2 Buchst. e VOV spricht von *allen* Räumlichkeiten und Geschäftsunterlagen. Da in Art. 20 Abs. 2 Buchst. b VOV ausdrücklich auf Privatwohnungen eingegangen wird, wäre davon auszugehen gewesen, dass eine Versiegelung auch von Privaträumen möglich ist.

317 Stellungnahme des Bundesverbandes der Deutschen Industrie (BDI) vom 19.1.2001, B., S. 15.

Erwägungsgründen des VO Nr. 1/2003 wird ersichtlich, dass diese in der Regel 72 Stunden nicht überschreiten sollte.[318]

Nach Art. 20 Abs. 2 Buchst. e VO Nr. 1/2003 sollen die Ermittler bei ihren Untersuchungen den Gegenstand der Ermittlungen betreffende Auskünfte von allen Vertretern oder Mitgliedern der Belegschaft des Unternehmens verlangen und deren Antworten protokollieren oder nach Art. 4 VO Nr. 773/2004 aufzeichnen können. Im Gegensatz zu Art. 19 VO Nr. 1/2003 hat die Kommission hier einen Anspruch auf Aussagen der befragten Personen. Die Verweigerung einer vollständigen Aussage oder die Erteilung unrichtiger, irreführender Angaben kann nach Art. 23 Abs. 1 Buchst. d VO Nr. 1/2003 sanktioniert werden. Auch muss eine von einem Mitglied der Belegschaft erteilte unrichtige, unvollständige oder irreführende Antwort innerhalb einer von der Kommission gesetzten Frist durch das Unternehmen berichtigt werden. Zur Überprüfung der Richtigkeit der Aussage wird dem Unternehmen nach Art. 4 Abs. 2 VO Nr. 773/2004 eine Kopie der Aufzeichnung überlassen.

Teilweise wird gefordert, nicht nur ein Recht, sondern auch die Pflicht zur Protokollierung der Aussagen, verbunden mit einer Unterschrift des Befragten, welche die Aussage bestätigt, zu begründen.[319] Die Einführung einer solchen Pflicht ist jedoch nicht zwingend erforderlich. Aussagen von Vertretern der Unternehmen werden in der Praxis ohnehin regelmäßig protokolliert und unterschrieben, was schon allein an einem besonderen Interesse der Kommission im Hinblick auf ihre spätere Beweisführung liegt.[320]

V. Art. 21 VO Nr. 1/2003

Nach Art. 21 VO Nr. 1/2003 werden die Nachprüfungsbefugnisse dahingehend erweitert, dass durch Entscheidung eine Nachprüfung auch in anderen Räumlichkeiten auf anderen Grundstücken oder in anderen Transportmitteln und auch in Wohnungen von Unternehmensleitern und Mitgliedern der Aufsichts- und Leitungsorgane sowie sonstigen Mitarbeitern der betreffenden Unternehmen und Unternehmensvereinigungen angeordnet werden kann.

1. Grundsätzliches

Voraussetzung für eine entsprechende Befugnis ist ein begründeter Verdacht, dass dort Bücher oder sonstige Geschäftsunterlagen, die sich auf den Gegenstand der Nachprü-

---

318 VO Nr. 1/2003 Erwägungsgrund 25.

319 Vgl. White paper on reform of Regulation 17, Summary of the observations, 7.4.

320 *Kühlhorn*, Ermittlungen der EG-Kommission nach Art. 11 und 14 der VO 17/62, WuW 1986, 7, 23.

fung beziehen und die als Beweismittel für einen schweren Verstoß gegen Art. 81 oder 82 EG von Bedeutung sein können, aufbewahrt werden. Wann ein *schwerer* Verstoß gegen Gemeinschaftskartellrecht vorliegt, wird nicht weiter ausgeführt.

Anders als bei Maßnahmen nach Art. 20 VO Nr. 1/2003 muss die Kommission eine Nachprüfung nach Art. 21 VO Nr. 1/2003 in jedem Fall durch Entscheidung anordnen. Diese hat gemäß Art. 21 Abs. 2 VO Nr. 1/2003 den Gegenstand und Zweck der Nachprüfung zu bezeichnen, den Zeitpunkt ihres Beginns zu bestimmen und auf das Recht hinzuweisen, vor dem Gerichtshof Klage zu erheben. Insbesondere müssen die Gründe genannt werden, welche die Kommission zu der Annahme veranlasst haben, ein begründeter Verdacht würde bestehen. Vor Erlass der Entscheidung ist die Wettbewerbsbehörde des Mitgliedstaates anzuhören, in dessen Hoheitsgebiet die Nachprüfung durchgeführt werden soll.

2. Duldungspflichten

Im Rahmen des Art. 21 VO Nr. 17/62 stellte sich die Frage, ob der betroffene Wohnungsbesitzer verpflichtet ist, eine Nachprüfung durch die Kommission zu dulden. Bei Nachprüfungen nach Art. 20 VO Nr. 1/2003 ergibt sich eine solche Duldungspflicht ausdrücklich aus Absatz 4. Eine solche Regelung findet sich in Art. 21 VO Nr. 1/2003 nicht. Dieser verweist in seinem Absatz 4 zwar auf Art. 20 Abs. 2 Buchst. a, b, c VO Nr. 1/2003 und auf dessen Absätze 5 und 6, nicht jedoch auf Absatz 4. Es drängt sich somit die Frage auf, ob eine Duldungspflicht tatsächlich nicht bestehen soll. Hiergegen spricht jedoch zum einen, dass eine solche in Art. 20 Abs. 4 VO Nr. 1/2003 nur deshalb ausdrücklich erwähnt ist, weil dort zwischen Nachprüfungen durch einfachen Prüfungsauftrag und förmliche Entscheidung unterschieden wird. Nur bei Nachprüfungen durch förmliche Entscheidung ist das Unternehmen zu einer Duldung verpflichtet. Nachprüfungen in Privaträumen können jedoch nur durch förmliche Entscheidung angeordnet werden. Eine Duldungspflicht müsste somit nicht ausdrücklich erwähnt werden. Sie ergibt sich aus der in § 249 Abs. 4 EG vorgeschriebenen Verbindlichkeit formeller Entscheidungen. Zum anderen muss der Zweck von Nachprüfungsbefugnissen berücksichtigt werden. Dieser besteht darin, Artt. 81 und 82 EG zu ihrer Durchsetzung zu verhelfen.[321] Hierbei ist ein effektives Vorgehen erforderlich. Nur um ein solches zu garantieren, wurden die Nachprüfungsbefugnisse überhaupt auf Privatwohnungen ausgeweitet.[322] Würde eine Duldungspflicht dort nicht bestehen, wären Ermittlungen jedoch nur selten von Erfolg gekrönt.

---

321 *Dallmann*, Nachprüfung und Richtervorbehalt im Kartellverfahrensrecht der Europäischen Wirtschaftsgemeinschaft, S. 35 ff. m.w.N.

322 Vgl. auch VO Nr. 1/2003 Erwägungsgrund 26.

3. Mitwirkungspflichten

Unabhängig von einer Duldungspflicht der Betroffenen ist deren Mitwirkungspflicht zu beurteilen.[323] Eine solche ergab sich bislang aus Art. 14 Abs. 2 S. 1, Abs. 3 S. 2 VO Nr. 17/62 und der dort enthaltenen Bußgeldandrohung für den Fall, das Unternehmen würde die angeforderten Informationen nicht vorlegen.[324] Im Rahmen des Art. 20 VO Nr. 1/2003 ergibt sich Gleiches aus dessen Absätzen 3 und 4. In Art. 21 VO Nr. 1/2003 ist eine entsprechende Regelung jedoch nicht zu finden. Selbst in Art. 21 Abs. 4 VO Nr. 1/2003 wird nicht auf Art. 20 Abs. 4 VO Nr. 1/2003 verwiesen und auch Art. 23 VO Nr. 1/2003 spricht nur von Nachprüfungen nach Art. 20 VO Nr. 1/2003. Aus alledem könnte man schließen, dass eine Mitwirkungspflicht nicht besteht. Allerdings ist zu berücksichtigen, dass eine Sanktionierung aufgrund der Tatsache, dass Geldbußen gegen natürliche Personen im Gemeinschaftsrecht nicht vorgesehen sind, auch nur gegen das Unternehmen, nicht jedoch gegen den Wohnungsbesitzer verhängt werden könnte. Eine fehlende Mitwirkung seinerseits kann somit ohnehin nicht sanktioniert werden. Selbst wenn man also aus Effektivitätsgründen eine Mitwirkungspflicht fordern würde, müsste man beachten, dass ihre Durchsetzung ohnehin nicht möglich wäre.

4. Nachprüfungsbefugnisse

Von besonderem Interesse ist, wie weit die Nachprüfungsbefugnisse der Kommission in Art. 21 VO Nr. 1/2003 gehen. In der Praxis relevant sind in diesem Zusammenhang die folgenden zwei Fälle. Zunächst soll es um die Suche nach Geschäftsunterlagen in und dann um die Durchsuchung von Privaträumen gehen. Hierbei ist zu erwähnen, dass die Definition des Begriffes „suchen“, in Abgrenzung zu dem des „durchsuchen“, im nationalen und EG-Recht uneinheitlich ist.[325] Zur Verdeutlichung soll deshalb zunächst der praktische Fall geschildert werden. Alsdann soll die Befugnis der Kommission zu einem solchen Vorgehen nach der VO Nr. 1/2003 geprüft werden.

a. Fallkonstellationen

Die hier zu untersuchenden Fälle werden sich in der Praxis in folgender, abgekürzter Form darstellen:

---

[323] Im Gegensatz zur Duldungspflicht bestand die Mitwirkungspflicht des Unternehmens unabhängig davon, ob eine förmliche Prüfungsentscheidung vorlag oder nicht. Unterwarf sich das Unternehmen einer lediglich durch Prüfungsauftrag angeordneten Prüfung, so war es genauso zur Mitwirkung verpflichtet, wie im Falle einer förmlichen Prüfungsentscheidung; *Burrichter/Hauschild*, in: Immenga/Mestmäcker, EG-Wettbewerbsrecht, Bd. 2,VO 17, B., Art. 14 Rn. 9.

[324] EuGH, Urteil v. 21.9.1989, Rs. 46/87 (Hoechst), Slg. 1989, 2919,2927.

[325] Vgl. hierzu *Hanebuth*, Das Auskunftsrecht im Europäischen Wirtschaftsrecht, S. 282.

EG-Kommissionsbedienstete erscheinen[326] unangemeldet vor der Privatwohnung eines Unternehmensleiters, eines Mitglieds eines Aufsichts- oder Leitungsorgans oder eines sonstigen Mitarbeiters des betroffenen Unternehmens oder der betroffenen Unternehmensvereinigungen, um eine Nachprüfung nach Art. 21 VO Nr. 1/2003 vorzunehmen.

aa. Suchen in Privaträumen

In dem hier zu beleuchtenden ersten Fall wird der Wohnungsbesitzer die Beamten zunächst hineinbitten, dann jedoch erklären, dass er nicht bereit ist die geforderten Unterlagen herauszugeben. Die Kommissionsbediensteten werden die Nachprüfung dann auf Grundlage des Art. 21 Abs. 4 i.V.m. Art. 20 Abs. 6 VO Nr. 1/2003 fortführen müssen. Hierzu benötigen sie die Mithilfe der Beamten der einzelstaatlichen Behörde. Diese legen einen richterlichen Durchsuchungsbefehl vor, der nach Art. 20 Abs. 7 VO Nr. 1/2003 vorsorglich beantragt werden konnte. Ein Zwangsgeld gegen das Unternehmen kann die Kommission, wie aus Art. 23 Abs. 1 Buchst. e VO Nr. 1/2003 ersichtlich wird, nicht verhängen. Die Kommissionsbediensteten werden deshalb beginnen, in der Wohnung nach den Unterlagen zu suchen. Sie betreten hierzu die verschiedenen Räume, öffnen Schubladen, entnehmen Akten und fertigen unter Umständen und soweit möglich nach Art. 20 Abs. 2 Buchst. c VO Nr. 1/2003 i.V.m. Art. 21 Abs. 4 VO Nr. 1/2003 Kopien oder Auszüge an. Die Anwendung von körperlicher Gewalt, sei es zum Öffnen von Räumen oder Möbeln, sei es zur Überwindung des Widerstandes des Wohnungsbesitzers, ist nicht erforderlich.

bb. Durchsuchen der Privaträume

Im zweiten Fall werden die Kommissionsbediensteten im Laufe dieses Suchvorgangs auf verschlossene Möbel oder Räume stoßen, in denen sie die relevanten Unterlagen vermuten. Diese öffnen sie unter Anwendung körperlicher Gewalt, wobei sie von Beamten der nationalen Behörde unterstützt werden. Anwendung körperlicher Gewalt kann auch gegen den Wohnungsbesitzer erforderlich werden, der versucht die Durchsuchung zu verhindern oder den Zugang zur Wohnung zu verwehren. Die Kommissionsbediensteten werden sich dann, mit Hilfe der nationalen Behörde, unter Anwendung körperlicher Gewalt zunächst einmal den Zugang zu den Privaträumen verschaffen.

b. Befugnisse

Im Folgenden soll untersucht werden, ob die Kommission nach der VO Nr. 1/2003 die Befugnis zu dem hier geschilderten Vorgehen hat.

---

326 Meist zusammen mit Bediensteten der nationalen Kartellbehörde, um deren Mithilfe sie nach Art. 20 Abs. 5 VO Nr. 1/2003 gebeten haben.

aa. Suchen in Privaträumen

Kommissionsbedienstete können nunmehr Nachprüfungen in Wohnungen der in Art. 21 Abs. 1 VO Nr. 1/2003 genannten Personen vornehmen. Verweigern diese jedoch die Herausgabe von Unterlagen, stellt sich die Frage, ob der Kommission die hier geschilderte Vorgehensweise erlaubt ist. Eine Befugnis ergibt sich aus Artt. 21 Abs. 4 i.V.m. 20 Abs. 6 VO Nr. 1/2003. Zur Beantwortung der Frage, wie weit diese geht, sollen zunächst die Nachprüfungsbefugnisse aus Art. 14 Abs. 6 VO Nr. 17/62 beleuchtet werden. Im Anschluss daran ist zu klären, ob diese auf Art. 20 Abs. 6 VO Nr. 1/2003 übertragen werden können, um dann zur Befugnis nach Artt. 21 Abs. 4 i.V.m. 20 Abs. 6 VO Nr. 1/2003 zu kommen. Dabei muss freilich berücksichtigt werden, dass es vorliegend um Maßnahmen in Privat- und nicht in Geschäftsräumen geht.

Aus Art. 14 Abs. 1 S. 2 Buchst. d VO Nr. 17/62 ergab sich lediglich ein Recht zum Betreten der Geschäftsräume des betroffenen Unternehmens. Hieraus kann jedoch noch nicht gefolgert werden, dass im Rahmen des Art. 14 Abs. 6 VO Nr. 17/62 auch nur ein Betretungsrecht bestand. Anders als im Rahmen des Art. 14 Abs. 1 S. 2 Buchst. d VO Nr. 17/62 widersetzt sich der Betroffene hier den Kommissionsbediensteten. Auch dem Wortlaut des Art. 14 Abs. 6 VO Nr. 17/62 konnte nicht entnommen werden, dass die Kommission auf ein reines Betreten der Geschäftsräume beschränkt war.[327] Entgegen einer im Schrifttum verbreiteten Ansicht[328] waren die Kommissionsbediensteten im Verfahrensabschnitt des Art. 14 Abs. 6 VO Nr. 17/62 befugt, in den Unternehmensräumen nach Geschäftsunterlagen zu suchen.[329] Hierbei konnten sie allein entscheiden, wo genau zu suchen war. Sie bedienten sich lediglich der Beamten der nationalen Behörde, die ihnen, sozusagen als verlängerter Arm, die Akten reichten. Eine solche Befugnis, die über eine bloße Durchsetzung des Betretungsrechts hinausging, rechtfertigte sich aus dem systematischen Zusammenhang von Art. 14 Abs. 1 Buchst. d VO Nr. 17/62 und Art. 14 Abs. 6 VO Nr. 17/62. Das Verfahren nach Art. 14 Abs. 6 VO Nr. 17/62 wurde eingeleitet, wenn der vorangehende Verfahrensabschnitt

---

[327] *Dallmann*, Nachprüfung und Richtervorbehalt im Kartellverfahrensrecht der Europäischen Wirtschaftsgemeinschaft, S. 33.

[328] Z.B. *Kühlhorn*, Ermittlungen der EG-Kommission nach Art. 11 und 14 der VO 17/62, WuW 1986, 20, 24, der davon ausging, dass Kommissionsbedienstete nicht befugt waren selbst Unterlagen aus Aktenschränken oder Schreibtischen zu entnehmen. Auch Bedienstete der nationalen Behörde konnten dies nicht an ihrer Stelle im Wege der Ersatzvornahme tun, da ihnen nur die der Kommission in Art. 14 VO Nr. 17/62 zugewiesenen Befugnisse zustanden; vgl. auch *von Winterfeld*, Die Rechte der Verteidigung in Kartellverfahren vor der EG-Kommission, RIW 1981, 801, 804; *Rehmann*, Zur Vollstreckung einer Nachprüfungsentscheidung der Kommission der EG, NJW 1987, 3061, 3062.

[329] Vgl. hierzu ausführlich *Dallmann*, Nachprüfung und Richtervorbehalt im Kartellverfahrensrecht der Europäischen Wirtschaftsgemeinschaft, S. 30 ff. m.w.N.

der Nachprüfung unter Mitwirkung des Unternehmens fehlschlug. An dieser Stelle war ein eigenes Handeln der Kommissionsbediensteten notwendig[330], um eine effektive Ermittlung zu gewährleisten und den Artt. 81, 82 EG zu ihrer Durchsetzung zu verhelfen.[331] Auch der EuGH ging in der Vergangenheit von einer solchen Befugnis aus.[332]

Art. 20 Abs. 6 VO Nr. 1/2003 unterscheidet sich in dieser Hinsicht nicht von Art. 14 Abs. 6 VO Nr. 17/62. Da es auch keine Anhaltspunkte für eine beabsichtigte Änderung gibt, ist davon auszugehen, dass der Kommission nach Art. 20 Abs. 6 VO Nr. 1/2003 bei Nachprüfungen in Geschäftsräumen dieselben Befugnisse zustehen sollen wie bisher. Die Frage, ob dies auch für Nachprüfungen in Privatwohnungen nach Artt. 21 Abs. 4 i.V.m. 20 Abs. 6 VO Nr. 1/2003 gilt, muss bejaht werden. Zum einen verweist Art. 21 Abs. 4 VO Nr. 1/2003 ja ausdrücklich und ohne Einschränkung auf Art. 20 Abs. 6 VO Nr. 1/2003. Zum anderen verlangt auch die effektive Durchsetzung der Artt. 81, 82 EG eine entsprechende Befugnis. Wären die Kommissionsbeamten nicht befugt selbst nach Geschäftsunterlagen zu suchen, würde das mit Art. 21 VO Nr. 1/2003 eingeräumte Prüfungsrecht praktisch leer laufen. Es ist nämlich grundsätzlich davon auszugehen, dass verfängliche Unterlagen bewusst in Privatwohnungen untergebracht werden, um sie den Nachprüfungen der Kommission zu entziehen. Aus diesem Grund kann eine Mitwirkung des Wohnungsbesitzers regelmäßig nicht erwartet werden. Wäre die Kommission in einem solchen Falle lediglich auf die Durchsetzung ihres Betretungsrechts in der Weise beschränkt, dass sie sich zwar vorher nicht benannte und vollständig bezeichnete Informationen herausgeben lassen, aber eben nicht selbst nach diesen suchen kann, so wären die Ermittlungen wahrscheinlich nicht sonderlich erfolgreich. Auch ist die Durchsetzung des Betretungsrechtes mit Hilfe eines Zwangsgeldes bei Nachprüfungen in Privaträumen wegen Art. 24 Abs. 1 Buchst. e VO Nr. 1/2003 nicht möglich. Hinzu kommt, dass Unternehmen alles daransetzen, um den Erfolg der Ermittlungen zu verhindern. Im Hinblick darauf kommt es gerade auf den Überraschungseffekt an. Meist sind lange und ausdauernde Ermittlungen nicht von

---

330 Vgl. *Dallmann*, Nachprüfung und Richtervorbehalt im Kartellverfahrensrecht der Europäischen Wirtschaftsgemeinschaft, S. 33.

331 Bei der Auslegung der Nachprüfungsbefugnisse waren Ziel und der Zweck des Art. 14 VO Nr. 17/62 maßgeblich. Ziel des Nachprüfungsverfahrens war die Prüfung von Geschäftsunterlagen eines Unternehmens zu einem bestimmten Untersuchungsgegenstand an Ort und Stelle zum Zwecke der Durchsetzung der in Artt. 81 und 82 EWGV niedergelegten Grundsätze. Um dieses Ziel verfolgen zu können, musste der Kommission eine in Umfang und Reichweite effektive Ermittlung gestattet sein; vgl. hierzu *Dallmann*, Nachprüfung und Richtervorbehalt im Kartellverfahrensrecht der Europäischen Wirtschaftsgemeinschaft, S. 35 ff. m.w.N.

332 Die Bediensteten der Kommission durften unter Mitwirkung der nationalen Behörden nach allen für die Nachprüfung notwendigen Informationsquellen suchen; vgl. EuGH, Urteil v. 21.9.1989, Rs. 46/87 (Hoechst), Slg. 1989, 2919, 2927.

Erfolg gekrönt, wenn nicht schon der erste Zugriff erfolgreich gewesen ist.[333] Dies alles muss erst recht dann gelten, wenn, wie hier, eine etwaige Mitwirkungspflicht des Betroffenen nicht mit Hilfe der Androhung eines Zwangsgeldes durchgesetzt werden kann. Unter diesen Umständen würden die Möglichkeiten der Inspektoren auf ein Minimum beschränkt, sodass Art. 21 VO Nr. 1/2003 seinen Sinn verlöre. Das bei hoheitlichen Eingriffen in Privatwohnungen im Verhältnis zu Geschäftsräumen grundsätzlich weitergehende Schutzbedürfnis ist, wie noch zu zeigen sein wird, auf anderer Ebene zu berücksichtigen.

bb. Durchsuchen der Privaträume

Ob die im zweiten Fall geschilderten weitergehenden Eingriffe der Kommissionsbeamten von der Befugnis nach Artt. 21 Abs. 4 i.V.m. 20 Abs. 6 VO Nr. 1/2003 umfasst sind, ist indes fraglich. Auch hier muss zunächst von den bisherigen Befugnissen bei Nachprüfungen in Geschäftsräumen ausgegangen werden.

Eine Entscheidung des EuGH hierzu existiert nicht. Dieser hat zwar in seinem Hoechst-Urteil ausgeführt, dass die Kommission vor Einleitung eines Verfahrens nach Art. 14 Abs. 6 VO Nr. 17/62 keine Durchsuchungen vornehmen darf[334], zu einer entsprechenden Befugnis im Verfahrensabschnitt nach Art. 14 Abs. 6 VO Nr. 17/62 nahm er jedoch nicht ausschlaggebend Stellung.[335] Art. 14 Abs. 6 VO Nr. 17/62 muss also auch hier ausgelegt werden. Ein „sich widersetzen“ nach Art. 14 Abs. 6 VO Nr. 17/62 lag nicht nur dann vor, wenn die bloße Mitwirkung des Unternehmens verweigert wurde. Es beinhaltete erst recht auch den Widerstand des Unternehmens, der sich durch Verweigerung des Zugangs der Unternehmensräume oder einzelner Möbelstükke ausdrücken konnte.[336] Wäre es der Kartellbehörde nicht erlaubt gewesen diesen Widerstand zu brechen, hätte eine effektive Durchsetzung des Nachprüfungsrechts nicht garantiert werden können. Es hätte vielmehr in der Hand des Unternehmens gelegen, entscheidende Unterlagen in verschlossenen Räumen, Aktenschränken oder Safes aufzubewahren und sie so dem Zugriff der Behörden zu entziehen. Abgesehen davon wurde die Anwendung körperlicher Gewalt in diesem Rahmen grundsätzlich als

---

[333] *Kreis*, Ermittlungsverfahren der EG-Kommission in Kartellsachen, RIW 1981, 281, 292.

[334] EuGH, Urteil v. 21.9.1989, Rs. 46/87 (Hoechst), Slg. 1989, 2919, 2927.

[335] Er stellte lediglich fest, dass die Kommission bei einem Widerspruch des Unternehmens befugt war, nach den notwendigen Informationen zu suchen; EuGH, Urteil v. 21.9.1989, Rs. 46/87 (Hoechst), Slg. 1989 2919, 2926 f.

[336] *Dallmann*, Nachprüfung und Richtervorbehalt im Kartellverfahrensrecht der Europäischen Wirtschaftsgemeinschaft, S. 173.

erforderlich[337] und verhältnismäßig eingestuft, weil sie immerhin vom Verhalten des Unternehmens abhing und durch dessen Widerstand provoziert wurde.[338] Im Rahmen des Art. 14 Abs. 6 VO Nr. 17/62 war somit eine Befugnis zur Anwendung körperlicher Gewalt gegeben. Sie muss deshalb auch für Art. 20 Abs. 6 VO Nr. 1/2003 gelten. Diese Befugnis kann auf Artt. 21 Abs. 4 i.V.m. 20 Abs. 6 VO Nr. 1/2003 übertragen werden, mit der Folge, dass die Kommission auch bei Nachprüfungen in Privatwohnungen körperliche Gewalt anwenden darf. Dafür spricht die Tatsache, dass Art. 21 Abs. 4 uneingeschränkt auf Art. 20 Abs. 6 VO Nr. 1/2003 verweist. Auch können wieder Effektivitätserwägungen vorgenommen werden. Gerade Nachprüfungsbefugnisse in Privatwohnungen, in denen den Kommissionsbediensteten in den meisten Fällen schon der Zugang ohne Anwendung körperlicher Gewalt nicht möglich sein wird, wären ohne eine solche Befugnis wertlos.

VI. Beteiligungsrechte der Mitgliedstaaten

Die Mitwirkungsrechte nationaler Behörden aus Art. 14 Abs. 2, S. 2, Abs. 4 VO Nr. 17/62 sollten in Art. 20 Abs. 3, 4 VOV übernommen werden. Hiernach hatte die Kommission die nationale Wettbewerbsbehörde rechtzeitig vor jeder Nachprüfung von ihrem Prüfungsauftrag zu unterrichten und vor dem Erlass einer Prüfungsentscheidung diese anzuhören.

Nach Art. 11 Abs. 2, 6 VO Nr. 17/62 hatte die Kommission eine Abschrift sowohl der an Unternehmen gerichtete Auskunftsverlangen als auch der Auskunftsentscheidungen an die zuständigen Behörden der Mitgliedstaaten zu versenden. Dies hatte gleichzeitig mit der Übermittlung des Auskunftsverlangens bzw. der Auskunftsentscheidung an das betroffene Unternehmen zu geschehen. Art. 11 Abs. 2, 6 VO Nr. 17/62 sollte in den VOV nicht übernommen werden. Auch sollte eine Verpflichtung, nationale Wettbewerbsbehörden vor informellen Treffen zu informieren, um ihnen die Möglichkeit zu geben, an diesen teilzunehmen, in Art. 19 VOV nicht enthalten sein, obwohl dies in der Regel schon in der Vergangenheit so gehandhabt wurde.[339] In der Begründung zu Art. 18 VOV wurde diese Einschränkung nicht erwähnt. Vielmehr wurde vorgegeben, „der Vorschlag für den neuen Artikel sähe nur eine kleine Änderung“ vor, die darin läge, Anwälten das Recht einzuräumen, Auskünfte im Namen ihrer Mandanten zu erteilen. Zwar hat die Unterrichtung der nationalen Behörde bei der Einholung von Aus-

---

[337] *Dallmann*, Nachprüfung und Richtervorbehalt im Kartellverfahrensrecht der Europäischen Wirtschaftsgemeinschaft, S. 174 f.

[338] *Dallmann*, Nachprüfung und Richtervorbehalt im Kartellverfahrensrecht der Europäischen Wirtschaftsgemeinschaft, S. 174.

[339] *Oritz Blanco*, EC Competition Procedure, p. 98.

künften, anders als im Rahmen von Nachprüfungen, bei denen die Behörde im Hinblick auf etwaige Amtshilfe aktiv beteiligt werden muss, keine besondere Bedeutung, jedoch ist sie Ausdruck des Grundsatzes der engen Zusammenarbeit zwischen Kommission und nationalen Behörden.[340] Dieser Grundsatz war nicht nur bereits in Art. 10 Abs. 2 VO Nr. 17/62 festgelegt, seine Bedeutung wurde von der Kommission auch und gerade im Hinblick auf die Reform immer wieder hervorgehoben und als unabdingbar für das ihr Gelingen erklärt.[341] Schließlich hat der Grundsatz der engen Zusammenarbeit in Art. 11 Abs. 1 VOV seinen Niederschlag gefunden. Mit der geschilderten Einschränkung setzte sich die Kommission zunächst ohne ersichtlichen Grund, denn ein erhöhter Arbeitsaufwand kann als solcher sicher nicht gelten, zu Art. 11 Abs. 1 VOV in Widerspruch. Um diese Widersprüchlichkeiten auszuräumen wurden die Beteiligungsrechte der Mitgliedstaaten in der VO Nr. 1/2003 dann doch der derzeitigen Rechtslage entsprechend geregelt. Art. 11 Abs. 2, 6 VO Nr. 17/62 wurde in Art. 18 Abs. 5 VO Nr. 1/2003 übernommen. Die Kommissionspraxis, nationale Behörden vor informellen Treffen zu unterrichten, wurde in Art. 19 VO Nr. 1/2003 ausdrücklich geregelt. In Zukunft ist die Kommission sogar verpflichtet, mitgliedstaatliche Behörden zu unterrichten, sofern die Befragung in den Räumen des betroffenen Unternehmens stattfindet.

VII. Unternehmensrechte

Von besonderer praktischer Bedeutung, gerade im Hinblick auf die Erweiterung der Ermittlungsbefugnisse, sind die Rechte der von den Ermittlungen der Kommission betroffenen Unternehmen.

1. Rechte in Bezug auf Art. 20 Abs. 2 Buchst. e VO Nr. 1/2003

Das der Kommission in Art. 20 Abs. 2 Buchst. e VO Nr. 1/2003 eingeräumte Fragerecht kann zu einer Beschneidung der Rechte der von ihm betroffenen Unternehmen führen. In diesem Zusammenhang muss geklärt werden, wie weit das Fragerecht in solchen Fällen überhaupt reichen kann, welche Personen von den Kommissionsbediensteten gehört werden dürfen und unter welchen Umständen diese Personen ein Recht zur Auskunftsverweigerung haben.

a. Reichweite des Fragerechts

Im Rahmen des Art. 14 Abs. 1 Buchst. c VO Nr. 17/62 durften bei einer mündlichen Ausforschung lediglich Fragen gestellt werden, die einer sachgerechten Durchführung

---

340 *Oritz Blanco*, EC Competition Procedure, p. 106.

341 Vgl. nur VOV, Begründung II., C., 1., a.

der Nachprüfung dienten.[342] Diese Einschränkung des Auskunftsrechts basierte einerseits auf dem Urteil des EuGH in der Sache „National Panasonic", in welchem dieser feststellte, dass die Kommissionsbediensteten „konkrete Fragen, die sich aus den geprüften Büchern und Geschäftsunterlagen ergeben", stellen können.[343] Ob zusätzlich Fragen gestattet sind, die nicht direkt mit den vorgelegten Unterlagen zusammenhängen, hat der EuGH mit dieser Entscheidung jedoch offen gelassen.[344] Andererseits ergab sich die Einschränkung des Auskunftsrechts in der Vergangenheit aus dem systematischen Zusammenhang von Art. 14 Abs. 1 Buchst. c VO Nr. 17/62 und Art. 11 Abs. 2 VO Nr. 17/62. Nach letzterem durften Auskünfte lediglich unter Einhaltung verschärfter Formerfordernisse, wie der Zweistufigkeit des Verfahrens und der Schriftform, eingeholt werden. Wäre ein uneingeschränktes Auskunftsrecht nach Art. 14 Abs. 1 Buchst. c VO Nr. 17/62 möglich gewesen, hätte dies die Umgehung solcher Formerfordernisse bedeutet. Außerdem stellte Art. 14 Abs. 1 Buchst. c VO Nr. 17/62 eine zu den anderen Nachprüfungsbefugnissen nach Art. 14 Abs. 1 VO Nr. 17/62 akzessorische Befugnisnorm dar.[345] Die Fragen der Kommission mussten deshalb in direktem Zusammenhang mit den innerhalb der Nachprüfung erlangten Unterlagen stehen.

Nach Art. 20 Abs. 2 Buchst. f VOV sollten alle Arten von Auskünften verlangt werden können, die mit Gegenstand und Zweck der Ermittlung in Zusammenhang stehen. Die Kommission verwendete an dieser Stelle den Begriff „Ermittlungen", nicht den der „Nachprüfungen". Der Begriff „Ermittlungen" umfasst sowohl Nachprüfungen als auch die Einholung von Auskünften. Offensichtlich wollte die Kommission also auf eine Ausweitung des Fragerechts hinwirken. In der Begründung zum VOV führte sie aus, sie wolle den Ermittlungen dadurch größere Wirksamkeit verleihen, dass die Kommissionsbediensteten nicht lediglich mündliche Erklärungen in Bezug auf Geschäftsunterlagen verlangen dürfen.[346] Die Kommission wollte auch solche Fragen stellen können, die nicht lediglich einer sachgerechten Durchführung der Nachprüfung dienen. Zwar wurde in der Begründung zu Art. 20 VOV gleichzeitig ausgeführt, dass dieses Fragerecht unbeschadet der Rechtsprechung des EuGH gelten soll, dies bedeutete jedoch nicht viel. Ob den Kommissionsbediensteten Fragen gestattet sind, die

---

[342] *Burrichter/Hauschild*, in: Immenga/Mestmäcker, EG-Wettbewerbsrecht, Bd. 2, VO 17, B., Art. 14 Rn. 14.

[343] EuGH, Urteil v. 26.6. 1980, Rs.136/79 (National Panasonic), Slg. 1980, 2033, 2056.

[344] *Burrichter/Hauschild*, in: Immenga/Mestmäcker, EG-Wettbewerbsrecht, Bd. 2, VO 17, B., Art. 14 Rn. 14.

[345] *Van Bael/Bellis*, Competition Law of the EEC, p. 483; *Gumbel*, Grundrechte im EG-Kartellverfahren nach der VO Nr. 17/62, S. 155, *Oritz Blanco*, EC Competition Procedure, p. 136.

[346] VOV Begründung zu Art. 20 VOV.

nicht direkt mit den vorgelegten Unterlagen zusammenhängen, hat der EuGH nämlich, wie bereits erwähnt, bislang offen gelassen.[347]

Zwar ist in der VO Nr. 1/2003 auf die zweistufige Vorgehensweise im Rahmen des Auskunftsverfahrens verzichtet worden. Art. 18 Abs. 2 VO Nr. 1/2003 entspricht jedoch im Wesentlichen Art. 11 Abs. 3 VO Nr. 17/62. Die im Auskunftsverfahren nach der VO Nr. 17/62 einzuhaltenden Formvorschriften bestehen in der VO Nr. 1/2003 also weiterhin fort. Ein in Art. 20 Abs. 2 Buchst. e VO Nr. 1/2003 enthaltenes formloses Fragerecht würde eine Umgehung dieser Formvorschriften bedeuten und hätte eine unzulässige Einschränkung der Unternehmensrechte zur Folge. Es ist somit davon auszugehen, dass aufgrund der hier geschilderten Bedenken äußerste Grenze des Fragerechts weiterhin das Verständnis der bei der Nachprüfung erlangten Unterlagen sein soll.[348] Hierfür spricht nicht zuletzt, dass Art. 20 Abs. 2 Buchst. e VO Nr. 1/2003 nunmehr ausdrücklich von „Nachprüfungen" und nicht von „Ermittlungen" spricht. Die von den Kommissionsbediensteten gestellten Fragen müssen also in direktem Zusammenhang mit der Nachprüfung und den durch sie erlangten Unterlagen stehen.

b. Auskunftsverweigerungsrecht

Ein Auskunftsverweigerungsrecht sowohl einzelner Unternehmensmitglieder als auch des Unternehmens selbst wurde bislang nur im Rahmen des Art. 11 Abs. 3 VO Nr. 17/62 diskutiert und richtigerweise als allgemeiner Rechtsgrundsatz des Gemeinschaftsrechts anerkannt.[349] Anders im Rahmen des Art. 14 Abs. 1 Buchst. c VO Nr. 17/62: Wegen der eingeschränkten Nachfragebefugnis konnten Kommissionsbeamte dort lediglich ergänzende Angaben fordern. Der Nachweis eines Rechtsverstoßes konnte hierdurch nicht geführt werden. Die Frage möglicher Selbstbelastung stellte sich hier also nicht. Ein Auskunftsverweigerungsrecht kam somit nicht in Betracht.[350]

---

347 *Burrichter/Hauschild*, in: Immenga/Mestmäcker, EG-Wettbewerbsrecht, Bd. 2, VO 17, B., Art. 14 Rn. 14.

348 *Burrichter/Hauschild*, in: Immenga/Mestmäcker, EG-Wettbewerbsrecht, Bd. 2, VO 17, B., Art. 14 Rn 14.

349 Auf die Herleitung eines solchen Rechts soll vorliegend nicht näher eingegangen, sondern stattdessen auf *Gumbel*, Grundrechte im EG-Kartellverfahren nach der VO Nr. 17/62, S. 131 ff., 151 ff. verwiesen werden, der ein solches insbesondere aus den in Art. 6 Abs. 1 EMRK niedergelegten rechtsstaatlichen Grundsätzen herleitete. Ausführlich hierzu auch *Kühlhorn*, Ermittlungen der EG-Kommission nach Art. 11 und 14 der VO 17/62, WuW 1986, 9 ff.

350 Vgl. Gumbel, Grundrechte im EG-Kartellverfahren nach der VO Nr. 17/62, S. 155.

Wären, dem VOV entsprechend, die Befugnisse erweitert worden und könnten Kommissionsbedienstete jegliche Art von Fragen an Unternehmensmitglieder richten, hätte die Frage nach einem Auskunftsverweigerungsrecht auch im Rahmen des Art. 20 Abs. 2 Buchst f VOV an Bedeutung gewonnen. Dies wäre umso mehr der Fall gewesen, als ein uneingeschränktes Fragerecht die Umgehung der in Art. 18 Abs. 2 VOV niedergelegten Formvorschriften bedeutet hätte. Auch hätte die Kommission, um ein Auskunftsverweigerungsrecht nicht leer laufen zu lassen[351], verpflichtet werden müssen, die befragte Person auf ein solches hinzuweisen. Dies zumindest dann, wenn ein Rechtsbeistand nicht mehr vor Beginn der Nachprüfung hinzugezogen hätte werden können. Andererseits hätte den Mitgliedern der Belegschaft ein Recht zur Auskunftsverweigerung ohnehin nur dann zugestanden, wenn die Gefahr bestanden hätte, dass sie sich im Hinblick auf Strafverfahren, Verfahren wegen Verstößen gegen das nationale Wettbewerbsrecht[352] oder Disziplinarverfahren innerhalb des Unternehmens durch ihre Aussage selbst belasten. In anderen Fällen hätte ein Interessenkonflikt der zur Aussage gezwungenen Person, wegen der fehlenden Sanktionsmöglichkeit gegen natürliche Personen im Gemeinschaftsrecht, nicht bestanden. Auch im Hinblick auf Verstöße des Unternehmens gegen Gemeinschaftskartellrecht wäre ein Aussageverweigerungsrecht der Belegschaft nicht zu bejahen gewesen. Im Falle der Gefahr der Selbstbezichtigung des Unternehmens existiert ein solches zwar grundsätzlich, kann jedoch nur durch dieses selbst bzw. durch dessen handelnde Organe ausgeübt werden.[353]

All diese Fragen sind jedoch wegen der im Rahmen des Art. 20 Abs. 2 Buchst. e VO Nr. 1/2003 eingeschränkten Nachfragebefugnis hinfällig geworden. Kommissionsbeamte können lediglich ergänzende Angaben fordern. Ein Unterschied zur derzeitigen Rechtslage wird sich an dieser Stelle nicht ergeben. Der Nachweis eines Rechtsverstoßes kann aufgrund einer nach Art. 20 Abs. 2 Buchst. e VO Nr. 1/2003 erlangten Auskunft nicht geführt werden. Die befragten Personen werden sich durch ihre Aussage nicht selbst belasten können. Ein Auskunftsverweigerungsrecht ist nicht erforderlich.

---

[351] Vgl. für das deutsche Recht *Gillmeister*, Ermittlungsrechte im deutschen und europäischen Kartellordnungswidrigkeitenverfahren, S. 45.

[352] In deren Rahmen auch Sanktionen gegen natürliche Personen möglich sind.

[353] Wenigstens spricht *Kühlhorn*, Ermittlungen der EG-Kommission nach Art. 11 und 14 der VO 17/62, WuW 1986, 7, 14, der ein Aussageverweigerungsrecht auch juristischen Personen zuerkennt, ausschließlich davon, dass ein solches durch dessen Organe geltend gemacht werden kann.

c. Kreis der zu befragenden Personen

Nach Art. 20 Abs. 2 e VO Nr. 1/2003 können Auskünfte von allen Vertretern oder Mitgliedern der Belegschaft des Unternehmens oder der Unternehmensvereinigung verlangt werden. In der Vergangenheit wurde bei der Frage, wer im Rahmen des Art. 14 Abs. 1 Buchst c VO Nr. 17/62 zur Erteilung einer Auskunft verpflichtet ist, Art. 11 Abs. 4 VO Nr. 17/62 herangezogen.[354] Die Auskunftspflicht bezog sich somit nur auf die Inhaber der Unternehmen und deren Vertreter. Bei einer Ausweitung des zu befragenden Personenkreises besteht, wie schon bei Art. 19 VO Nr. 1/2003, die Gefahr, dass bestimmte Personen Auskünfte über Umstände erteilen, die sie entweder nicht oder nicht mehr richtig in Erinnerung haben. Eine Verschärfung tritt dadurch ein, dass sie im Rahmen des Art. 20 Buchst. e VO Nr. 1/2003 zu einer Auskunftserteilung verpflichtet werden können. Neben einem Konflikt zwischen Wahrheitspflicht und Loyalität gegenüber dem Arbeitgeber[355] setzen sie sich der Gefahr aus, Auskünfte zu geben, aufgrund derer sie in Verfahren wegen Verstößen gegen das nationale Wettbewerbsrecht, in deren Rahmen auch Sanktionen gegen natürliche Personen möglich sind, in Strafverfahren oder in Disziplinarverfahren innerhalb des Unternehmens belangt werden können. Um den hier geschilderten Konflikt der Angestellten gar nicht entstehen zu lassen, schlug das Europäische Parlament vor, die Auskunftspflicht auf Vertreter des Unternehmens zu beschränken, bis angemessene Vorschriften zum Schutz anderer Personen erlassen worden sind.[356] Dieser Vorschlag wurde beim Verfassen der VO Nr. 1/2003 jedoch nicht berücksichtigt. Hinsichtlich des nur eingeschränkten Fragerechts der Kommissionsbediensteten besteht die Gefahr einer Selbstbezichtigung jedoch ohnehin nicht. Die Einräumung eines Auskunftsverweigerungsrechts kommt nicht in Betracht. Auch die Einräumung anderer Schutzrechte ist nicht erforderlich. Der Vorschlag, den Kreis der zu befragenden Personen bis zum Erlass von geeigneten Schutzvorschriften einzuschränken, hat deshalb seine Grundlage verloren.

---

[354] *Burrichter/Hauschild*, in: Immenga/Mestmäcker, EG-Wettbewerbsrecht, Bd. 2, VO 17, B., Art. 14 Rn. 15; a.A.: *Gillmeister*, Ermittlungsrechte im deutschen und europäischen Kartellordnungswidrigkeitenverfahren, S. 190.

[355] Dieser Konflikt wird dadurch verstärkt, dass Sanktionen in solchen Fällen nicht gegen die Person, welche die unrichtigen oder verfälschten Auskünfte gibt oder die Aussage verweigert, verhängt werden, sondern gegen das Unternehmen selbst.

[356] Legislativvorschlag des Europäischen Parlaments, enthalten in: Bericht des Europäischen Parlaments, endgültig A5-0229/2001, S. 14; Stellungnahme des Bundesverbandes der Deutschen Industrie (BDI) vom 19.1.2001, B., S. 15.

2. Recht auf Unverletzlichkeit der Wohnung

Gemeinschaftsorgane müssen bei ihrem Handeln nach Gemeinschaftsrecht gültige Grundrechte von Amts wegen beachten. Die Gültigkeit ihrer Rechtsakte ist an den Gemeinschaftsgrundrechten zu messen.[357] Hierzu gehört der Grundsatz der Unverletzbarkeit von Privatwohnungen.[358]

a. Schutzbereich

Bisher war nach Ansicht des EuGH das Grundrecht auf Unverletzlichkeit der Wohnung von den Nachprüfungsbefugnissen der Kommission nicht berührt, da dessen Schutzbereich lediglich Privaträume natürlicher Personen, nicht aber Geschäftsräume erfasst.[359] Er begründete dies damit, dass die Rechtsordnungen der Mitgliedstaaten in Bezug auf Art und Umfang des Schutzes von Geschäftsräumen gegen behördliche Eingriffe nicht unerhebliche Unterschiede aufweisen.[360] Auch aus Art. 8 der europäischen Menschenrechtskonvention, der lediglich die freie Entfaltung der Persönlichkeit schützt und sich nicht auf den Schutz von Geschäftsräumen ausdehnen lässt, könne man nichts anderes ableiten.[361] Durch die Erweiterung der Befugnisse nach Art. 21 VO Nr. 1/2003 ist nun jedoch auch der Schutzbereich des Gemeinschaftsgrundrechts auf Unverletzlichkeit der Wohnung eröffnet.[362]

b. Eingriff

Ein Suchen oder Durchsuchen von Privatwohnungen in der oben geschilderten Weise bedeutet einen tief greifenden Eingriff in die räumliche Privatsphäre des Wohnungsbesitzers.

---

[357] *Rengeling*, Grundrechtsschutz in der Europäischen Gemeinschaft, S.199 f.

[358] EuGH, Urteil v. 21.9.1989, Rs. 46/87 und 227/88 (Hoechst), Slg. 1989, 2919, 2928; vgl. auch die vorläufige konsolidierte Fassung des Vertrages über eine Verfassung für Europa, Teil II, Charta der Grundrechte der Union, Titel II, Freiheiten, Artikel II-7; *Schwarze*, Grundrechte der Person im Europäischen Gemeinschaftsrecht, NJ 1994, 53, 55.

[359] EuGH, Urteil v. 21.9.1989, Rs. 46/87 und 227/88 (Hoechst), Slg. 1989, 2919, 2928; dagegen: Schlußanträge des Generalanwalts Jean Mischo in der Sitzung des Gerichthofes vom 21.2.1989, Rs. 46/87 und 227/88 (Hoechst), Slg. 1989, 2875, 2893; *Scholz*, Grundrechtsprobleme im europäischen Kartellrecht – Zur Hoechst-Entscheidung des EuGH, WuW 1990, 99, 101; *Moosecker*, Grenzen der Nachprüfungsbefugnisse der EG-Kommission – Mitwirkung der nationalen Stellen und Beachtung nationaler Verfahrensgarantien, WuW 1989, 1003, 1014.

[360] EuGH, Urteil v. 21.9.1989, Rs. 46/87 und 227/88 (Hoechst), Slg. 1989, 2919, 2924.

[361] EuGH, Urteil v. 21.9.1989, Rs. 46/87 und 227/88 (Hoechst), Slg. 1989, 2919, 2924. Hiergegen *Rengeling*, Grundrechtsschutz in der Europäischen Gemeinschaft, S. 122; *Ress/Ukrow*, Neue Aspekte des Grundrechtsschutzes in der Europäischen Gemeinschaft, EuZW 1990, 499, 503 f.; *Gumbel*, Grundrechte im EG-Kartellverfahren nach der VO Nr. 17/62, S. 94.

[362] EuGH, Urteil v. 21.9.1989, Rs. 46/87 und 227/88 (Hoechst), Slg. 1989, 2919, 2924.

Zwar wird ein solches Vorgehen, im Unterschied zu Nachprüfungen in Geschäftsräumen eines Unternehmens, nicht über wenige Stunden hinausgehen, in dieser Zeit kann das alltägliche Leben in den betroffenen Räumen jedoch nicht fortgeführt werden. Nicht nur der Wohnungsbesitzer selbst, sondern auch andere Mitbewohner werden gestört und in hohem Maße beunruhigt. Schon beim Suchen in den Räumen oder einzelnen Möbelstücken, erst recht aber beim Durchsuchen von verschlossenen Schränken und Schubladen werden auch andere private Gegenstände, die nicht für die Augen anderer Menschen bestimmt sind, offen gelegt. Hinzu kommt die mögliche Beschädigung der einzelnen Gegenstände. Auch muss der Wohnungsbesitzer einen eventuellen Ansehensverlust bei Nachbarn, welche die Durchsuchung mitbekommen, in Kauf nehmen. Alles in allem stellt dies einen tief greifenden Eingriff in das Recht auf Unverletzlichkeit der Wohnung dar.

c. Rechtfertigung

Es stellt sich die Frage, unter welchen Bedingungen der hier geschilderte Eingriff in das Grundrecht auf Unverletzlichkeit der Wohnung gerechtfertigt sein könnte.

aa. Rechtsgrundlage

Für eine Rechtfertigung würde schon Art. 21 VO Nr. 1/2003 als Rechtsgrundlage ausreichen, wenn auf diese Weise vor willkürlichen und unverhältnismäßigen Eingriffen geschützt werden könnte.[363]

bb. Richterlicher Vorbehalt nach Art. 21 Abs. 3 VO Nr. 1/2003

Mit Art. 21 Abs. 3 VO Nr. 1/2003 wird jedoch sogar ein richterlicher Vorbehalt eingeführt, sodass Nachprüfungen in Privaträumen eine richterliche Anordnung vorausgehen muss. Dies gilt schon für das Betreten der Räumlichkeiten nach Artt. 21 Abs. 4, 20 Abs. 2 a VO Nr. 1/2003.[364] Welches Gericht bei einem Vorgehen nach Art. 21 VO Nr. 1/2003 zuständig sein soll, war im VOV nicht ausdrücklich geregelt. Aus dessen Begründung ging jedoch hervor, dass die Entscheidung eines einzelstaatlichen Gerichts und nicht des EuGH gemeint ist.[365] In der VO Nr. 1/2003 wurde dies dann ausdrücklich klargestellt.

Die Prüfungsbefugnis des nationalen Gerichts ist jedoch begrenzt. Sie beschränkt sich auf die Prüfung der Echtheit der Nachprüfungsentscheidung und der Willkür und Un-

---

363 *Gumbel*, Grundrechte im EG-Kartellverfahren nach der VO Nr. 17/62, S. 114 ff.

364 Insofern geht der Art. 21 Abs. 3 VO Nr. 1/2003 über das deutsche Recht hinaus. Ein alleiniges Betreten der Wohnung durch die Bediensteten der Kartellbehörde bedarf dort keiner richterlichen Anordnung, sondern steht lediglich unter Gesetzesvorbehalt.

365 VOV, Begründung zu Art. 20 VOV.

verhältnismäßigkeit der Zwangsmaßnahme (Art. 21 Abs. 3 S. 2 VO Nr. 1/2003). In keinem Fall darf das Gericht die Notwendigkeit der Maßnahmen prüfen oder die Nennung anderer als der in der Entscheidung angegebenen Gründe fordern (Art. 21 Abs. 3 S. 4VO Nr. 1/2003). Diese Einschränkung stützt die Kommission auf die „Hoechst“ Entscheidung[366] des EuGH.[367] Dieser hat bei Nachprüfungen in Geschäftsräumen eines Unternehmens einen Eingriff in das Grundrecht der Unverletzlichkeit der Wohnung jedoch abgelehnt. Ein gemeinschaftsrechtlicher Richtervorbehalt war deshalb nicht erforderlich, ein Vorbehalt wegen nationalen Verfahrensgarantien indes zulässig.[368] Da die Gültigkeit von Handlungen der Gemeinschaftsorgane grundsätzlich nicht abhängig von nationalen Behörden oder Gerichten sein kann, unterliegt die Kommissionsentscheidung der ausschließlichen Rechtmäßigkeitskontrolle durch den EuGH. Dies ergibt sich schon aus den Artt. 220, 230, 234 EG.[369] Aus diesem Grunde sind die nationalen Gerichte lediglich auf die Überprüfung des Handelns der nationalen Behörde, namentlich der von ihr angewandten Zwangsmaßnahmen beschränkt.

Die Umsetzung dieser Rechtsprechung in der neuen Kartellverordnung wird im Hinblick auf Art. 21 VO Nr. 1/2003 jedoch dazu führen, dass auch Eingriffe in den Schutzbereich der Unverletzlichkeit der Wohnung durch einen nationalen Richter faktisch nicht überprüft werden können. Im Rahmen der Verhältnismäßigkeitsprüfung der Zwangsmaßnahme ist ihre Geeignetheit, Erforderlichkeit und Verhältnismäßigkeit (i.e.S.) festzustellen.

---

[366] In diesem Fall hatte die EG-Kommission den Verdacht auf Absprachen über Preise und Lieferquoten zwischen bestimmten Herstellern und Händlern von PVC und Polyäthylen auf dem Gemeinsamen Markt. Mit Unterstützung des BKartA und nach einer richterlichen Anordnung des AG Frankfurts nahmen die Kommissionsbediensteten Durchsuchungen in den Geschäftsräumen der Hoechst AG vor. Diese erhob Klagen auf Aufhebungen der Kommissionsentscheidungen beim EuGH. Der EuGH hat die Klagen abgewiesen; vgl. EuGH, Urteil v. 21.9.1989, Rs. 46/87 und 227/88 (Hoechst), Slg. 1989, 2919, 2928.

[367] VOV, Begründung zu Art. 20 VOV.

[368] EuGH, Urteil v. 21.9.1989, Rs. 46/87 und 227/88 (Hoechst), Slg. 1989, 2919, 2924, 2928; *Kulka*, Art und Umfang der Nachprüfungsbefugnisse der EG-Kommission bei Verdacht von Zuwiderhandlungen gegen Wettbewerbsregeln, DB 1989, 2112, 2116.

[369] *Krück*, in: v.d.Groeben/Thiesing/Ehlermann, Kommentar zum EU-/EG-Vertrag, Bd. 4, Art. 177 Rn. 75.

Hierbei darf sich das Gericht zwar die Frage stellen, ob das konkret angewandte Zwangsmittel, die Wahl also der polizeilichen oder anderer Zwangsmaßnahmen durch die staatlichen, zur Unterstützung der Kommission bereitgestellten Beamten, angemessen erscheint, nicht aber, ob die Anwendung eines Zwangsmittel im Verhältnis zum Ermittlungserfolg überhaupt verhältnismäßig ist.[370] Die Frage, ob ein begründeter Verdacht eines schweren Verstoßes besteht und ob die Ermittlung an sich geeignet, erforderlich und angemessen ist, um eine Entscheidung in dem konkreten Fall zu treffen, wird und darf hierbei nicht geklärt werden. Die Kommissionsentscheidung selbst wird nicht überprüft. Von einem richterlichen Vorbehalt kann nicht wirklich gesprochen werden.

Letztendlich bleibt als Schranke des Grundrechtseingriffs somit der gesetzliche Vorbehalt. Es stellt sich also die Frage, ob dieser ausreicht, um derart weitgehende hoheitliche Eingriffe zu rechtfertigen. Hierbei muss bemerkt werden, dass wohl selbst die Kommission erkannt hat, dass der Schutz des Unternehmens bei einer Ausweitung der Ermittlungsbefugnisse auf Privaträume angehoben werden muss. Dem kam sie mit der Regelung eines richterlichen Vorbehalts in Art. 21 Abs. 3 VO Nr. 1/2003 auf den ersten Blick auch nach. Einer genaueren Prüfung hält diese Regelung jedoch nicht stand. Der richterliche Vorbehalt läuft wegen der Einschränkung in Art. 21 Abs. 3 S. 4, 5 VO Nr. 1/2003 praktisch ins Leere.

cc. Gemeinschaftsrechtlicher Richtervorbehalt

Es stellt sich zunächst die Frage, ob ein Richtervorbehalt für Nachprüfungen bei Einschränkung des Gemeinschaftsgrundrechts der Unverletzlichkeit der Wohnung überhaupt gefordert ist. Da ein vollständiger Richtervorbehalt im geschriebenen Gemeinschaftsrecht bislang nicht existiert, wäre er, um den hier geschilderten Grundrechtseingriff zu rechtfertigen, lediglich dann erforderlich, wenn er sich aus einem allgemeinen Rechtsgrundsatz des Gemeinschaftsrechts herleiten ließe.[371] Um einfaches Gemeinschaftsrecht beeinflussen zu können, müsste es sich hierbei um einen allgemeinen Rechtsgrundsatz auf der Ebene des Verfassungsrechts handeln.[372]

---

[370] Vgl. *Pernice*, Gemeinschaftsverfassung und Grundrechtsschutz – Grundlagen, Bestand und Perspektiven, NJW 1990, 2409, 2419; *Kulka*, Art und Umfang der Nachprüfungsbefugnisse der EG-Kommission bei Verdacht von Zuwiderhandlungen gegen Wettbewerbsregeln, DB 1989, 2112, 2117, a.A. wohl Stellungnahme des Bundesverbandes der Deutschen Industrie (BDI) vom 19.1.2001, B., S. 14.

[371] Zu allgemeinen Rechtsgrundsätzen im Gemeinschaftsrecht, deren Geltungsgrund, Rang und Bestimmung; vgl. *Schwarze*, Europäisches Verwaltungsrecht, Bd. 1, S. 62 ff.

[372] Ob dies der Fall ist, hängt von Struktur und Bedeutungsgehalt des jeweiligen Rechtssatzes ab; vgl. *Schwarze*, Europäisches Verwaltungsrecht, Bd. 1, S. 68.

Der Inhalt allgemeiner Rechtsgrundsätze wird nach heute überwiegender Meinung im Wege einer wertenden Rechtsvergleichung bestimmt.[373] Eine Antwort müsste deshalb aus den Verfassungen der einzelnen Mitgliedstaaten und völkerrechtlichen Verträgen wie der EMRK herausgearbeitet werden.[374] Dies bedeutet jedoch nicht, dass sich der Inhalt des allgemeinen Rechtsgrundsatzes allein danach bestimmt, was die Mehrheit der Rechtsordnungen übereinstimmend anordnet. Gesucht werden muss vielmehr nach der insgesamt besten Lösung, die sich insbesondere in die Struktur und Ziele der Gemeinschaft einfügen muss.[375]

(1) Verfassungen der Mitgliedstaaten

Die Durchsuchung von Privaträumen ist in vielen Mitgliedstaaten unter die Voraussetzung einer richterlichen Anordnung gestellt.[376] In Deutschland (Art. 13 GG), Frankreich[377], Griechenland[378] Portugal (Art. 34 Abs. 1 port. Verf.) und Spanien (Art. 18 Abs. 2 span. Verf.) ist dies verfassungsrechtlich geregelt und gilt für das „Suchen“ in und das „Durchsuchen“ von Privaträumen.[379] In Großbritannien[380] und Italien[381] ist eine richterliche Anordnung lediglich bei „Durchsuchungen“ in dem oben beschriebe-

---

[373] *Ress/Ukrow*; Neue Aspekte des Grundrechtsschutzes in der Europäischen Gemeinschaft, EuZW 1990, 499, 500.

[374] *Rengeling*, Grundrechtsschutz in der Europäischen Gemeinschaft, S. 1.

[375] *Zweigert*, Der Einfluss des Europäischen Gemeinschaftsrechts auf die Rechtsordnungen der Mitgliedstaaten, RabelsZ Bd. 28 1964, 601, 611.

[376] Vgl. auch Frowein/*Peukert*, Europäische Menschenrechtskonvention, EMRK-Kommentar, S. 360.

[377] Das Recht der Unverletzlichkeit der Wohnung wird in Frankreich als Teil des Grundsatzes der „Liberté individuelle“ betrachtet. Diese wird wiederum als ein durch die Gesetze der Republik gewährleisteter fundamentaler Grundsatz anerkannt. Dem wurde auch die französische Kartellverordnung gerecht, in deren Art. 48 eine richterliche Anordnung ausdrücklich gefordert wird; vgl. hierzu ausführlich und m.w.N *Dallmann*, Nachprüfung und Richtervorbehalt im Kartellverfahrensrecht der Europäischen Wirtschaftsgemeinschaft, S. 77 ff.

[378] Nach Art. 9 Abs. 1 der griechischen Verfassung dürfen Durchsuchungen stets nur in Anwesenheit von Vertretern der rechtsprechenden Gewalt vorgenommen werden; vgl. *Kimmel*, Die Verfassungen der EG-Mitgliedstaaten, S. 157.

[379] Alle zu finden in: *Kimmel*, Die Verfassungen der EG-Mitgliedstaaten.

[380] Vgl. GA Mischo EuGH, Urteil v. 21.9.1989, Rs. 46/87 (Hoechst), Slg. 1989, 2919,2892; ausführlich: *Dallmann*, Nachprüfung und Richtervorbehalt im Kartellverfahrensrecht der Europäischen Wirtschaftsgemeinschaft, S. 107.

[381] Nach Art. 14 Abs. 2 i.V.m. Art. 13 Abs. 2 der italienischen Verfassung dürfen sowohl Inspektionen als auch Durchsuchungen lediglich auf Grundlage einer richterlichen Anordnung vorgenommen werden. Nach Art. 14 Abs. 3 soll jedoch ein Gesetzesvorbehalt ausreichen, wenn es sich lediglich um eine Nachprüfung oder Inspektion handelt und diese aus Gründen des Gesundheitswesens oder des öffentlichen Lebens, zu wirtschaftlichen oder steuerlichen Zwecken erfolgt; vgl. *Kimmel*, Die Verfassungen der EG-Mitgliedstaaten.

nen Sinne Voraussetzung. Nach Art. 8 Abs. 2 EMRK[382] sind Eingriffe in das Privat- und Familienleben nur dann statthaft, wenn sie gesetzlich vorgesehen und z.B. für das wirtschaftliche Wohl des Landes notwendig sind. Eine Regelung über einen Richtervorbehalt enthält Art. 8 EMRK nicht. Der Gerichtshof hat einen solchen jedoch aus Gründen der Verhältnismäßigkeit für Wohnungsdurchsuchungen teilweise gefordert.[383] Es kann somit eine Tendenz in den Verfassungen der Mitgliedstaaten und der EMRK festgestellt werden, die wohl in Richtung eines richterlichen Vorbehalts geht. Ein eindeutiges Übergewicht hat sich hier zwar nicht herausgestellt, würde man von einem gemeinschaftsrechtlichen Richtervorbehalt jedoch absehen, so würde dies eine Festlegung des Grundrechtsschutzes auf den Minimalstandart bedeuten.

(2) Gebotenheit

Im Rahmen einer wertenden Rechtsvergleichung kommt es jedoch weder auf den Minimal- noch auf den Maximalstandard in den Mitgliedstaaten an, sondern vielmehr auf die dort zu findende „beste" Lösung. Um diese herauszuarbeiten, muss der aufzustellende allgemeine Rechtsgrundsatz daraufhin geprüft werden, ob er sich in die Struktur der Gemeinschaft einfügt und mit deren Zielen übereinstimmt.[384] Abgesehen hiervon muss er unter dem Gesichtspunkt der Wahrung des Rechts gemeinschaftsrechtlich geboten sein.[385] Ob ein richterlicher Vorbehalt bei Eingriffen in das Grundrecht der Unverletzlichkeit der Wohnung erforderlich ist, muss also auch im Hinblick auf andere Gemeinschaftsgrundsätze beurteilt werden. Bei der Frage nach einem gemeinschaftsrechtlichen Richtervorbehalt kann deshalb als beste Lösung nur diejenige gelten, die einen effektiven Rechtsschutz garantiert. Dieser ist nämlich zum einen Inhalt eines eigenen rechtsstaatlichen Grundsatzes im Gemeinschaftsrecht.[386] Zum anderen stellt er im Hinblick auf eine effektive Durchsetzung der Artt. 81, 82 EG ein gemeinschaftsrechtliches Ziel dar. Zur Gewährleistung effektiven Rechtsschutzes wird grundsätzlich ein repressives Vorgehen als ausreichend erachtet. Dies gilt jedoch nur, so lange dem

[382] Die EMRK kann zwar als selbständige Rechtsermittlungsquelle herangezogen werden, in diesem Rahmen steht sie jedoch auf selber Stufe wie die Verfassungsüberlieferungen der einzelnen Mitgliedstaaten; *Rengeling*, Grundrechtsschutz in der Europäischen Gemeinschaft, S. 124.

[383] *Okresek*, Art. 6 und 8 MRK, Hausdurchsuchung und Beschlagnahme im Finanzstrafverfahren (Art. 59 MRK), ÖJZ 1993, 532, 533.

[384] *Schwarze*, Europäisches Verwaltungsrecht, Bd. 1, S. 71; *Zweigert*, Der Einfluss des Europäischen Gemeinschaftsrechts auf die Rechtsordnungen der Mitgliedstaaten, RabelsZ Bd. 28 1964, 601, 611.

[385] So *Dallmann*, Nachprüfung und Richtervorbehalt im Kartellverfahrensrecht der Europäischen Wirtschaftsgemeinschaft, S. 111, der einen gemeinschaftsrechtlichen Richtervorbehalt im Rahmen von Nachprüfungen in Geschäftsräumen eines Unternehmens prüft.

[386] *Dallmann*, Nachprüfung und Richtervorbehalt im Kartellverfahrensrecht der Europäischen Wirtschaftsgemeinschaft, S. 115 m.w.N.

Adressaten nicht schwerwiegende Nachteile entstehen, die dann nicht mehr beseitigt werden können.[387]

Auszugehen ist deshalb von der Frage, ob nachträglicher Schutz gegen rechtswidrige Nachprüfungsentscheidungen in den hier geschilderten Fällen ausreichend ist. Der Adressat eines hoheitlichen Eingriffs kann nach Art. 230 Abs. 2 EG Nichtigkeitsklage erheben. Diese hat allerdings nach Art. 242 EG keine aufschiebende Wirkung. Bezüglich der Nachteile, die der Wohnungsinhaber in Kauf zu nehmen hat, kann auf die Ausführungen im Rahmen des Eingriffs in den Schutzbereich des Grundrechts auf Unverletzlichkeit der Wohnung verwiesen werden. Die dort geschilderten Nachteile können ihrer Natur nach, wenn sie einmal eingetreten sind, nicht mehr beseitigt werden. Vorliegend kommt es nämlich, anders als bei Nachprüfungen in Geschäftsräumen, nicht in erster Linie auf die möglicherweise rechtswidrige Erlangung von Informationen an. Der durch sie verursachte Nachteil könnte in der Regel durch das dann im Verfahren geltende Verwertungsverbot[388] zumindest relativiert werden. Auch können Ersatzansprüche[389] des Unternehmens die hinzunehmenden Nachteile ausgleichen. Handelt es sich um Eingriffe in den privaten Wohnbereich, können beschädigte Möbelstücke zwar ersetzt werden, weder der Verlust des Ansehens der Bewohner noch andere erwähnte Nachteile können jedoch mit Geld ausgeglichen werden.

Entscheidend kann deshalb nur sein, ob die bereits bestehende präventive Kontrolle ausreichend ist, um den Eintritt eines nicht wieder gutzumachenden Schadens zu verhindern. Freilich kann ein Antrag auf einstweilige Anordnung nach Art. 243 EG gestellt werden. Hierbei muss der Wohnungsbesitzer dann jedoch sowohl die Dringlichkeit als auch die Notwendigkeit der beantragten Anordnung in tatsächlicher und rechtlicher Hinsicht glaubhaft machen. Allein um die Dringlichkeit zu begründen, müsste die Gefahr des Eintritts eines schweren, nicht wieder gutzumachenden Schadens dargelegt werden.[390] Dies dürfte regelmäßig schwer fallen. Ermittlungen werden aus den oben genannten Gründen regelmäßig überraschend vorgenommen. Die einstweilige

---

[387] Für die Wahrung des Rechtsstaatsprinzips unabkömmlich erachtet *Sedemund*, Das Verfahren der EWG in Wettbewerbssachen, EuR 1973, 306, 307, den Ausgleich eines Defizits an repressiver gerichtlicher Kontrolle durch präventive Kontrolle im Verwaltungsverfahren.

[388] *Burrichter/Hauschild*, in: Immenga/Mestmäcker, EG-Wettbewerbsrecht, Bd. 2, VO 17, B., Art. 14 Rn. 27.

[389] Wie zum Beispiel der Anspruch auf Ersatz des nach Art. 288 Abs. 2 EG aufgrund eines Umsatzrückgangs eintretenden Schadens; vgl. *Gilsdorf/Oliver*, in: v.d. Groeben/Thiesing/Ehlermann, Kommentar zum EU-/EG-Vertrag, 5. Auflage, Bd. 4, Art. 215 Rn. 51 ff.

[390] *Krück*, in: v.d.Groeben/Thiesing/Ehlermann, Kommentar zum EU-/EG-Vertrag, Bd. 4, Art. 185, 186 Rn. 20 f.

Anordnung wird also oftmals, trotz der modernen technischen Möglichkeiten[391], erst zu einem Zeitpunkt erwirkt werden, zu dem die hoheitliche Maßnahme bereits abgeschlossen ist. Unter diesen Umständen kann zum einen die Dringlichkeit nicht mehr plausibel dargelegt werden, zum anderen ist der nicht wieder gutzumachende Schaden ohnehin schon eingetreten. Auch das Verfahren zum Erlass einer den Eingriff in die räumliche Privatsphäre anordnenden Kommissionsentscheidung ist nicht ausreichend, um einen ausgleichenden präventiven Schutz zu gewährleisten. Einen Anspruch auf rechtliches Gehör gibt es dort nach Art. 27 VO Nr. 1/2003 nämlich nicht.

Ein präventiver Rechtsschutz, durch den schon der Eintritt eines nicht wieder gutzumachenden Schadens verhindert werden kann, ist somit weder nach Regeln des EG noch nach der VO Nr. 1/2003 gegeben. Ein richterlicher Vorbehalt scheint somit nicht nur aufgrund einer dahingehenden Tendenz in den Verfassungen der Mitgliedstaaten[392], sondern auch aus Gründen des effektiven Rechtsschutzes erforderlich. Dies muss zwar erst recht[393], kann jedoch nicht nur für Maßnahmen entsprechend dem hier geschilderten Fall einer „Durchsuchung" gelten.[394] Nachteile, die nicht durch eine nachträgliche Entschädigung ausgeglichen werden können, sind im Falle des „Suchens" in Privaträumen nicht von wesentlich geringerer Intensität als solche im Falle einer „Durchsuchung".

dd. Ergebnis

Eingriffe in das Grundrecht auf Unverletzlichkeit der Wohnung in der hier geschilderten Art und Weise machen somit einen gemeinschaftsrechtlichen Richtervorbehalt notwendig.[395] Dieser kann aus einem allgemeinen Rechtsgrundsatz des Gemeinschaftsrechts hergeleitet werden. In diesem Rahmen wäre eine vollständige Überprüfung der Nachprüfungsentscheidung auf ihre Erforderlichkeit und Verhältnismäßigkeit

---

[391] Wegen der modernen Telekommunikationsmethoden ist die rechtzeitige Erwirkung der einstweiligen Anordnung zumindest möglich; *Ritter/Braun/Rawlinson*, European Competition Law, p. 844.

[392] In diesem Rahmen ist anzumerken, dass es sich hierbei um bedeutende Mitgliedstaaten wie Frankreich, Deutschland, Spanien und teilweise auch England und Italien handelt.

[393] Durchsuchungen, bei denen körperliche Gewalt auch gegenüber dem Adressaten der hoheitlichen Handlung vorgenommen wird, führen oftmals zu Eingriffen in Schutzbereiche auch anderer Grundrechte, wie Eigentum, persönliche Freiheit und körperliche Integrität und stellen somit eine besonders intensive Form des Eingriffs in die räumliche Privatsphäre dar.

[394] Nach *Dallmann*, Nachprüfung und Richtervorbehalt im Kartellverfahrensrecht der Europäischen Wirtschaftsgemeinschaft, S. 179, gilt dies sogar schon bei Durchsuchungen in Geschäftsräumen eines Unternehmens.

[395] Eine Einschränkung kann in Anlehnung an Art. 13 Abs. 2 GG lediglich dahingehend gelten, dass die richterliche Anordnung im Falle der Gefahr im Verzug verzichtbar ist, entsprechend auch *Dallmann*, Nachprüfung und Richtervorbehalt im Kartellverfahrensrecht der Europäischen Wirtschaftsgemeinschaft, S. 182.

hin notwendig. Wie schon festgestellt, wird der in Art. 21 VO Nr. 1/2003 niedergelegte Richtervorbehalt diesen Anforderungen nicht gerecht.

Da das Handeln von Gemeinschaftsorganen jedoch nicht durch nationale Gerichte überprüft werden kann[396], besteht die einzige Möglichkeit den Konflikt zu lösen darin, wenigstens für die hier geschilderten Maßnahmen in Art. 21 VO Nr. 1/2003 einen Vorbehalt eines Gemeinschaftsgerichts ausdrücklich festzulegen. Auf diese Weise könnte die Nachprüfungsentscheidung der Kommission einer vollständigen Prüfung unterzogen werden.[397]

3. „Legal Professional Privilege"

Die Hinzuziehung eines Rechtsbeistandes zählt zu den Verteidigungsrechten, welche die Kommission schon bei den Voruntersuchungen wahren muss.[398] Dieses Recht würde leer laufen, wenn seine Ausübung erhebliche Nachteile mit sich bringen würde. Deshalb darf die Konsultation eines Anwalts nicht dazu führen, dass sich das Unternehmen in einer schlechteren Situation befindet als ohne die Inanspruchnahme einer Beratung.[399] Aus diesem Grunde muss die Kommunikation zwischen Anwalt und Mandant einem gewissen Schutz unterliegen. Zwar ist das Recht, die Kommunikation mit einem anwaltlichen Beistand vor dem Zugriff der Ermittlungsbehörden weitestgehend zu schützen („Legal Professional Privilege"), von großer Bedeutung für betroffene Unternehmen. Der Schutz von Verteidigerunterlagen ist im Gemeinschaftsrecht dennoch nicht ausdrücklich geregelt. Ein gewisses Schutzniveau ist jedoch sowohl von der Kommission als auch vom EuGH anerkannt.[400]

Geklärt werden muss, ob die durch die Kartellverfahrensreform eintretenden Änderungen nicht nur eine ausdrückliche Regelung, welche i.S. der Rechtsklarheit zweifelsohne zu begrüßen wäre, sondern sogar eine Anhebung des Schutzniveaus erforderlich machen. Ein Blick auf die Regelungen in den Mitgliedstaaten Großbritannien und Deutschland und die Handhabung des Problems auf europäischer Ebene soll hier zunächst weiterhelfen. Von dort aus wird dann die Lösung herausgearbeitet werden, die

---

396 Vgl. 2. Kap., § 2, B., B., VI., 2., c.

397 Entsprechend hat die Kommission bereits im Weißbuch die Einführung einer zentralen richterlichen Kontrolle vorgeschlagen; vgl. Weißbuch Tz. 111.

398 EuGH, Urteil v. 21.9.1989, Rs. 46/87 und 227/88 (Hoechst), Slg. 1989, 2919, 2924.

399 *Zur Hausen*, Der Schutz des Anwaltsgeheimnisses im Verwaltungsverfahren der Kommission der Europäischen Gemeinschaften, AnwBl. 1980, 322, 324.

400 Spätestens seit der Entscheidung: EuGH, Urteil v. 18.5.1982, Rs. 155/79 (AM&S gegen Kommission), Slg. 1982, 1575 ist die Vertraulichkeit des Schriftverkehrs zwischen Anwalt und Mandant als ungeschriebener Rechtssatz anerkannt. So auch *Gillmeister*, Ermittlungsrechte im deutschen und europäischen Kartellordnungswidrigkeitenverfahren, S. 205.

in Abwägung des öffentlichen Interesses und der Unternehmensinteressen am besten erscheint.

a. Notwendigkeit einer Anhebung des Schutzniveaus

Das Europäische Parlament hat durch den federführenden Ausschuss für Wirtschaft und Währung die Anhebung dieses Schutzniveaus vorgeschlagen.[401] Dieser Vorschlag wird mit dem Ziel begründet, Differenzen des Schutzbereichs in den Mitgliedstaaten auszugleichen. Zwar ist das „Legal Professional Privilege", wie noch zu erkennen sein wird, in den Mitgliedstaaten tatsächlich unterschiedlich stark ausgeprägt, hieraus ergibt sich jedoch noch kein zwingender Grund für eine Anhebung des Schutzniveaus. Es muss nämlich auch das öffentliche Interesse an der Sanktionierung von Verstößen gegen das Gemeinschaftsrecht berücksichtigt werden.[402]

Eine Anhebung dieses Schutzes könnte in Zukunft jedoch insbesondere hinsichtlich der Einführung eines Legalausnahmesystems notwendig sein. In einem Legalausnahmesystem müssen sich Unternehmen im Wege der Selbsteinschätzung vermehrt selbst kontrollieren. Eine Beratung durch einen Rechtsbeistand ist hierbei erforderlich. Die Bereitschaft eine solche Beratung in Anspruch zu nehmen sinkt jedoch mit der Gefahr, dass die an den Anwalt gerichteten Fragen und dessen Auskünfte zum Nachweis von Wettbewerbsverstößen im Kartellverfahren dienen würden. In Zukunft wird den Unternehmen die Möglichkeit, durch die Anmeldung einer Vereinbarung Rechtssicherheit zu erlangen, genommen. Dieser Verlust muss durch eine Anhebung des Schutzniveaus hinsichtlich anwaltlicher Kommunikation ausgeglichen werden.

b. Vorschlag einer Regelung

Aus diesem Grunde soll der Vorschlag des Europäischen Parlaments genauer untersucht und gleichzeitig als Ausgangspunkt für einen Regelungsvorschlag herangezogen werden. Nach ihm sollen Kontakte eines Anwalts mit seinem Mandanten als „vertraulich" behandelt werden, wenn der „Rechtsbeistand ordnungsgemäß zugelassen ist und angemessenen ethischen und disziplinarischen berufsständischen Regeln entspricht,

---

[401] Legislativvorschlag des Europäischen Parlaments, enthalten in: Bericht des Europäischen Parlaments, endgültig A5-0229/2001, S.12. Warum das Europäische Parlament dies gerade in Art. 14 Abs. 3 a VOV und nicht in Art. 12 VOV regeln wollte, wo doch in Art. 14 VOV die Zuständigkeit des Beratenden Ausschusses behandelt werden sollte, ist fraglich. Vor allem weil man in der Begründung ausführt, dass eine ungleiche Behandlung vertraulicher Informationen in der EG gerade im Hinblick auf deren Austausch nach Art. 12 VOV vermieden werden muss. Mit dem Tätigkeitsbereich des Beratenden Ausschusses hat dies wohl wenig zu tun.

[402] *Zur Hausen*, Der Schutz des Anwaltsgeheimnisses im Verwaltungsverfahren der Kommission der Europäischen Gemeinschaften, AnwBl. 1980, 322, 324.

die im Interesse der Allgemeinheit von einer berufsständischen Organisation, welcher der Rechtsbeistand angehört, aufgestellt und durchgesetzt werden.“[403]

aa. Vertrauliche Behandlung von Informationen

Vorliegend sollen bestimmte anwaltliche Kontakte „vertraulich“ behandelt werden. Dies bedeutet zunächst einmal, dass die Behörde entsprechende Informationen nicht als Beweismittel verwenden darf.[404] Unklar ist jedoch, wer über die Vertraulichkeit der Unterlagen entscheidet. Aufgrund des Bedürfnisses der Unternehmen, die relevanten Dokumente generell vor dem Zugriff der Kommission zu schützen, ist die Beantwortung dieser Frage von entscheidender Bedeutung.

(1) Europäisches Recht

Die Kommission führte selbst aus, dass sie zur Beurteilung der Frage, ob ein Dokument tatsächlich vertraulich ist, zu einer Durchsicht befugt sein müsse.[405] Nach der Rechtsprechung des EuGH liegt die Entscheidung über die Vertraulichkeit eines Dokuments zwar grundsätzlich bei der Kommission, unter gewissen Umständen kann sich aber dennoch ein weitergehender Schutz des Schriftverkehrs zwischen Mandant und Rechtsbeistand ergeben.[406] Verfahrensmäßig ist dieser Schutz jedoch nur gewährleistet, wenn das Unternehmen aus Sicht der Kommission substantiiert darlegt, dass es sich um vertrauliche Angaben handelt. Ist die Kommission hiervon nicht überzeugt, so ist ihr der Zugriff auf die angeforderten Unterlagen an sich nicht verwehrt. Das Unternehmen kann dann nur mit einer Klage vor dem EuG reagieren. Eine aufschiebende Wirkung wird dieser zwar nicht zukommen, die Anordnung einer solchen kann jedoch beantragt werden.[407] Nach Art. 106 der Verfahrensverordnung[408] kann der Präsident des EuG innerhalb weniger Tage vorläufig über eine Vorlagepflicht entscheiden.[409]

---

403 Legislativvorschlag des Europäischen Parlaments, enthalten in: Bericht des Europäischen Parlaments, endgültig A5-0229/2001, S.12.

404 Eine Anerkennung des Schutzes wird erstmalig in der Antwort der Kommission auf die schriftliche Anfrage des Abgeordneten Cousté vom 31.3.1978 deutlich. Hier erklärt sich die Kommission dazu bereit „aus Gründen der Unparteilichkeit“ entsprechende Informationen nicht als Beweismittel zu verwerten; vgl. ABl.EG vom 7.8.1978 Nr. C 188/31.

405 ABl.EG vom 7.8.1978 Nr. C 188/31.

406 EuGH, Urteil v. 18.5.1982, Rs. 155/79 (AM&S gegen Kommission), Slg. 1982, 1575, 1610; *Mattfeld*, Anmerkung zum Urteil des EuGH, v. 18.5.1982 Rs. 155/79 (AM&S gegen Kommission), Slg. 1982, 1575, EuR 1983, 47, 48.

407 EuGH, Urteil v. 18.5.1982, Rs. 155/79 (AM&S gegen Kommission), Slg. 1982, 1575, 1614.

408 ABl.EG vom 30.5.1991 Nr. L 136/1.

409 *Gumbel*, Grundrechte im EG-Kartellverfahren nach der VO 17/62, S. 181.

(2) Nationales Recht

Der am weitest gehende Schutz in den Mitgliedstaaten der EU ist wohl in dem in Großbritannien für Kartellverfahren geltenden „Legal Professional Privilege“ zu finden. Hiernach haben die Ermittlungsbehörden keinerlei Zugriff auf anwaltliche Kontakte, die im Zusammenhang mit dem Verfahren zustande gekommen sind.[410] Für Deutschland findet sich eine ausdrückliche Regelung über den Schutz des Schriftverkehrs zwischen Anwalt und Mandant nicht im GWB. Dieses verweist jedoch z. B. durch die Zuständigkeitsregelungen in § 81 Abs. 4 auf das OwiG, welches in § 46 wiederum auf die StPO verweist. Nach § 97 StPO unterliegen schriftliche Mitteilungen des Beschuldigten an seinen Verteidiger nicht der Beschlagnahme. Voraussetzung hierfür ist jedoch das Mandat des Anwaltes und der Beginn eines Verfahrens. Die ermittelnde Behörde ist nach § 110 StPO befugt, über den vertraulichen Charakter nach Durchsicht der Dokumente selbst zu entscheiden.[411] Bezüglich der aufgrund der Einsicht gewonnenen Erkenntnisse besteht jedoch ein Verwertungsverbot.[412] Im Verwaltungsverfahren nach den §§ 54 ff. GWB lassen sich entsprechende Schutzvorschriften nicht herleiten. Tatsächlich wird dort jedoch der gleiche Schutz gewährt wie im Ermittlungsverfahren.[413]

(3) Beurteilung

Fraglich ist, ob dem Interesse des Unternehmens genügt wird, wenn die Kommission vollen Einblick in die Dokumente bekommt, bevor sie über deren Vertraulichkeit entscheidet. Grundsätzlich kann nicht davon ausgegangen werden, dass die Kommissionsbediensteten die Dokumente erst lesen und dann die gelesenen, vertraulichen Informationen wieder vergessen. Von praktischem Nutzen ist der Schutz der Kommunikation deshalb nur dann, wenn die Kommission erst gar keinen Zugriff auf die entsprechenden Dokumente hat.[414] Dennoch muss auch das Interesse der Kommission daran berücksichtigt werden, sicher zu gehen, dass es sich tatsächlich um vertrauliche Dokumente handelt. Ein Recht, den Zugriff vollständig zu verweigern, erscheint deshalb genauso wenig verhältnismäßig wie ein vollständiges Zugriffsrecht.

---

[410] *Gumbel*, Grundrechte im EG-Kartellverfahren nach der VO 17/62, S. 167.

[411] Stellungnahme des Präsidenten des BKartA zur Beschlagnahmefreiheit von Anwaltskorrespondenz im Verfahren AM&S Europe, WuW 1983, 283, 286.

[412] *Hermanns*, Der Syndikusanwalt und der Schutz des Anwaltsgeheimnisses in Deutschland, AnwBl 1980, 326.

[413] Stellungnahme Beschlagnahmefreiheit von Anwaltskorrespondenz im Verfahren AM&S Europe, WuW 1983, 283, 285; *Schultz*, in: Langen/Bunte, Kommentar zum deutschen und europäischen Kartellrecht, GWB, § 58 Rn. 2.

[414] *Gumbel*, Grundrechte im EG-Kartellverfahren nach der VO 17/62, S. 180.

Eine Verweigerung des Zugriffs muss dann gestattet sein, wenn das Unternehmen die Vertraulichkeit der Dokumente glaubhaft machen kann. Da hierüber jedoch die Kommissionsbediensteten entscheiden müssen, kann eine praktische Lösung des Problems somit lediglich[415] so aussehen, dass das Unternehmen versucht, die Vertraulichkeit der Informationen in dem ihm zumutbaren Maße darzulegen. Die Aufdeckung eines Briefkopfes könnte in diesem Zusammenhang schon ausreichen.[416] Verlangt die Kommission dennoch die Herausgabe der Unterlagen, so bleibt dem Unternehmen nur, dies zu verweigern und das Gericht erster Instanz anzurufen.[417] An dieser Stelle wäre man dann bei der derzeitigen Rechtsprechung des EuGH angelangt.

bb. Einbeziehung interner Rechtsbeistände

Das Europäische Parlament unterscheidet in seinem Vorschlag nicht zwischen Dokumenten über die Kommunikation mit internen oder externen Rechtsberatern. Fraglich ist, ob eine solche Unterscheidung überhaupt notwendig und auch verhältnismäßig ist.

(1) Europäisches Recht

Nach Ansicht des EuGH waren vom Schutz vertraulicher Unterlagen zunächst ausschließlich Dokumente umfasst, die von unabhängigen Anwälten ausgingen.[418] Er begründet diese Auffassung mit der Rolle des Rechtsanwalts als „Mitgestalter der Rechtspflege“, der in „völliger Unabhängigkeit“ „dem Mandanten die rechtliche Unterstützung“ gewährt.[419] Das Gericht erster Instanz hat diesen Schutz im Jahre 1990 auf interne Dokumente erweitert, die den Inhalt von Auskünften unabhängiger Rechtsberater zusammenfassen.[420] Dokumente über die Kommunikation mit internen Rechtsberatern sind jedoch bis heute nicht umfasst.

(2) Nationales Recht

In Deutschland wird die Kommunikation von Rechtsbeiständen im Interesse einer ordnungsgemäßen Rechtspflege und somit im Interesse der Allgemeinheit geschützt. Da interne Rechtspfleger nicht an der Mitgestaltung der Rechtspflege beteiligt sind, kommt ein Schutz von Dokumenten über die Kommunikation mit einem internen

---

415 Wenn man von dem Vorschlag Generalanwälte beim EuGH mit der Prüfung zu beauftragen oder einen Ermittlungsrichter beim Gericht erster Instanz einzuberufen absieht.

416 *Ritter/Braun/Rawlinson*, European Competition Law, p. 640.

417 In der Literatur wird teilweise vorgeschlagen der Kommission den Schriftwechsel in einem versiegelten Umschlag zu übergeben, um dann das EuG anzurufen und den vertraulichen Charakter der Papiere überprüfen zu lassen; *v. Winterfeld*, Ermittlungsbefugnisse der EG-Kommission gegenüber Unternehmen am Beispiel des Kartellrechts, RIW 1992, 524, 527.

418 EuGH, Urteil v. 18.5.1982, Rs. 155/79 (AM&S gegen Kommission), Slg. 1982, 1575, 1611.

419 EuGH, Urteil v. 18.5.1982, Rs. 155/79 (AM&S gegen Kommission), Slg. 1982, 1575, 1611.

420 EuG, Beschluss v. 4.4.90, Rs. T-30/89 (Hilti AG gegen Kommission), Slg. 1990 II-163, 170.

Rechtsbeistand, die sich im Gewahrsam des Beschuldigten, befinden nicht in Betracht.[421] In Großbritannien ergibt sich der Schutz hingegen in erster Linie aus dem Mandanteninteresse.[422] Interne und externe Rechtsberater sind dort gleichgestellt.[423] Die Informationen müssen dem Rechtsberater lediglich in seiner Eigenschaft als solcher zugekommen sein.[424]

(3) Beurteilung

Ein genereller Ausschluss von Dokumenten über die Kommunikation mit internen Rechtsbeiständen von einem Schutz vor Zugriffen der Ermittlungsbehörden erscheint nicht gerechtfertigt. Zum einen muss berücksichtigt werden, dass ein solcher ohnehin jederzeit dadurch umgangen werden kann, dass eine in das Unternehmen eingegliederte Kanzlei in eine selbständige umgewandelt wird.[425] Zum anderen können auch interne Juristen, die als Rechtsanwälte zugelassen sind oder denselben Status wie externe Anwälte haben, an der Mitgestaltung der Rechtspflege beteiligt sein. Auch können sie, unabhängig von einer arbeitsvertraglichen Bindung, frei von Einflüssen der Geschäftsführung beratend tätig werden.[426]

Gleichwohl ist eine Ausdehnung des Schutzes auf unternehmensinterne Anwälte wegen der Gefahr des Missbrauchs seitens der betroffenen Unternehmen lediglich dann zu befürworten, wenn der Rechtsbeistand denselben Standesregeln und somit Verhaltensregeln und Disziplinarmaßnahmen unterworfen ist wie ein externer Rechtsanwalt. Der einzig einleuchtende Grund, die Kommunikation mit internen Rechtsberatern auf europäischer Ebene nicht am Schutz teilhaben zu lassen, kann deshalb darin liegen, dass sich die Mitgliedschaft in einer anwaltlichen Standesorganisation und die Anstellung in einem Unternehmen in den meisten Mitgliedstaaten ausschließen.[427] Dieses Problem kann jedoch umgangen werden, indem lediglich solche internen Anwälte umfasst sein sollen, die entsprechenden Standesregeln unterworfen sind. Diese Einschränkung ist auch im Vorschlag des Europäischen Parlaments vorgesehen.

---

[421] *Gumbel*, Grundrechte im EG-Kartellverfahren nach der VO 17/62, S. 166.

[422] Vgl. hierzu *Gumbel*, Grundrechte im EG-Kartellverfahren nach der VO 17/62, S.175, 149.

[423] *Snoxall*, Legal Professional Privilege and its Place in the Legal System of the United Kingdom, AnwBl 1980, 321, 322.

[424] Dies ergibt sich schon aus dem Wortlaut der section 30 (2) des Competition Act 1998; vgl. *Gumbel*, Grundrechte im EG-Kartellverfahren nach der VO 17/62, S. 168.

[425] *Boyd*, A.M.&S. and the in house lawyer , ELRev. 1982, 493, 495.

[426] *Gumbel*, Grundrechte im EG-Kartellverfahren nach der VO 17/62, S. 174.

[427] *Hermanns*, Der Syndikus-Anwalt und der Schutz des Anwaltsgeheimnisses in Deutschland, AnwBl. 1980, 326, 327.

Hierbei kommt es jedoch zu einer Diskriminierung von Anwälten, denen die Mitgliedschaft in einer Standesorganisation neben einer Anstellung in einem Unternehmen nicht möglich ist.[428] Diese Ungleichbehandlung ist jedoch gerechtfertigt. Der Schutz vertraulicher Informationen stellt eine Ausnahme des sonst umfassenden Auskunfts- und Nachprüfungsrechts der Kommission dar.[429] Diese Ausnahme darf nicht zu einem Missbrauch etwa dadurch führen, dass der Anwalt dem Unternehmen hilft, gegen geltendes Recht zu verstoßen. Davor können jedoch lediglich Standespflichten, denen jedes Mitglied unterworfen ist, schützen.

Jedoch können Standesregeln, denen zugelassene Rechtsanwälte unterworfen sind, in den einzelnen Mitgliedstaaten voneinander abweichen. Welchen Ansprüchen sie gerecht werden müssen, wird vom Ausschuss für Wirtschaft und Währung nicht näher beschrieben. Hiernach muss es sich lediglich um angemessene ethische und disziplinarische Regeln handeln, die von einer berufständischen Organisation aufgestellt und durchgesetzt werden. Nach dem hier Gesagten liegt der Zweck einer solchen Anforderung in der Verhinderung eines Missbrauchs des Schutzes anwaltlicher Kommunikation. Die entsprechenden Standesregeln müssen somit jedenfalls in der Lage sein, diesem Standard zu entsprechen.

cc. Einbeziehung externer Dokumente

Schließlich stellt sich die Frage, ob lediglich interne, also im Unternehmen befindliche Dokumente geschützt sind oder auch externe Dokumente. Die hierüber geführte Diskussion muss unter Berücksichtigung der erweiterten Nachprüfungsbefugnisse der Kommission nach Art. 21 VO Nr. 1/2003 beleuchtet werden.

(1) Europäisches Recht

Der EuGH hat zu dieser Frage bislang nicht Stellung genommen. Der Schlussantrag der GA *Slynn* könnte jedoch darauf hinweisen, dass im europäischen Recht ein Schutz unabhängig davon besteht, wo sich die Dokumente befinden.[430]

---

[428] *Edward*, Der Schutz des Anwaltsgeheimnisses in den Ländern der EG, AnwBl. 1980, 45, 46.

[429] *Gumbel*, Grundrechte im EG-Kartellverfahren nach der VO 17/62, 174.

[430] Schlussanträge der GA Slynn v. 26.1.1982, Rs. 155/79 (AM&S gegen Kommission), Slg. 1982, 1654, so auch *Beutler*, Der Schutz der Vertraulichkeit zwischen Anwalt und Mandanten im europäischen Recht, RIW 1982, 820, 822.

(2) Nationales Recht

Der Schutz nach dem englischen „Legal Professional Privilege“ ist umfassend. Vertrauliche Dokumente sind unabhängig davon geschützt, bei wem sie sich befinden.[431] Auch im deutschen Recht sind praktisch sowohl Dokumente im Gewahrsam des Verteidigers als auch solche im Gewahrsam des Beschuldigten geschützt.[432]

(3) Beurteilung

Der Schutz von Dokumenten, die sich in den Händen eines externen Rechtsanwalts befinden, muss dem des Schutzes intern gelagerter Dokumente entsprechen. Für eine Differenzierung ist kein Grund ersichtlich. Nicht nur weist das momentan bestehende Schutzniveau auf europäischer und nationaler Ebene darauf hin. Auch die Ausdehnung der Nachprüfungsbefugnisse der Kommission macht eine solche Regelung erforderlich. In Zukunft sollen die Bediensteten der Kommission nach Art. 21 VO Nr. 1/2003 Nachprüfungen in anderen als den Geschäftsräumen des Unternehmens vornehmen können. Hierunter kann auch die Kanzlei eines externen Rechtsberaters fallen. Der Schutz von vertraulichen Dokumenten würde praktisch untergraben, wenn er in diesen Räumen nicht gelten würde.

c. Ergebnis

Eine Anhebung des Schutzes vertraulicher Dokumente über die Kommunikation mit einem Rechtsbeistand könnte im Hinblick auf die Einführung eines Legalausnahmesystems grundsätzlich erforderlich sein. Vertraulich behandeln bedeutet in jedem Fall, dass die Behörde entsprechende Informationen nicht als Beweismittel verwenden darf. Ein Recht den Zugriff vollständig zu verweigern, erscheint im Hinblick auf einen effektiven Rechtsschutz nicht verhältnismäßig. Jedoch ist auch ein vollständiges Zugriffsrecht der Kommission unverhältnismäßig. In dieser Hinsicht kann es zu einer Anhebung des Schutzes deshalb nicht kommen. Es muss vielmehr an die derzeitige Rechtsprechung des EuGH angeknüpft werden.

---

431 *Edward*, The Professional Secret, Confidentiality and Legal Professional Privilege in the nine Member states of the European Community, Bericht der Commission Consultative des Barreaux de la Communauté Européenne, Brüssel 1976, S. 12; zitiert nach *Gumbel*, Grundrechte im EG-Kartellverfahren nach der VO 17/62, S. 168.

432 Auch in einigen anderen Mitgliedstaaten werden Informationen geschützt, die ein Unternehmen einem Anwalt gibt, und die sich in dessen Gewahrsam befinden. Beispielsweise in Griechenland nach Art. 261 griech. StPO, Art. 49 § 3 Gesetzesverordnung 3026 vom 6./8. Oktober 1954 (Kodex der Rechtsanwälte); in Italien nach Art. 24 itl. Verfassung, Art. 351 Codice di procedura penale; vgl. *Gillmeister*, Ermittlungsrechte im deutschen und europäischen Kartellordnungswidrigkeitenverfahren, S. 212. Nicht geschützt wird die vom Anwalt dem Unternehmen erteilte Auskunft; *zur Hausen*, Der Schutz des Anwaltsgeheimnisses im Verwaltungsverfahren der Kommission der Europäischen Gemeinschaften, AnwBl. 1980, 322, 324.

Ein Schutz besteht auf europäischer Ebene derzeit wohl unabhängig davon, ob sich die Dokumente in den Händen eines externen Rechtsanwalts befinden oder intern im Unternehmen gelagert sind. Einer Anhebung des Schutzniveaus bedarf es also auch an dieser Stelle nicht.

Jedoch waren nach Ansicht des EuGH vom Schutz vertraulicher Unterlagen bislang ausschließlich Dokumente über die Kommunikation mit unabhängigen Anwälten umfasst. Da für eine solche Ungleichbehandlung jedoch kein rechtfertigender Grund besteht, ist eine Ausdehnung des Schutzes auf unternehmensinterne Anwälte zu befürworten. Wegen der Gefahr des Missbrauchs durch die betroffenen Unternehmen jedoch nur, wenn der interne Rechtsbeistand denselben Standesregeln und somit Verhaltensregeln und Disziplinarmaßnahmen unterworfen ist wie ein externer Rechtsanwalt. Eine Anhebung des Schutzniveaus wäre an dieser Stelle also geboten. Eine ausdrückliche Regelung in der VO Nr. 1/2003 wäre somit nicht nur aus Argumenten der Rechtsklarheit, sondern zur Festlegung dieses Schutzniveaus erforderlich gewesen. Die Regelung in einer weiteren, die VO Nr. 1/2003 begleitenden Mitteilung wäre aus diesen Gründen besonders zu begrüßen.

§ 3 Auswirkungen auf die Sanktionsbefugnisse der Kommission

Um die Auswirkungen der EG-Kartellverfahrensreform auf die derzeitigen Sanktionsbefugnisse der Kommission herausarbeiten zu können, sollen zunächst Sanktionsbefugnisse nach der VO Nr. 17/62 kurz dargestellt werden. Anschließend wird auf die nach der VO Nr. 1/2003 bestehenden Sanktionsbefugnisse eingegangen. Hierbei werden, wie im Rahmen der Untersuchungsbefugnisse, die relevanten Normen vorgestellt und sodann die Rechte der betroffenen Unternehmen untersucht.

A. Sanktionsbefugnisse nach der VO Nr. 17/62

Art. 15 der VO Nr. 17/62 sah einerseits Geldbußen für Verstöße gegen Verfahrensvorschriften (Art. 15 Abs. 1 VO Nr. 17/62), andererseits für Verstöße gegen Artt. 81 und 82 EG vor (Art. 15 Abs. 2 Buchst. a VO Nr. 17/62). Die Höhe der Geldbuße richtete sich in erster Linie nach der Schwere des Verstoßes und der Dauer der Zuwiderhandlung (Art. 15 Abs. 2 S. 2 VO Nr. 17/62). Bei Formalverstößen lag die Höchstgrenze bei fünftausend Rechnungseinheiten.[433] Hierbei spielte der Umsatz des beteiligten Unternehmens keine Rolle. Bei Verstößen gegen Artt. 81 und 82 EG konnte die Kommission einen Betrag von „eintausend bis einer Million Rechnungseinheiten oder über diesen Betrag hinaus bis zu zehn von Hundert des von dem einzelnen an der Zu-

[433] Gemäß Art. 18 VO Nr. 17/62 galt die für den Haushaltsplan der Gemeinschaft vorgesehene Rechnungseinheit. Dies ist der Euro; vgl. VO Nr. 1103/97 ABl.EG vom 19.6.1997 Nr. L 162/1.

widerhandlung beteiligten Unternehmen im letzten Geschäftsjahr erzielten Umsatzes festsetzen". Die genaue Festlegung stand im Ermessen der Kommission.[434] Wegen der damit verbundenen Rechtsunsicherheit hat diese mit den im Januar 1998 veröffentlichten Leitlinien das Verfahren bei Verstößen gegen Artt. 81 und 82 EG neu geordnet.[435] Hiernach sollte die Maßnahme des Unternehmens in eine von drei, der Schwere des Verstoßes nach geordneten Grundkategorien eingeordnet und so die Höhe der Geldbuße festgelegt werden. Damit hatte die Kommission ihre Verwaltungspraxis aufgegeben, nach welcher Ausgangspunkt für die Berechnung der Geldbuße regelmäßig der Umsatz des betroffenen Unternehmens gewesen war.[436] Diese Neuordnung hatte die Benachteiligung umsatzmäßig kleinerer und mittlerer Unternehmen zur Folge, da bei diesen, jedenfalls bei besonders schweren Verstößen, regelmäßig die nach Art. 15 Abs. 2 VO Nr. 17/62 maximal zulässige Höhe von 10 % des Umsatzes erreicht wurde. Obwohl die Kommission mit Bekanntgabe der Leitlinien begann, Verstöße mit spürbar höheren Geldbußen zu ahnden[437], erreichten an multinationalen Unternehmen verhängte Geldbußen hingegen nicht annähernd diesen Prozentsatz.[438] Ob auf diese Weise der mit den Leitlinien verfolgte Zweck, die Kohärenz der Kommissionspolitik zu verstärken, erreicht wurde, war somit fraglich.[439] Ziel der Kommission war es wohl in erster Linie, durch die Erhöhung des Geldbußenniveaus, eine abschreckende Wirkung bei den Unternehmen zu erreichen.[440]

Art. 16 VO Nr. 17/62 regelte die Festsetzung von Zwangsgeldern. Durch diese sollte die Kommission in die Lage versetzt werden, Unternehmen zu einem bestimmten Handeln, Dulden oder Unterlassen, namentlich zum Abstellen von Zuwiderhandlungen gegen Artt. 81 und 82 EG, zur Erteilung von Auskünften, zum Unterlassen von Handlungen, welche die Kommission in Verbindung mit einer Freistellungserklärung gemäß Art. 8 Abs. 3 VO Nr. 17/62 untersagt hatte, und zur Duldung von Nachprüfungen

---

434 EuGH, Urteil v. 07.06.1989, Rs. 100 bis 103/80 (SA Musique Diffusion Francaise), Slg.1983, 1825, 1905 ff.

435 Leitlinien für das Verfahren zu Festlegung von Geldbußen, die gemäß Artikel 15 Absatz 2 der Verordnung Nr. 17 und gemäß Artikel 65 Absatz 5 EGKS-Vertrag festgesetzt werden; ABl.EG vom 14.01.1998 Nr. C 9/3.

436 *Hellmann*, Die neue Bußgeldpraxis der Kommission, WuW 1999, 333, 342.

437 Z.B. KOMM 28.01.1998, ABl.EG vom 25.4.1998 „VW" Nr. L 124/60, 93.

438 *Hellmann*, Die neue Bußgeldpraxis der Kommission , WuW 1999, 333, 339.

439 *Korthals/Bangard*, Die neuen Leitlinien der Kommission zur Bußgeldbemessung in Kartellverfahren – eine Kritik, BB 1998, 1013, 1015.

440 Die Tatsache, dass die abschreckende Wirkung des Bußgeldes primärer Zweck der neuen Kommissionspraxis war, wurde von dieser jedoch auch selbst bestätigt; vgl. EU-Nachrichten Nr. 49 v. 10.12.1997, S. 3, in: EuZW 1998, 67.

durch die Kommission bewegen zu können.[441] Die Höhe des Zwangsgeldes richtete sich nicht nach dem Umsatz des betroffenen Unternehmens, sondern war von der Kommission abstrakt auf „fünfzig bis eintausend Rechnungseinheiten für jeden Tag des Verzuges“ festzulegen.

B. Sanktionsbefugnisse nach der VO Nr. 1/2003

In der VO Nr. 1/2003 sind die Sanktionsbefugnisse in den Artt. 23 und 24 festgelegt.

I. Art. 23 VO Nr. 1/2003

Art. 15 Abs. 1 und 2 VO Nr. 17/62 ist in veränderter Weise in Art. 23 Abs. 1 und 2 der VO Nr. 1/2003 wieder zu finden. Art. 15 Abs. 3 VO Nr. 17/62 (Beteiligung des Beratenden Ausschusses) ist nun in Art. 14 Abs. 1 VO Nr. 1/2003 geregelt. Art. 15 Abs. 4 VO Nr. 17/62 (Geldbuße als Sanktion nicht strafrechtlicher Art) wurde in Art. 23 Abs. 5 VO Nr. 1/2003 übernommen. Art. 15 Abs. 2 S. 2 VO Nr. 17/62 ist nun in Art. 23 Abs. 3 VO Nr. 1/2003 gesondert geregelt. Im Hinblick auf ein System der Legalausnahme musste eine Streichung der Art. 14 Abs. 5, 6 VO Nr. 17/62 erfolgen.

1. Art. 23 Abs. 1 VO Nr. 1/2003

Nach Art. 23 Abs. 1 VO Nr. 1/2003 soll die Höhe der Geldbuße bei Formalverstößen in Zukunft anhand des im vorausgegangenen Geschäftsjahr erzielten Umsatzes festgelegt werden und bis zu 1 % desselben betragen können. Diese Regelung ist an § 1 EMRK angelehnt.[442] Durch sie wird der Bußgeldrahmen, um eine abschreckende Wirkung bei den Unternehmen erzeugen zu können, erheblich angehoben. Sie unterscheidet sich von Art. 15 Abs. 1 VO Nr. 17/62 auch durch die Einführung von Sanktionen bei Erteilung einer unrichtigen oder irreführenden Antwort im Rahmen mündlich gestellten Fragen bei Ermittlungen nach Art. 20 Abs. 2 Buchst. e VO Nr. 1/2003 (Art. 23 Abs. 1 Buchst. d, 1. Spiegelstrich VO Nr. 1/2003); auch bei Verweigerung der Beantwortung solcher Fragen oder deren unvollständiger Beantwortung (Art. 23 Abs. 1 Buchst. d, 3. Spiegelstrich VO Nr. 1/2003) sowie bei Unterlassen einer Berichtigung unrichtiger, unvollständiger oder irreführender Angaben eines Mitglieds der Belegschaft innerhalb einer bestimmten Frist (Art. 23 Abs. 1 Buchst. d, 2. Spiegelstrich VO Nr. 1/2003) und dem Brechen von Siegeln nach Art. 20 Abs. 2 Buchst. d VO Nr. 1/2003. Auf diese Weise wurden die Sanktionsbefugnisse an die neuen Ermittlungsbefugnisse der Kommission angepasst.

---

[441] *Dannecker*, in: Immenga/Mestmäcker, EG-Wettbewerbsrecht, Bd. 2, VO 17, B., Art. 16 Rn. 1.

[442] VOV, Begründung zu Art. 22 VOV.

2. Art. 23 Abs. 2 VO Nr. 1/2003

Verstöße gegen materielles Kartellrecht können unverändert mit bis zu 10 % des Gesamtumsatzes jedes an der Zuwiderhandlung beteiligten Unternehmens oder jeder einzelnen Unternehmensvereinigung geahndet werden. Steht die Zuwiderhandlung einer Unternehmensvereinigung jedoch mit der Tätigkeit ihrer Mitglieder im Zusammenhang, so darf die Geldbuße 10 % der Summe der Gesamtumsätze der Mitglieder, die auf dem Markt, auf dem sich die Zuwiderhandlung der Vereinigung auswirkte, tätig waren, nicht übersteigen (Art. 23 Abs. 2 Unterabsatz 3 VO Nr. 1/2003).[443]

Die Möglichkeit einer vom Umsatz unabhängigen Bemessung der Geldbuße, wie sie in Art. 15 Abs. 2 VO Nr. 17/62 vorgesehen war, soll in Zukunft entfallen. Die Aufzählung der Zuwiderhandlungen soll an die neue VO angepasst werden und beinhaltet nun Verstöße gegen Entscheidungen zur Anordnung einstweiliger Maßnahmen und die Nichterfüllung von Verpflichtungszusagen. Auf den ersten Blick scheint die Bestimmung der Höhe der Geldbußen ausschließlich nach Umsatzprozentsätzen wiederum eine Abkehr von den oben erwähnten Leitlinien zu bedeuten. Obwohl dies grundsätzlich zu begrüßen gewesen wäre[444], ist es nicht zwingend der Fall. Die Streichung der umsatzunabhängigen Berechnungsmöglichkeit bedeutet wohl nicht, dass die Kommission nun wieder ausschließlich, und ohne die Heranziehung der Leitlinien, auf den Unternehmensumsatz abstellt. Hiergegen spricht allein, dass die Anwendung der Leitlinien, wie schon erwähnt, eine Anhebung des Bußgeldrahmens zum Ziel hatte. Dies ist, gerade im Hinblick auf die vorliegende Reform, ganz i.S. der Kommission. Demgemäß soll offensichtlich in Zukunft auch nicht mehr wie bisher[445] auf den produktbezogenen Umsatz des Unternehmens, sondern lediglich auf den Gesamtumsatz abgestellt werden. Es kann also davon ausgegangen werden, dass die Kommission bei der Einteilung nach der Schwere eines Verstoßes bleiben will. Der Unternehmensumsatz

---

443 Eine solche Einschränkung war im VOV noch nicht vorgesehen.

444 Die Bemessung der Geldbußen nach den Grundsätzen der Leitlinien haben den schon weiter oben dargestellten Nachteil, dass Größe und wirtschaftliche Bedeutung eines Unternehmens nicht berücksichtigt und kleinere Unternehmen oftmals benachteiligt werden. Davon abgesehen kann zwar die Schwere, jedoch nicht die Dauer der Wettbewerbsbeschränkung Niederschlag finden. Der mit den Leitlinien verfolgte Zweck der Erhöhung der Transparenz und Kohärenz konnte nicht erreicht werden; vgl. *Korthals/Bangard*, Die neuen Leitlinien der Kommission zur Bußgeldbemessung in Kartellverfahren – eine Kritik, BB 1998, 1013, 1015 f.

445 Bislang hat die Kommission auf den Umsatz mit dem von der verbotenen Absprache betroffenen Produkt im räumlich relevanten Markt abgestellt; vgl. beispielsweise KOMM 13.7.1994 ABl.EG vom 19.9.1994 Nr. L 243/1, 52; EuGH, Urteil v. 7.6.1983 Rs. 100 bis 103/80 (Musique Diffusion Française gegen Kommission), Slg. 1825, 1909; vgl. auch: *Hellmann*, Die neue Bußgeldpraxis der Kommission, WuW 1999, 333, 337.

wird ausschließlich zur Festlegung einer zulässigen Höchstgrenze herangezogen und spielt deshalb weiterhin eine untergeordnete Rolle.

3. Art. 23 Abs. 4 VO Nr. 1/2003

In Art. 23 Abs. 4 VO Nr. 1/2003 wird der spezielle Fall der Sanktionen gegenüber Unternehmensvereinigungen geregelt werden.

a. Grundsätzliches

Unternehmensvereinigungen wurden in Art. 81 Abs. 1 EG deshalb einbezogen, weil anderenfalls eine Umgehung des Verbots nach Art. 81 Abs. 1 EG möglich gewesen wäre, wenn Unternehmen mit Beschlüssen ihrer Unternehmensvereinigung dieselben Wirkungen erzielt hätten wie mit anderen wettbewerbsbeschränkenden Vereinbarungen.[446] Ein kartellrechtlicher Verstoß einer Unternehmensvereinigung kann in erster Linie durch einen wettbewerbsbeschränkenden Beschluss vorliegen, in welchem sie für ihre Mitglieder verbindliche[447] Willensäußerungen trifft.[448]

Wird die Geldbuße gegen eine Unternehmensvereinigung unter Berücksichtigung des Umsatzes ihrer Mitglieder[449] verhängt und ist die Unternehmensvereinigung selbst nicht zahlungsfähig, so ist sie nach Art. 23 Abs. 4 VO Nr. 1/2003 verpflichtet, von ihren Mitgliedern Beiträge zur Deckung des Betrages der Geldbuße zu fordern. Werden diese Beiträge innerhalb einer von der Kommission gesetzten Frist nicht geleistet, kann die Kommission die Zahlung von jedem Unternehmen verlangen, dessen Vertreter Mitglied in den betreffenden Entscheidungsgremien der Vereinigung waren. Den

---

[446] Langen/*Bunte*, Kommentar zum deutschen und europäischen Kartellrecht, Art. 81, Generelle Prinzipien Rn. 13.

[447] Unverbindliche Empfehlungen oder Rundschreiben werden dann als Beschluss gesehen, wenn sich die Mehrzahl der Mitglieder tatsächlich überwiegend daran hält; vgl. EuGH, Urteil v. 29. 10. 1980, Rs. 209 bis 215 und 218/78 (van Landevyck), Slg. 1980, 3125, 3250, KOMM 5.6.1996 ABl.EG vom 20.7. 1996 „FENEX“ Nr. L 181/28, 32.

[448] Ein Beschluss in diesem Sinne liegt jedoch nicht nur dann vor, wenn die Mitglieder der Unternehmensvereinigung in einer Mitgliederversammlung über bestimmte Fragen abstimmen, sondern auch dann, wenn andere Organe wie die Geschäftsführung, Entscheidungen treffen, die das Verhalten der Mitglieder steuern sollen. *Emmerich*, in: Immenga/Mestmäcker, EG-Wettbewerbsrecht, Bd. 1, A., Art. 85 Abs. 1 Rn 40. Außerdem können sich Unternehmensvereinigungen jedoch auch an wettbewerbsbeschränkenden Vereinbarungen beteiligen und hierdurch das Verhalten ihrer Mitglieder steuern; vgl. EuG, Urteil v. 23.1.1994, Rs. T-39/92 und T-40/92 (CB), Slg. 1994 II, 49, 80 f.; *Emmerich*, in: Immenga/Mestmäcker, EG-Wettbewerbsrecht, Bd. 1, A., Art. 85 Abs. 1 Rn 40. Als Beispiel können hier gegenseitige Ausschließlichkeitsbindungen zwischen Unternehmensverbänden genannt werden; vgl. KOMM 25.11.1981, ABl.EG 25.2.1982 „VBVB/VBBB“ Nr. L 54/36, 44.

[449] An dieser Stelle wird Bezug auf Art. 23 Abs. 2 S. 3 VO Nr. 1/2003 genommen. Die Geldbuße wird unter Berücksichtigung des Umsatzes der Mitglieder der Unternehmensvereinigung verhängt, wenn die Zuwiderhandlung der Vereinigung im Zusammenhang mit der Tätigkeit ihrer Mitglieder steht.

Restbetrag kann sie von jedem Mitglied der Vereinigung, welches auf dem Markt tätig war, auf dem die Zuwiderhandlung erfolgte, verlangen. Auch hier darf die Haftung eine Höhe von 10 % des Gesamtumsatzes des Unternehmens im vorausgehenden Geschäftsjahr nicht überschreiten. Keine Zahlung darf die Kommission von Unternehmen verlangen, die nachweisen, dass sie den die Zuwiderhandlung begründenden Beschluss der Vereinigung nicht umgesetzt haben und von diesem keine Kenntnis hatten oder sich aktiv von ihm distanziert haben, bevor die Kommission mit der Untersuchung begonnen hat.

b. Normzweck

Bei Unternehmensvereinigungen handelt es sich um beliebig strukturierte Zusammenschlüsse von Unternehmen, deren Zweck darin besteht, die Interessen ihrer Mitglieder wahrzunehmen. Eine eigene Rechtspersönlichkeit müssen Unternehmensvereinigungen nicht besitzen.[450] Von Unternehmen unterscheidet Unternehmensvereinigungen, dass sie ihre Tätigkeiten nicht im eigenen Interesse verfolgen und keine eigenen wirtschaftlichen Tätigkeiten wahrnehmen.[451] Unternehmensvereinigungen werden nicht eigenständig wirtschaftlich tätig und verfügen oftmals nicht über erwähnenswerte finanzielle Mittel. Die von der Kommission verhängten Geldbußen können jedoch einen erheblichen Umfang erreichen.[452] Dies hat in der Vergangenheit zu Problemen bei der Eintreibung von Geldbußen gegen Unternehmensvereinigungen geführt und die Kommission zu dem Vorschlag einer Haftung der Mitglieder der Vereinigung bewegt.[453]

Gegen die Notwendigkeit einer Solidarhaftung könnte angeführt werden, dass die einzelnen Unternehmen ohnehin nach gesellschafts- und vereinsrechtlichen Grundsätzen für die Schulden der Unternehmensvereinigung haften.[454] Zum einen ist jedoch die Rechtsform der Vereinigung, von welcher die Haftung der Mitglieder allein abhängt, von Fall zu Fall unterschiedlich.[455] Zum anderen ist die rechtliche Behandlung von Mitgliedstaat zu Mitgliedstaat verschieden. Die Unternehmen können also in unter-

---

450 Norm- und Entscheidungsadressaten sind dann die einzelnen Mitglieder; vgl. *Emmerich*, in: Immenga/Mestmäcker, EG-Wettbewerbsrecht, Bd. 1, A., Art. 85 Abs. 1 Rn. 36.

451 EuGH, Urteil v. 9.6.1977 Rs. 90/76 (Van Ameyde/UCI), Slg. 1977, 1091, 1127.

452 Vgl. 2. Kap., § 3, A.

453 So beruft sich die Kommission auf EuG, Urteil v. 22.10.1997, Rs. T-213/95 und T-18/96 (SCK und FNK gegen Kommission), Slg. 1997, II-1739, 1783; vgl. Weißbuch Tz. 128.

454 So die Stellungnahme des Bundesverbandes der Deutschen Industrie (BDI) vom 19.1.2001, B., S. 16.

455 Hat die Unternehmensvereinigung beispielsweise keine eigene Rechtspersönlichkeit, so werden die Geldbußen ohnehin gegen die Mitglieder selbst verhängt. *Emmerich*, in: Immenga/Mestmäcker, EG-Wettbewerbsrecht, Bd. 1, A., Art. 85 Abs. 1 EG Rn. 36.

schiedlichen Fällen mit gleichem Sachverhalt in unterschiedlicher Weise zur Haftung verpflichtet sein. Eine solche Ungleichbehandlung widerspricht dem Ziel einer kohärenten Verfolgung von Wettbewerbsverstößen auf dem Gemeinsamen Markt. Aus diesem Grund ist eine einheitliche Regelung auf gemeinschaftsrechtlicher Ebene grundsätzlich zu befürworten.

II. Art. 24 VO Nr. 1/2003

Nach Art. 24 Abs. 1 VO Nr. 1/2003 legt die Kommission auch Zwangsgelder umsatzabhängig, und zwar auf bis zu 5 % des im vorausgehenden Jahr durchschnittlich erzielten Tagesumsatzes, für jeden Tag des Verzugs fest und setzt somit auch hier auf die abschreckende Wirkung durch eine deutliche Anhebung der Höchstgrenze. Die Aufzählung der Zuwiderhandlungen wurde wiederum an die VO Nr. 1/2003 angepasst. Sowohl das Befolgen einer Entscheidung zur Annahme einer Verpflichtungszusage als auch zum Erlass einer einstweiligen Maßnahme[456] soll durch Zwangsgelder erzwungen werden können. Art. 24 Abs. 2 VO Nr. 1/2003 entspricht Art. 16 Abs. 2 S. 1 VO Nr. 17/62. Durch die Verweisung auf Art. 23 Abs. 4 VO Nr. 1/2003 in Art. 24 Abs. 2 S. 2 VO Nr. 1/2003 soll auch hier die Haftung einzelner Mitglieder einer Unternehmensvereinigung möglich sein. Die Einbeziehung des Beratenden Ausschusses wird in Art. 14 Abs. 1 VO Nr. 1/2003 festgelegt.

C. Unternehmensrechte

Dringenden Klärungsbedarf besteht im Hinblick auf die Verfahrensrechte von Mitgliedern von Unternehmensvereinigungen, die zu einer Solidarhaftung verpflichtet werden.

I. Anspruch auf rechtliches Gehör

Der Anspruch auf rechtliches Gehör ist als allgemeiner Grundsatz des Gemeinschaftsrechts anerkannt[457] und für das Kartellrecht in Art. 19 VO Nr. 17/62 normiert worden. Nunmehr übernimmt Art. 27 VO Nr. 1/2003 diese Aufgabe. An dieser Stelle ist zunächst zu klären, ob die Mitglieder der Unternehmensvereinigung selbst Beteiligte an dem von der Kommission verfolgten Kartell sind (Art. 19 Abs. 1 VO Nr. 17/62) bzw. ob das Verfahren der Kommission auch gegen sie gerichtet ist (Art. 27 Abs. 1 VO Nr.

---

[456] Hinsichtlich der Erzwingung einer einstweiligen Anordnung, die als vorbereitende Maßnahme für eine Abstellungsentscheidung dient, ergibt sich praktisch nichts Neues, da diese Möglichkeit schon nach Art. 16 Abs. 1 Buchst. a VO Nr. 17/62 bestand; vgl. KOMM 2.9.1982, ABl.EG vom 2.9.1982 „Vertriebssystem der Fordwerke AG" Nr. L 256/ 20, 28.

[457] *Dannecker*, Beweiserhebung, Verfahrensgarantien und Verteidigungsrechte im europäischen Kartellordnungswidrigkeitenverfahren als Vorbild für ein europäisches Sanktionsverfahren, ZStW 111 (1999), 257, 270; *Lenaerts*, Sanktionen der Gemeinschaftsorgane gegenüber natürlichen und juristischen Personen, Tz. 20.

1/2003). Hiergegen spricht, dass Norm- und Entscheidungsadressat grundsätzlich die Unternehmensvereinigung selbst bzw. deren Inhaber ist.[458] Das Verfahren richtet sich also regelmäßig gegen die Unternehmensvereinigung, nicht gegen die einzelnen Unternehmen.[459] Es stellt sich deshalb die Frage, ob diesen dennoch Anhörungsrechte zukommen oder ob sie hierfür ausdrücklich den Hauptbeteiligten zumindest teilweise gleichgestellt werden müssten.

1. Recht zur Stellungnahme

Zunächst ist nach dem Recht zu mündlicher und schriftlicher Stellungnahme zu fragen. Dessen Ausübung kommt nur auf Grundlage des Art. 27 Abs. 3 VO Nr. 1/2003 in Betracht. Dieser entspricht Art. 19 Abs. 2 VO Nr. 17/62. Hiernach konnten andere als die Unternehmen, gegen die sich das Verfahren richtet, einen Antrag auf Anhörung stellen, wenn sie ein berechtigtes Interesse vorweisen konnten. Auch nach Art. 13 VO Nr. 774/2004 können nunmehr andere Personen schriftlich Stellung nehmen, wenn sie ein ausreichendes Interesse darlegen. Ein solches Interesse muss hier wegen einer etwaigen Haftung der einzelnen Unternehmen bejaht werden. Den Unternehmen wird dann eine Frist zur schriftlichen Stellungnahme eingeräumt[460], in welcher sie wiederum eine mündliche Anhörung beantragen können[461]. Da die Kommission ggf. beabsichtigt, eine Geldbuße oder ein Zwangsgeld zu erlassen, muss in diesem Fall von einem ausreichenden Interesse an einer mündlichen Stellungnahme ausgegangen werden.[462] Auf den ersten Blick ist somit dem Anspruch der Unternehmen auf rechtliches Gehör in ausreichendem Maße genüge getan.

Problematisch ist jedoch, dass die Unternehmen, um dieses Recht überhaupt ausüben zu können, von einem Verfahren der Kommission erst einmal erfahren müssen. Die Mitteilung der Beschwerdepunkte wird lediglich der Unternehmensvereinigung zugesandt. Davon, dass die Unternehmensvereinigung ihre Mitglieder unterrichtet, kann nicht in jedem Fall ausgegangen werden. Die Unternehmen müssen somit von der Einleitung eines Verfahrens nicht zwingend etwas erfahren. Im Hinblick darauf führt die Kommission im Weißbuch aus, dass die Mitglieder der Vereinigung durch eine

---

[458] *Böse*, Strafen und Sanktionen im Europäischen Gemeinschaftsrecht, S. 182.

[459] Zumindest solange die Unternehmensvereinigung eine eigen Rechtspersönlichkeit hat; vgl. oben.

[460] Dies war nach Art. 5 der Verordnung Nr. 99/63 der Kommission über die Anhörung nach Artikel 19 Absätze 1 und 2 der Verordnung Nr. 17 des Rates, ABl.EG vom 20.8.1963, Nr. 2268, 2269/63, der Fall und wird auch in der Zukunft nach der VO Nr. 774/2004 so gehandhabt werden.

[461] Vgl. Art. 7 VO Nr. 99/63, ABl.EG vom 20.8.1963, 2268, 2269/63.

[462] Hier wäre daran zu denken ein besonderes Interesse an einer mündlichen Anhörung vorauszusetzen. Anderenfalls müsste jedes einzelne Mitglied mündlich gehört werden, was bei großen Unternehmensvereinigungen einen nicht zu rechtfertigenden zeitlichen Aufwand bedeuten kann.

Veröffentlichung im Amtsblatt von der Eröffnung des Verfahrens und insbesondere von der Versendung einer Mitteilung der Beschwerdepunkte in Kenntnis gesetzt werden müssen.[463] Im VOV und der VO Nr. 1/2003 wurde dieser Gedanke hingegen nicht weiter verfolgt und auch eine Regelung in der VO Nr. 774/2004 blieb aus. Nach Art. 19 Abs. 3 VO Nr. 17/62 wurden Dritte von Verfahren die sie betreffen konnten, wenn nämlich die Kommission beabsichtigte ein Negativattest oder eine Freistellungsentscheidung zu erlassen, in Kenntnis gesetzt. Dies geschah durch eine Veröffentlichung des wesentlichen Inhalts eines Antrages oder einer Anmeldung im Amtsblatt der EG. Da es Freistellungsentscheidungen im neuen System nicht mehr in dieser Weise geben wird, wurde Art. 19 Abs. 3 VO Nr. 17/62 ersatzlos gestrichen. Eine ihm entsprechende Norm für den hier geschilderten Fall wäre an dieser Stelle erforderlich gewesen. Die Kommission muss demnach, wenn sie beabsichtigt eine Entscheidung nach Art. 23 oder 24 VO Nr. 1/2003 gegenüber einer Unternehmensvereinigung zu treffen, die Mitteilung der Beschwerdepunkte im Amtsblatt veröffentlichen. Eine ähnliche Regelung gibt es bereits in Art. 2 Abs. 2 VO Nr. 99/63, der eine öffentliche Zustellung im Amtsblatt für den Fall vorsieht, dass der Kreis der Adressaten zu groß ist.

2. Recht auf Akteneinsicht

An zweiter Stelle stellt sich die Frage, ob die Mitglieder der Unternehmensvereinigung ein Recht auf Akteneinsicht haben. Dieses ist Teil des Anspruchs auf rechtliches Gehör und ist somit allgemeiner Rechtsgrundsatz, durch welchen dem Betroffenen ermöglicht werden soll, seine Verteidigungsrechte vollständig wahrzunehmen.[464] Ein Recht auf Akteneinsicht wurde in Art. 15 VO Nr. 774/2004 ausdrücklich nur für die Parteien geregelt, an die sich die Mitteilung der Beschwerdepunkte richtet. Hierzu werden die einzelnen Mitglieder einer Unternehmensvereinigung jedoch nicht gehören.

Verteidigungsrechte dienen grundsätzlich den Interessen desjenigen, der von der geplanten Maßnahme belastet wird [465] oder werden kann[466]. Da die Mitglieder der Unternehmensvereinigung jedoch nicht als am Kartell Beteiligte gelten und nicht gegen sie selbst ermittelt wird, kann ihnen grundsätzlich nur das eingeschränkte Akteneinsichtsrecht eines Dritten zuteil werden.

---

463 Weißbuch Tz. 128.

464 *Gumbel*, Grundrechte im EG-Kartellverfahren nach der VO Nr. 17/62, S. 197.

465 *Schwarze*, Europäisches Verwaltungsrecht, Bd. 2, S. 1276.

466 So muss z.B. der Beschwerdeführer darlegen, dass er von den wettbewerbbeschränkenden Praktiken in seinen Interessen beeinträchtigt wird oder auch werden kann; vgl. *Temple Lang*, The Position of Third Parties in EEC Competition Cases, E.L.Rev. 1978, S. 177, 179.

In diesem Rahmen wird das Recht auf Akteneinsicht regelmäßig nur von Beschwerdeführern oder Konkurrenten, für die sich die Kommissionsentscheidung als Belastung erweisen könnte, in Anspruch genommen.[467] Grundsätzlich stehen Drittbeteiligten Verfahrensrechte nur insoweit zu, wie sie zum Schutz ihres berechtigten Interesses erforderlich sind.[468] Ein Anspruch auf Akteneinsicht kommt ihnen deshalb nur dann zu, wenn sie ein berechtigtes Interesses darlegen können. Ein berechtigtes Interesse der Mitglieder der Unternehmensvereinigung am Ausgang des Kartellverwaltungsverfahrens wird dann zu bejahen sein, wenn die Gefahr besteht, dass sie nach Art. 23 Abs. 4 VO Nr. 1/2003 solidarisch haften müssen und die Kommissionsentscheidung somit eine Belastung für sie darstellen könnte. Konkurrenten eines Unternehmens erheben oftmals Beschwerden lediglich oder zumindest auch, um über ein Akteneinsichtsrecht Einblick in die Geschäftsinterna ihres Wettbewerbers zu bekommen. Diese Möglichkeit darf ihnen deshalb nur in, im Vergleich zu den Hauptbeteiligten, eingeschränktem Maße zustehen.[469] Mitglieder der Unternehmensvereinigung verfolgen mit der Ausübung des Rechts auf Akteneinsicht jedoch denselben Zweck wie die Hauptbeteiligten. Sie wollen die Vereinigung, der sie angehören, bzw. sich selbst gegen den Vorwurf eines Rechtsverstoßes verteidigen. Sie unterstützen die Vereinigung und handeln deshalb auch in deren Interesse. Es besteht somit kein Grund das Akteneinsichtsrecht in der Weise einzuschränken, wie es bei Beschwerdeführern getan wird. Es muss den Mitgliedern der Unternehmensvereinigung im Gegenteil ein, dem der Hauptbeteiligten entsprechendes, uneingeschränktes Akteneinsichtsrecht zukommen.

II. nulla poena sine culpa

Vorliegend könnte ein Verstoß gegen den Grundsatz „nulla poena sine culpa" vorliegen.

1. Grundsätzliches

Der Grundsatz „nulla poena sine culpa" ist als allgemeiner Rechtsgrundsatz des Gemeinschaftsrechts anerkannt und findet auch im Bußgeldrecht der Gemeinschaften

---

[467] *Girnau*, Die Stellung der Betroffenen im EG-Kartellverfahren, S. 20 f.

[468] *Due*, Verfahrensrechte der Unternehmen im Wettbewerbsverfahren vor der EG-Kommission, EuR 1988, 33, 41.

[469] *Lenaerts*, Sanktionen der Gemeinschaftsorgane gegenüber natürlichen und juristischen Personen, Tz. 28; *Gumbel*, Grundrechte im EG-Kartellverfahren nach der VO Nr. 17/62, S. 202.

Anwendung.[470] Nach ihm darf eine Strafe nur verhängt werden, wenn die Tat dem Täter persönlich vorwerfbar ist.[471] Ein sozialethischer Gehalt der Schuld ist hierbei verzichtbar und das Merkmal „persönlich" wird in einem weiten Zusammenhang verstanden.[472] Dieser Schuldgrundsatz kommt auch in Art. 23 VO Nr. 1/2003 zum Ausdruck, nach welchem gegen Unternehmen und Unternehmensvereinigungen Geldbußen nur dann erhoben werden können, wenn diese vorsätzlich oder fahrlässig handeln.

2. Verstoß gegen den Schuldgrundsatz

In einer solidarischen Haftung der Mitglieder einer Unternehmensvereinigung könnte ein Verstoß gegen den Schuldgrundsatz liegen.

a. Grundlage der Verantwortlichkeit

Ein kartellrechtlicher Verstoß einer Unternehmensvereinigung liegt in der Regel in einem wettbewerbsbeschränkenden Beschluss, in welchem sie für ihre Mitglieder verbindliche Willensäußerungen trifft.[473] Den einzelnen Mitgliedern einer Unternehmensvereinigung kann ein Verstoß gegen Artt. 81, 82 EG nicht vorgeworfen werden. Müssen sie dennoch ohne Grund wegen einer Wettbewerbsbeschränkung der Unternehmensvereinigung haften, so könnte darin ein Verstoß gegen den Schuldgrundsatz zu sehen sein. Um diesem gerecht zu werden, bedarf es nämlich einer Grundlage für die sanktionsrechtliche Verantwortlichkeit eines Unternehmens.[474] Die ursprüngliche Fassung im VOV, die im Falle der Zahlungsunfähigkeit der Unternehmensvereinigung die Haftung eines jeden Mitglieds vorsah, hätte deshalb eine äußerst problematische Norm dargestellt. Mit Art. 23 Abs. 4 VO Nr. 1/2003 wurde jedoch eine wesentlich detailliertere Regelung vorgenommen.

aa. Art. 23 Abs. 4 Unterabsatz 2 VO Nr. 1/2003

Zunächst kann die Kommission Zahlung nur von den Unternehmen verlangen, deren Vertreter Mitglieder in den betreffenden Entscheidungsgremien der Vereinigung waren (Art. 23 Abs. 4 Unterabsatz 2 VO Nr. 1/2003). Gemeint sind wohl die Gremien,

---

470 Schlussanträge des Generalanwalts *Pieter Verloren van Themaat* vom 6.7.1983, in: EuGH, Rs. 188/82 (Thyssen/Kommission), Slg. 1983, 3721, 3740; *Hamann*, Das Unternehmen als Täter, S. 171; *Böse*, Strafen und Sanktionen im Europäischen Gemeinschaftsrecht, S. 152; *Siohl*, Die Schuldfeststellung bei Unternehmen, S. 52 f.

471 *Böse*, Strafen und Sanktionen im Europäischen Gemeinschaftsrecht, S. 149.

472 Da juristische Personen und Personenvereinigungen keine natürliche Schuldfähigkeit besitzen, wird der Bußgeldtatbestand dem Schuldprinzip deshalb gerecht, wenn man das Verschulden im Wege der Zurechnung ermittelt. Dabei kann das schuldhafte Verhalten von gesetzlichen oder satzungsmäßigen Vertretern oder denen faktisch gleichgestellten Personen maßgebend sein; vgl. *Siohl*, Die Schuldfeststellung bei Unternehmen, S. 179.

473 Vgl. 2. Kap., § 3, B., I., 3., a.

474 *Böse*, Strafen und Sanktionen im Europäischen Gemeinschaftsrecht, S. 363.

welche die Wettbewerbsbeschränkung für alle Mitglieder der Vereinigung beschlossen haben. Fraglich ist, ob diesen Unternehmen deshalb ein schuldhaftes Handeln vorgeworfen werden kann. Die Vertreter der Unternehmen treffen Entscheidungen zur Fassung von Beschlüssen, durch welche das Verhalten der anderen Unternehmen gesteuert werden soll, wie z.B. Preisempfehlungen. Das Handeln der einzelnen Vertreter kann den entsprechenden Unternehmen zugerechnet werden, eben weil diese im Interesse des jeweiligen Unternehmens tätig werden.[475] In diesem Zusammenhang besonders relevant erscheint die Tatsache, dass die Zahlung von einzelnen Unternehmen nicht gefordert werden kann, wenn diese beweisen können, dass sie den die Zuwiderhandlung begründenden Beschluss der Vereinigung nicht umgesetzt haben. Außerdem müssen sie sich, wenn sie Kenntnis von dem Beschluss hatten, aktiv von diesem distanziert haben, noch ehe die Kommission mit der Untersuchung des Falles begonnen hat. Im Falle des Art. 23 Abs. 4 Unterabsatz 2 VO Nr. 1/2003 kann also das Unternehmen nicht zur Zahlung verpflichtet werden, wenn es den Beschluss nicht umgesetzt und sein Vertreter bei der Abstimmung im Entscheidungsgremium sich aktiv von diesem distanziert hat.[476] Ein aktives Distanzieren ist wohl dann anzunehmen, wenn dieser gegen den die Zuwiderhandlung begründenden Beschluss gestimmt hat. Anknüpfungspunkt und Grundlage für die sanktionsrechtliche Verantwortlichkeit des Unternehmens ist hier also die Beschlussfassung durch dessen Vertreter.

bb. Art. 23 Abs. 4 Unterabsatz 3 VO Nr. 1/2003

An zweiter Stelle kann die Kommission zur vollständigen Zahlung der Geldbuße Zahlung von jedem Mitglied der Vereinigung verlangen, welches auf dem Markt tätig war, auf dem die Zuwiderhandlung erfolgte (Art. 23 Abs. 4 Unterabsatz 3 VO Nr. 1/2003). Auch hier stellt sich die Frage, wo die Grundlage für die sanktionsrechtliche Verantwortlichkeit des Unternehmens liegt. Sie könnte in einem dem Beschluss der Unternehmensvereinigung entsprechenden Handeln zu sehen sein. Der Anknüpfungspunkt wäre also nicht das Verhalten bei der Beschlussfassung, sondern das Verhalten des Unternehmens auf dem Markt. Dies wird auch aus Art. 23 Abs. 4 Unterabsatz. 3 VO Nr. 1/2003 ersichtlich, nach welchem zwingende Voraussetzung für eine Solidarhaftung ein tatsächliches Tätigwerden auf dem relevanten Markt ist. Auch hier kann die Zahlung von einzelnen Unternehmen unmittelbar nicht gefordert werden, wenn diese beweisen können, dass sie den die Zuwiderhandlung begründenden Beschluss der Vereinigung nicht umgesetzt haben. Außerdem müssen sie sich, wenn sie Kenntnis

---

[475] *Siohl*, Die Schuldfeststellung bei Unternehmen, S. 436.

[476] Denn im Falle des Art. 23 Abs. 4 Unterabsatz 2 VO Nr. 1/2003 ist davon auszugehen, dass der im Entscheidungsgremium sitzende Vertreter von der Beschlussfassung Kenntnis hat.

von dem Beschluss hatten, aktiv von diesem distanziert haben, noch ehe die Kommission mit der Untersuchung des Falles begonnen hat. Hier kommt sowohl der Fall in Betracht, dass das Unternehmen keine Kenntnis von dem Beschluss hatte und diesen deshalb nicht umgesetzt hat, als auch die Möglichkeit, dass das Unternehmen trotz Kenntnis den Beschluss nicht umgesetzt hat.

In diesem Fall muss sich das Unternehmen zusätzlich aktiv von dem Beschluss distanzieren. Wie dies genau auszusehen hat, ist jedoch fraglich. Grundsätzlich müsste ein aktives Sich-Distanzieren schon darin liegen, den Beschluss der Unternehmensvereinigung nicht umzusetzen. Im Falle des Art. 23 Abs. 4 Unterabsatz 3 VO Nr. 1/2003 darf es nämlich keine Rolle spielen, ob das Unternehmen darüber hinaus tätig geworden ist. Die Anknüpfungshandlung, auf welche es hier ankommt liegt nämlich schon dann nicht vor, wenn ein dem Beschluss entsprechendes Verhalten auf dem Markt nicht ersichtlich ist. Ein zusätzliches Tätigwerden kann hingegen nicht gefordert werden.

cc. Ergebnis

Die Grundlage für die sanktionsrechtliche Verantwortlichkeit der Mitglieder der Unternehmensvereinigung ist gegeben. Eine Solidarhaftung ohne einen derartigen Anknüpfungspunkt scheidet nach der detaillierten Regelung des Art. 23 Abs. 4 VO Nr. 1/2003 aus. Ein Verstoß gegen den Schuldgrundsatz ist aus diesem Grund somit nicht ersichtlich.

b. Individuelle Zumessung der Strafe

Das gemeinschaftliche Schuldprinzip erfordert jedoch darüber hinaus eine individuelle Zumessung der Strafe auf der Grundlage des individuellen Verschuldens.[477] Geklärt werden muss, ob dieser Grundsatz im Rahmen des Art. 23 Abs. 4 VO Nr. 1/2003 gewahrt ist.

Die Höhe der Geldbuße wird sich weiterhin grundsätzlich nach dem Verschulden der Unternehmensvereinigung richten. Eine Zumessung des Verschuldens der einzelnen Mitglieder ist nicht geregelt. Eine solche ergibt sich jedoch in Ansätzen schon aus der Abstufung in Art. 23 Abs. 4 VO Nr. 1/2003 selbst. Der Grad des Verschuldens der Unternehmen, deren Vertreter an der Beschlussfassung direkt beteiligt sind, ist höher als der Grad des Verschuldens derjenigen Unternehmen, die sich lediglich nach diesem Beschluss richten.

---

[477] *Dannecker/Fischer-Fritsch*, Das EG Kartellrecht in der Bußgeldpraxis, S. 263.

Diesem Umstand wird Art. 23 Abs. 4 VO Nr. 1/2003 jedoch dadurch gerecht, dass letztere auch nur für die Restbeträge haften, welche die Kommission nicht bei ersteren eintreiben können. Außerdem wird in den Erwägungsgründen zu Art. 23 Abs. VO Nr. 1/2003 festgelegt, dass die Kommission der relativen Größe der Unternehmen, die der Vereinigung angehören, und insbesondere der Lage der kleineren und mittleren Unternehmen Rechnung tragen soll.[478] Wird dies tatsächlich berücksichtigt und werden deshalb kleinere Unternehmen, deren Verschulden an den Auswirkungen einer Wettbewerbsbeschränkung im Wesentlichen geringer sein wird, erst nach größeren Unternehmen zur Haftung herangezogen, so findet der Schuldgrundsatz auch hier seine Berücksichtigung.

3. Offene Fragen

Die Frage, welches Unternehmen in den Fällen des Art. 23 Abs. 4 Unterabsatz 2, 3 VO Nr. 1/2003 im Einzelnen zahlen muss und ob die Kommission dies vor Einleitung des Verfahrens festzulegen hat, bleibt in der Verordnung offen. Es ist jedoch davon auszugehen, dass die Kommission je nach Belieben und somit wohl von dem finanzstärksten Unternehmen Zahlung verlangen kann. Eine Festlegung vor Einleitung des Verfahrens wird regelmäßig ausscheiden. Der Rückgriff auf die Mitglieder der Unternehmensvereinigung ist als Ultima Ratio zu sehen, wenn die Unternehmensvereinigung selbst zahlungsunfähig ist und auch von ihren Mitgliedern den Betrag nicht eintreiben kann. Die Kommission wird deshalb zu Beginn des Verfahrens noch nicht wissen, von wem sie am Ende Zahlung verlangen wird. Der Ausgleich des verpflichteten Unternehmens gegenüber den anderen Unternehmen und der Vereinigung selbst wird regelmäßig von der Rechtsform der Vereinigung und den zugehörigen nationalen Bestimmungen abhängen.

§ 4 Auswirkungen auf die Zusammenarbeit mit nationalen Behörden

Ziel der Kommission ist es, im neuen System ein Behördennetz aufzubauen, das durch eine enge Zusammenarbeit und gemeinsame Grundsätze gekennzeichnet ist. Die Zusammenarbeit von Kommission und nationalen Wettbewerbsbehörden ist in den Artt. 11, 12, 13 und 14 VO Nr. 1/2003 geregelt.

A. Zuordnung der Fälle

Artikel 11 Abs. 1, 6 VO Nr. 1/2003 regelt hierbei die Zusammenarbeit zwischen der Kommission und den Wettbewerbsbehörden der Mitgliedstaaten. Art. 13 VO Nr. 1/2003 sagt in erster Linie etwas über die Zusammenarbeit zwischen den einzelnen

---

[478] VO Nr. 1/2003 Erwägungsgrund 30.

Mitgliedstaaten aus, spielt jedoch auch im Verhältnis Kommission und nationale Behörden eine Rolle.

I. Grundsätzliches

Art. 11 Abs. 1 VO Nr. 1/2003 legt den Grundsatz fest, dass die nationalen Wettbewerbsbehörden bei der Anwendung der Wettbewerbsregeln sowohl untereinander als auch mit der Kommission eng zusammenarbeiten sollen. Ihm wird nur geringe praktische Bedeutung zukommen.

Art. 11 Abs. 6 VO Nr. 1/2003 hat die Regelung des Art. 9 Abs. 3 VO Nr. 17/62 übernommen und betrifft die Befugnis der Kommission, einer nationalen Wettbewerbsbehörde die Zuständigkeit für einen Fall zu entziehen, indem sie selbst ein Verfahren einleitet. Er soll in erster Linie für eine einheitliche Anwendung des EG-Rechts sorgen. Eine solche ist nur durch die Anwendung derselben Regeln und die Verwirklichung derselben Wettbewerbspolitik möglich. Eine zentrale Festlegung der Wettbewerbsregeln ist somit unabkömmlich. Die Kommission hat als Hüterin der Verträge und Garantin des Gemeinschaftsinteresses unter Aufsicht des EuGH eine besondere Rolle bei der Durchführung der EG-Wettbewerbsregeln und der Gewährleistung deren einheitlicher Anwendung zu spielen.[479] Die Festlegung der Wettbewerbsregeln muss somit durch sie geschehen. Dieser Anspruch findet seine Rechtfertigung in den Artt. 211, 85 EG. Auch die Möglichkeit einzelne Verfahren an sich zu ziehen, ist durch die der Kommission vom Vertrag zugewiesene Organstellung gerechtfertigt.[480] Nach Art. 11 Abs. 6 S. 3 VO Nr. 1/2003 hat die Kommission die nationale Behörde jedoch zu unterrichten, bevor sie ein Verfahren einleitet.

Art. 13 VO Nr. 1/2003 stellt sowohl für die Kommission als auch für nationale Wettbewerbsbehörden die Rechtsgrundlage für die Abweisung einer Beschwerde oder die Einstellung eines Verfahrens bei Fällen dar, mit denen sich bereits eine andere Wettbewerbsbehörde befasst. In ihrer Bekanntmachung über die Zusammenarbeit innerhalb des Netzes der Wettbewerbsbehörden macht die Kommission nähere Ausführungen zu Aussetzung oder Einstellung des Verfahrens nach Art. 13 VO Nr. 1/2003.[481] Um eine einheitliche Anwendung des Gemeinschaftsrechts zu gewährleisten, will die Kommis-

---

[479] *Ritter*, in: Immenga/Mestmäcker, EG-Wettbewerbsrecht Kommentar, Band 2, VO 17, A. Rn 12.

[480] Vgl. auch *Gröning*, Die dezentrale Anwendung des EG-Kartellrechts gemäß dem Vorschlag der Kommission zur Ersetzung der VO 17/62, WRP 2001, 83, 84. Die Befugnis einzelne Verfahren an sich zu ziehen stößt auch nicht auf verfassungsrechtliche Grenzen. Eine Übertragung von Hoheitsrechten auf die EU, deren wichtigster Bestandteil die EG ist, ist gemäß Art. 23 Abs. 1 S. 2 GG nach deutschem Verfassungsrecht möglich.

[481] Bekanntmachung der Kommission über die Zusammenarbeit innerhalb des Netzes der Wettbewerbsbehörden, ABl.EG vom 27.04.2004, Nr. C 101/43, 45 f.

sion ein Behördennetz schaffen, in welchem grundlegende Informationen allen Behörden zugänglich gemacht werden. Art. 13 VO Nr. 1/2003 soll für eine optimale Verteilung der Fälle in diesem Netz sorgen. Durch ihn werden Parallelverfahren und die Gefahr einer uneinheitlichen Anwendung des Gemeinschaftsrechts vermindert werden. Nationalen Vorschriften, nach denen die Behörde verpflichtet ist, über jede Beschwerde materiellrechtlich zu entscheiden, geht Art. 13 VO Nr. 1/2003 vor.[482]

II. Festlegung der Zuständigkeiten

Nationale Behörden haben im Hinblick auf ihre Zuständigkeit einen Anspruch auf Rechtssicherheit. Dies gilt nicht nur für die Behörden selbst. Auch Beschwerdeführer und Unternehmen, die eine Absprache planen, haben ein berechtigtes Interesse an einer klar geregelten Zuständigkeitsverteilung.[483] Eine solche ist in der VO Nr. 1/2003 jedoch nicht enthalten. Zwar stellt Art. 11 Abs. 6 VO Nr. 1/2003 für das Verhältnis von Kommission und nationalen Kartellbehörden eine Zuständigkeitsnorm dar. Diese regelt jedoch nur, dass die Kommission der nationalen Behörde die Zuständigkeit entziehen kann. Für welche Fälle dies gilt, ist weiter nicht festgelegt. Das Verhältnis der nationalen Wettbewerbsbehörden untereinander ist in Art. 13 VO Nr. 1/2003 beschrieben. Welche Behörde wann zuständig ist, bleibt allerdings auch hier offen. Es fehlt also an einer sachlichen Zuordnung der Fälle im Behördennetz. Eine solche hat die Kommission lediglich in einer Gemeinsamen Erklärung mit dem Rat zur Funktion des Netzwerkes[484] und in einer Bekanntmachung über die Zusammenarbeit innerhalb des Netzes der Wettbewerbsbehörden[485] vorgenommen. Im Folgenden soll zunächst ein Vorschlag für eine Zuständigkeitsverteilung zwischen Kommission und nationalen Behörden unterbreitet[486] und Möglichkeiten für ein Verteilungsverfahren aufgezeigt werden. Dieser Vorschlag ist dann mit der Gemeinsamen Erklärung von Rat und Kommission und der Bekanntmachung über die Zusammenarbeit innerhalb des Netzes der Wettbewerbsbehörden zu vergleichen.

1. Sachliche Zuordnung

Eine sachliche Zuordnung muss in den Fällen der Artt. 81 und 82 EG sowohl für von Amts wegen eingeleitete Verfahren als auch für Beschwerdeverfahren gelten. Im

---

482 Vgl. VOV Begründung zu Art. 13 VOV.

483 Vgl. Stellungnahme des Bundesverbandes der Deutschen Industrie (BDI) vom 19.1.2001, A., S. 5.

484 Draft Joint Statement of the Council and the Commission on the functioning of the network of competition authorities, Ratsdokument, MD 74/02.

485 Bekanntmachung der Kommission über die Zusammenarbeit innerhalb des Netzes der Wettbewerbsbehörden, ABl.EG vom 27.04.2004, Nr. C 101/43.

486 Eine Zuständigkeitsverteilung zwischen den nationalen Behörden untereinander wird an anderer Stelle vorgenommen werden.

Weißbuch wird klargestellt, dass der Kommission die Kompetenz für Fälle von gemeinschaftsweiter Bedeutung zugetragen werden muss. Eine Definition dieses Merkmals ist weder dort noch im VOV noch in der VO Nr. 1/2003 selbst zu finden.

a. Abgrenzung nach Umsatzschwellen

In der Fusionskontrolle ist die gemeinschaftsweite Bedeutung eines Zusammenschlusses beim Überschreiten gewisser Umsatzschwellen durch die beteiligten Unternehmen zu bejahen. Eine solche Regelung könnte hier übernommen werden. Nach Art. 21 FKVO ist beim Überschreiten der Umsatzschwellen die Kommission ausschließlich für die Behandlung des Falles zuständig („one-stop-shop"-Prinzip[487]). Sind die Umsatzschwellen nicht erreicht, wird der Fall von den nationalen Behörden übernommen. Diese wenden hierbei nationales Recht an. Durch die Umsatzschwellen in Art. 1 FKVO wird somit sowohl der Anwendungsbereich des Gemeinschaftsrechts als auch die Zuständigkeit der Kommission festgelegt. Im Rahmen des Art. 81 EG wird der Anwendungsbereich des Gemeinschaftsrechts durch eine „Beeinträchtigung des Handels zwischen den Mitgliedstaaten" eröffnet. Würden nationale Behörden nach dem Kriterium der Umsatzschwellen tätig werden, so käme also je nachdem, ob der Handel zwischen den Mitgliedstaaten beeinträchtigt ist, die Anwendung von nationalem wie von Gemeinschaftsrecht in Betracht. Im Weißbuch wurde eine Kompetenzzuteilung nach Umsatzschwellen bei der Anwendung des Art. 81 Abs. 3 EG von der Kommission deshalb abgelehnt.[488] In diesem Zusammenhang nennt die Kommission die Gefahr der Renationalisierung und des „forum shopping", wenn nationale Behörden nationales Recht anwenden. Wird Gemeinschaftsrecht angewandt, wäre insbesondere bei Mehrfachanmeldungen eine kohärente Anwendung der Wettbewerbsregeln nicht mehr gewährleistet. Diese Befürchtungen basieren jedoch zum einen Teil auf Überlegungen, die nach der VO Nr. 1/2003 ihrer Grundlage entbehren. Mehrfachanmeldungen jedenfalls gibt es in dem neuen System nicht mehr. Auch findet wegen Art. 3 VO Nr. 1/2003 nationales Recht generell kaum oder nur gleichzeitig mit EG-Kartellrecht Anwendung. Zum anderen Teil resultieren sie aus den Grundrisiken einer dezentralen Anwendung des Gemeinschaftsrechts und wären nicht mit dem Kriterium der Umsatzschwellen in Verbindung zu bringen. Ob bei der Anwendung des Gemeinschaftsrechts dessen Kohärenz gewährleistet bleibt, ist eine davon unabhängige Frage. Genauso verhält es sich mit dem Problem des „forum shopping". Eine Abgrenzung nach Umsatz-

---

[487] Das „one-stop-shop" -Prinzip legt die „entweder/oder" -Zuständigkeit fest. Im Gegensatz hierzu gilt bei der Anwendung der Artt. 81 Abs. 1, 82 EG die „sowohl-als-auch" –Zuständigkeit; vgl. *Löffler*, Kommentar zur europäischen Fusionskontrollverordnung, FKVO, Art. 21, Zuständigkeit Rn. 4.

[488] Weißbuch Tz. 62.

schwellen kann somit nicht schon aus den Gründen abgelehnt werden, welche die Kommission im Weißbuch angeführt hat.[489]

In Betracht käme die Heranziehung von absoluten oder relativen Umsatzschwellen. In Art. 1 Abs. 2 Buchst. a und b FKVO werden beispielsweise absolute Umsatzschwellen beschrieben. Ein Zusammenschluss hat hiernach gemeinschaftsweite Bedeutung, wenn die Unternehmen zusammen weltweit mehr als 5 Milliarden Euro und gemeinschaftsweit mehr als 250 Millionen Euro Umsatz haben. Dennoch ist die FKVO nach Art. 1 Abs. 2 a.E. nicht anwendbar, wenn die am Zusammenschluss beteiligten Unternehmen jeweils mehr als zwei Drittel ihres gemeinschaftsweiten Gesamtumsatzes in ein und demselben Mitgliedstaat erzielen. Mit diesem relativen Schwellenwert wird davon ausgegangen, dass einem Zusammenschluss, bei dem die beteiligten Unternehmen über zwei Drittel ihrer Umsätze in einem einzigen Mitgliedstaat erzielen, keine Bedeutung für den Wettbewerb auf dem Gemeinsamen Markt zukommt.[490] Die Verwendung von absoluten Umsatzschwellen im Rahmen der VO Nr. 1/2003 kann lediglich i.S. einer Bagatellklausel dafür sorgen, dass wettbewerbsbeschränkende Maßnahmen kleinerer Unternehmen nicht von der Kommission behandelt werden. Jedoch können auch solche, wenn sie sich in mehreren Mitgliedstaaten des Gemeinsamen Marktes auswirken, unter Umständen ein Tätigwerden der Kommission notwendig machen. Im Gegensatz dazu können Vereinbarungen, bei denen die Unternehmen die absoluten Umsatzschwellen überschreiten, Auswirkungen lediglich in einem Mitgliedstaat haben, sodass eine Behandlung durch die Kommission nicht notwendig oder gar nicht angebracht ist. Man könnte darüber hinaus dann zu dem widersinnigen Ergebnis kommen, dass die Kommission, die nach den absoluten Umsatzschwellen zuständig wäre, nationales Recht anwenden müsste, da nicht die Gefahr einer Beeinträchtigung des Handels zwischen den Mitgliedstaaten besteht. Außerdem muss berücksichtigt werden, dass es im Rahmen der Fusionskontrolle lediglich darauf ankommt, ob durch den Zusammenschluss eine beherrschende Stellung verstärkt oder begründet wird, durch welche wirksamer Wettbewerb im Gemeinsamen Markt behindert wird. Hierbei spielt die Größe der beteiligten Unternehmen eine erhebliche Rolle. Bei der Beurteilung eines Kartells kommt es jedoch maßgeblich auf das Verhalten der beteiligten Unternehmen an. Quantitative Kriterien haben hier nur geringe Aussagekraft.[491] Für

[489] So aber *Bartosch*, Von der Freistellung zur Legalausnahme: Der Vorschlag der EG-Kommission für eine neue VO Nr. 17, EuZW 2001, 101, 106.

[490] *Lampert*, Die Anwendbarkeit der EG-Fusionskontrollverordnung zum Fusionskontrollrecht im Verhältnis der Mitgliedstaaten, S.173.

[491] Folgeprobleme der europäischen Kartellverfahrensreform, Sondergutachten der Monopolkommission gemäß § 44 Abs. 1 Satz 4 GWB, S. 25.

die Frage, ob ein Tätigwerden der Kommission notwendig ist, kann die Höhe des Unternehmensumsatzes keine Rolle spielen.

Relative Umsatzschwellen könnten hingegen weiterhelfen. Das Bundeskartellamt hat in diesem Zusammenhang eine Anlehnung an die Zwei-Drittel-Klausel des Art. 1 FKVO vorgeschlagen.[492] Dies hätte den Vorteil, dass es bei der Beurteilung, ob gemeinschaftsweite Bedeutung in dem Sinne vorliegt, dass ein Tätigwerden der Kommission notwendig ist, nicht lediglich auf die Größe der beteiligten Unternehmen ankommt. Gleichzeitig würde der Überlegung Rechnung getragen, dass Bemessungsgrundlagen, die sich aus dem Umsatz der beteiligten Unternehmen ergeben, für eine Zuordnung grundsätzlich vorteilhaft wären, weil sie eindeutig und schnell zu ermitteln sind und so das notwendige Maß an Praktikabilität und Transparenz mit sich bringen.[493] Für beteiligte Unternehmen und Beschwerdeführer wäre es leicht möglich vorher zu beurteilen, von welcher Behörde ihr Fall geprüft werden wird. Ihnen würde so die erforderliche Rechtssicherheit zuteil. Dennoch stellt die Zuweisung nach Umsatzschwellen eine sehr steife und unflexible Regelung dar. Auch bei der Entstehung der FKVO wurden deshalb immer wieder Versuche unternommen, eine Abgrenzung anhand qualitativer Kriterien vorzunehmen. Hierbei gelangen der Kommission, weshalb sie mehrfach kritisiert wurde, jedoch keine überzeugenden Vorschläge.[494] Aus diesem Grund muss der Versuch unternommen werden, einige präzise und dennoch flexible qualitative Abgrenzungskriterien zu finden, bevor allein auf eine Verteilung nach relativen Umsatzschwellen abgestellt wird.

b. Qualitative Abgrenzungskriterien

Grundsätzlich muss die Zuständigkeit der Kommission in drei Fällen gesichert sein. Erstens, wenn ihr Tätigwerden i.S. einer einheitlichen Anwendung des Gemeinschaftsrechts unbedingt erforderlich ist. Zweitens, wenn die zuständige nationale Kartellbehörde durch die Entscheidung in einen Interessenkonflikt geraten würde und so eine Beeinflussung ihrer Wettbewerbspolitik zu befürchten wäre und drittens, wenn die nationale Behörde zu einer Verfolgung der Wettbewerbsbeschränkung nicht in der Lage ist.

---

[492] Bundeskartellamt, Arbeitsunterlage für die Sitzung des Arbeitskreises Kartellrecht am 8. und 9. Oktober 1998: „Praxis und Perspektiven der dezentralen Anwendung des EG-Wettbewerbsrechts"; zitiert nach Folgeprobleme der europäischen Kartellverfahrensreform, Sondergutachten der Monopolkommission gemäß § 44 Abs. 1 Satz 4 GWB, S. 25.

[493] Folgeprobleme der europäischen Kartellverfahrensreform, Sondergutachten der Monopolkommission gemäß § 44 Abs. 1 Satz 4 GWB, S. 25.

[494] *Löffler*, Kommentar zur europäischen Fusionskontrollverordnung, FKVO, Art. 1, Anwendungsbereich Rn. 1.

aa. Einheitliche Rechtsanwendung

In der Begründung zum VOV wird hervorgehoben, dass in Fällen, bei denen erhebliche Meinungsverschiedenheiten zwischen den Behörden der Mitgliedstaaten bestehen, die Kommission den Fall durch Einleitung des Verfahrens aufgreifen und so eine einheitliche Rechtsanwendung sichern können muss.[495] Dem ist zuzustimmen. Solche Meinungsverschiedenheiten dürften sich jedoch nur ergeben, wenn mehrere nationale Behörden überhaupt nebeneinander tätig werden. Fraglich ist, ob nicht grundsätzlich alle diese Fälle von vornherein im Zuständigkeitsbereich der Kommission bleiben sollten. Zwar können sich Meinungsverschiedenheiten dann noch nicht abgezeichnet haben, neben der Vermeidung voneinander abweichender Entscheidungen ist es jedoch Ziel der Reform, Parallelverfahren und unnötigen Arbeitsaufwand der durch das parallele Tätigwerden mehrerer Behörden entsteht, zu reduzieren. Eine Behandlung des Falles durch die Kommission wäre somit, auch auf die Gefahr hin, dass es zu Meinungsverschiedenheiten gar nicht gekommen wäre, angebracht. Dies jedenfalls dann, wenn sich das unternehmerische Verhalten in zwei oder drei Mitgliedstaaten auswirkt und die Wettbewerbsbehörden aller dieser Mitgliedstaaten tätig werden würden.[496] Hiervon ist der Fall zu unterscheiden, dass Wettbewerbsbehörden mehrerer Mitgliedstaaten bei der Behandlung verschiedener Fälle über dieselbe Rechtsfrage unterschiedlicher Auffassung sind. Zur Erhaltung der Rechtseinheit muss die Kommission auch hier das Verfahren aufgreifen können. Gleiches gilt, wenn sich während des Verfahrens einer nationalen Behörde abzeichnet, dass diese erheblich von der Entscheidungspraxis der Kommission abweichen wird.[497]

Weiterer Anhaltspunkt für eine Zuständigkeitsverteilung kann die Bekanntmachung der Kommission über die Zusammenarbeit zwischen der Kommission und den Wettbewerbsbehörden der Mitgliedstaaten sein.[498] Nach dieser ist gemeinschaftsweite Bedeutung in Fällen anzunehmen, in denen neue Rechtsfragen auftreten, zu welchen noch keine Entscheidung ergangen ist.[499] Hier muss es der Kommission möglich sein,

---

[495] VOV Begründung II., C., 2., b.

[496] Folgeprobleme der europäischen Kartellverfahrensreform, Sondergutachten der Monopolkommission gemäß § 44 Abs. 1 Satz 4 GWB, S. 28.

[497] So auch Stellungnahme des Bundesverbandes der Deutschen Industrie (BDI) vom 19.1.2001, B., S. 12.

[498] Bekanntmachung der Kommission über die Zusammenarbeit zwischen der Kommission und den Wettbewerbsbehörden der Mitgliedstaaten bei der Bearbeitung von Fällen im Anwendungsbereich der Artikel 85 und 86 EG-Vertrag, ABl.EG vom 15.10. 1997 Nr. C 313/3.

[499] Bekanntmachung der Kommission über die Zusammenarbeit zwischen der Kommission und den Wettbewerbsbehörden der Mitgliedstaaten bei der Bearbeitung von Fällen im Anwendungsbereich der Artikel 85 und 86 EG-Vertrag, ABl.EG vom 15.7. 1997 Nr. C 313/3, 7.

durch eine erste Entscheidung Maßgaben zu setzen und so für eine kohärente Anwendung der Gemeinschaftsregeln zu sorgen.

bb. Interessenkonflikt der mitgliedstaatlichen Behörden

Abgesehen hiervon muss die Kommission immer dann zuständig sein, wenn die nationale Kartellbehörde durch eine Entscheidung in einen Interessenkonflikt geraten würde und deshalb eine Beeinflussung ihrer Wettbewerbspolitik zu befürchten ist.

(1) Art. 86 EG

Nach der Bekanntmachung über die Zusammenarbeit zwischen der Kommission und den Wettbewerbsbehörden der Mitgliedstaaten soll auch wettbewerbswidrigen Verhaltensweisen der in Art. 86 EG genannten Unternehmen gemeinschaftsweite Bedeutung zukommen.[500]

Art. 86 EG sorgt in erster Linie dafür, dass die Mitgliedstaaten bezüglich bestimmter Unternehmen keine den Regeln des EG-Vertrages widersprechenden Maßnahmen treffen. Die dort genannten Unternehmen sind somit allen anderen Unternehmen gleichgestellt. In Art. 86 Abs. 1 EG sind öffentliche Unternehmen sowie Unternehmen, denen die Mitgliedstaaten besondere oder ausschließliche Rechte gewähren, genannt (begünstigte Unternehmen). Öffentliche Unternehmen sind hierbei nicht nur Unternehmen des öffentlichen Rechts, sondern auch Unternehmen in privater Rechtsform, deren Geschäftsführung durch die öffentliche Hand beeinflusst werden kann.[501] Begünstigte Unternehmen können nach dem Wortlaut des Art. 86 Abs. 1 EG sowohl öffentliche als auch private Unternehmen sein. Ihnen hat die öffentliche Hand durch die Gewährung von Rechten eine besondere Rechtsstellung eingeräumt.[502] In Absatz 2 sind Unternehmen, die mit Dienstleistungen von allgemeinem wirtschaftlichem Interesse betraut sind oder den Charakter eines Finanzmonopols haben, genannt. Diese können sowohl privat als auch öffentlich sein.

Dem Wortlaut nach will die Kommission jedoch nur Maßnahmen öffentlicher Unternehmen, denen eine besondere Rechtsstellung eingeräumt wurde, und Maßnahmen

---

[500] Bekanntmachung der Kommission über die Zusammenarbeit zwischen der Kommission und den Wettbewerbsbehörden der Mitgliedstaaten bei der Bearbeitung von Fällen im Anwendungsbereich der Artikel 85 und 86 EG-Vertrag, ABl.EG 1997 Nr. C 313/7 Tz. 36.

[501] Z.B. wegen ihrer kapitalmäßigen Beteiligung oder aufgrund des Gesellschaftsvertrages; vgl. *Hochbaum*, in: v.d.Groeben/Thiesing/Ehlermann, Kommentar zum EU-/EG-Vertrag, Band 2/III, 5. Auflage, Art. 90 Rn.10.

[502] *Hochbaum*, in: v.d.Groeben/Thiesing/Ehlermann, Kommentar zum EU-/EG-Vertrag, Band 2/III, 5. Auflage, Art. 90 Rn. 19.

von Unternehmen nach Absatz 2 gemeinschaftsweite Bedeutung zukommen lassen.[503] Warum hier andere öffentliche Unternehmen und private Unternehmen, denen eine besondere Rechtsstellung eingeräumt wurde, ausgenommen sein sollen, wird nicht ersichtlich. Auch bei diesen kann ein Interessenkonflikt zu befürchten sein. Bei öffentlichen Unternehmen wird regelmäßig eine institutionelle Abhängigkeit zu bejahen sein. Schließlich ist hier der Mitgliedstaat entweder Alleineigentümer oder hat zumindest erhebliche Einflussmöglichkeiten auf das Unternehmen. Bei öffentlichen Unternehmen muss eine gemeinschaftsweite Bedeutung somit unabhängig davon angenommen werden, ob dem Unternehmen zusätzlich besondere oder ausschließliche Rechte gewährt werden.

Bei privaten Unternehmen kann von einem Interessenkonflikt nicht einfach ausgegangen werden, weil bei Ihnen eine institutionelle Abhängigkeit von dem Mitgliedstaat fehlt.[504] Private Unternehmen sind jedoch von Art. 86 Abs. 1 EG nur dann umfasst, wenn ihnen besondere oder ausschließliche Rechte gewährt werden. Auch hier entsteht, durch die Gewährung von bestimmten Rechten oder die Betrauung mit gewissen Aufgaben durch die öffentliche Hand, eine besondere Beziehung zwischen Staat und Unternehmen. Werden einem Unternehmen beispielsweise ausschließliche Rechte zugeteilt, so wird der Wettbewerb auf dem relevanten Markt ausgeschlossen. Das Unternehmen hat somit eine marktbeherrschende Stellung und fällt unter Art. 82 EG. Ein Interessenkonflikt wäre somit denkbar, wenn der Staat nun eine Verhaltensweise des Unternehmens aufgrund der diesem von ihm zugewiesenen marktbeherrschenden Stellung verbieten muss.

Bei Unternehmen nach Art. 86 Abs. 2 EG handelt es sich in der Regel um [505] öffentliche oder private Unternehmen i. S. des Art. 86 Abs. 1 EG, die mit besonderen Rechten ausgestattet sind. Die dort genannten Unternehmen sind von der Regelung des Abs. 1 insofern ausgenommen, als sie die im EG-Vertrag niedergelegten Bestimmungen nur insoweit beachten müssen, wie dies bei der Erfüllung der ihnen übertragenen Aufgaben möglich ist. Sie können sich folglich darauf berufen, für etwaige Wettbewerbs-

---

503 Bekanntmachung der Kommission über die Zusammenarbeit zwischen der Kommission und den Wettbewerbsbehörden der Mitgliedstaaten bei der Bearbeitung von Fällen im Anwendungsbereich der Artikel 85 und 86 EG-Vertrag, ABl.EG 1997 Nr. C 313/3, 7; entsprechend wohl auch Folgeprobleme der europäischen Kartellverfahrensreform, Sondergutachten der Monopolkommission gemäß § 44 Abs. 1 Satz 4 GWB, S. 27.

504 In diesem Punkt ist also die Regelung in der Bekanntmachung nachzuvollziehen.

505 Diese werden jedoch meist öffentliche oder öffentliche oder private, mit besonderen Rechten ausgestattete Unternehmen i. S. des Art. 86 Abs. 1 EG sein. *Papaconstantinou*, Free Trade and Competition, p. 80 oder *Hochbaum*, in: v.d.Groeben/Thiesing/Ehlermann, Kommentar zum EU-/EG-Vertrag, Band 2/III, 5. Auflage, Art. 90 Rn. 49.

verletzungen nicht verantwortlich gemacht zu werden, da sie vom Staat durch die Übertragung der Aufgaben dazu veranlasst worden sind.[506] Unter Umständen muss also die nationale Behörde prüfen, ob das wettbewerbsbeschränkende Verhalten zur Erfüllung der vom Staat übertragenen Aufgaben erforderlich ist. Handelt es sich hierbei um einen Grenzfall, so könnte die nationale Behörde bei der Beurteilung in einen Konflikt zwischen der Förderung allgemeiner wirtschaftlicher Interessen und der Wahrung der Grundsätze des europäischen Wettbewerbsrechts fallen. Auch dann muss ein Tätigwerden der Kommission möglich sein. Bei öffentlichen Unternehmen kann ein Interessenkonflikt auch hier von vornherein unterstellt werden. Bei privaten Unternehmen verdichtet sich die Vermutung eines Interessenkonflikts dadurch, dass es sich in jedem Fall um Unternehmen von besonderem wirtschaftlichem Interesse handelt. Ein Interessenkonflikt kann deshalb auch hier grundsätzlich unterstellt werden.

Es ist also bei einer Zuordnung zwischen Maßnahmen öffentlicher Unternehmen und Maßnahmen privater Unternehmen zu unterscheiden. Dem könnte man in der Weise gerecht werden, dass bei öffentlichen Unternehmen ein Interessenkonflikt der nationalen Behörde vermutet wird. Unter diesen Umständen muss die Kommission für die Behandlung des Falles zuständig sein. Handelt es sich um Unternehmen i. S. des Art. 86 Abs. 1 EG, die nicht öffentlich sind, so kommt ein Tätigwerden der Kommission in Betracht, sobald sonstige Anhaltspunkte für einen Interessenkonflikt bestehen. Handelt es sich um private Unternehmen i.S. des Absatzes 2 so wird das Vorliegen solcher Anhaltspunkte regelmäßig zu vermuten sein.

(2) Sonstige Interessenkonflikte

Abgesehen davon können Interessenkonflikte schon allein dadurch entstehen, dass mehr oder weniger von der Regierung abhängige nationale Behörden gleichzeitig die Wettbewerbspolitik der Gemeinschaft in enger Zusammenarbeit mit der Kommission vollziehen müssen.[507] Nationale Wettbewerbsbehörden werden möglicherweise nicht frei von nationalen Interessen an einen Fall gehen. Ein Beispiel hierfür wäre die Prüfung einer Wettbewerbsbeschränkung durch die „lediglich" der Zugang von Wettbewerbern anderer Mitgliedstaaten auf den Markt versperrt wird. Hier besteht die Gefahr,

[506] *Hochbaum*, in: v.d.Groeben/Thiesing/Ehlermann, Kommentar zum EU-/EG-Vertrag, Band 2/III, Art. 90 Rn. 50.

[507] *Cederschiöld*, Efficient protection of competition in an enlarged Community through full association of national competition authorities and national courts, p.3, in: Conference on the reform of European competition law in Freiburg, on 9 and 10 November 2000.

dass nationale Behörden die Wettbewerbsbeschränkung aus nationalen, wirtschaftlichen Interessen nicht mit der erforderlichen Strenge verfolgen.[508]

cc. Fehlende Ressourcen bei der nationalen Behörde

Nimmt man weiterhin die Bekanntmachung als Anhaltspunkt, so muss die Kommission dann zuständig sein, wenn die nationale Behörde nicht mit den entsprechenden personellen und sachlichen Ressourcen und Befugnissen ausgestattet ist, um die erforderlichen Ermittlungen zu führen.

c. Ergebnis

Eine Abgrenzung anhand von Umsatzschwellen, wie es bei der Fusionskontrolle gehandhabt wird, ließe keine flexible Zuordnung der Fälle zu. Darüber hinaus ist eine Zuteilung anhand der qualitativen Kriterien besser geeignet, eine uneinheitliche Anwendung des Gemeinschaftsrechts und die Renationalisierung der Wettbewerbsregeln zu verhindern und so das Erreichen der mit der Reform verfolgten Ziele überhaupt zu ermöglichen. Demnach muss die Kommission zuständig sein in Fällen,

- bei denen mehr als zwei oder drei nationale Behörden tätig werden,
- bei denen zwei oder drei nationale Behörden zuständig sind und erhebliche Meinungsverschiedenheiten entstehen,
- bei denen nationale Behörden von der Entscheidungspraxis der Kommission erheblich abweichen wollen,
- bei denen mehrere Mitgliedstaaten bei der Behandlung verschiedener Fälle über dieselbe Rechtsfrage unterschiedlicher Auffassung sind,
- in denen neue Rechtsfragen auftreten, zu denen von ihr noch keine Entscheidung ergangen ist,
- bei denen öffentliche Unternehmen nach Art. 86 EG beteiligt sind,
- bei denen private Unternehmen nach Art. 86 EG beteiligt sind und zusätzliche Anhaltspunkte für einen Interessenkonflikt bestehen,
- bei denen andere Anhaltspunkte für einen Interessenkonflikt der nationalen Kartellbehörde vorliegen und in Fällen,
- bei denen die nationale Behörde trotz ihrer Unzuständigkeit das Verfahren eingeleitet hat.

[508] Folgeprobleme der europäischen Kartellverfahrensreform, Sondergutachten der Monopolkommission gemäß § 44 Abs. 1 Satz 4 GWB, S. 27.

Unbeschadet der Pflicht ein Verfahren in den hier genannten Fällen einzuleiten, muss die Kommission auch dann zuständig sein, wenn sich die Zuständigkeit anderer nationaler Behörden nicht ergibt.[509]

d. Reichweite

Von Interesse ist auch, wie weit die hier vorgeschlagene Zuständigkeitsverteilung reichen soll. Nach Art. 11 Abs. 6 VO Nr. 1/2003 ist die Kommission zur Einleitung eines Verfahrens immer berechtigt. Eine Verpflichtung besteht jedoch nicht. Daran, dass sie von dieser Befugnis mehr als nur ausnahmsweise Gebrauch machen wird, werden jedoch teilweise erhebliche Zweifel geäußert.[510] Im Hinblick darauf, dass die Kommission ihre Arbeitsbelastung immer wieder hervorgehoben hat, sind diese auch berechtigt. Um die hier vorgeschlagenen Zuständigkeitsbestimmungen nicht leer laufen zu lassen und somit zur Gewährleistung einer effektiven Durchsetzung des Gemeinschaftsrechts und zur Stärkung des Wettbewerbsprinzips beizutragen, müsste in den hier genannten Fällen aus der Befugnis zur Einleitung eines Verfahrens eine Verpflichtung werden.

Darüber hinaus fragt sich jedoch, ob die Kommission auch in anderen Fällen berechtigt sein sollte, ein Verfahren an sich zu ziehen. Dies ist i.S. der Rechtssicherheit sowohl der Behörden als auch der Unternehmen abzulehnen. Außerdem würde eine solche Berechtigung die Bedeutung nationaler Behörden im Netz schwächen. Beschwerdeführer gingen dann eventuell gleich den Weg zur Kommission, um den durch einen Behördenwechsel entstehenden Zeit- und Kostenaufwand zu vermeiden. Aber auch die Behörden selbst würden mehrfach abwägen, ob sie ein Verfahren von Amts wegen einleiten, wenn ohnehin die Gefahr besteht, dass es von der Kommission aufgegriffen wird. Gegenteiliges kann auch die Arbeitsbelastung der Kommission nicht bewirken. Die Folge wäre ein allgemeiner Rückgang der Ermittlungs- und Prüfungstätigkeit auf nationaler Ebene.[511] Gerade das ist jedoch nicht i.S. der Reform.

Ferner ginge eine Eingrenzung des Art. 11 Abs. 6 VO Nr. 1/2003 auch im Hinblick auf dessen Zweck nicht zu weit. Dieser besteht nämlich nach Ansicht der Kommission darin, für eine optimale Verteilung der Fälle und eine einheitliche Anwendung des EG-Wettbewerbsrechts zu sorgen.[512] Gerade hierauf wurde jedoch bei der Zusammen-

---

509 Hierzu später 3. Kap., § 6, A., II., 1., d., aa.

510 Stellungnahme des Bundesverbandes der Deutschen Industrie (BDI) vom 19.1.2001, B., S. 12.

511 *Gröning*, Die dezentrale Anwendung des EG-Kartellrechts gemäß dem Vorschlag der Kommission zur Ersetzung der VO 17/62, WRP 2001, 83, 84; Folgeprobleme der europäischen Kartellverfahrensreform, Sondergutachten der Monopolkommission gemäß § 44 Abs. 1 Satz 4 GWB, S. 34.

512 VOV, Begründung zu Art. 11 VOV.

stellung der Zuständigkeitskriterien geachtet. Die Einräumung einer uneingeschränkten Befugnis, nationalen Behörden das Verfahren zu entziehen, ist bei der Verfolgung dieses Ziels nicht erforderlich. Ein Tätigwerden der Kommission nach Art. 11 Abs. 6 VO Nr. 1/2003 sollte somit nur in den hier genannten Fällen möglich sein. Dabei ist es nur konsequent die Kommission zu verpflichten, eine Beschwerde gemäß Art. 13 VO Nr. 1/2003 abzuweisen, wenn bereits eine nationale Behörde mit dem Fall befasst ist und sich eine Zuständigkeit der Kommission nicht ergibt. Abgesehen davon ist Art. 11 Abs. 6 VO Nr. 1/2003 nach Ausschöpfung der in Art. 11 Abs. 3 und 4 VO Nr. 1/2003 genannten Möglichkeiten ohnehin als Ultima Ratio zu sehen.[513]

2. Verteilungsverfahren

Trotz konkret festgelegter Zuständigkeitskriterien könnte man jedoch nicht von einer harmonischen und ohne Konflikte verlaufenden Zusammenarbeit zwischen der Kommission und den Wettbewerbsbehörden der Mitgliedstaaten ausgehen. In Konfliktsituationen müsste vielmehr eine unabhängige Instanz in kurzer Zeit verbindliche Entscheidungen treffen können. Teilweise wird hier ein Letztentscheidungsrecht der Kommission in Form von Vorabentscheidungsbefugnissen, die über Art. 230 EG von den Mitgliedstaaten angegriffen werden können, vorgeschlagen.[514]

Für Fälle betreffend die Zuständigkeit der Kommission kommt diese als alleinige Entscheidungsinstanz aufgrund ihrer eigenen Betroffenheit jedoch nicht in Frage. Die Möglichkeit der Mitgliedstaaten, nach Art. 230 EG vorgehen zu können, reicht aufgrund der Dauer eines solchen Verfahrens nicht aus, um einen Ausgleich zu schaffen. Gerade jetzt, nach dem Inkrafttreten der Verordnung, wird es zu Problemen kommen. Bei dem Unterfangen, sich in dem neu geschaffenen Netz der Behörden in eine gute Position zu bringen, ist es für die einzelnen Behörden von erheblicher Bedeutung, einige gemeinschaftsrechtlich relevante und öffentlichkeitswirksame Fälle zu bearbeiten.[515] Nationale Behörden haben somit ein berechtigtes Interesse daran, sich bestimmte Verfahren nicht ohne Grund von der Kommission entreißen zu lassen. Ihnen muss deshalb schon bei der Entscheidungsfindung und nicht erst hinterher ein Mitspracherecht eingeräumt werden. In Betracht käme beispielsweise eine Pflicht der

---

[513] Folgeprobleme der europäischen Kartellverfahrensreform, Sondergutachten der Monopolkommission gemäß § 44 Abs. 1 Satz 4 GWB, S. 34.

[514] Folgeprobleme der europäischen Kartellverfahrensreform, Sondergutachten der Monopolkommission gemäß § 44 Abs. 1 Satz 4 GWB, S. 30.

[515] Folgeprobleme der europäischen Kartellverfahrensreform, Sondergutachten der Monopolkommission gemäß § 44 Abs. 1 Satz 4 GWB, S. 30.

Kommission den Beratenden Ausschuss hinzuzuziehen.[516] Die Einsetzung eines anderen Koordinationsgremiums, wie sie teilweise vorgeschlagen wird[517], erscheint im Hinblick auf diese Möglichkeit überflüssig. Auf die Frage, wie die Hinzuziehung des Beratenden Ausschusses konkret auszusehen hätte, wird weiter unten eingegangen werden.

3. Gemeinsame Erklärung und Bekanntmachung

Wie schon erwähnt, haben Rat und Kommission eine Gemeinsame Erklärung zur Funktionsweise des Netzwerkes der Wettbewerbsbehörden[518] und eine Bekanntmachung über die Zusammenarbeit innerhalb des Netzes der Wettbewerbsbehörden herausgegeben[519].

Nach der Gemeinsamen Erklärung und der Bekanntmachung der Kommission soll diese grundsätzlich zuständig sein in Fällen, bei denen mehr als drei Mitgliedstaaten betroffen sind und bei Fällen, die eng mit anderen Gemeinschaftsbestimmungen verknüpft sind oder bei denen das Gemeinschaftsinteresse ein Aufgreifen des Falles erforderlich macht, um die Wettbewerbspolitik zu entwickeln. Dies soll insbesondere dann gelten, wenn es um neue Rechtsfragen geht.[520] Die Kommission ist angehalten ein Verfahren nicht an sich zu ziehen, wenn die angestrebte Verteilungsfrist von drei[521] bzw. zwei[522] Monaten abgelaufen ist.

---

[516] Folgeprobleme der europäischen Kartellverfahrensreform, Sondergutachten der Monopolkommission gemäß § 44 Abs. 1 Satz 4 GWB, S. 30.

[517] Folgeprobleme der europäischen Kartellverfahrensreform, Sondergutachten der Monopolkommission gemäß § 44 Abs. 1 Satz 4 GWB, S. 30.

[518] Draft Joint Statement of the Council and the Commission on the functioning of the network of competition authorities, Ratsdokument, MD 74/02.

[519] Bekanntmachung der Kommission über die Zusammenarbeit innerhalb des Netzes der Wettbewerbsbehörden, ABl.EG vom 27.04.2004, Nr. C 101/43.

[520] Draft Joint Statement of the Council and the Commission on the functioning of the network of competition authorities, Ratsdokument, MD 74/02, Tz. 19, Bekanntmachung der Kommission über die Zusammenarbeit innerhalb des Netzes der Wettbewerbsbehörden, ABl.EG vom 27.04.2004, Nr. C 101/43, 45.

[521] So nach dem Draft Joint Statement of the Council and the Commission on the functioning of the network of competition authorities, Ratsdokument, MD 74/02.

[522] So nach der Bekanntmachung der Kommission über die Zusammenarbeit innerhalb des Netzes der Wettbewerbsbehörden, ABl.EG vom 27.04.2004, Nr. C 101/43, 45.

Dies soll jedoch nicht gelten, wenn mehrere nationale Wettbewerbsbehörden in demselben Fall unterschiedliche Entscheidungen anstreben, Entscheidungen anstreben, die im Widerspruch zur Entscheidungspraxis der Kommission stehen oder Entscheidungen unnötig hinauszögern.[523]

Nach der Bekanntmachung der Kommission soll diese auch nach der Verteilungsfrist Fälle immer dann noch an sich ziehen können, wenn nationale Behörden Einwände nicht erheben. Sieht man von den Fällen des Art. 86 EG ab, so erscheinen die Gemeinsame Erklärung von Rat und Kommission und die Bekanntmachung der Kommission, was die Zuständigkeit der Kommission betrifft, somit inhaltlich ausreichend.

Verfahrenstechnisch stellen die Ausführungen jedoch nicht zufrieden. Für die genannten Fälle wird grundsätzlich nur die Erforderlichkeit einer Verfahrenseinleitung hervorgehoben, eine Pflicht ergibt sich hieraus gleichwohl nicht. Dass dies jedoch wünschenswert wäre, wurde schon weiter oben erwähnt.[524] An entsprechender Stelle wurden auch Fälle herausgearbeitet, bei denen die Kommission unter keinen Umständen das Recht haben sollte, ein Verfahren einzuleiten.[525] Nach der Erklärung von Rat und Kommission soll eine Verfahrenseinleitung jedoch immer dann möglich sein, wenn die nationale Behörde nicht widerspricht. Diese Regelung eröffnet einen unnötig großen Spielraum und ist aus Gründen der Rechtssicherheit abzulehnen.[526] Abgesehen davon, wurden in der Gemeinsamen Erklärung keine, in der Bekanntmachung der Kommission nur unbefriedigende Ausführungen über ein Verteilungsverfahren gemacht. Auch in dieser Hinsicht sind diese deshalb als unzureichend zu qualifizieren.

B. Informationsaustausch

In Art. 11 Abs. 2 und Art. 12 VO Nr. 1/2003 wird der Informationsaustausch zwischen den Behörden der Mitgliedstaaten und der Kommission geregelt. Dieser ist für ein wirksames Vorgehen im Rahmen einer dezentralen Rechtsanwendung notwendig.

I. Grundsätzliches

Nach Art. 11 Abs. 2 VO Nr. 1/2003 übermittelt die Kommission den Wettbewerbsbehörden der Mitgliedstaaten unverzüglich eine Kopie von Schriftstücken, die sie zum Erlass ihrer Entscheidung gesammelt hat. Somit wurde Art. 10 Abs. 1 der VO Nr.

---

523 Draft Joint Statement of the Council and the Commission on the functioning of the network of competition authorities, Ratsdokument, MD 74/02, Tz. 21; Bekanntmachung der Kommission über die Zusammenarbeit innerhalb des Netzes der Wettbewerbsbehörden, ABl.EG vom 27.04.2004, Nr. C 101/43, 50.

524 Vgl. 2. Kap., § 4, A., II., 1., d.

525 Vgl. 2. Kap., § 4, A., II., 1., d.

526 Vgl. nähere Begründung in 2. Kap., § 4, A., II., 1., d.

17/62 übernommen und an das neue System angepasst. Der Zweck dieser Regelung liegt darin, den Mitgliedstaaten von Anfang an eine aktive Teilnahme an dem Kommissionsverfahren zu ermöglichen. Ungewiss ist, wie weit die Informationspflicht nach Art. 11 Abs. 2 VO Nr. 1/2003 reicht. Nach Art. 11 Abs. 2 VOV sollte eine Übermittlungspflicht lediglich der „wichtigsten Schriftstücke“ begründet werden. Bei der Auslegung dieses Begriffes sind Konfliktsituationen vorprogrammiert. Im Einzelfall können nämlich die Schriftstücke, die von der Kommission als „die wichtigsten“ qualifiziert werden, für eine Beurteilung des Falles nicht ausreichen. Deshalb muss es der nationalen Behörde möglich sein, an weitere Schriftstücke zu kommen. Sinnvoller erscheint deshalb eine Regelung, wie sie zunächst in der Stellungnahme des Ausschusses für Industrie, Außenhandel, Forschung und Energie und dann vom Europäischen Parlament[527] empfohlen wurde, wonach Art. 11 Abs. 2 VOV in der Weise abgeändert werden sollte, dass eine Übermittlung aller „erforderlichen“ Unterlagen vorgenommen werden muss. Diesem Vorschlag wurde in Art. 11 Abs. 2 VO Nr. 1/2003 auch entsprochen. Auf Ersuchen der nationalen Behörde übermittelt die Kommission hiernach alle erforderlichen Unterlagen. Grundsätzlich dürfte es der Behörde nicht schwer fallen, die Erforderlichkeit zu begründen.

Nach Art. 12 Abs. 1 VO Nr. 1/2003 sind Kommission und nationale Wettbewerbsbehörden befugt, einen gesamten Vorgang einschließlich vertraulicher Angaben an die Behörde zu überweisen, die sich mit dem Fall befasst. Diese kann die Informationen dann als Beweismittel verwenden.[528] Auf diese Weise soll die effektive Übertragung eines Falls von einer Behörde zu einer anderen ermöglicht werden.[529] Die Weiterbearbeitung eines Falles, den die Kommission bereits eingeleitet hat, durch eine nationale Behörde ist jedoch wegen Art. 11 Abs. 6 VO Nr. 1/2003 nicht denkbar. Eine Weiterleitung ganzer Fälle kommt deshalb lediglich von einer nationalen Behörde zur Kommission oder zu einer anderen nationalen Behörde in Betracht. Praktisch relevant wird Art. 12 VO Nr. 1/2003 folglich nur in der Weise, dass nationale Behörden untereinander Informationen austauschen oder solche an die Kommission übermitteln, wenn diese ein Verfahren an sich zieht. Nach Art. 12 Abs. 2 VO Nr. 1/2003 dürfen übermittelte Informationen ausschließlich zur Anwendung des Wettbewerbsrechts der Gemein-

---

[527] Legislativvorschlag des Europäischen Parlaments, enthalten in: Bericht des Europäischen Parlaments, endgültig A5-0229/2001, S. 10 und Stellungnahme des Ausschusses für Industrie, Außenhandel, Forschung und Energie, S. 28, 37.

[528] Nach Art. 20 VO Nr. 17/62 ist dies heute noch nicht möglich; vgl. EuGH, Urteil v. 16.07.1992, Rs. C-67/91 (Asociación España de Banca Privada u.a.), Slg. 1992, I-4820, 4832, VO Nr. 17/62 Entscheidungsgründe Nr. 37 ff.

[529] VOV, Begründung zu Art. 12 VOV.

schaft und in Bezug auf den Untersuchungsgegenstand, für den sie erhoben wurden, als Beweismittel verwendet werden. Bei einer parallelen Anwendung nationalen Wettbewerbsrechts im gleichen Fall dürfen sie nur dann verwendet werden, wenn diese nicht zu einem anderen Ergebnis führt als die Anwendung gemeinschaftlichen Rechts. In Art. 12 Abs. 3 VO Nr. 1/2003 wird die Möglichkeit eingeschränkt, Informationen als Beweismittel für die Verhängung von Sanktionen gegen natürliche Personen zu verwenden.

Das Kartellverfahren nach der VO Nr. 1/2003 kennzeichnet sich durch eine enge Zusammenarbeit der Behörden untereinander. Eine solche ist zur Vermeidung von Doppelarbeit und Parallelverfahren auch unabdingbar. Diese Zusammenarbeit ist hauptsächlich durch die Möglichkeit geprägt, nach Art. 13 VO Nr. 1/2003 Beschwerden abzuweisen und Verfahren auszusetzen, wenn bereits eine andere Behörde mit dem Fall befasst ist. Würden jedoch bei einer Aussetzung des Verfahrens die bisher erlangten Ermittlungsergebnisse verloren gehen, wäre dies nicht i.S. einer Arbeitsteilung. Eine Regelung wie sie Art. 12 VO Nr. 1/2003 darstellt ist somit nicht nur zu begrüßen, sondern für das Gelingen der Reform als zwingend erforderlich anzusehen.

II. Art und Weise der Informationsübermittlung

Die Übermittlung von Informationen nach Art. 12 VO Nr. 1/2003 muss gut koordiniert sein. Möglich wäre eine zentrale Verteilung der Informationen durch die Kommission, wie sie von der Monopolkommission vorgeschlagen wurde.[530] Dies würde sich schon deshalb anbieten, da die nationalen Wettbewerbsbehörden nach Art. 11 Abs. 3 VO Nr. 1/2003 ohnehin verpflichtet sind, die Kommission bei Einleitung eines Verfahrens und vor dem Erlass bestimmter Entscheidungen zu unterrichten, wobei unter Umständen alle erforderlichen Verfahrensunterlagen zu übermitteln sind. So sind wichtige Informationen ohnehin bei der Kommission gelagert. Jedoch wäre eine Übermittlung durch die Kommission auch aus einem anderen Grunde sinnvoll. Einige Mitgliedstaaten äußerten bei ihren Stellungnahmen zum Weißbuch nämlich die Besorgnis, die Informationsübermittlung könnte aufgrund sprachlicher Probleme ihren Wert verlieren.[531] Bei einer Übermittlung durch die Kommission könnte diese im Notfall gleichzeitig für eine Übersetzung in eine dem Adressat verständliche Sprache sorgen. Werden jedoch, neben den Informationen, die der Kommission nach Art. 11 Abs. 3, 4 VO Nr. 1/2003 übermittelt werden müssen, alle Informationen, welche die Mitgliedstaaten untereinander anfordern, auch über die Kommission verteilt, würde dies zu unnötigem Zeit-

---

530 Folgeprobleme der europäischen Kartellverfahrensreform, Sondergutachten der Monopolkommission gemäß § 44 Abs. 1 Satz 4 GWB, S. 35.

531 White paper on reform of Regulation 17, Summary of the observations, 6.6.

verlust führen. Die Kommission müsste die angeforderten Informationen erst selbst bei der entsprechenden Behörde anfordern. Ein direkter Kontakt zwischen den Behörden scheint auf den ersten Blick somit sinnvoller. Dennoch ist zu berücksichtigen, dass anderenfalls die Kommission als Kontrollorgan tätig werden könnte. Im Hinblick auf die Verfahrensrechte der Unternehmen ist es unbedingt erforderlich, dass eine Instanz den Überblick darüber behält, welche Informationen an wen übermittelt und zu welchen Zwecken diese verwendet werden.

Die Kommission selbst plant hingegen ein Europäisches Wettbewerbsnetz (ECN), welches aus den nationalen Wettbewerbsbehörden und der Kommission besteht und ein Diskussions- und Kooperationsforum darstellt.[532] Diesem Europäischen Wettbewerbsnetz wird sozusagen ein Intranet zugrunde liegen, über welches Informationen übermittelt werden können. Alle Informationen, die bei der Anwendung der Artt. 81 und 82 EG übermittelt werden müssen, werden in dieses, für alle Wettbewerbsbehörden zugängliche Netz gestellt. Aus diesem Grunde wurde in Art. 11 Abs. 3, 4 VO Nr. 1/2003 auch der Zusatz eingefügt, dass etwaige Unterrichtungen und die hierzu übermittelten Informationen auch den Wettbewerbsbehörden anderer Mitgliedstaaten zugänglich gemacht werden können. Sowohl der Informationsaustausch nach Art. 11 als auch der nach Art. 12 VO Nr. 1/2003 kann über dieses Intranet erfolgen. Hiergegen sprechen auch nicht die in Art. 12 Abs. 3, 2 VO Nr. 1/2003 enthaltenen Einschränkungen. Diese betreffen nämlich nicht den Austausch der Informationen an sich, sondern lediglich die Möglichkeit diese Informationen als Beweismittel zu verwenden.

Die Schaffung eines Intranets ist der von der Monopolkommission vorgeschlagenen Variante vorzuziehen. Sie stellt die einfachere, flexiblere und somit zeitgemäßere Lösung für einen zügigen Datenaustausch dar.

III. Unternehmensrechte

Seitens der Industrie wurden erhebliche Bedenken gegen Art. 12 VO Nr. 1/2003 deshalb vorgebracht, weil Unternehmen durch die Weiterleitung von Informationen Verfahrensrechte verlieren könnten.

---

[532] Bekanntmachung der Kommission über die Zusammenarbeit innerhalb des Netzes der Wettbewerbsbehörden, ABL.EG vom 27.04.2004 Nr. C, 101, 43.

1. Preisgabe von Informationen

Zunächst soll untersucht werden, ob Artt. 11 Abs. 2, 12 VO Nr. 1/2003 eine Preisgabe von Informationen wahrscheinlicher machen und so zu einer Senkung des Schutzes vertraulicher Informationen im Kartellverfahren führen werden.

a. Rechtslage nach der VO Nr. 17/62

Nach Art. 287 EG sind die Gemeinschaftsorgane verpflichtet, Auskünfte, die ihrem Wesen nach unter das Berufsgeheimnis fallen, nicht preiszugeben. In Art. 20 Abs. 2 der VO Nr. 17/62 wurde dieser Grundsatz für das Kartellrecht konkretisiert. Er bezog nationale Behörden, die am Kartellverfahren mitwirkten, ein. Art. 20 Abs. 2 VO Nr. 17/62 umfasste alle Informationen, welche die Kommission bei ihren Ermittlungen erlangte und die unter das Berufsgeheimnis fielen; auch vertrauliche Informationen, die ein Dritter der Kommission über Marktentwicklungen oder mögliche Wettbewerbsbeschränkungen oder die ein Unternehmen über eigene Rechtsverletzungen preisgab.[533] Das Preisgabeverbot umfasste die unberechtigte Bekanntgabe der erlangten Kenntnisse.[534] Hierbei musste das unternehmerische Interesse der Geheimhaltung gegen das öffentliche Interesse an der Erfüllung der Gemeinschaftaufgaben abgewogen werden. Das Geheimhaltungsinteresse war an den Nachteilen zu beurteilen, die der Informant durch eine Weiterleitung seiner Informationen haben hätte können.[535] Der Geheimhaltungspflicht nach 20 Abs. 2 der VO Nr. 17/62 kam eine Ausgleichsfunktion im Hinblick auf die Ermittlungsbefugnisse der Behörden zu. Eine weitgehende Geheimhaltungspflicht kann Unternehmen grundsätzlich dazu bringen, ihre Mitwirkungspflichten zu erfüllen und die Kommission gar zu unterstützen. Auch Dritte, die nicht als formelle Beschwerdeführer auftreten, werden Informationen nur dann preisgeben, wenn die Geheimhaltung ihrer Identität garantiert ist. Eine Übermittlung von Angaben der Betroffenen an etwaige Beschwerdeführer muss schon deshalb verhindert werden, um zu vermeiden, dass Dritte nur deshalb Beschwerde einlegen, um an bestimmte Informationen zu gelangen. Durch den Geheimschutz wird eine Vertrauensgrundlage zwischen Behörden und Unternehmen gebildet. Sie trägt insoweit zu einer Stärkung des Wettbewerbsprinzips bei.[536]

---

[533] Informationen eines Unternehmen über eigene Rechtsverletzungen werden insbesondere deshalb preisgegeben, um eine mildere Behandlung zu erreichen; *Ritter*, in: Immenga/Mestmäcker, EG-Wettbewerbsrecht, Bd. 2, VO 17, B., Art. 20 Rn.17.

[534] *Ritter*, in: Immenga/Mestmäcker, EG-Wettbewerbsrecht, Bd. 2, VO 17, B., Art. 20 Rn. 16.

[535] *Ritter*, in: Immenga/Mestmäcker, EG-Wettbewerbsrecht, Bd. 2, VO 17, B., Art. 20 Rn. 16.

[536] *Girnau*, Die Stellung der Betroffenen im EG-Kartellverfahren, S. 131, *Gleiss/Hirsch*, Kommentar zum EWG-Kartellrecht, Bd. 2, VO Nr. 17/62 Art. 20 Rn. 9.

b. Rechtslage nach der VO Nr. 1/2003

Nach Art. 28 Abs. 2 VO Nr. 1/2003 ist es u.a. Bediensteten der Kommission verboten, Informationen preiszugeben, die sie bei ihren Ermittlungen erlangt oder ausgetauscht haben und die ihrem Wesen nach unter das Berufsgeheimnis fallen. Hierauf wird in der Bekanntmachung über die Zusammenarbeit innerhalb des Netzes der Wettbewerbsbehörden nochmals ausdrücklich hingewiesen.[537] Insoweit entspricht Art. 28 VO Nr. 1/2003 der Rechtslage nach Art. 20 VO Nr. 17/62. Es ist jedoch zu berücksichtigen, dass Informationen nun nach Art. 12 VO Nr. 1/2003 ausgetauscht oder nach Art. 11 VO Nr. 1/2003 übermittelt werden können.

c. Senkung des Schutzniveaus?

Die Senkung des Schutzes vertraulicher Informationen allein durch ihre Weiterleitung nach Art. 11 Abs. 2 oder 12 VO Nr. 1/2003 ist in den meisten Fällen jedoch nicht zu befürchten, da nach Art. 28 VO Nr. 1/2003 auch alle nationalen Behörden dem Preisgabeverbot unterworfen sind. Es besteht also weder die Gefahr, dass Informationen Dritter an die betroffenen Unternehmen gelangen, noch die Gefahr, dass vertrauliche Kenntnisse über betroffene Unternehmen an Beschwerdeführer weitergeleitet werden. Hierfür sorgen schon die ausführlichen Regelungen zur Akteneinsicht und der Behandlung vertraulicher Informationen in der VO Nr. 774/2004. Nach Art. 16 VO Nr. 774/2003 werden Informationen nicht mitgeteilt oder zugänglich gemacht, soweit sie Geschäftsgeheimnisse oder sonstige vertrauliche Informationen von Personen enthalten. Voraussetzung hierfür ist, dass die zu schützenden Informationen innerhalb einer von der Kommission gesetzten Frist kenntlich gemacht werden und eine nicht vertrauliche Fassung vorgelegt wird. Eine Senkung des Schutzniveaus kommt somit lediglich dann in Betracht, wenn eine Kenntnisnahme der empfangenden Wettbewerbsbehörde selbst nachteilige Wirkung hat. In diesem Rahmen besteht die Gefahr, dass vertrauliche Informationen an einen Mitgliedstaat weitergeleitet werden, der Anteilseigner an einem Unternehmen ist, das mit dem betroffenen Unternehmen in Konkurrenz steht. Bei der Übermittlung von Informationen muss deshalb dafür gesorgt werden, dass diese direkt und ausschließlich an die zuständige Behörde übermittelt werden. Dass die Angaben nicht in falsche Hände geraten, könnte zusätzlich dadurch verhindert werden, dass eine Weitergabe nicht an die Behörde, sondern ausschließlich an die Person, die den entsprechenden Fall leitet, erfolgt. Dieser muss dann ausdrücklich untersagt sein, die Informationen Dritten zugänglich zu machen. Bezüglich des von der Kommission ins Leben gerufenen Intranets ist in diesem Zusammenhang wichtig, dass dieses zum

---

537 Bekanntmachung der Kommission über die Zusammenarbeit innerhalb des Netzes der Wettbewerbsbehörden, ABl.EG vom 27.04.2004, Nr. C 101/43, 46.

einen nur der nationalen Wettbewerbsbehörde zugänglich ist. In einigen Mitgliedstaaten wie Frankreich, Spanien und Belgien werden Ermittlungen und Voruntersuchungen nicht von denjenigen Behörden geführt, die letztendlich die Entscheidungen erlassen.[538] Zugang zum Netz darf hier nur die zweite, mit der Beschlussfassung betraute Behörde haben.[539] Auch muss gewährleistet sein, dass die Zahl der Bediensteten der Wettbewerbsbehörde, die Zugriff auf das Intranet haben, möglichst gering gehalten wird und nur den Beschlussabteilungen zugute kommt, die mit der Anwendung von EG-Kartellrecht betraut sind.

2. Verwertung der Informationen

Eine Senkung des Schutzniveaus bezüglich der Preisgabe von Informationen ist nicht zu erwarten. Fraglich ist, ob dies auch im Hinblick auf die Verwertung von weitergeleiteten Informationen gelten kann.

a. Rechtslage nach der VO Nr. 17/62

Nach Art. 20 Abs. 1 VO Nr. 17/62 durften die bei der Ermittlung erlangten Kenntnisse nur zu dem mit der Auskunft oder Nachprüfung verfolgten Zweck verwertet werden.

b. Rechtslage nach der VO Nr. 1/2003

Art. 28 Abs. 1 VO Nr. 1/2003 entspricht Art. 20 Abs. 1 VO Nr. 17/62 auch in dieser Hinsicht. Eine Senkung des Schutzniveaus könnte sich jedoch auch hier aus Art. 12 VO Nr. 1/2003 ergeben.

c. Senkung des Schutzniveaus?

Vorliegend soll nur der Fall einer Übermittlung von Informationen einer nationalen Behörde an die Kommission oder umgekehrt betrachtet werden. Auf Informationsübermittlungen nationaler Behörden untereinander ist an anderer Stelle einzugehen.[540]

aa. Verwertung in Kartellverfahren

Eine Weiterleitung von Informationen zum Zwecke ihrer Verwertung kommt wegen Art. 11 Abs. 6 VO Nr. 1/2003 nur durch eine nationale Behörde an die Kommission, nicht umgekehrt in Betracht.

---

538 In Frankreich ist Entscheidungstreffendes Organ beispielsweise die Commission de la Concurrence. Ermittlungen werden jedoch von der Direction Générale de la Concurrence et de la Consommation et de la Répression des Fraudes geführt; vgl. *Emmerich*, in: Immenga/Mestmäcker, EG-Wettbewerbsrecht, Bd. 1, Einl., D. Rn. 35.

539 Stellungnahme des Ausschusses für Recht und Binnenmarkt, enthalten in: Bericht des Europäischen endgültig A5-0229/2001, S. 48.

540 Vgl. 3. Kap., § 6, D.

In diesen Fällen ist nach Art. 12 Abs. 2 VO Nr. 1/2003 eine Verwertung nur zum Zwecke der Anwendung von Artt. 81 und 82 EG und im Hinblick auf denselben Untersuchungsgegenstand möglich.

Nach Art. 20 Abs. 1 VO Nr. 17/62 durften die bei Ermittlungen erlangten Kenntnisse zu dem mit der Auskunft oder Nachprüfung verfolgten Zweck verwertet werden. Eine Änderung hierzu bzw. eine Senkung des Schutzniveaus würde sich folglich ergeben, wenn man davon ausginge, dass eine Verwertung von Informationen, die zur Verwendung in einem Verfahren nach Artt. 81 oder 82 EG, welches denselben Untersuchungsgegenstand betrifft, weitergeleitet werden, nicht zu dem Zweck erfolgt, zu welchem sie erhoben wurden.

Der mit einer Ermittlung verfolgte Zweck liegt darin, in einem konkreten Fall eine etwaige Wettbewerbsbeschränkung aufzudecken und zu verbieten. Dieser Zweck kann auch von einer anderen Behörde erfüllt werden. Solange es sich um denselben Untersuchungsgegenstand handelt und Gemeinschaftsrecht angewandt wird, erfolgt die Verwertung somit immer zu dem Zweck, zu welchem die Ermittlungen vorgenommen wurden. Eine Verwertung wäre deshalb auch nach Art. 20 VO Nr. 17/62 zu bejahen gewesen. Eine Senkung des Schutzniveaus wird sich in diesen Fällen somit nicht ergeben.

Es ist davon auszugehen, dass Informationen nach Art. 12 Abs. 1 VO Nr. 1/2003 von einer nationalen Wettbewerbsbehörde an die Kommission weitergeleitet werden können, um dort in einem auf eine andere Rechtsgrundlage (beispielsweise Art. 82 EG statt 81 EG) gestützten Verfahren verwendet zu werden. Eine Verwertung wird nach Art. 12 VO Nr. 1/2003 auch in diesen Fällen möglich sein, da es sich um die Anwendung der Artt. 81, 82 EG und denselben Untersuchungsgegenstand handelt. Nach Art. 20 VO Nr. 17/62 durfte die Kommission jedoch Ermittlungsergebnisse, die sie in einem Verfahren erzielt hatte, in einem auf eine andere Rechtsgrundlage gestützten Verfahren verwerten.[541] Eine Senkung des Schutzniveaus wird somit auch diesbezüglich nicht eintreten.

Nach Art. 12 Abs. 2 VOV hätten weitergeleitete Informationen bei Anwendung des EG- Kartellrechts unabhängig von dem Untersuchungsgegenstand verwendet werden dürfen. Einer Beweisverwertung in anderen Kartellverfahren hätte demnach nichts entgegengestanden. Dies hätte eine Einschränkung der Unternehmensrechte im Vergleich zur Rechtslage nach Art. 20 der VO Nr. 17/62 bedeutet. Nach diesem durften in einem Kartellverfahren ermittelte Informationen nicht in einem anderen Kartellverfah-

---

[541] *Ritter*, in: Immenga/Mestmäcker, EG-Wettbewerbsrecht, Bd. 2, VO 17, B., Art. 20 Rn. 5.

ren verwertet werden. Die Kenntnis ihrer Existenz konnte in solchen Fällen lediglich zum Anlass neuer Ermittlungen gemacht werden.[542] Einer Senkung des Schutzniveaus wurde jedoch mit Art. 12 Abs. 2 S. 1 VO Nr. 1/2003 Abhilfe geschaffen.

bb. Verwertung in strafrechtlichen Verfahren

Von Seiten der Industrie wurde vorgebracht, die ausgetauschten Informationen könnten in Verfahren, in denen stärkere Verfahrensrechte gelten, verwertet werden. Dies würde zu einer Senkung des Schutzniveaus führen.[543] In diesem Zusammenhang kommen insbesondere strafrechtliche Verfahren in Betracht. Im Kartellverfahren haben Unternehmen beispielsweise grundsätzlich nicht das Recht selbstbelastende Aussagen und die Vorlage belastender Unterlagen zu verweigern.[544] Aus diesem Grunde wird gefordert, eine Übermittlung der Informationen nur dann zuzulassen, wenn auch im Kartellverfahren der Kommission strafrechtliche Grundsätze eingehalten wurden.[545] Hiergegen ist jedoch einzuwenden, dass eine solche Regelung nur dann erforderlich wäre, wenn die erlangten Erkenntnisse nach der VO Nr. 1/2003 tatsächlich in strafrechtlichen Verfahren verwertet werden könnten. Dies ist jedoch nicht der Fall. Nach Art. 12 Abs. 1 VO Nr. 1/2003 ist der Austausch und die Verwertung von Informationen nur bei einer Anwendung der Artt. 81, 82 EG möglich. Eine direkte Übermittlung der Unterlagen zur Verwertung in anderen, insbesondere strafrechtlichen, Fällen kommt somit nicht in Betracht.[546]

cc. Verwertung zu Sanktionszwecken

Im Hinblick auf Art. 12 VO Nr. 1/2003 besteht für die betroffenen Unternehmen grundsätzlich das Risiko bei einer Weiterleitung des Falles strengeren Sanktionen ausgesetzt sein zu können. Das Problem ungleicher Sanktionierung wollte die Kommission mit Art. 12 Abs. 3 VO Nr. 1/2003 aus der Welt schaffen. Da Sanktionen gegen natürliche Personen im Gemeinschaftsrecht jedoch ohnehin nicht möglich sind, ist dieser für das Kommissionsverfahren praktisch bedeutungslos. Die Kommission muss bei der Verwertung von Informationen in dieser Hinsicht somit keine Einschränkungen hinnehmen. Sanktionen, die gegenüber den Unternehmen selbst verhängt werden können, sind im Recht der Gemeinschaft und dem der Mitgliedstaaten ähnlich. Die Gefahr einer Ungleichbehandlung ergibt sich für betroffene Unternehmen hier folglich nicht.

---

542 *Ritter*, in: Immenga/Mestmäcker, EG-Wettbewerbsrecht, Bd. 2, VO 17, B., Art. 20 Rn. 5.

543 White paper on reform of Regulation 17, Summary of the observations, 6.5.

544 Ein solches Recht existiert lediglich in Bezug auf ein Geständnis; vgl. EuGH, Urteil v. 18.10.1989 Rs. 374/87 (Orkem), Slg. 1989, 3343, 3351 f.

545 White paper on reform of Regulation 17, Summary of the observations, 6.2.

546 Dies wird auch aus Art. 15 Abs. 4 der VO Nr. 774/2004 deutlich.

dd. Ergebnis

Die in Art. 28 VO Nr. 1/2003 normierten Unternehmensrechte bleiben somit nicht unter dem Schutzniveau des Art. 20 Abs. 1. VO Nr. 17/62. Dies gilt unbeschadet der Regelung in Art. 12 VO Nr. 1/2003, da dieser an den erforderlichen Stellen eingeschränkt ist.

C. Hinzuziehen des Beratenden Ausschusses

Mit einer Übernahme des Art. 10 Abs. 3, 4, 5, 6 VO Nr. 17/62 hat sich die Kommission für die Beibehaltung des Beratenden Ausschusses für Kartell- und Monopolfragen entschieden. Auf diese Weise sollen nationale Behörden an Entscheidungen der Kommission weiterhin mitwirken können.

I. Grundsätzliches

Nach Art. 10 Abs. 3 VO Nr. 17/62 war vor jeder Entscheidung der Kommission, die ein Verfahren abschloss oder die Erneuerung, Änderung oder den Widerruf einer Freistellungsentscheidung beinhaltete, der Beratende Ausschuss anzuhören. Dieser besteht aus für Kartell- und Monopolfragen zuständigen Beamten der Mitgliedstaaten.[547] Seine Stellungnahme konnte die Auffassung des gesamten Ausschusses oder diejenige einer Minderheit oder einer Mehrheit ausdrücken. Sie war für die Kommission nicht verbindlich. Unterließ die Kommission jedoch eine Anhörung, so wurde ihre Entscheidung fehlerhaft. Das Hinzuziehen des Beratenden Ausschusses gehörte zu den Verfahrensrechten nicht nur der Mitgliedstaaten, sondern auch der einzelnen Unternehmen.[548] Die Kommission hat Art. 10 Abs. 3, 4, 5, 6 VO Nr. 17/62 in seinen Grundzügen übernommen und an das neue System angepasst. Zusätzlich wurden jedoch einige wenige Änderungen vorgenommen, die im Folgenden kurz dargestellt werden.

1. Art. 14 Abs. 2 VO Nr. 1/2003

Der Beratende Ausschuss setzt sich grundsätzlich aus Vertretern der Wettbewerbsbehörden der Mitgliedstaaten zusammen. In Zukunft kann für Sitzungen, in denen andere Fragen als Einzelfälle diskutiert werden, ein weiterer für Wettbewerbsfragen zuständiger Vertreter bestimmt werden. Die Vertreter können im Falle ihrer Verhinderung ersetzt werden.

2. Art. 14 Abs. 3 VO Nr. 1/2003

Nach Art. 14 Abs. 3 VO Nr. 1/2003 führt die Kommission den Vorsitz der gemeinsamen Sitzungen. Diese Regelung stellt nur formal eine Änderung dar, da gemeinsame

---

[547] Für Deutschland wurde hierfür vom Bundeswirtschaftsminister der Präsident des Bundeskartellamtes bestimmt.

[548] *Ritter*, in: Immenga/Mestmäcker, EG Wettbewerbsrecht, Bd. 2, VO 17, B., Art. 10 Rn. 23 ff.

Sitzungen auch in der Vergangenheit, obwohl nicht ausdrücklich in Art. 10 VO Nr. 17/62 geregelt, von der Kommission geleitet wurden.

Mit Art. 14 VOV wollte die Kommission den Mitgliedstaaten ermöglichen, einer kürzeren Frist als 14 Tage für die Einladung zu einer Sitzung zuzustimmen. Diese Regelung wäre grundsätzlich zu begrüßen gewesen, da sie eine flexiblere Handhabung der Fälle und ggf. die Beschleunigung des Anhörungsverfahrens bedeutet hätte. Auf der anderen Seite griff sie jedoch zu kurz, da das hierfür erforderliche Zustimmungsverfahren wohl regelmäßig einiges an Zeit und Aufwand in Anspruch genommen hätte. In der VO Nr. 1/2003 ging man deshalb einen Schritt weiter. Eine Fristverkürzung ist hiernach immer dann zulässig, wenn kein Mitgliedstaat diesbezügliche Einwände erhebt. I.S. einer Beschleunigung des Anhörungsverfahrens wurde eine weitere Änderung vorgenommen. Handelt es sich bei der relevanten Entscheidung um eine solche zum Erlass einer einstweiligen Anordnung, beträgt die Frist lediglich sieben Tage. Eine Fristverkürzung ist auch hier, unter den genannten Voraussetzungen, möglich.

In der Anhörung nimmt der Beratende Ausschuss zu dem vorläufigen Entscheidungsvorschlag schriftlich Stellung. Auf Antrag eines oder mehrer Mitglieder muss die Stellungnahme künftig in ihren Einzelteilen begründet werden. Sie kann auch dann abgeben werden, wenn einzelne Mitglieder des Ausschusses oder deren Vertreter nicht anwesend und vertreten sind.

3. Art. 14 Abs. 4 VO Nr. 1/2003

Art. 14 Abs. 4 VO Nr. 1/2003 stellt die Rechtsgrundlage für ein schriftliches Anhörungsverfahren dar. Bislang war ein solches nicht vorgesehen. Ein schriftliches Verfahren lässt jedoch eine flexiblere Handhabung der Fälle und ein effizientes Vorgehen, insbesondere in Hinblick auf das geplante Intranet zu. Seine Einführung ist deshalb und bei Berücksichtigung der dennoch bestehenden Möglichkeit, jederzeit die Einberufung einer Sitzung zu verlangen, positiv zu bewerten. Die Kommission setzt eine Frist, innerhalb der die Mitgliedstaaten ihre Bemerkungen übermittelt haben müssen. Im VOV war die Mindestlänge einer solchen Frist nicht ausdrücklich erwähnt. In der VO Nr. 1/2003 wurde sie auf mindestens vierzehn bzw. sieben Tage festgelegt. Eine Verkürzung ist unter den oben genannten Voraussetzungen jedoch auch hier möglich. Zwar ließ die Variante im VOV eine noch flexiblere Vorgehensweise der Kommission zu und wäre, zumindest im Hinblick auf die Tatsache, dass die einzelnen Vertreter nicht persönlich erscheinen müssen und deshalb mit einer kürzeren Vorlaufzeit zurecht kommen dürften, gerechtfertigt gewesen. Allerdings haben die Mitgliedstaaten ein Recht darauf, angemessene Fristen zum Formulieren von Stellungnahmen eingeräumt zu bekommen. Dies scheint im Hinblick auf die Qualität der Bemerkungen auch i.S.

der Kommission zu sein. Aus diesem Grunde ist eine Frist von vierzehn bzw. sieben Tagen wohl schon knapp bemessen.

4. Art. 14 Abs. 5 VO Nr. 1/2003

Wie schon erwähnt waren Stellungnahmen des Beratenden Ausschusses für die Kommission in der Vergangenheit nicht verbindlich. Dies gilt auch weiterhin. Nach Art. 14 Abs. 5 VO Nr. 1/2003 hat die Kommission die Stellungnahme des Ausschusses jedoch so weit wie möglich zu berücksichtigen und diesen darüber zu unterrichten. Eine solche Regelung war im VOV zunächst nicht vorgesehen. Art. 14 Abs. 5 VO Nr. 1/2003 entspricht hingegen Art. 19 Abs. 6 FKVO, wonach die Kommission die Stellungnahme zumindest soweit wie möglich zu berücksichtigen hat.

Es drängt sich jedoch die Frage auf, inwieweit diese Formulierung überhaupt einen Unterschied macht. In der Fusionskontrolle hat die Frage, ob die Kommission die Ansicht des Ausschusses ausreichend berücksichtigt hat, in der Vergangenheit schon zu Konflikten geführt.[549] Wegen der weitergehenden Regelung in der VO Nr. 17/62 konnte dies bislang zwar nicht passieren. Dennoch kann die Auffassung, Ideen der nationalen Wettbewerbsbehörden können mangels echter Rechtspositionen nicht zur Geltung gebracht werden, nicht unterstützt werden.[550] Die Kommission trat auch im Rahmen der VO Nr. 17/62 häufig in Nachverhandlungen mit den Unternehmen, wenn ihre Ansicht nicht mit der des Ausschusses übereinstimmte. Einen dabei geschlossenen Kompromiss unterbreitet sie dann regelmäßig dem Ausschuss zur erneuten Stellungnahme. Auf diese Weise wurden gemeinsam getragene Ergebnisse erzielt.[551] Ein wesentlicher Unterschied ist demnach nicht zu erwarten, da weder in der Fusionskontrolle noch nach der VO Nr. 17/62 eine rechtliche oder faktische Bindungswirkung besteht.[552]

5. Art. 14 Abs. 6 VO Nr. 1/2003

Schriftliche Stellungnahmen können aufgrund einer Empfehlung des Beratenden Ausschusses durch die Kommission veröffentlicht werden. In der VO Nr. 17/62 war eine

---

549 *Immenga*/Mestmäcker, EG Wettbewerbsrecht, Bd. 2, FKVO, Art. 19 Rn. 12.

550 So aber *Gröning*, Die dezentrale Anwendung des EG-Kartellrechts gemäß dem Vorschlag der Kommission zur Ersetzung der VO Nr. 17/62, WRP, 2001, 83.

551 So beispielsweise, Stellungnahme zur Entscheidung der Kommission im Fall Mannesmann/Vallourec/Ilva vom 31.01.1994, WuW 1994, 924, 925; Stellungnahme des Beratenden Ausschusses für die Kontrolle von Unternehmenszusammenschlüssen, abgegeben in seiner 18. Sitzung am 17. Dezember 1993 bezüglich des Vorentwurfs einer Entscheidung im Einzelfall IV/M.315-Mannesmann/Vallourec/Ilva Ausschusses; ABl.EG vom 21.4.1994 Nr. C 111/6.

552 *Kirchhoff*, Europäische Fusionskontrolle, BB 1990, 1, 13; *Miersch*, Kommentar zur EG-Verordnung Nr. 4064/89 über die Kontrolle von Unternehmenszusammenschlüssen, S. 174.

solche Veröffentlichung bislang nicht vorgesehen.[553] Art. 14 Abs. 5 VO Nr. 1/2003 ist insoweit an Art. 19 Abs. 7 FKVO angelehnt. Auf diese Weise soll in erster Linie die Transparenz des Wettbewerbsrechts erhöht werden. Der Ausschuss für Recht und Binnenmarkt hat deshalb vorgeschlagen, Stellungnahmen in jedem Fall zu veröffentlichen.[554] Dieser Vorschlag wurde vom federführenden Ausschuss für Wirtschaft und Währung übernommen.[555] Eine solche Regelung wäre zwar auch grundsätzlich sinnvoll, da ein Teil der Entscheidungsfindung der Kommission einem breiten Publikum zugänglich gemacht und so das Vertrauen in das Wettbewerbssystem gefördert würde. Dies kann, gerade im Hinblick auf die eklatanten Änderungen im Kartellverfahren, von erheblicher Bedeutung sein. Andererseits erkennt man bei einem Blick auf die Fusionskontrolle, dass eine solche Erweiterung nicht zwingend erforderlich ist. Dort wurde eine entsprechende Empfehlung der Mitgliedstaaten bereits in allen behandelten Fällen ausgesprochen. Eine Veröffentlichung wurde, obwohl eine Entscheidung hierüber im Ermessen der Kommission liegt, bislang immer vorgenommen.[556] Andererseits stünde der Einführung einer generellen Veröffentlichungspflicht auch nichts entgegen. Geschäftsgeheimnisse der Unternehmen hat die Kommission bei der Veröffentlichung nach Art. 14 Abs. 6 S. 2 VO Nr. 1/2003 ohnehin zu wahren. Insoweit wurde der Vorschlag des Europäischen Parlaments umgesetzt.[557] Art. 14 Abs. 5 VOV sah zunächst nämlich nur die Verpflichtung der Kommission vor, bei einem Beschluss über die Veröffentlichung dem berechtigten Interesse der Unternehmen an der Wahrung der Geschäftsgeheimnisse gebührend Rechnung zu tragen. Eine Pflicht, sensible Daten bei der Veröffentlichung selbst stets unkenntlich zu machen, hätte sich aus dieser Regelung beispielsweise nicht ergeben.

6. Art. 14 Abs. 7 VO Nr. 1/2003

In Zukunft werden im Beratenden Ausschuss auch allgemeine Fragen des gemeinschaftlichen Wettbewerbsrechts und Fälle, mit denen nationale Wettbewerbsbehörden befasst sind, erörtert. Auf diese Weise können die Behörden der Mitgliedstaaten Fälle,

---

[553] *Sauter*, in: Langen/Bunte, Kommentar zum deutschen und europäischen Kartellrecht, VO Nr. 17, Art. 10 Rn. 2.

[554] Legislativvorschlag des Europäischen Parlaments, enthalten in: Bericht des Europäischen Parlaments, endgültig A5-0229/2001, S. 48.

[555] Legislativvorschlag des Europäischen Parlaments, enthalten in: Bericht des Europäischen Parlaments, endgültig A5-0229/2001, S. 12.

[556] *Immenga*/Mestmäcker, EG Wettbewerbsrecht, Bd. 2, FKVO, Art. 19 Rn. 13.

[557] Legislativvorschlag des Europäischen Parlaments, enthalten in: Bericht des Europäischen Parlaments, endgültig A5-0229/2001, S. 12 und Stellungnahme des Ausschusses für Recht und Binnenmarkt, S. 48.

in denen sie sich bei der Anwendung des Gemeinschaftsrechts nicht sicher sind, zur Diskussion bringen.

Nach Art. 14 Abs. 6 VOV sollte die Kommission solche Fälle auf Antrag auf die Tagesordnung stellen können. Sie selbst erwähnte, dass sie dies in der Regel tun wird und wies schon im Weißbuch auf die Vorteile eines solchen Diskussionsforums hin.[558] Es stellte sich dennoch die Frage, ob die Kommission zu einer Aufnahme in die Tagesordnung nicht sogar verpflichtet werden sollte. Aufgrund ihrer immensen Arbeitsbelastung kann nämlich daran gezweifelt werden, dass die Kommission einem solchen Antrag tatsächlich regelmäßig nachgegangen wäre. An dieser Stelle ist zu erwähnen, dass eine Besprechung im Beratenden Ausschuss nicht nur der behandelnden nationalen Behörde bei einer kohärenten Anwendung des Gemeinschaftsrechts helfen kann. Allein durch die gemeinsame Auseinandersetzung mit verschiedenen Vorgängen können auch andere Behörden immer wieder Hinweise über die Anwendung der Wettbewerbsregeln erlangen. In Art. 14 Abs. 7 VO Nr. 1/2003 wurde deshalb die Verpflichtung eingeführt einen Fall auf die Tagesordnung zu setzen, wenn dies von einer nationalen Wettbewerbsbehörde beantragt wird.

Eine schriftliche Stellungnahme des Beratenden Ausschusses wird in diesem Zusammenhang grundsätzlich nicht abgegeben werden. Dies scheint auch gerechtfertigt, da eine solche grundsätzlich dazu dient nachträglich kontrollieren zu können, ob die Stellungnahme von der Kommission tatsächlich berücksichtigt wurde. Nationale Behörden müssen die Ansicht anderer nationaler Behörden jedoch nicht in ihre Entscheidungsfindung mit einbeziehen. Es kommt ihnen regelmäßig nur auf die Diskussion bestimmter Fragen zur Anwendung von EG-Kartellrecht an. Eine schriftliche Stellungnahme des Ausschusses ist nicht erforderlich.

II. Maßgebliche Behörde

Wie schon erwähnt, werden in einigen Mitgliedstaaten wie Frankreich, Spanien und Belgien Ermittlungen und Voruntersuchungen nicht von derjenigen Behörde geführt, die letztendlich die Entscheidung erlässt.[559] In Art. 14 Abs. 2 VOV war nicht festgelegt, aus welcher Behörde Vertreter in den Beratenden Ausschuss entsandt werden sollten. Deshalb wurde vorgeschlagen eine Änderung vorzunehmen, nach welcher grundsätzlich ein Vertreter der mit der Lösung der Fälle betrauten Behörde zu entsenden ist. Hierbei handelt es sich regelmäßig um die zweite, beschlussfassende Behör-

---

[558] VOV, Begründung zu Art. 14 VOV; Weißbuch Tz. 106.

[559] Vgl. 2. Kap., § 4, B., III., 1., c.

de.[560] Dieser Vorschlag wurde in Art. 14 Abs. 2 VO Nr. 1/2003 jedoch nicht umgesetzt. Da es gleichwohl im Interesse der Kommission ist, Diskussionen im Ausschuss auf hoher Ebene und mit Personen zu führen, die mit der Lösung von Fällen auch unter Anwendung des Gemeinschaftsrechts betraut sind, ist davon auszugehen, dass die Kommission ohnehin die Vertreter der beschlussfassenden Behörde einberuft. Ist dies nicht der Fall, muss es den Mitgliedstaaten dennoch unbenommen bleiben, diese zu entsenden. Eine ausdrückliche Regelung in der VO Nr. 1/2003 ist somit entbehrlich.

III. Entscheidungen über die Zuständigkeit

Wie bereits ausgeführt, wäre bei einer Zuständigkeitsverteilung wie sie weiter oben vorgeschlagen wird, der Beratende Ausschuss immer dann hinzuzuziehen, wenn es um eine Entscheidung über die Zuständigkeit der Kommission selbst geht. Ein Anhörungsverfahren könnte in diesem Fall genauso aussehen wie bei anderen, abschließenden Entscheidungen der Kommission. Hierbei müsste die Stellungnahme des Ausschusses jedoch verbindlich sein. Wäre dies nicht der Fall, so käme man einer alleinigen Entscheidungsbefugnis der Kommission nahe. Tatsächlich sind hier jedoch strengere Maßstäbe anzulegen als bei abschließenden Kommissionsentscheidungen. Schließlich handelt es sich um das Recht der nationalen Behörden bestimmte Fälle selbst zu behandeln. Zur Durchsetzung dieses Rechts und um eine Zuständigkeitsregelung nicht gänzlich leer laufen zu lassen, muss den nationalen Behörden ein stärkeres Instrument in die Hand gegeben werden, als das Recht unverbindlich Stellung zu nehmen. Abgesehen davon würden Vertreter aller Mitgliedstaaten an der Sitzung beteiligt sein, sodass nicht unterstellt werden kann, die Stellungnahme würde ohnehin immer zugunsten der jeweiligen Behörde ausfallen.

§ 5 Auswirkungen auf das Instrument der Gruppenfreistellungsverordnung

Schon in der Einführung dieser Arbeit wurde an verschiedenen Stellen auf GVOen der Kommission eingegangen.[561] Im Folgenden werden die wesentlichen Auswirkungen der EG- Kartellverfahrensreform auf dieses Instrument herausgearbeitet werden. Hierbei ist zunächst deren Rechtswirkung in einem System der Legalausnahme zu untersuchen, um dann auf andere in der VO Nr. 1/2003 enthaltene Änderungen einzugehen.

---

560 Legislativvorschlag des Europäischen Parlaments, enthalten in: Bericht des Europäischen Parlaments, endgültig A5-0229/2001, S. 11 und Stellungnahmen des Ausschusses für Recht und Binnenmarkt, S. 48.

561 Vgl. 1. Kap., § 2, C., II., 2.

A. Grundsätzliches

Zwar wurde in der VO Nr. 1/2003 von einer grundsätzlichen Ermächtigung der Kommission zum Erlass von GVOen abgesehen, das Instrument der GVO an sich wurde, wie sich aus Art. 29 VO Nr. 1/2003 ergibt, dennoch erhalten. Die Kommission kann in Zukunft weiterhin GVOen erlassen, wenn sie hierzu in einer Verordnung vom Rat ermächtigt wird.[562]

B. Rechtswirkung

Interessant ist die Frage nach der Rechtswirkung von GVOen in einem System der Legalausnahme. In dieser Hinsicht können verschiedene Auffassungen vertreten werden. Einerseits könnte man GVOen weiterhin allgemein verbindliche, konstitutive Wirkung zusprechen. Hierhin deutet Art. 29 VO Nr. 1/2003 mit der in ihm enthaltenen Möglichkeit des Entzuges des Rechtsvorteils einer GVO. Würde man GVOen eine konstitutive Wirkung nicht zusprechen, so gäbe es auch keinen Rechtsvorteil, der nach dieser Vorschrift entzogen werden könnte.[563] Dagegen wäre einzuwenden, dass konstitutive GVOen in einem System, in dem die Kommission auch keine konstitutiven Einzelentscheidungen nach Art. 81 Abs. 3 EG mehr treffen kann, grundsätzlich nicht denkbar sind. GVOen können deshalb als bloße „Gruppennegativatteste“ ohne jede rechtlich bindende Wirkung qualifiziert werden.[564] Auch dem ist jedoch nicht zwingend zuzustimmen.

Bei der Beurteilung der Rechtswirkung von GVOen muss vielmehr zwischen solchen, die mit Art. 81 Abs. 3 EG vereinbar sind, und solchen die es nicht sind, unterschieden werden. Bei ersteren steht wohl fest, dass diese in einem System der Legalausnahme ohnehin keine konstitutive Wirkung haben. Eine solche ist nämlich nur dann zu bejahen, wenn durch die GVO freigestellt würde, was sonst verboten wäre. In einem System der Legalausnahme stellen GVOen jedoch lediglich das Eingreifen der Freistellungsvoraussetzungen für bestimmte Gruppen von Vereinbarungen fest. Dies bedeutet jedoch nicht, dass sie nicht für nationale Behörden und Gerichte verbindlich sein können. Ihre bindende Wirkung resultiert schon aus Art. 249 Abs. 3 EG, nach welchem Verordnungen verbindlich sind und unmittelbar in allen Mitgliedstaaten gelten.

---

[562] Z.B. VO Nr. 19/65, ABl.EG vom 6.3.1965 Nr. 533/65; VO Nr. 2821/71, ABl.EG vom 29.12.1971 Nr. L 285/46; VO Nr. 1534/91, ABl.EG vom 7.6.1991 Nr. L 143/1.

[563] *Eilmansberger*, Zum Vorschlag der Kommission für eine Reform des Kartellvollzugs, JZ 2001, 365, 373 f.

[564] *Deringer*, Stellungnahme zum Weißbuch der Europäischen Kommission über die Modernisierung der Vorschriften zur Anwendung der Art. 85 und 86 EG-Vertrag (Art. 81 und 82 EG), EuZW 2000, 5, 7; *Geiger*, Das Weißbuch der EG-Kommission zu Art. 81, 82 EG – eine Reform, besser als ihr Ruf, EuZW 2000, 165, 166.

Ist die GVO nicht mit Art. 81 Abs. 3 EG vereinbar, gestaltet sich die Frage schwieriger. Durch eine verbindliche GVO würde freigestellt, was sonst verboten wäre. Art. 29 VO Nr. 1/2003 unterscheidet nicht und geht auch in diesem Fall von einer Verbindlichkeit der GVO aus. Nähme man dies hin, würde man GVOen konstitutive Wirkung zusprechen und sich damit in Widerspruch zu dem von der Kommission geplanten Legalausnahmesystem setzen. Dieses Problem ließe sich rechtsdogmatisch jedoch lösen, indem man GVOen lediglich als grundsätzlich unwiderlegbare Vermutung für die Voraussetzungen des Art. 81 Abs. 3 EG mit der Wirkung sieht, dass derjenige, der sich auf sie beruft, von jeder Darlegungs- und Beweislast befreit ist. Auf diese Weise kann die GVO, was rechtspolitisch zu befürworten ist, verbindlich sein, ohne konstitutive Wirkung zu entfalten.[565]

C. Entzug der Freistellung in Einzelfällen, Art. 29 VO Nr. 1/2003

Wie schon nach der VO Nr. 17/62[566] kann die Kommission nach Art. 29 VO Nr. 1/2003 eine GVO im Einzelfall entziehen, wenn die entsprechende Vereinbarung, die unter die GVO fällt, Wirkungen hat, die nicht mit Art. 81 Abs. 3 EG vereinbar sind. Die gleiche Befugnis haben nationale Wettbewerbsbehörden, wenn die Wirkungen der Vereinbarung in einem (Teil-) Gebiet des Mitgliedstaats auftreten, das alle Merkmale eines gesonderten räumlichen Marktes aufweist. Nationale Behörden sind deshalb nicht befugt die Freistellung zu entziehen, wenn die Auswirkungen der Vereinbarung über das Hoheitsgebiet des Mitgliedstaates hinausgehen. Der Entzug der Freistellung gilt nur für dieses Gebiet.

Da die GVO in einem System der Legalausnahme nicht mehr als deklaratorisch sein kann, ist auch ihr Entzug die bloße Feststellung, dass die Voraussetzungen des Art. 81 Abs. 3 EG trotz Vorliegens der GVO nicht erfüllt sind. Beließe man es dabei, müsste es jedoch auch den Gerichten möglich sein dies festzustellen. Nach der VO Nr. 1/2003 soll diese Befugnis den nationalen Gerichten jedoch offensichtlich nicht zukommen.[567] Gleiches gilt im Prinzip für die nationalen Wettbewerbsbehörden. Diese sollen für eine unmittelbare Anwendung des Art. 81 Abs. 3 EG zuständig sein, unabhängig davon, ob der räumlich relevante Markt auf dem die Vereinbarung Wirkung entfaltet über den ihres Hoheitsgebiets hinaus geht oder nicht.

---

565 So *Bechtold*, Modernisierung des EG-Wettbewerbsrechts: Der Verordnungsentwurf der Kommission zur Umsetzung des Weißbuchs, BB 2000, 2425, 2427.

566 Mit Art. 1 Ziff. 4 VO 1215/1999 vom 10.6.1999, ABl.EG vom 15.6.1999 Nr. L 148/1 eingeführt, in der VO 2790/99 ABl.EG vom 29.12.1999 Nr. L 336/21 umgesetzt.

567 *Gröning*, Die dezentrale Anwendung des EG-Kartellrechts gemäß dem Vorschlag der Kommission zur Ersetzung der VO 17/62, WRP 2001, 83, 86.

Sie müssen dann zwar bei der Anwendung des Art. 81 Abs. 3 EG GVOen grundsätzlich berücksichtigen. Stellen sie jedoch fest, dass die Voraussetzungen des Art. 81 Abs. 3 EG nicht vorliegen, ist es ihnen nur unter den in Art. 29 Abs. 2 VO Nr. 1/2003 genannten Voraussetzungen möglich Konsequenzen zu ziehen. Eine solche Differenzierung lässt sich dogmatisch nicht rechtfertigen. Eine Erklärung lässt sich auch hier nur durch Zugrundelegung der Definition der GVO als grundsätzlich unwiderlegbare Vermutung für ein Vorliegen der Voraussetzungen des Art. 81 Abs. 3 EG finden.

Lediglich der Kommission und unter bestimmten Umständen den nationalen Behörden soll es gestattet sein, diese grundsätzlich unwiderlegbare Vermutung zu entkräften.

Fraglich ist allerdings, ob eine Differenzierung zwischen nationalen Kartellbehörden und der Kommission gerechtfertigt ist. Der Hintergrund ist wohl in der Befürchtung der Kommission zu sehen, dass nationale Wettbewerbsbehörden ihr ausschließliches Recht zur Festlegung der Wettbewerbspolitik untergraben könnten, indem sie einem Unternehmen jederzeit den Rechtsvorteil einer GVO entziehen können. Hieran würde auch die Tatsache nichts ändern, dass sich die nationale Behörde vor dem Erlass einer entsprechenden Entscheidung nach Art. 11 Abs. 4 VO Nr. 1/2003 mit der Kommission ins Benehmen setzen muss. Die Möglichkeit, einen Entzug der Freistellung tatsächlich zu verhindern, ergibt sich hieraus nämlich nicht. Auch ist zu berücksichtigen, dass sich durch die Einschränkung in Art. 29 Abs. 2 VO Nr. 1/2003 ein großer Verlust für die nationalen Behörden ohnehin nicht ergibt. Deren Interesse wird in erster Linie darin liegen, die wettbewerbsbeschränkenden Maßnahmen auf dem nationalen Markt zu unterbinden.

Dennoch stellt sich die Frage was geschieht, wenn die Voraussetzungen des Art. 29 Abs. 2 VO Nr. 1/2003 nicht vorliegen und die nationale Behörde erkennt, dass die Vereinbarung mit Art. 81 Abs. 3 EG unvereinbar ist. In diesem Fall muss sie das Verfahren aussetzen und die Kommission informieren. Diese müsste dann verpflichtet sein, ein Verfahren einzuleiten und die Prüfung der nationalen Wettbewerbsbehörde abzuschließen. Hier käme dann Art. 12 VO Nr. 1/2003 zum Tragen. Die Verpflichtung der Kommission, in diesen Fällen tätig zu werden, müsste entweder in Art. 29 VO Nr. 1/2003 oder im Rahmen der oben vorgeschlagenen Zuständigkeitsverteilung ihren Platz finden.

3. Kapitel: Auswirkungen auf Verfahren vor dem BKartA

Die neue Kartellverordnung sieht vor, dass die nationalen Wettbewerbsbehörden Artt. 81 und 82 EG gemäß ihrem jeweiligen nationalen Verfahrensrecht anwenden. Eine Harmonisierung der einzelnen Verfahrensvorschriften ist nicht geplant. Nach Art. 35 Abs. 1 VO Nr. 1/2003 haben die Mitgliedstaaten die zuständigen Wettbewerbsbehörden zu bestimmen und ihnen gleichzeitig die Befugnis zur Anwendung der Artt. 81, 82 EG zu übertragen. Die einzelnen Bestimmungen der VO Nr. 1/2003 wirken sich erheblich auf das nationale Kartellrecht aus.

Das BMWA hat im März 2003 auf die bevorstehenden Änderungen reagiert, eine „Expertengruppe 7. GWB Novelle“ eingerichtet und einen Entwurf von Eckwerten einer 7. GWB-Novelle vorgelegt, in welchem eine weitreichende Anpassung des GWB an das europäische Kartellrecht angekündigt wurde.[568] Am 26.05.2004 beschloss das Bundeskabinett den Entwurf des Siebten Gesetzes zur Änderung des Gesetzes gegen Wettbewerbsbeschränkungen. Dieses soll am 01.01.2005 in Kraft treten.[569]

Im Folgenden wird zunächst kurz aufgezeigt, inwiefern sich die VO Nr. 1/2003 auf die Anwendungsbefugnis des BKartA auswirkt und welche Änderungen die 7. GWB Novelle diesbezüglich mit sich bringen wird. Im Anschluss daran werden die Auswirkungen der VO Nr. 1/2003 auf das nationale Kartellverfahren bis zu einem in Kraft treten der 7. GWB-Novelle erläutert und an den entsprechenden Stellen die im Entwurf vorgesehenen Änderungen dargestellt.

§ 1 Anwendung des Gemeinschaftsrechts durch das BKartA

Der EG-Vertrag regelt in Artt. 84 und 85 die parallele Zuständigkeit von Gemeinschaftsbehörden und nationalen Behörden bei der Anwendung des EG-Kartellrechts. In der Vergangenheit stellte Art. 9 Abs. 1 VO Nr. 17/62 allerdings eine speziellere Regelung dar. In diesem war die ausschließliche Anwendung des Art. 81 Abs. 3 EG durch die Kommission festgelegt. Aufgrund der bindenden Wirkung von Verordnungen mussten die Mitgliedstaaten jedoch GVO anwenden.[570] Laut Art. 9 Abs. 2 VO Nr. 17/62 bestand für die Anwendung des Art. 81 Abs. 1 und Abs. 2 EG eine konkurrierende Zuständigkeit der Kommission und der nationalen Kartellbehörden. Nach Art. 9 Abs. 3 VO Nr. 17/62 blieb die nationale Behörde so lange zuständig, bis die Kommission nicht ein Verfahren nach Art. 2 (Erteilung eines Negativattests), Art. 3 (Untersa-

---

568 Entwurf von Eckwerten einer 7. GWB-Novelle vom 04.03.2003, S. 5.

569 Entwurf eines Siebten Gesetzes zur Änderung des Gesetzes gegen Wettbewerbsbeschränkungen vom 26.05.2004.

570 *Emmerich*, Kartellrecht, S. 382.

gungsverfügung), oder Art. 6 (Freistellung nach Art. 81 Abs. 3 EG) eingeleitet hatte. Angesichts der unterschiedlichen wettbewerbspolitischen Ansichten in den Mitgliedstaaten und der EG hielt man eine Zentralisierung für notwendig, um eine einheitliche Anwendung des Gemeinschaftsrechts zu gewährleisten.[571] Mit der Einleitung des Verfahrens durch die Kommission, welche in der Praxis mit einer Mitteilung an den oder die Mitgliedstaaten verbunden war, entfiel deren Zuständigkeit.[572]

Nach Art. 5 VO Nr. 1/2003 sind nationale Behörden nun für die vollständige Anwendung der Artt. 81, 82 EG zuständig. Sie können nach Art. 5 Satz 2 VO Nr. 1/2003 von Amts wegen oder aufgrund von Beschwerden, nicht nur Entscheidungen erlassen, um die Abstellung von Zuwiderhandlungen zu veranlassen (1. Spiegelstrich), sondern auch einstweilige Maßnahmen anordnen (2. Spiegelstrich), Verpflichtungszusagen annehmen (3. Spiegelstrich) oder entsprechende Sanktionen verhängen (4. Spiegelstrich). Sind sie der Meinung, dass die Voraussetzungen für ein Verbot nicht gegeben sind, können sie entscheiden, dass für sie kein Grund zum Tätigwerden besteht (Art. 5 Satz 3 VO Nr. 1/2003).

Das Vorgehen des Bundeskartellamtes bei der Anwendung von Gemeinschaftsrecht wird derzeit noch allein in § 50 GWB geregelt. In dessen Abs. 1 wird festgelegt, dass die den nationalen Behörden übertragenen Aufgaben vom BKartA übernommen werden. § 50 Abs. 2 GWB legt die Befugnisse des BKartA bei der Erfüllung dieser Aufgaben fest.[573]

Die 7. GWB-Novelle sieht die vollständige Beseitigung des bisherigen Genehmigungssystems vor und will entsprechend der VO Nr. 1/2003 ein Legalausnahmesystem einführen. Die §§ 9 bis 13 GWB werden aufgehoben werden. Wettbewerbsbeschränkende Vereinbarungen nach § 1 GWB sind künftig erlaubt, wenn sie die Voraussetzungen des § 2 GWB erfüllen. Eine vorherige Entscheidung einer Kartellbehörde wird nicht mehr erforderlich sein. Mit in Kraft treten der GWB Reform wird sich das nach § 1 GWB geltende Verbot wettbewerbsbeschränkender Vereinbarungen in Anpassung an Art. 81 Abs. 1 EG auch auf vertikale Wettbewerbsbeschränkungen erstrecken.[574] In § 2 GWB soll eine dem Art. 81 Abs. 3 EG entsprechende Generalklausel für die Freistellung von wettbewerbsbeschränkenden Vereinbarungen geschaffen werden. In Zu-

---

571 Langen/*Bunte*, Kommentar zum deutschen und europäischen Kartellrecht, Einführung zum EG-Kartellrecht, Rn. 83.

572 Langen/*Bunte*, Kommentar zum deutschen und europäischen Kartellrecht, Einführung zum EG-Kartellrecht, Rn. 84.

573 Gesetzentwurf der Bundesregierung, BT-Drucks. 1998, 13/9720, 63.

574 Hierzu wird die in § 1 GWB derzeit bestehende Voraussetzung, eines Wettbewerbsverhältnisses zwischen den an einer Vereinbarung beteiligten Unternehmen, gestrichen werden.

kunft wird nach § 50 Abs. 1 GWB nicht nur das Bundeskartellamt ermächtigt sein europäisches Wettbewerbsrecht anzuwenden, sondern auch die Landeskartellbehörden. Nach § 49 Abs. 3 und 4 GWB wird man sich einvernehmlich über eine Zuständigkeitsverteilung einigen können.

§ 2 Auswirkungen der Reform auf die Entscheidungspraxis

Die in Art. 5 VO Nr. 1/2003 festgelegten Zuständigkeiten der nationalen Wettbewerbsbehörden entsprechen teilweise den dem BKartA nach nationalem Verfahrensrecht derzeit zustehenden Befugnissen. Teilweise gehen sie jedoch über diese hinaus. Im Folgenden wird untersucht, wie sich Art. 5 VO Nr. 1/2003 und insbesondere die in ihm enthaltenen, über das GWB hinausgehenden Befugnisse derzeit auf die Entscheidungspraxis des BKartA auswirken. Hierbei ist zunächst immer nach einer Aufgabeneröffnung zu fragen und sodann die entsprechende Befugnisnorm herauszuarbeiten. Gegebenenfalls wird auf Probleme eingegangen, die das jeweilige Verfahren betreffen. Die im Entwurf zur 7. GWB-Novelle vorgesehenen Änderungen werden an den entsprechenden Stellen kurz erläutert.

A. Entscheidungen zur Abstellung von Zuwiderhandlungen

Bei der Anwendung nationalen Kartellrechts sind die Kartellbehörden nach § 32 GWB derzeit befugt, wettbewerbsbeschränkendes Verhalten zu untersagen.

I. Aufgabe und Befugnis

Nach Art. 5 1. Spiegelstrich VO Nr. 1/2003 können nationale Behörden Entscheidungen erlassen, mit denen die Abstellung von Zuwiderhandlungen angeordnet wird. Art. 5 VO Nr. 1/2003 ist insoweit Aufgabeneröffnungsnorm. Nach § 50 Abs. 2 GWB kann das Bundeskartellamt wettbewerbsbeschränkendes Verhalten auch dann untersagen, wenn es einen Verstoß gegen Gemeinschaftskartellrecht feststellt. Die in § 50 Abs. 2 GWB enthaltene Befugnis, Freistellungen nach Art. 81 Abs. 3 EG auszusprechen[575], wurde bislang von Art 9 VO Nr. 17/62 überlagert und ist nun endgültig überflüssig. Freistellungsentscheidungen werden im neuen System nicht mehr erlassen.

II. Verfahren

Bei einer Untersagung nach § 32 i.V.m. § 50 Abs. 2 GWB gelten die im nationalen Recht vorgesehenen Verfahrensregeln.

III. Änderungen durch die 7. GWB-Novelle

Der Entwurf für das Gesetz zur Änderung des GWB sieht für § 32 GWB eine Erweiterung der bisherigen Untersagungsbefugnis, um die Möglichkeit der positiven Tenorie-

---

[575] Vgl. oben unter: Anwendung des europäischen Kartellrechts durch nationale Kartellbehörden.

rung und der nachträglichen Feststellung eines Verstoßes durch eine Kartellbehörde vor. Das BKartA soll somit in Zukunft ein Verhalten nicht nur verbieten, sondern auch alle geeigneten Maßnahmen zur Abstellung eines verbotenen Verhaltens anordnen können (positive Tenorierung).[576] Anders als mit Art. 7 Abs. 1 VO Nr. 1/2003 soll jedoch im deutschen Recht keine ausdrückliche Regelung über strukturelle Maßnahmen getroffen werden. Die offene Formulierung des § 32 GWB wird Eingriffe in die Unternehmenssubstanz zwar nicht grundsätzlich ausschließen, wie weit diese Befugnis im Einzelfall geht, ist jedoch nach allgemeinen Grundsätzen, insbesondere dem Verhältnismäßigkeitsgrundsatz zu ermitteln. Eine nachträgliche Feststellung eines Kartellverstoßes soll möglich sein, wenn ein berechtigtes Interesse hierfür besteht.

B. Einstweilige Anordnungen

Nach § 60 GWB kann die Kartellbehörde einstweilige Anordnungen zur Regelung eines einstweiligen Zustandes treffen. Fraglich ist, ob diese Möglichkeit auch besteht, wenn wettbewerbsbeschränkende Maßnahmen bei der Anwendung von EG-Kartellrecht festgestellt werden.

I. Aufgabe und Befugnis

Mit Art. 5 VO Nr. 1/2003 i.V.m. § 50 Abs. 1 GWB wurde dem BKartA die Aufgabe zum Erlass einstweiliger Anordnungen übertragen. Eine entsprechende Befugnis findet sich in § 50 Abs. 2 GWB jedoch nicht.

1. Abschließender Charakter des § 50 Abs. 2 GWB

Mangels einer ausdrücklichen Regelung wäre ein entsprechendes Vorgehen des BKartA nur dann möglich, wenn die Aufzählung in § 50 Abs. 2 S. 2 GWB nicht abschließend wäre und weitere Handlungsmöglichkeiten des Bundeskartellamtes, wie eben den Erlass einstweiliger Anordnungen, zulassen würde. In § 47 Abs. 2 S. 2 GWB (a.F.)[577] wurde durch das Wort „insbesondere" deutlich, dass es sich um einen Katalog von Regelbeispielen handelte.

---

[576] Begründung zu dem Entwurf eines Siebten Gesetzes zur Änderung des Gesetzes gegen Wettbewerbsbeschränkungen vom 26.05.2004, S. 54.

[577] § 50 GWB (n.F.) und § 47 Abs. 2 S. 2 GWB (a.F.) entsprechen sich weitestgehend.

Die Tatsache, dass dieses Wort nicht in die Fassung nach der 6. GWB Reform übernommen wurde, lässt auf den Willen des Gesetzgebers schließen, einen abschließenden Tatbestand zu schaffen.[578] Der Begründung zum Gesetzesentwurf im Rahmen der Novelle[579] ist ein solcher Hinweis zwar nicht zu entnehmen. Dem allein kann jedoch keine Bedeutung zugemessen werden. Vielmehr spricht auch die Tatsache, dass der Gesetzgeber die ausdrückliche Aufnahme einer Befugnis zur Freistellung von Vereinbarungen, Beschlüssen und abgestimmten Verhaltensweisen in § 50 Abs. 2 S. 2 GWB für notwendig erachtet hat, um die Option eines solchen Vorgehens im Falle einer Reform des EG-Kartellverfahrensrechts[580] offen zu halten dafür, dass der Tatbestand abschließenden Charakter haben soll. Auch im Hinblick auf den Erlass von Freistellungen in Bereichen, in denen die EG noch keine Durchführungsverordnungen erlassen hat, wäre dies vor allem dann sinnvoll gewesen, wenn § 50 Abs. 2 S. 2 GWB nunmehr abschließend sein sollte.[581] Es ist somit von einem abschließenden Charakter des § 50 Abs. 2 S. 2 GWB auszugehen. Eine nationale Befugnis des BKartA in § 50 Abs. 2 S. 2 GWB zum Erlass einstweiliger Maßnahmen liegt also nicht vor.

2. Ableitung einer Befugnis

Auch darf keinesfalls von der Aufgabennorm des § 50 Abs. 1 GWB auf die Befugnisse des BKartA in dessen Absatz 2 geschlossen werden. Der Erlass belastender, in individuelle Rechte eingreifender Verwaltungsakte bedarf, um dem Rechtsstaatsprinzip zu genügen, einer gesetzlichen Ermächtigung.[582] Auch besteht nicht die Möglichkeit, eine Befugnis, aus der in Art. 50 Abs. 2 GWB enthaltenen Befugnis Untersagungen vorzunehmen, abzuleiten.

---

[578] So im Ergebnis auch *Bracher*, in: Frankfurter Kommentar, Bd. 2, GWB, § 50 Rn. 22. A.A. *Klaue* in: Immenga/Mestmäcker, GWB, § 50 Rn. 10, der die Auflistung offensichtlich trotz der Änderung des Wortlautes für beispielhaft hält. Hierbei ist jedoch anzumerken, dass er exakt dieselbe Begründung verwendet wie in der Kommentierung der alten Fassung dieser Norm: „Hintergrund" sei „wohl die Besorgnis, die allzu generelle Befugniserteilung könnte verfassungsrechtlichen Bedenken begegnen"; vgl. *Klaue*, in: Immenga/Mestmäcker, GWB, 2. Aufl., § 47 Rn. 10. Im Zusammenhang mit der alten Regelung des § 47 Abs. 2 S. 2 GWB kann nur der Hintergrund dafür gemeint sein, dass der Gesetzgeber überhaupt eine Auflistung vorgenommen und es nicht bei § 47 Abs. 2 S. 1 GWB belassen hat. Dies spricht jedoch im jetzigen Zusammenhang gerade dafür, dass der Gesetzgeber, um diese verfassungsrechtlichen Bedenken zu beseitigen, eine abschließende Regelung im Sinn hatte.

[579] RegE, BT-Drucks. 13/9720, 30 ff.

[580] Begründung zum RegE, BT-Drucks. 13/9720, 63.

[581] In den Bereichen, in denen die EG noch keine Durchführungsverordnung erlassen hat, ist das BKartA nach Art. 84 EG zum Erlass von Freistellungen zuständig. Dies sind der Luftverkehr zwischen der Gemeinschaft und Drittstaaten (Art. 1 VO 3975/87) und die Trampdienste im Seeverkehr (Art. 1 Abs. 2 VO Nr. 4056/86); *Bechtold*, GWB, § 50 Tz. 5.

[582] BVerfG Urteil v. 15.12.83, BVerfGE 65, 1, 44.

Der Erlass einstweiliger Maßnahmen stellt einen weiteren zu der Untersagung hinzu kommenden Eingriff in die Wirtschaftsfreiheit des Unternehmens dar und bedarf deshalb einer eigenen gesetzlichen Grundlage.

3. Ergebnis

Nach bestehendem nationalem Recht ist eine Befugnis des BKartA zum Erlass einstweiliger Maßnahmen bei der Anwendung von Gemeinschaftskartellrecht nicht gegeben. Im Hinblick auf ein flexibles Vorgehen des BKartA auch außerhalb der Anwendung nationalen Rechts ist eine Gesetzesänderung in diesem Punkt somit zwingend erforderlich.

II. Änderungen durch die 7. GWB-Novelle

Es ist somit zu begrüßen, dass der Entwurf des Bundeskabinetts eine dem Art. 8 VO Nr. 1/2003 entsprechende Regelung über einstweilige Maßnahmen vorsieht. Nach einem § 32a GWB sollen künftig einstweilige Maßnahmen zur Durchsetzung des Kartell- und Missbrauchsverbots getroffen werden können. Außerhalb des Anwendungsbereiches von § 32a werden weiterhin einstweilige Anordnungen nach Maßgabe des § 60 GWB möglich sein. Im Interesse der betroffenen Unternehmen, sollen einstweilige Maßnahmen in der Regel nicht über eine Dauer von einem Jahr hinausgehen, soweit nicht besondere Umstände ausnahmsweise eine längere Dauer erfordern.

C. Annahme von Verpflichtungszusagen

Im Hinblick auf die Annahme von Verpflichtungszusagen betroffener Unternehmen, wie sie der Kommission nach Art. 9 VO Nr. 1/2003 nun möglich ist, ist im Rahmen des nationalen Kartellverfahrens neben einer Aufgabeneröffnung und der Befugnis die Frage nach einem Verfahren zur Annahme solcher Zusagen von besonderer Bedeutung.

I. Aufgabe und Befugnis

Nach Art. 5 VO Nr. 1/2003 können auch nationale Behörden Entscheidungen erlassen, mit denen Verpflichtungszusagen angenommen werden. Einer entsprechenden Befugnisnorm in § 50 Abs. 2 GWB bedarf es hierfür nicht, da kein belastender, in individuelle Rechte der betroffenen Unternehmen eingreifender Verwaltungsakt vorliegt.

II. Verfahren

Eine entsprechende Regelung zur Annahme von Verpflichtungszusagen gibt es im deutschen Kartellverfahren bislang nicht. Lediglich im Rahmen von Erlaubniskartellen nach §§ 5 bis 8 GWB erlässt die Kartellbehörde ausdrückliche Freistellungserklärungen, an die nach § 10 Abs. 4 S. 3 GWB Auflagen oder Bedingungen geknüpft werden können. In allen anderen Fällen fehlt es schon rechtstechnisch an einer Entscheidung, mit der eine Nebenbestimmung verbunden werden kann. Vollzieht das BKartA somit derzeit Gemeinschaftskartellrecht, findet sich im GWB keine dem Art. 9 VO Nr. 1/2003 entsprechende Regelung.

Zwar besteht eine sich aus der VO Nr. 1/2003 oder anderen gemeinschaftsrechtlichen Regeln ergebende Pflicht zur Annahme von Verpflichtungszusagen grundsätzlich nicht.[583] Dies bedeutet allerdings nicht, dass ein verwaltungspraktisches Bedürfnis, Zusagen in einer dem Art. 9 VO Nr. 1/2003 entsprechenden Weise anzunehmen, zu verneinen ist. Schließlich wäre es dem Bundeskartellamt hierdurch möglich, wie auch beim Erlass von Nebenbestimmungen nach § 10 Abs. 4 S. 3 GWB, dem Einzelfall gerecht werdende, zweckmäßige Ergebnisse zu finden. Unflexible Lösungen könnten so vermieden werden.

1. Möglichkeiten nach dem geltenden Verfahrensrecht

Fraglich ist, ob es nach geltendem Verfahrensrecht nicht ohnehin alternative Möglichkeiten gibt, um mit Unternehmen zusammenzuarbeiten und im Einzelfall flexible Lösungen zu finden.

a. Verfahrensbeendende Erklärung

Ein der Verpflichtungszusage nach Art. 9 VO Nr. 1/2003 entsprechendes Vorgehen könnte in einer schriftlichen Mitteilung nach § 61 Abs. 2 GWB liegen. Das BKartA käme hier infolge von Verhandlungen, bei denen das betroffene Unternehmen bestimmte Zusagen macht, zu dem Schluss, das Untersagungsverfahren einzustellen. Das Unternehmen ist in diesem Fall an seine Zusagen in der Weise gebunden, dass das BKartA anderenfalls die Vereinbarung jederzeit untersagen kann. Jedoch ist eine Wiederaufnahme des Verfahrens unabhängig von der Frage möglich, ob sich das Unternehmen an seine Zusagen hält.[584] In diesem Fall müssen lediglich Gesichtspunkte des Vertrauensschutzes berücksichtigt werden.[585] Das BKartA würde sich somit nicht wirklich verpflichten, den unter Berücksichtigung der Zusagen gewonnenen Sachverhalt weiterhin so zu beurteilen, dass sich eine Untersagung nicht ergibt.[586] Es ist je-

---

[583] Nach Art. 5 VO Nr. 1/2003 sollen nationale Behörden entsprechende Entscheidungen lediglich erlassen *können*.

[584] Vgl. *Schultz*, in: Langen/Bunte, Kommentar zum deutschen und europäischen Kartellrecht, GWB, § 61 Rn. 3, 18.

[585] *Emmerich*, in: Immenga/Mestmäcker, GWB, § 32 Rn. 10.

[586] Anders würde sich der Sachverhalt darstellen, wenn das BKartA ein Negativattest, d.h. einen feststellenden VA erlassen würde. In diesem Fall und wenn die Betroffenen sich auf den von der Kartellbehörde geschaffenen Vertrauenstatbestand bereits eingestellt haben, muss eine Abwägung zwischen dem öffentlichen Interesse an der Durchsetzung des Verbots und dem Erfordernis des Vertrauensschutzes des Unternehmens vorgenommen werden; *Emmerich*, in: Immenga/Mestmäcker, GWB, § 32 Rn. 10.

doch nicht anzunehmen, dass betroffene Unternehmen auf eine solche Vereinbarung hinarbeiten würden, wenn ihnen diese keinerlei Rechtssicherheit bringen würde.

b. Öffentlich-rechtlicher Vertrag

Gleichwohl könnte ein öffentlich-rechtlicher Vertrag zwischen Unternehmen und BKartA in Betracht kommen.

aa. Allgemeines

Öffentlich-rechtliche Verträge über die Annahme von Zusagen eines Unternehmens wurden vor dem In-Kraft-Treten der 6. GWB-Novelle im Rahmen der Fusionskontrolle in verstärktem Maße diskutiert. Ihre Zulässigkeit ist jedoch weitgehend verneint worden. Mit der Änderung des GWB und der Einführung einer formellen Freistellungsentscheidung nach § 40 Abs. 2 GWB, an welche Auflagen und Bedingungen geknüpft werden können, ist diese Diskussion zumindest teilweise[587] hinfällig geworden. Die dort vorgebrachten Argumente und Diskussionsgrundlagen können dennoch vergleichsweise herangezogen werden.

bb. Zulässigkeit nach § 54 VwVfG

Problematisch ist zunächst, ob ein entsprechender öffentlich-rechtlicher Vertrag nach § 54 VwVfG zulässig wäre.

(1) Subordinationsverhältnis

Allein § 54 S. 1 VwVfG, der einen öffentlich-rechtlichen Vertrag lediglich anstelle eines Verwaltungsaktes zulässt, kann nicht die Unzulässigkeit eines solchen herbeiführen. Zwar könnte das Bundeskartellamt nicht einen Verwaltungsakt mit dem Inhalt des hier diskutierten öffentlich-rechtlichen Vertrages erlassen, jedoch muss § 54 S. 1 VwVfG in dieser Hinsicht restriktiv ausgelegt werden. Lediglich hinsichtlich des Vertragsgegenstandes müsste ein Verwaltungsakt möglich sein, d.h. es müsste ein Subordinationsverhältnis vorliegen.[588] Dies ist hier der Fall.

(2) Gesetzliches Verbot

Nach § 54 S. 1 VwVfG ist ein öffentlich-rechtlicher Vertrag jedoch nur dann zulässig, wenn andere Rechtsvorschriften nicht entgegenstehen. Vorliegend käme § 32 GWB in Betracht.

---

587 Auch jetzt werden jedoch die meisten Fälle nicht im Hauptprüfverfahren und also nicht durch eine formelle Entscheidung freigegeben. Für einen Großteil dieser Fälle sehen Zusageregelungen nicht anders aus als vor der GWB Reform; vgl. *Richter*, in: Wiedemann, Handbuch des Kartellrechts, § 21 Rn. 50. Für diese Fälle ist der Streit auch heute noch relevant.

588 Stelkens/*Bonk*/Sachs, Verwaltungsverfahrensgesetz, § 54 Rn. 3, 58.

Ein öffentlich-rechtlicher Vertrag besteht prinzipiell aus Leistung und Gegenleistung. Die Leistung des oder der beteiligten Unternehmen besteht in der verbindlichen Zusage, bestimmte Maßnahmen zu ergreifen, durch welche die Untersagungsvoraussetzungen beseitigt werden.[589] Die Leistung des Bundeskartellamtes könnte zum einen in der Verpflichtung liegen, eine Untersagung zu unterlassen, wenn sich das Unternehmen an die gemachten Zusagen hält. Zum anderen könnte die Leistung in der Verpflichtung liegen, den unter Berücksichtigung der Zusagen sich ergebenden Sachverhalt so zu bewerten, dass sich eine Untersagung nach Artt. 81 Abs. 1, 82 EG in Verbindung mit §§ 50, 32 GWB nicht ergibt und dass man unter normalen Umständen eine Prüfung der Artt. 81 Abs. 1, 82 EG nicht mehr vornehmen wird.

Für Zusagen in der Fusionskontrolle wurde der erste Fall als unzulässig bewertet, weil es sich bei der Untersagungsentscheidung um eine gebundene Entscheidung handelt. Im Rahmen der erwähnten Diskussion wurde ein gesetzliches Verbot teilweise in § 24 Abs. 2 S. 1 GWB (a.F.) gesehen, nach welchem das BKartA den Zusammenschluss unter bestimmten Umständen untersagte.[590] Bei der Entscheidung nach § 24 Abs. 2 S. 1 GWB (a.F.) räumte der Gesetzgeber dem BKartA kein Ermessen ein.[591] Ein die Rechtsfolgenseite betreffender öffentlich-rechtlicher Vertrag war somit unzulässig. Aus diesem Grunde siedelte man die Zusagen des Unternehmens auf der Ebene des Sachverhaltes an und sah die Leistung des BKartA in der Verpflichtung, den sich ergebenden Sachverhalt so zu bewerten, dass sich eine Pflicht zur Untersagung nicht ergeben würde. Der öffentlich-rechtliche Vertrag betraf dann die Tatbestandsseite und nicht die Rechtsfolgenseite, sodass § 24 Abs. 2 S. 1 GWB (a.F.) nicht entgegenstand.[592]

In diesem Zusammenhang muss gleichwohl berücksichtigt werden, dass Unternehmenszusagen nicht grundsätzlich der Tatbestandsseite zugeordnet werden können. Bei der Beurteilung, ob durch einen öffentlich-rechtlichen Vertrag die Tatbestandsseite, d.h. der Sachverhalt, oder die Rechtsfolgenseite betroffen ist, muss nach Art und Weise der Zusagen unterschieden werden. Handelt es sich bei den vom BKartA geforderten Zusagen um Verhaltenspflichten des Unternehmens, etwa in der Weise, dass dieses

---

589 Entsprechend auch im Recht der Fusionskontrolle; *Richter*, Teiluntersagung in der Fusionskontrolle, S. 59 f.

590 So z.B. *Wolter*, Die Zusagenpraxis des Bundeskartellamtes, WuW 1979, 213, 220, der die Zulässigkeit gemäß §§ 59 Abs. 1 VwVfG, 134 BGB analog, §§ 24 Abs. 1, 2 GWB (a.F.) verneint, da § 24 Abs. , 2 GWB (a.F.) eine Umgehung der nach seinem Wortlaut vorgeschriebenen Untersagung nicht erlaubt.

591 *Satzky*, Zusagen im Rahmen der Zusammenschlusskontrolle, ZHR 141 (1977), 554, 571.

592 *Windbichler*, Informelles Verfahren bei der Fusionskontrolle, S. 19.

sich zur Abänderung des Kartellvertrages[593] oder zu anderen Maßnahmen, wie der Gewährung des Marktzugangs Dritter durch Erteilung von Lizenzen und Mitbenutzung ungenutzter Kapazitäten[594] oder der Beibehaltung der Produktionspalette[595] verpflichtet, so wird der zu beurteilende Sachverhalt an sich geändert. Ein untersagungsfähiges Verhalten ist bei Einhaltung dieser Pflichten dann nicht mehr gegeben. Bei Zusagen auf Rechtsfolgenseite kommen in erster Linie Berichterstattungs- und Mitteilungspflichten der Unternehmen, wie die Pflicht zur Meldung von Änderungen des Kartellvertrages oder des Beschlusses in Betracht. Entsprechende Pflichten werden den Unternehmen im Kartellverfahren des BKartA bislang als Auflagen in Verbindung mit Freistellungsentscheidungen bei der Anwendung des nationalen Kartellrechts auferlegt.[596] Sie betreffen den zu beurteilenden Sachverhalt selbst nicht, sondern dienen lediglich zur weiteren Überwachung des Kartells.

Die geschilderten Zulässigkeitsprobleme ergeben sich, anders als im Rahmen der Fusionskontrolle, im Hinblick auf § 32 GWB nicht. Nach diesem ist das BKartA zu einer Untersagung nicht gesetzlich verpflichtet. Es handelt sich vielmehr um eine Ermessensentscheidung[597], bei welcher der Behörde ein vertraglicher Gestaltungsspielraum grundsätzlich zukommt.[598] Eine vertragliche Regelung wäre hier also sowohl auf Tatbestandseite als auch auf Rechtsfolgenseite zulässig, solange das BKartA das ihm zustehende Ermessen nicht missbraucht. Hierbei muss jedoch geklärt werden, wann von einem Ermessensmissbrauch gesprochen werden kann. Fraglich ist, ob das BKartA, auch wenn auf der Tatbestandsseite alle Voraussetzungen für eine Untersagung erfüllt wären, allein aufgrund der Zusage des Unternehmens beispielsweise Berichterstattungspflichten zu erfüllen, von einer Untersagung absehen dürfte. Hierbei stellt sich die Frage nach dem Ermessensspielraum in § 32 GWB.

In der Vergangenheit hat das BKartA verschiedentlich, trotz Vorliegens der Untersagungsvoraussetzungen, von einer Untersagung abgesehen. Zum einen waren dies Kooperationen kleinerer oder mittlerer Unternehmen mit geringem Marktanteil, bei welchen die Wettbewerbsbeschränkung mit einer leistungssteigernden zwischenbetriebli-

---

[593] Beispielsweise zur Aufhebung einer nicht unerlässlichen Wettbewerbsbeschränkung; KOMM 25.7.1977, ABl.EG 1977 Nr. L 215/11,19 „De Laval/ Stork“.

[594] KOMM 13.12. 1994, ABl.EG 1994 L 354/66, 73 „ Eurotunnel“.

[595] Komission, Entscheidung vom 23.12. 1992, ABl.EG vom 28.1.1993 L 20 /14 „Ford/Volkswagen“.

[596] *Immenga*/Mestmäcker, GWB, § 10 Rn. 23 f; auch die Kommission hat bislang Freistellungsentscheidungen mit entsprechenden Auflagen versehen; vgl. *Sauter*, in: Langen/Bunte, Kommentar zum deutschen und europäischen Kartellrecht, VO Nr. 17, Art. 8 Rn. 3.

[597] *Bornkamm*, in: Langen/Bunte, Kommentar zum deutschen und europäischen Kartellrecht, GWB, § 32 Rn. 9.

[598] Stelkens/*Bonk*/Sachs, Verwaltungsverfahrensgesetz, § 54 Rn. 95.

chen Zusammenarbeit durch Koordinierung von Unternehmensfunktionen verbunden war.[599] Zum anderen handelte es sich um Kooperationen, mit denen umweltpolitische Ziele verfolgt werden sollten und das BKartA aus diesem Grund eine Untersagung nicht vornehmen wollte.[600] In allen Fällen wurde also von einer Untersagung abgesehen, weil die Wettbewerbsbeschränkung positive Wirkungen mit sich brachte, welche die negative Wirkung übertraf. Zusagen eines Unternehmens, welche die Rechtsfolgenseite betreffen und durch welche sich positive Wirkungen auf dem Markt entfalten, können deshalb auch im Rahmen einer vertraglichen Zusicherung möglich und zulässig sein. Sie würden dann das BKartA zu einer Unterlassung der Untersagung aus sog. „rule of reason"-Erwägungen verpflichten.[601] Dabei ist jedoch zu bemerken, dass die hier geschilderte Praxis des BKartA umstritten ist, weil sie diesem ermöglicht, selbst Ausnahmen vom Kartellverbot zu schaffen.[602]

Fraglich ist, ob das BKartA eine Untersagung auch unabhängig von einer solchen positiven Wirkung unterlassen dürfte. Fest steht, dass das Ermessen des BKartA dort seine Grenzen finden muss, wo dieses ohne rechtfertigenden Grund und auf willkürliche Art und Weise Ausnahmen vom Kartellverbot schaffen würde. Zwar wird es vorliegend auf die Betrachtung des Einzelfalls ankommen, die hier geschilderte positive Wirkung wird sich jedoch in der Regel allein durch Mitteilungs- und Berichterstattungspflichten nicht entfalten. In diesen Fällen ist von einem Ermessensmissbrauch des BKartA auszugehen. Ein öffentlich-rechtlicher Vertrag würde unter diesen Umständen gegen § 32 GWB verstoßen und wäre nach § 54 S. 1 VwVfG nicht gestattet.

---

599 Vgl. Tätigkeitsbericht des BKartA aus dem Jahr 79/80, BT. Drucks. 9/565, S. 134.

600 Vgl. Tätigkeitsbericht des BKartA aus dem Jahr 83/84, BT. Drucks. 10/3550, S. 86.

601 Der Begriff „rule of reason" kommt aus dem US-Antitrustrecht. Nach diesem zu sec. 1 Sherman Act entwickelten Instrument sollen die Gerichte den allgemein als zu weit empfundenen Wortlaut des Kartellverbots einschränken und sein Eingreifen von der jeweiligen negativen Auswirkung der Vereinbarung auf den Wettbewerb abhängig machen; vgl. *Ulmer*, Rule of Reason im Rahmen von Art. 85 EWGV, RIW 1985, 517, 519. Auch die Gemeinschaftsorgane haben wiederholt die Anwendung des Art. 81 Abs. 1 EG verneint, obwohl an sich die Voraussetzungen für ein Kartellverbot vorlagen. Beispielsweise wurden Wettbewerbsverbote in Unternehmensveräußerungs- oder Unternehmenspachtverträgen, soweit sie zur sinnvollen Praktizierung eines Vertrags zeitlich und sachlich erforderlich waren, sowohl von der Kommission als auch vom EuGH kartellrechtlich als zulässig erachtet; vgl. EuGH, Urteil v. 11.07.1985, Rs. 42/84 (Remia/Nutricia), Slg. 1985, 2545, 2571 ff.; Kommission, Entscheidung vom12.12.1983, ABl.EG vom 31.12.1983 Nr. L 276/22; Eine Begründung liegt nur in kurzer Form vor und besteht darin, dass allein durch Wettbewerbsverbote Unternehmensübertragungen überhaupt möglich sind. Sie tragen somit zu einer Vermehrung der auf dem betreffenden Markt tätigen Unternehmen und zu einer Stärkung des Wettbewerbs bei und müssen in diesem Falle aufgrund ihrer positiven wettbewerblichen Wirkung zulässig sein; vgl. EuGH, Urteil v. 11.07.1985, Rs. 42/84 (Remia/Nutricia), Slg. 1985, 2545, 2571.

602 *Emmerich*, in: Immenga/Mestmäcker, GWB, § 32 Rn. 9.

cc. Zulässigkeit nach § 56 VwVfG

Im Rahmen der Fusionskontrolle stellt sich ein öffentlich-rechtlicher Vertrag folgendermaßen dar: Die Leistung des Unternehmens wird ausdrücklich in den Vertrag aufgenommen. Das BKartA bekundet durch die „Annahme", dass es die angebotene Sachverhaltsänderung als geeignet ansieht, die Untersagungsvoraussetzungen auszuschließen.[603] Diese Leistung erscheint nicht ausdrücklich im Vertrag. Sie wird lediglich als Zweck der Leistung des Unternehmens nach § 56 Abs. 1 S. 1 VwVfG in den Vertrag aufgenommen und von dem Unternehmen stillschweigend vorausgesetzt. Es handelt sich also regelmäßig um „hinkende Austauschverträge" i.S. des § 56 VwVfG.[604]

Die Zusagenpraxis im Rahmen des Kartellrechts könnte sich in gleicher Weise gestalten. Aus diesem Grunde muss die Gegenleistung des Unternehmens nach § 56 VwVfG zulässig und für einen bestimmten Zweck vereinbart werden. Sie muss der Behörde zur Erfüllung ihrer öffentlichen Aufgaben dienen.

Bei Nachfristzusagen[605] im Rahmen der Fusionskontrolle äußerte man diesbezüglich erhebliche Bedenken. Zunächst sei eine Verhaltenskontrolle des Bundeskartellamtes auf diesem Gebiet grundsätzlich nicht vorgesehen.[606] Außerdem führe jedenfalls die Tatsache, dass die Unternehmen die untersagungsabwendenden Maßnahmen in den meisten Fällen nicht innerhalb der vom GWB vorgesehenen Untersagungsfristen vornehmen können, zu einer Nichtigkeit des Vertrages nach §§ 59 Abs. 2 Nr. 4, 56 VwVfG. Öffentliche Aufgabe des BKartA i.S. des § 56 VwVfG sei nämlich der Schutz von Marktstrukturen in dem ihm vom Gesetz vorgeschriebenen zeitlichen Rahmen.[607] Abgesehen hiervon sei die Zulässigkeit der Nachfristzusage wegen der Unsicherheiten hinsichtlich der Durchsetzbarkeit des Anspruchs der Behörde aus dem

---

603 *Windbichler*, Informelles Verfahren bei der Fusionskontrolle, S. 27; *Satzky*, Zusagen im Rahmen der Zusammenschlusskontrolle, ZHR 141 (1977), 554, 573.

604 Stelkens/*Bonk*/Sachs, Verwaltungsverfahrensgesetz, § 56 Rn. 20.

605 Von Nachfristzusagen spricht man, wenn im Vorverfahren vereinbarte Maßnahmen der Unternehmen, die eine Untersagung durch das BKartA abwenden sollen, zwar vor Ablauf der Untersagungsfrist zugesagt werden, jedoch erst nach deren Verstreichen vollzogen werden sollen, vgl. *Richter*, Teiluntersagung in der Fusionskontrolle, S. 55.

606 Sie wiederspricht insbesondere der Intention des Gesetzgebers; vgl. RegE, BT-Drucks. 6/2520, S. 31. Monopolkommission, Mehr Wettbewerb ist möglich, Hauptgutachten 1973/1975, Tz. 946. Diese fand auch in § 24 Abs. 3 S. 4 GWB (a.F.) ihren Niederschlag; *Neiser*, Die Praxis der deutschen Fusionskontrolle, S. 224.

607 *Richter*, Teiluntersagung in der Fusionskontrolle, S. 65.

öffentlich-rechtlichen Vertrag fraglich.[608] Es stellt sich somit die Frage, inwieweit diese Bedenken im Rahmen einer kartellrechtlichen Zusagepraxis Bestand hätten.

(1) Verhaltenskontrolle

Das Argument, öffentlich-rechtliche Verträge, die zu einer Verhaltenskontrolle von Unternehmen auf dem Markt führen, wären nicht zulässig, kann nur im Rahmen der Fusionskontrolle greifen. Diese ist Instrument, um punktuell in das Marktgeschehen einzugreifen und Marktstrukturen zu schützen. Im Unterschied dazu ist kartellrechtliches Vorgehen grundsätzlich auf Verhaltenskontrolle gerichtet. Auch in Auflagen nach § 10 Abs. 4 S. 3 GWB sind Änderungen von Verkaufs-, Liefer-, oder Zahlungsbedingungen, Preissenkungen, die Einstellung des Handels mit Importerzeugnissen oder das Ausscheiden von Kartellmitgliedern gefordert worden. Zwar sind Verhaltensauflagen und Auflagen zur Änderung von Verträgen nicht so verbreitet wie Berichterstattungs- oder Mitteilungsauflagen, erlaubt sind sie aber in jedem Fall.[609]

(2) Erfüllung öffentlicher Aufgaben

Auch dient die Zusagenpraxis des Bundeskartellamtes zur Erfüllung öffentlicher Aufgaben. Das BKartA ist beim Schutz des Wettbewerbs durch Untersagung wettbewerbsbeschränkenden Verhaltens nicht an einen zeitlichen Rahmen gebunden.

(3) Durchsetzbarer Anspruch

Da zur Erfüllung öffentlicher Aufgaben der Behörde i.S. des § 56 Abs. 1 S. 1 VwVfG nur durchsetzbare Ansprüche dienen können, müssen die Unternehmenszusagen in irgendeiner Weise durchsetzbar sein. Im Rahmen der Fusionskontrolle bestanden hinsichtlich der Durchsetzbarkeit des Anspruches große Bedenken. Nach Ablauf der gesetzlich vorgesehenen Fristen existierte für das Bundeskartellamt, gemäß § 24 a Abs. 2 GWB (a.F.) keine Möglichkeit mehr, den Zusammenschluss zu untersagen.[610] Ein Anspruch aus dem öffentlich-rechtlichen Vertrag kann nach § 40 Abs. 2 VwGO nur vor dem Verwaltungsgericht durchgesetzt werden. Hierbei ergeben sich jedoch große Probleme, da nach dem Grundsatz des Sachzusammenhangs alle Beschwerdeentscheidungen im Rahmen der Fusionskontrolle beim KG oder beim BGH vorgenommen werden müssen. Eine Spezialzuweisung an die VwGO gibt es im GWB nicht, weil dieses weder Leistungs- noch Feststellungsklagen kennt.[611]

---

[608] Vgl. *Richter*, Teiluntersagung in der Fusionskontrolle, S. 62 ff.

[609] *Immenga*/Mestmäcker, GWB, § 10 Rn. 22 ff.

[610] Hierbei handelte es sich jedoch meist um Nachfristzusagen, d.h. Zusagen, bei denen die Maßnahmen des Unternehmens erst nach Ablauf der Untersagungsfristen vollzogen werden sollten.

[611] Vgl. *Satzky*, Zusagen im Rahmen der Zusammenschlusskontrolle, ZHR 141 (1977), 554, 578.

Es stellt sich somit die Frage, wie die im Rahmen eines Kartellverfahrens gemachten Zusagen vom BKartA durchgesetzt werden können. Die Kommission soll nach Art. 24 Abs. 1 Buchst. c VO Nr. 1/2003 die Nichteinhaltung der Zusagen nach Art. 23 Abs. 2 Buchst. c VO Nr. 1/2003 mit Geldbußen sanktionieren können. Eine solche Möglichkeit hat das BKartA, wenn man wie hier von der Konstruktion eines öffentlich-rechtlichen Vertrages ausgeht, nicht. Ihm bliebe lediglich die Möglichkeit gemäß § 62 Abs. 1 S. 2 VwVfG i.V.m. §§ 336 ff. BGB eine Vertragsstrafe mit dem Unternehmen zu vereinbaren.

Jedoch verzichtet das Bundeskartellamt im Kartellverfahren nicht durch das Verstreichenlassen einer Frist auf die Möglichkeit zur Untersagung der Vereinbarung. Eine Untersagung nach § 32 GWB ist nämlich an keinerlei Fristen gebunden. Das BKartA kann also, wenn das Unternehmen seine Zusageverpflichtung nicht einhält, immer noch eine Untersagung vornehmen. Von einer echten Durchsetzung des Anspruches aus dem öffentlich-rechtlichen Vertrag kann gleichwohl nicht ausgegangen werden. Eine solche ist nur dann zu bejahen, wenn das BKartA die Einhaltung der von den Unternehmen gemachten Zusagen tatsächlich erzwingen kann.

Zwar kann das BKartA Klage auf Leistung der zugesagten Maßnahmen erheben und so zu einem Vollstreckungstitel gelangen. In diesem Zusammenhang werden sich jedoch die oben genannten Probleme auch hier ergeben. Ohne eine Leistungsklage, also direkt aus dem Vertrag heraus, kann hingegen nicht vollstreckt werden, solange sich das Unternehmen nicht feiwillig und formwirksam der sofortigen Vollstreckung nach § 61 Abs. 1 VwVfG unterworfen hat.[612] Nach § 61 Abs. 2 VwVfG sind dann im Vollstreckungsverfahren die Regeln des VwVG entsprechend anzuwenden. Bei der Erzwingung von Handlungen, Duldungen oder Unterlassungen der Unternehmen gelten dann die §§ 6 bis 18 VwVG analog. Als Zwangsmittel wird, da es sich in der Regel um nicht vertretbare Handlungen der Unternehmen handeln wird, grundsätzlich Zwangsgeld nach § 10 VwVG in Betracht kommen. Von einem durchsetzbaren Anspruch des BKartA aus dem öffentlich-rechtlichen Vertrag kann somit nur dann ausgegangen werden, wenn sich das Unternehmen bei Vertragsschluss der sofortigen Vollstreckung nach § 61 Abs. 1 VwVfG unterwirft. Nur in diesen Fällen wird dann von einer Zulässigkeit auszugehen sein.

dd. Notwendigkeit

Dennoch stellt sich die Frage, ob die Konstruktion eines öffentlich-rechtlichen Vertrages in diesem Rahmen überhaupt erforderlich ist. Blickt man auf die Fusionskontrolle,

---

612 BVerwG, Urteil v. 13.2.1970, BVerwG, 50, 175.

sticht ins Auge, dass sie lediglich in Bezug auf Nachfristzusagen vorgenommen wurde. Nur dann ergab sich nämlich das Problem, dass das BKartA die Verwirklichung der Zusagen nicht mehr vor Ablauf der Untersagungsfrist kontrollieren konnte und demnach eine verbindliche Zusage des Unternehmens brauchte. Im Bereich des Kartellrechts ist es dem BKartA, wie schon festgestellt, jedoch unabhängig von der Einhaltung von Fristen möglich, im Falle einer Nichtvornahme der zugesicherten Maßnahmen eine Untersagung vorzunehmen. Es stellt sich somit die Frage nach der grundsätzlichen Notwendigkeit öffentlich-rechtlicher Verträge zur Sicherung von Verpflichtungszusagen. Diese kann sich allerdings aus berechtigten Interessen der Unternehmen ergeben, die in Bezug auf die Zusicherung, dass eine Prüfung der Untersagungsvoraussetzungen unter normalen Umständen nicht mehr vorgenommen werden wird, Rechtssicherheit haben wollen.

c. Zusicherung

Unter diesen Gesichtspunkten wäre jedoch auch die Erteilung einer schriftlichen Zusicherung durch das BKartA nach § 38 VwVfG ausreichend. Eine solche unterscheidet sich vom öffentlich-rechtlichen Vertrag durch ihre Einseitigkeit.[613] Sie muss nach § 38 Abs. 1 VwVfG darauf gerichtet sein, einen bestimmten Verwaltungsakt zu erlassen oder zu unterlassen. Das BKartA müsste sich also verpflichten, eine Untersagungsverfügung nach § 32 i.V.m. § 50 Abs. 2 GWB im entsprechenden Fall nicht zu erlassen. Diese Zusicherung wäre für das BKartA bindend und würde für die Unternehmen dahingehend Sicherheit bieten, dass eine Untersagung nicht erfolgen wird. Würde das Unternehmen seine Zusagenverpflichtung nicht einhalten, wären seine Angaben nicht richtig oder unvollständig oder ergäben sich sonst tatsächliche Änderungen, so wäre das Bundeskartellamt nach § 38 Abs. 3 VwVfG nicht weiter an die Zusicherung gebunden. Entsprechend der gemeinschaftsrechtlichen Vorgehensweise der Kommission in Art. 9 VO Nr. 1/2003 könnte die Zusicherung nach § 36 Abs. 2 Nr. 1 VwVfG befristet werden.[614]

Allerdings ist einzuwenden, dass das Instrument der Zusicherung in den vorliegenden Fällen nicht ganz passt. Bei der Annahme von Verpflichtungszusagen durch das BKartA wird grundsätzlich das Zusammenspiel von Leistung und Gegenleistung im Vordergrund stehen. Die hier geschilderten Vereinbarungen weisen eindeutig Vertrag-

---

[613] Stelkens/*Bonk*/Sachs, Verwaltungsverfahrensgesetz, § 38 Rn. 1b.

[614] Unabhängig davon, ob die Zusicherung nach § 38 VwVfG als VA qualifiziert wird oder nicht, kann diese nämlich mit Nebenbestimmungen versehen werden; vgl. Stelkens/*Bonk*/Sachs, Verwaltungsverfahrensgesetz, § 38 Rn. 26.

scharakter auf. Zusicherungen nach § 38 VwVfG würden dem Wesen solcher Vereinbarungen folglich nicht entsprechen.

2. Vertragsbindung trotz Mängeln

Kommt es unbeschadet der hiesigen Ausführungen zum Abschluss eines öffentlich-rechtlichen Vertrages, so wird die Frage einer Bindung an diesen für das BKartA von erheblicher Bedeutung sein.

a. Falsche Beurteilung der Zusagen

Im Rahmen der hier geschilderten Vorgänge besteht die Gefahr, das BKartA könnte sich aufgrund von Zusagen zu einer positiven Beurteilung des Sachverhalts verpflichten, die tatsächlich nicht geeignet sind, die Untersagungsvoraussetzungen zu beseitigen. Der öffentlich-rechtliche Vertrag wäre unter diesen Umständen rechtswidrig. Das BKartA wollte nicht von dem ihm in § 32 GWB eingeräumten Ermessen Gebrauch machen und trotz des Vorliegens der Voraussetzungen auf Rechtsfolgenseite von einer Untersagung absehen. Es ging vielmehr davon aus, die Untersagungsvoraussetzungen lägen nicht vor und kam so fälschlicherweise zu einer positiven Sachverhaltsbewertung.

Es stellt sich die Frage, ob das BKartA unter diesen Umständen an den Vertrag gebunden ist. Dies wäre nicht der Fall, wenn sich aus der Rechtswidrigkeit auch die Nichtigkeit des Vertrages ergeben würde. Die Nichtigkeit öffentlich-rechtlicher Verträge richtet sich nach § 59 VwVfG. Nach dessen Absatz 1 ist sie anzunehmen, wenn sich dies aus den Regeln des BGB ergibt.[615] Jedoch stellt § 59 Abs. 2 VwVfG spezielle Nichtigkeitsgründe für subordinationsrechtliche Verträge auf. Die Nichtigkeit könnte sich im vorliegenden Fall nur aus § 59 Abs. 2 Nr. 2 VwVfG ergeben. Zwar kann hier nicht auf einen Verwaltungsakt mit entsprechendem Inhalt abgestellt werden. Diese Norm trägt jedoch den Rechtsgedanken in sich, dass von der Nichtigkeit des Vertrages nur dann auszugehen ist, wenn alle Beteiligten von der unzutreffenden Beurteilung wussten und durch ihr Zusammenwirken rechtswidrige Erfolge herbeiführen wollten (Kollusion).[616] Praktisch wird es diese Fälle jedoch kaum geben.

Kann von einer Nichtigkeit des Vertrages nicht ausgegangen werden, bleibt lediglich ein Kündigungsrecht aus § 60 Abs. 1 S. 2 VwVfG.[617] Dieses besteht für den Fall, dass

---

[615] Nichtigkeit nach § 134 BGB würde jedenfalls nur dann vorliegen, wenn ein Verstoß gegen ein Gesetz vorliegt, welches die Erbringung der Leistung als solche verbietet; vgl. Kopp/*Ramsauer*, VwVfG, § 59 Rn. 11.

[616] Vgl. für die Fusionskontrolle *Windbichler*, Informelles Verfahren bei der Fusionskontrolle, S. 37.

[617] Eine Anpassung des Vertrages kommt nur für den Fall in Betracht, dass die zugesagte Einschätzung im Nachhinein unrichtig wird, weil sich die tatsächlichen Verhältnisse geändert haben.

bei einer Durchführung des Vertrages schwere Nachteile für das Gemeinwohl zu erwarten sind. Der Begriff der „schweren Nachteile für das Gemeinwohl" ist restriktiv auszulegen. Die alleinige Beeinträchtigung des Gesetzeszweckes reicht hier nicht aus, sondern es bedarf vielmehr eines besonderen, erheblichen, überragenden Interesses der Allgemeinheit.[618] Ob entsprechend schwere Nachteile für das Gemeinwohl vorliegen, muss anhand einer Einzelfallbetrachtung beurteilt werden.

Besteht weder ein Nichtigkeitsgrund noch ein Kündigungsrecht, so ist das BKartA an den öffentlich-rechtlichen Vertrag gebunden. Untersagt es die wettbewerbsbeschränkende Maßnahme dennoch, so kann die entsprechende Verfügung von dem betroffenen Unternehmen nach § 62 GWB angefochten werden.

b. Nichterfüllung von Zusagen

Erfüllt das Unternehmen die von ihm gemachten Zusagen nicht, kann das BKartA das Kartell nach § 32 GWB untersagen. Der öffentlich-rechtliche Vertrag wird regelmäßig nicht den Umkehrschluss enthalten, dass die Kartellvereinbarung ohne Vornahme der zugesagten Maßnahmen die Untersagungsvoraussetzungen erfülle.[619] Eine Untersagung kann somit nur dann erfolgen, wenn die Untersagungsvoraussetzungen tatsächlich vorliegen. Eine Pflicht des BKartA, den Versuch zu unternehmen, die zugesagten Maßnahmen gerichtlich durchzusetzen, bevor auf eine Untersagung zurückgegriffen wird, besteht nicht.[620] Fraglich ist in diesem Zusammenhang nur, ab wann das BKartA von einer Nichterfüllung der Zusagen ausgehen kann. Dies ist jedoch wiederum im Einzelfall zu entscheiden. Im Hinblick darauf und um eine Entscheidung zu erleichtern, wäre es jedoch angebracht, die Verpflichtungszusagen genau zu bestimmen und eine entsprechende Frist, in der die gemachten Zusagen vollzogen werden sollen, in das Vertragswerk aufzunehmen.

3. Ergebnis

Bei den hier geschilderten Vereinbarungen wird das Zusammenspiel von Leistung und Gegenleistung regelmäßig im Vordergrund stehen. Sie können deshalb wohl nicht als einfache Zusicherungen nach § 38 VwVfG gesehen werden. Allerdings ergibt sich die Notwendigkeit einer für das BKartA verbindlichen Lösung schon aus den berechtigten Interessen der betroffenen Unternehmen. An dieser Stelle könnte die Konstruktion eines öffentlich-rechtlichen Vertrages weiterhelfen.

---

618 Stelkens/*Bonk*/Sachs, Verwaltungsverfahrensgesetz, § 60 Rn. 28.

619 Vgl. *Windbichler*, Informelles Verfahren bei der Fusionskontrolle, S. 50.

620 Genau wie bei der Fusionskontrolle haben allein die Unternehmen die Verfügungsgewalt über den Sachverhalt; vgl. dort *Windbichler*, Informelles Verfahren bei der Fusionskontrolle, S. 41

Handelt es sich bei den vom BKartA geforderten Zusagen um Verhaltenspflichten des Unternehmens, so wäre ein solcher in der Regel zumindest nach § 54 S. 1 VwVfG zulässig. Handelt es sich hingegen um Mitteilungs- und Berichterstattungspflichten wird die Zulässigkeit davon abhängen, ob nicht das BKartA das ihm im Rahmen des § 32 GWB zustehende Ermessen missbraucht. Dessen unbeschadet ist eine Zulässigkeit solcher Verträge wegen § 56 Abs. 1 S. 1 VwVfG nur dann zu bejahen, wenn sich das betroffene Unternehmen der sofortigen Vollstreckung nach § 61 Abs. 1 VwVfG unterwirft. Das BKartA ist in diesen Fällen an den Vertrag gebunden, solange nicht ein Kündigungsrecht besteht. Erfüllt das Unternehmen die von ihm gemachten Zusagen nicht, kann das BKartA das wettbewerbswidrige Verhalten nach § 32 GWB untersagen.

Schon wegen der im Zusammenhang mit der Konstruktion öffentlich-rechtlicher Verträge auftretenden Zulässigkeitsprobleme besteht das Bedürfnis für eine neue, dem Art 9 VO Nr. 1/2003 entsprechende Regelung im GWB. Das BKartA könnte die Zusagen des Unternehmens auf diese Weise mit einem Verwaltungsakt annehmen und mit Hilfe der §§ 6 ff. VwVG durchsetzen.

III. Änderungen durch die 7. GWB-Novelle

Dementsprechend soll mit einem § 32b GWB das Instrument der Verpflichtungszusagen in das deutsche Recht eingeführt werden. Wie nach Art. 9 VO Nr. 1/2003 werden damit Zusagen von Unternehmen, die diese zur Ausräumung kartellrechtlicher Bedenken den Kartellbehörden anbieten, für verbindlich erklärt werden. Da Verpflichtungszusagen zur Abwendung von Untersagungsverfügungen nach § 32 GWB ergehen, wird die Kartellbehörde zuvor ihre kartellrechtlichen Bedenken gegenüber den beteiligten Unternehmen in Form eines Abmahnschreibens hinreichend darzulegen haben.[621] Verfügungen nach § 32b werden keine Aussage darüber treffen, ob ein Kartellrechtsverstoß vorgelegen hat oder vorliegt. Die Entscheidungen, mit denen die Verpflichtungszusagen für verbindlich erklärt werden, werden zum Inhalt haben, dass die Kartellbehörde, vorbehaltlich der in § 32b Abs. 2 GWB aufgezählten Wiederaufnahmegründe, von ihren Befugnissen nach den §§ 32 und 32a keinen Gebrauch machen wird. Verfügungen über Verpflichtungszusagen werden nicht für Fälle möglich sein, in denen die Kartellbehörde vorhat, dem Unternehmen eine Geldbuße aufzuerlegen[622]. Die Befugnis, Verfügungen bezüglich Verpflichtungszusagen zu erlassen, soll nicht

---

[621] Begründung zu dem Entwurf eines Siebten Gesetzes zur Änderung des Gesetzes gegen Wettbewerbsbeschränkungen vom 26.05.2004, S. 23.

[622] Begründung zu dem Entwurf eines Siebten Gesetzes zur Änderung des Gesetzes gegen Wettbewerbsbeschränkungen vom 26.05.2004, S. 23.

die Möglichkeit ausschließen, etwaige öffentlich-rechtliche Zusagenverträge abzuschließen.

D. Entscheidungen entsprechend Art. 5 S. 3 VO Nr. 1/2003

Im Hinblick auf die Auswirkungen des Art. 5 S. 3 VO Nr. 17/62 ist zu prüfen, ob der Erlass entsprechender Entscheidungen zum einen möglich und zum anderen in der Verfahrenspraxis des BKartA erforderlich ist.

I. Aufgabe und Befugnis

Im Rahmen des Art. 5 S. 3 VO Nr. 1/2003 soll es nationalen Behörden in Zukunft möglich sein Entscheidungen zu erlassen, in welchen festgestellt wird, dass für sie kein Grund für ein Tätigwerden besteht. Einer entsprechenden Befugnisnorm in § 50 Abs. 2 GWB bedarf es nicht, da auch eine solche Entscheidung keinen belastenden, in individuelle Rechte eingreifenden Verwaltungsakt darstellt.

II. Verfahren

Charakteristisch für das Verwaltungsverfahren im deutschen Kartellrecht ist dessen Formalisierung, die Ausdruck der Rechtssicherheitsgewähr und Rechtsschutzgarantie ist. Das förmliche Verwaltungsverfahren zielt auf den Erlass einer Verfügung nach § 61 Abs. 1 GWB ab. Verfügungen sind Entscheidungen der Kartellbehörde, die den Voraussetzungen des § 61 Abs. 1 GWB entsprechen müssen. Sie unterliegen der Beschwerde nach § 63 Abs. 1 GWB. Entscheidungen im förmlichen Verwaltungsverfahren können Erlaubniserteilungen (§§ 5 bis 8, 10 GWB), Eingriffsverfügungen (wie z.B. §§ 12, 15 Abs. 3 GWB) oder Untersagungsverfügungen (z.B. § 32 GWB) sein. Eine Entscheidung i.S. des Art. 5 S. 3 VO Nr. 1/2003 sieht das GWB an und für sich nicht vor. Antragsverfahren hat das BKartA grundsätzlich mit einer Verfügung zu beenden. Im Amtsverfahren kann eine Verfahrenseinstellung hingegen durch schriftliche Mitteilung nach § 61 Abs. 2 GWB erfolgen.[623] In einem Legalausnahmesystem wird das BKartA auf Anträge nicht mehr mit formellen Verfügungen reagieren müssen. Es wird, bei der Anwendung von EG-Recht, Verfahren nunmehr ausschließlich von Amts wegen einleiten. Es kann diese also einstellen und Beschwerden Dritter abweisen, ohne eine formelle Verfügung zu erlassen.

In der Vergangenheit hat das BKartA den Unternehmen dennoch schriftlich mitgeteilt, dass das von ihnen vorgelegte Vertragswerk nicht gegen das GWB verstoße. Zwar wird in diesen Fällen von den Unternehmen gleichzeitig ein vorsorglicher Freistellungsantrag nach Art. 5 Abs. 2 GWB gestellt. Die Erklärung des BKartA ist aber nicht

---

[623] *Schmidt*, in: Immenga/Mestmäcker, GWB, § 62 Rn. 22.

Reaktion auf diesen, sondern soll ihn vielmehr entbehrlich machen.[624] Bei der Frage, ob es sich hierbei um einen feststellenden, begünstigenden Verwaltungsakt handelt, wird darauf abgestellt, ob der Betroffene Anlass hat, die Erklärung als verbindliche Regelung aufzufassen. Dies wird grundsätzlich bejaht und ein feststellender, begünstigender Verwaltungsakt angenommen, von welchem sich die Kartellbehörde nur unter den Voraussetzungen der §§ 48 ff. VwVfG lösen darf.[625] Fest steht also zunächst, dass das BKartA formelle Entscheidungen nicht erlassen können muss, um ein Verfahren einzustellen, grundsätzlich jedoch die Möglichkeit hat, dies sozusagen von Amts wegen zu tun.

Es stellt sich allerdings die Frage, welchen Sinn eine formelle Entscheidung nach Art. 5 S. 3 VO Nr. 1/2003 haben könnte. Eine Entscheidung lediglich im Interesse der am Kartell beteiligten Unternehmen würde einem Legalausnahmesystem widersprechen und kommt deshalb nicht in Betracht. Im Verfahren nach der VO Nr. 1/2003 steht der Kommission die Möglichkeit entsprechende Entscheidungen zu erlassen zu, um im öffentlichen Interesse die Wettbewerbsregeln festzulegen.[626] Ein derartiger Hintergrund kommt für nationale Behörden nicht in Betracht.[627] Ziel des Art. 5 S. 3 VO Nr. 1/2003 kann es also lediglich sein, der nationalen Behörde eine Verfahrenseinstellung zu ermöglichen. Denkbar ist, dass die Kommission mit Art. 5 S. 2 VO Nr. 1/2003 Kartellbehörden, die nach nationalem Recht auch auf eine Beschwerde mit einer formellen Verfügung reagieren müssen, eine Rechtsgrundlage zum Erlass einer förmlichen Beschwerdeabweisung geben wollte. Für das BKartA ist eine solche Regelung, wie schon weiter oben festgestellt, jedoch nicht erforderlich. Art. 5 S. 3 VO Nr. 1/2003 entfaltet somit keine weitere Bedeutung für die Praxis des BKartA. Die Einstellung des Verfahrens kann sowohl durch schriftliche Mitteilung nach § 61 Abs. 2 GWB erfolgen, als auch, und somit verbindlich, durch einen feststellenden Verwaltungsakt. Haben die Adressaten einer schriftlichen Erklärung jedoch Anlass, diese als verbindliche Regelung aufzufassen, wird wohl auch weiterhin von einer formellen Entscheidung auszugehen sein.

III. Änderungen durch die 7. GWB-Novelle

Dennoch ist die Einführung der Möglichkeit einer Entscheidung der Kartellbehörde, dass kein Anlass zum Tätigwerden besteht, in einem § 32c GWB vorgesehen. Sie soll

---

[624] KG Urteil v. 18.11.1985„Aral“ WuW/E OLG 3688.

[625] KG Urteil v. 18.11.1985„Aral“ WuW/E OLG 3685.

[626] Vgl. 2. Kap., § 1, B., I., 2., b.

[627] Was auch dadurch deutlich wird, dass entsprechende Entscheidungen nationaler Behörden lediglich die betreffende Behörde selbst binden sollen; VOV, Begründung zu Art 5 VOV.

für alle Fälle gelten, in denen die Kartellbehörde der Ansicht ist, dass die Voraussetzungen für ein Verbot nach den Vorschriften des GWB oder nach Art. 81 Abs. 1 oder Art. 82 EG nicht vorliegen. Entscheidungen nach § 32c GWB werden zum Inhalt haben, dass die Kartellbehörde vorbehaltlich neuer Erkenntnisse von ihren Befugnissen nach den §§ 32 und 32a keinen Gebrauch machen wird. Sie werden damit eine Zusicherung der Kartellbehörde enthalten, nicht mehr gegen die betreffende Vereinbarung oder Verhaltensweise vorzugehen, sofern nicht eine Veränderung der Sach- und Rechtslage eintritt. Ein Anspruch auf Erlass einer Entscheidung wird den Unternehmen jedoch, wie im europäischen Recht, nicht zugebilligt werden.

§ 3 Bindungswirkung von Entscheidungen

Von Interesse soll im Folgenden die Frage sein, inwieweit die bisher genannten Entscheidungen des BKartA Bindungswirkung vor allem gegenüber der Kommission und anderen nationalen Behörden entfalten.

A. Regelung in der VO Nr. 1/2003

Hinsichtlich der Bindungswirkung von Entscheidungen des BKartA innerhalb Deutschlands, gelten die allgemeinen nationalen Regeln über die Bindungswirkung von Verwaltungsakten.[628] In der Begründung zum VOV betont die Kommission außerdem, dass Entscheidungen, in denen eine einzelstaatliche Behörde feststellt, dass ein Verhalten nicht gegen Art. 81 oder 82 EG verstößt und deshalb für sie kein Grund zum Tätigwerden besteht, ausschließlich diese Behörde binden. Sie entfalten somit auch keinerlei Bindungswirkung gegenüber anderen Behörden in diesem Mitgliedstaat.[629] Davon abgesehen bringt die Kommission sowohl im Weißbuch als auch in der Begründung zum VOV deutlich zum Ausdruck, dass Verfügungen nationaler Kartellbehörden keinerlei Bindungswirkung gegenüber der Kommission und den Behörden anderer Mitgliedstaaten entfalten sollen.[630] Sie greift damit ein im internationalen Verwaltungsrecht ohnehin geltendes Prinzip auf, welches besagt, dass hoheitliche Entscheidungen eines Staates lediglich in dessen Gebiet gelten.

B. Nachteile fehlender Bindungswirkung

Gegen die Verwirklichung dieses Prinzips sprechen wesentliche Gründe. Zum einen ist durch die Entscheidung der nationalen Behörde zwischenstaatliches Handeln berührt, zum anderen kommt durch sie Gemeinschaftskartellrecht zum Tragen. Werden also Auswirkungen des Kartellvertrages auf dem Gemeinsamen Markt festgestellt, so

---

[628] Vgl. hierzu Stelkens/*Bonk*/Sachs, Verwaltungsverfahrensgesetz, § 43 Rn. 39 ff.

[629] VOV, Begründung zu Art. 5 VOV.

[630] Weißbuch Tz. 101 f., VOV, Begründung zu Art. 5 VOV.

muss die entsprechende Entscheidung auch für diesen gelten.[631] Auch können nur auf diese Weise Mehrfachverfahren mit unterschiedlichen Ergebnissen vermieden werden. Die uneinheitliche Anwendung des EG-Kartellrechts könnte insbesondere unter dem Gesichtspunkt des „forum shopping“ zum Problem werden. Unternehmen laufen Gefahr Opfer von Beschwerdeführern zu werden, die sich, wenn ihre Beschwerde bei der Wettbewerbsbehörde in einem Mitgliedstaat zurückgewiesen wird, an einen anderen Mitgliedstaat wenden, in der Hoffnung sie würden dort mehr Erfolg haben. Vereinbarungen dürften dann in einem Staat praktiziert werden, in einem anderen nicht, was z.B. bei europaweiten selektiven Vertriebssystemen zu einem ökonomisch widersinnigen Ergebnis führen würde.[632]

Aus diesen Gründen könnte eine gemeinschaftsweite Geltung nationaler Entscheidungen befürwortet werden. Praktisch umzusetzen wäre diese entweder durch die zentrale Festlegung einer gemeinschaftsweiten Geltung in der VO selbst oder durch eine ausdrückliche Anerkennung nationaler Entscheidungen von anderen Mitgliedstaaten.[633]

Die Gewährleistung einer einheitlichen Rechtsanwendung durch die Wettbewerbsbehörden der derzeitigen Mitgliedstaaten dürfte, anders als die durch nationale Gerichte, jedoch nicht besonders problematisch sein.[634] Für die Wettbewerbsbehörden der Beitrittsländer wird dies zwar schwieriger, eine enge Zusammenarbeit mit der Kommission und die ihnen nach Art. 11 Abs. 5 VO Nr. 1/2003 zustehenden Möglichkeiten diese stets zu konsultieren, werden dem jedoch entgegenkommen und dafür sorgen, dass auch Wettbewerbsbehörden dieser Staaten mit der Kommissionspraxis vertraut werden. Dem Vernehmen nach wurden Möglichkeiten, eine Bindungswirkung von Entscheidungen herbeizuführen, im Rat auch überhaupt nicht diskutiert. Dies mag zum einen daran gelegen haben, dass Entscheidungen nationaler Wettbewerbsbehörden ohnehin über das erwähnte Intranet verbreitet werden. Allein aus Effizienz- und Praktikabilitätsgründen werden andere Behörden diese Entscheidungen ihren eigenen zugrunde legen, wodurch die Gefahr der Inkohärenz verringert werden dürfte. Zum anderen sind die Mitgliedstaaten selbst nicht wirklich an einer gemeinschaftsweiten Bindungswirkung interessiert. Auch wenn abweichende Entscheidungen in der Praxis eher

---

631 Folgeprobleme der europäischen Kartellverfahrensreform, Sondergutachten der Monopolkommission gemäß § 44 Abs. 1 Satz 4 GWB, S. 42.

632 *Bartosch*, Von der Freistellung zur Legalausnahme: Der Vorschlag der EG-Kommission für eine neue VO Nr. 17, EuZW 2001, 101, 106.

633 Vgl. Folgeprobleme der europäischen Kartellverfahrensreform, Sondergutachten der Monopolkommission gemäß § 44 Abs. 1 Satz 4 GWB, S. 42.

634 *Bogdany/Buchhold*, Die Dezentralisierung der europäischen Wettbewerbskontrolle, Schritt 2, GRUR 2001, 798, 804.

die Ausnahme sein werden, so möchten sie wohl aus politischen Erwägungen wenigstens nicht der theoretischen Möglichkeit beraubt werden, solche zu treffen.

§ 4 Auswirkungen auf die Untersuchungsbefugnisse

Im Folgenden werden zunächst die Untersuchungsbefugnisse dargestellt, die das BKartA bei der Anwendung von EG-Kartellrecht nach dem GWB derzeit hat. Anschließend ist auf Art. 22 VO Nr. 1/2003 einzugehen, der sowohl die horizontale Amtshilfe als auch die vertikale Amtshilfe nationaler Wettbewerbsbehörden regelt. Letztendlich sind die Befugnisse des BKartA bei der Mitwirkung an Ermittlungen der Kommission nach Art. 20 Abs. 5 und 6 VO Nr. 1/2003 zu erläutern. Die mit der 7. GWB-Novelle geplanten Änderungen werden jeweils an entsprechender Stelle dargestellt.

A. Untersuchungsbefugnisse nach § 59 GWB

Bei der Anwendung von EG-Kartellrecht nimmt das BKartA seine Ermittlungen nach den Regeln des GWB vor. Nach § 59 GWB hat die Kartellbehörde ein Auskunfts- und Herausgaberecht (§ 59 Abs. 1 Nr. 1 GWB), Einsichts- und Prüfungsrecht (§ 59 Abs. 1 Nr. 2 GWB) und ein Durchsuchungsrecht (Art. 59 Abs. 4 GWB). Jedes dieser Rechte setzt zumindest einen Anfangsverdacht voraus, der sich auf sämtliche Tatbestandsmerkmale der GWB Norm beziehen muss, gegen die verstoßen worden sein soll. Die Kartellbehörde kann ihre Rechte nach § 59 GWB nur zur Erfüllung der ihr übertragenen Aufgaben ausüben. Im Hinblick auf die Aufklärung allgemeiner wirtschaftlicher Zusammenhänge bestehen, anders als bei der Kommission, Ermittlungsrechte derzeit also nicht.[635] Das Auskunfts- und Herausgaberecht und das Einsichts- und Prüfungsrecht stehen selbständig nebeneinander. Sie sind jedoch, jedenfalls wegen des Grundsatzes der Verhältnismäßigkeit, in einem abgestuften Verhältnis anzuwenden.[636] Die Kartellbehörde hat somit, wenigstens bei Aussicht auf Erfolg des milderen Mittels, immer zunächst dieses zu wählen.[637]

Für die Einsicht und Prüfung wird der Kartellbehörde nach § 59 Abs. 3 GWB das Betreten der Räume des Adressaten zugebilligt. Räume eines Unternehmens sind grundsätzlich die Geschäftsräume. Diese fallen jedoch in den Schutzbereich des Art. 13 GG.[638] Der Verweis auf Art. 13 GG in § 59 Abs. 3 S. 2 GWB ist in diesem Zusammenhang dennoch überflüssig, da ein Eingriff oder eine Beschränkung i. S. des Art. 13

---

[635] Langen/*Bunte*, Kommentar zum deutschen und europäischen Kartellrecht, GWB ,§ 59 Rn. 8.

[636] *Klaue*, in: Immenga/Mestmäker, GWB, § 59 Rn. 21.

[637] *Klaue*, in: Immenga/Mestmäker, GWB, § 59 Rn. 23.

[638] BVerfG, Beschluss v. 13.10.71, BVerfGE 32, 54, 71; Beschluss v. 26.5.76, BVerfGE 42, 212, 219; Beschluss v. 24.5.1977, BVerfGE 44, 353, 371; 76, 83, 88.

Abs. 3 GG nach Ansicht des BVerfG nicht vorliegt, wenn das Betreten von Geschäftsräumen durch eine gesetzliche Regelung gedeckt ist, einem erlaubten Zweck dient und zu dessen Erreichen erforderlich ist, das Gesetz den Zweck des Betretens sowie Gegenstand und Umfang der zugelassenen Berechtigung erkennen lässt und das Betreten der Räume zu einer Zeit erfolgt, in der diese für die jeweilige geschäftliche Nutzung zur Verfügung stehen.[639] All diese Voraussetzungen liegen jedoch beim Betreten der Räume durch die Kartellbehörden in der Regel vor. Der Verweis auf Art. 13 GG, durch welchen das Zitiergebot des Art. 19 Abs. 1 S. 2 GG eingehalten werden sollte, kann somit lediglich Bedeutung für das Betreten von Geschäftsräumen haben, die zugleich Wohnräume sind.[640] Ist eine solche Doppelnutzung bekannt und sicher, dass die relevanten Unterlagen in diesen Räumen aufbewahrt werden, so muss, um die Möglichkeit umfassender Ermittlungen durch die Kartellbehörde nicht zu beeinträchtigen, ein Betreten dieser Räume gestattet sein.[641] Für eine Durchsuchung von Geschäftsräumen nach § 59 Abs. 4 GWB bedarf es, anders als im EG-Kartellrecht, einer richterlichen Anordnung.

In dem Entwurf des Gesetzes zur Änderung des GWB finden sich wesentliche Änderungen der Untersuchungsbefugnisse nicht. Hervorzuheben ist lediglich, dass sich nach § 59 Absatz 1 Nr. 1 GWB das Auskunfts- und Herausgaberecht auch für allgemeine Marktstudien, die der Einschätzung oder Analyse der Wettbewerbsbedingungen oder der Marktlage dienen, genutzt werden kann. Dies führt nun auch für das Bundeskartellamt zu einer Befugnis, Enquêteuntersuchungen durchzuführen. Diese Befugnis wird zudem ausführlich in § 32e GWB geregelt, der Art. 17 VO Nr. 1/2003 entsprechen wird. Sie stellt, wie schon weiter oben dargestellt[642], ein notwendiges Instrument dar, um den durch die Abschaffung des Genehmigungssystems drohenden Transparenzverlust auszugleichen. Nach § 59 Abs. 1 Nr. 2 des geplanten GWB, wird das BKartA in Zukunft von Unternehmen und Vereinigungen von Unternehmen auch Auskunft über die wirtschaftlichen Verhältnisse von mit ihnen verbundenen Unternehmen sowie die Herausgabe von Unterlagen dieser Unternehmen verlangen können. Das Einsichts- und Prüfungsrecht wird künftig in § 59 Abs. 1 Nr. 3 GWB geregelt sein.

---

[639] BVerfG, Beschluss v. 13.10.1971, BVerfGE 32, 54, 76 f.

[640] Denn Räume, die ausschließlich zum Wohnen bestimmt sind, umfasst Art 59 Abs. 3 GWB vom Wortlaut her schon nicht.

[641] *Klaue*, in: Immenga/Mestmäker, GWB, § 59 Rn 50.

[642] Vgl. 2. Kapitel, § 2, B., I.

B. Auftragsermittlung nach Art. 22 VO Nr. 1/2003

Nach Art. 22 VO Nr. 1/2003 gibt es zwei Fälle, in denen das BKartA im Wege einer Amtshilfe tätig werden kann.

I. Art. 22 Abs. 2 VO Nr. 1/2003

Mit Art. 22 Abs. 2 VO Nr. 1/2003 wurde Art. 13 VO Nr. 17/62 in die neue Verordnung übernommen. In der Vergangenheit konnte die Kommission bei ihren Ermittlungen zwischen Nachprüfungen nach Art. 13 VO Nr. 17/62 durch die Bediensteten der nationalen Behörden und nach Art. 14 VO Nr. 17/62 durch ihre eigenen Bediensteten wählen. Praktisch gesehen hatte Art. 13 VO Nr. 17/62 bei dieser Wahl jedoch nur sehr geringe Bedeutung. Zwar handelte es sich um Amtshilfe der nationalen Behörde (vertikale Amtshilfe), die Kommission selbst hatte jedoch nur mitwirkende Funktion.[643] Ihre Bediensteten unterstützten die Bediensteten der nationalen Behörde auf Anforderung. Da die von der Kommission behandelten Fälle vorwiegend grenzüberschreitende Wirkungen haben, hätte die Kommission nationale Behörden verschiedener Mitgliedstaaten beauftragen müssen. Aus diesem Grund hat sie in der Vergangenheit größtenteils selbst ermittelt.[644] Eine Auftragsermittlung kam nur dann in Betracht, wenn nationale Behörden parallel einen Verstoß gegen nationales Recht prüften.[645]

Nach dem VOV hätte es diese Variante in Zukunft nicht mehr gegeben. Nationales Recht hätte bei Fällen mit gemeinschaftsweiter Bedeutung nach Art. 3 VOV keine Anwendung mehr gefunden und eine parallele Anwendung von Gemeinschaftsrecht durch Kommission und nationale Behörde wäre wegen Art. 11 Abs. 6 VOV nicht möglich gewesen. Art. 22 Abs. 2 VO Nr. 1/2003 wäre somit keinerlei Bedeutung zugekommen. Nach Art. 3 VO Nr. 1/2003 ist dies nun anders. Nationales Recht bleibt weiterhin parallel anwendbar. Jedoch ist daneben auch immer Gemeinschaftsrecht anzuwenden, wenn die Zwischenstaatlichkeitsklausel erfüllt ist. Wegen Art. 11 Abs. 6 VO Nr. 1/2003 ist folglich auch nun nicht davon auszugehen, dass Art. 22 Abs. 2 VO Nr. 1/2003 erwähnenswerte praktische Bedeutung zukommt.

II. Art. 22 Abs. 1 VO Nr. 1/2003

Viel wichtiger ist deshalb die Neuregelung in Art. 22 Abs. 1 VO Nr. 1/2003, nach welcher nationale Behörden im Namen und auf Rechnung von Kartellbehörden anderer Mitgliedstaaten im eigenen Land ermitteln können. Gemeint ist hiermit die Amts-

---

643 *Burrichter/Hauschild*, in: Immenga/Mestmäcker, EG-Wettbewerbsrecht, Bd. 2, VO 17, Art. 14 Rn. 28.

644 *Oritz Blanco*, EC Competition Procedure, p. 141.

645 *Sauter*, in: Langen/Bunte Kommentar zum deutschen und europäischen Kartellrecht, VO Nr. 17, Art. 13 Rn. 1.

hilfe zwischen Behörden der verschiedenen Mitgliedstaaten (horizontale Amtshilfe). Die dabei erlangten Ergebnisse können an die entsprechende Behörde übermittelt werden. Praktisch kann dies beispielsweise in der Übermittlung von Auskünften, der Lieferung von Bescheinigungen und Schriftstücken oder der Übersendung von Berichten über Vorgänge liegen. Der Anwendungsbereich dieser Regelung wird sich jedoch nicht aus Fällen ergeben, in denen parallele Verfahren von Kartellbehörden verschiedener Mitgliedstaaten nach der VO Nr. 1/2003 geführt worden sind und Behörden auf die bereits gewonnenen Ermittlungen ihrer Kollegen in anderen EG-Ländern zurückgreifen wollen. Hierfür reicht Art. 12 VO Nr. 1/2003 allein aus. Bei der Anwendung des Art. 22 Abs. 1 VO Nr. 1/2003 wird es sich vielmehr um Fälle handeln, in denen die ermittelnde Behörde selbst kein Kartellverfahren eingeleitet hat.

1. Recht auf Inanspruchnahme von Amtshilfe

Nationalen Behörden ist es nicht wie der Kommission möglich selbst Nachprüfungen in anderen Mitgliedstaaten vorzunehmen. Nach allgemein anerkanntem Völkergewohnheitsrecht darf kein Staat außerhalb seiner Staatsgrenzen auf fremdem Staatsgebiet hoheitliche Befugnisse wahrnehmen, wenn nicht völkerrechtliche Vereinbarungen oder innerstaatlich anwendbares EG-Recht ihn dazu ermächtigen.[646] Befinden sich dort wichtige Beweismittel, ist er vielmehr auf die Hilfe der entsprechenden Behörde angewiesen.[647] Im Folgenden wird näher darauf eingegangen werden, unter welchen Umständen das BKartA nun das Recht hat, ein solches Tätigwerden von Behörden anderer Mitgliedstaaten zu fordern.

a. Rechtsgrundlage

Geklärt werden muss zunächst, ob auch für das Recht zur Inanspruchnahme von Amtshilfe eine völker- oder europarechtliche Vereinbarung erforderlich ist. Auf dem Gebiet des Steuerrechts, wo zwischenstaatliche Amtshilfe zur Aufklärung von länderübergreifenden Sachverhalten verbreitet ist, ergibt sich das Recht auf Inanspruchnahme zwischenstaatlicher Amtshilfe direkt aus § 92 S.1 AO und dem darin kodifizierten Grundsatz der Unbeschränktheit der Beweismittel. Andere nationale, europäische oder völkerrechtliche Regelungen wirken hier lediglich deklaratorisch.[648] Gleiches muss in kartellrechtlichen Zusammenhängen gelten. Nach § 57 Abs. 1 GWB kann das BKartA alle Ermittlungen führen und, genau wie Finanzbehörden nach § 92 AO, alle Beweise erheben, die zur Sachverhaltsaufklärung erforderlich sind. Mit Art. 22

646 *Dahm/Delbrück/Wolfrum*, Völkerrecht, Bd. I/1 S. 316 ff.
647 VOV, Begründung zu Art. 21 VOV.
648 *Söhn*, in: Hübschmann/Hepp/Spitaler, Kommentar zur Abgabenordnung und Finanzgerichtsordnung, § 117 Rn. 17.

Abs. 1 VO Nr. 1/2003 wird das Recht auf Inanspruchnahme einer solchen Amtshilfe somit nur bestätigt.

b. Grenzen

Von praktischer Bedeutung ist jedoch die Frage, ob das Recht auf Inanspruchnahme von Amtshilfe unbegrenzt geltend gemacht werden kann. Für Amtshilfe zwischen deutschen Behörden gelten die §§ 4 bis 8 VwVfG. In § 5 VwVfG sind die Grenzen des Rechts auf Amtshilfe geregelt.

Grundsätzlich gelten die im VwVfG genannten Vorschriften für zwischenstaatliche Amtshilfe nicht. Soweit über die Voraussetzungen und Grenzen der Amtshilfe in den internationalen Rechtsgrundlagen keine ausdrücklichen Vorschriften enthalten sind, bleiben die §§ 4 ff. VwVfG allerdings ergänzend und lückenfüllend anwendbar.[649] § 5 Abs. 2 bis 5 VwVfG betreffen die Rechte und Pflichten der ersuchten Behörde. Da dies die Kartellbehörde eines anderen Mitgliedstaates sein wird, können sie nicht zu Anwendung kommen. § 5 Abs. 1 VwVfG liegt jedoch die Überlegung zugrunde, dass Art. 35 Abs. 1 GG eine Behörde nicht berechtigt, eine andere Behörde schrankenlos um Amtshilfe zu bitten.[650] Da dies für die ersuchende Behörde gilt, müssen die Voraussetzungen des § 5 Abs. 1 VwVfG entsprechend herangezogen werden. Hiernach kann das BKartA die Amtshilfe einer anderen mitgliedstaatlichen Behörde dann insbesondere nur in Anspruch nehmen, wenn es

- aus rechtlichen oder tatsächlichen Gründen die Amtshandlung nicht selbst vornehmen kann,
- auf die Kenntnis von Tatsachen angewiesen ist, die ihr unbekannt sind und die sie selbst nicht ermitteln kann,
- Urkunden oder sonstige Beweismittel benötigt, die sich im Besitz der ersuchten Behörde befinden,
- die Amtshandlung nur im wesentlich größeren Aufwand vornehmen könnte als die ersuchte Behörde.

2. Recht auf Leistung von Amtshilfe

Von dem Recht Amtshilfe zu fordern ist das Recht zu unterscheiden, den Behörden anderer Mitgliedstaaten Amtshilfe zu leisten.

---

[649] Stelkens/Bonk /Sachs, Verwaltungsverfahrensgesetz, § 4 Rn. 24.
[650] Stelkens/Bonk /Sachs, Verwaltungsverfahrensgesetz, § 5 Rn. 4.

a. Aufgabe und Befugnis

Das BKartA beispielsweise kann Ermittlungen nach § 59 GWB grundsätzlich nur dann durchführen, wenn sie durch eine ihm nach dem GWB obliegende Aufgabe veranlasst sind. Eine Inanspruchnahme des § 59 GWB ist deshalb nur für kartellrechtlich relevante Zwecke möglich.[651] Hat das BKartA selbst kein Verfahren eingeleitet, wären ihm grundsätzlich Nachforschungen nach § 59 GWB nicht erlaubt. Entsprechend eröffnet Art. 22 Abs. 1 VO Nr. 1/2003 nationalen Behörden[652] die Möglichkeit, Ermittlungsmaßnahmen auf Ersuchen einer anderen Behörde vorzunehmen. Eine Befugnis des BKartA würde sich dann aus § 50 Abs. 2 S. 3 i.V.m. § 59 GWB ergeben.

b. Verfahren

Wird das BKartA in Zukunft auf Bitten einer anderen mitgliedstaatlichen Wettbewerbsbehörde tätig, so stellen sich insbesondere verfahrenstechnische Fragen.

aa. Zuständigkeit

Für die Ermittlungen muss grundsätzlich das BKartA zuständig sein. Nur dieses ist gemäß § 50 Abs. 1 GWB befugt, die ihm durch sekundäres Gemeinschaftsrecht übertragenen Aufgaben zu erfüllen.

bb. Kosten

Anders als im Steuerrecht[653] und bei der nationalen Amtshilfe[654] sollen nach Art. 22 Abs. 1 VO Nr. 1/2003 die Ermittlungen auf Rechnung der ersuchenden Behörde stattfinden. Nähere Ausführungen hierzu enthält die VO nicht. Eine genaue Festlegung der Verwaltungsgebühren wäre jedoch aus Transparenzgründen wünschenswert. Diesbezüglich bedarf es jedoch einer Regelung auf nationaler, nicht auf europäischer Ebene.

cc. Grenzen

Nach Art. 22 Abs. 1 VO Nr. 1/2003 sind die nationalen Kartellbehörden zur gegenseitigen Amtshilfe lediglich berechtigt. Eine sekundärrechtlich normierte Pflicht Amtshilfe zu leisten besteht also nicht. Sie lässt sich auch nicht primärrechtlich aus Art. 5 EG

---

651 *Bechtold*, GWB, § 59 Rn. 5.

652 Im Falle des BKartA i. V. mit § 50 Abs. 1 GWB.

653 Vgl. Art. 13 VO Nr. 218/92 des Rates vom 27.1.1992 über die Zusammenarbeit der Verwaltungsbehörden auf dem Gebiet der indirekten Besteuerung, ABl.EG vom 1.2.1992 Nr. L 24/1, 5, abgedruckt in: *Brock*, Der zwischenstaatliche Auskunftsverkehr innerhalb der Europäischen Union auf der Grundlage des EG-Amtshilfe-Gesetzes bei den direkten und indirekten Steuern, S. 303 ff.

654 Vgl. § 8 Abs. 1 VwVfG, wonach die ersuchende Behörde der ersuchten Behörde keine Verwaltungsgebühr zu entrichten hat.

ableiten.[655] Praktisch stellt sich somit auch nicht die Frage, unter welchen Bedingungen eine nationale Behörde die Amtshilfe verweigern darf. Dennoch können sich Fälle ergeben, in denen das BKartA Amtshilfe unter keinen Umständen leisten darf. Das Recht Amtshilfe zu leisten kann in diesem Sinne also auf Grenzen stoßen. Zum einen dürfen Auskünfte, die nach deutschem Recht nicht beschafft werden können oder deren Beschaffung der deutschen Verwaltungspraxis widerspricht, nicht erteilt werden. Das Auskunftsverweigerungsrecht nach § 59 Abs. 5 GWB muss in jedem Fall gewahrt bleiben. Zum anderen muss gewährleistet sein, dass Auskünfte grundsätzlich nur erteilt werden, wenn die Wahrung von Geschäftsgeheimnissen[656] im ersuchenden Staat garantiert ist.

3. Pflicht zur Leistung von Amtshilfe

Wie bereits ausgeführt, besteht nach der momentan vorgeschlagenen Regelung in der VO Nr. 1/2003 für die nationale Behörde das Recht, nicht hingegen die Pflicht, Ermittlungen im Auftrag einer anderen Behörde vorzunehmen.

a. Notwendigkeit

Die Regelung einer horizontalen Amtshilfe ist für das Funktionieren einer europäischen Wettbewerbspolitik unabdingbar. Durch sie werden die verschiedenen nationalen Verwaltungsverfahren bei der Anwendung eines einheitlichen europäischen Kartellrechts miteinander verzahnt. Grundsätzlich ist zwischenstaatliche Amtshilfe überall dort unabdingbar, wo uneinheitlicher Verwaltungsvollzug des Gemeinschaftsrechts durch die territoriale Begrenzung der nationalen Verfahrensregeln das Funktionieren von Gemeinschaftsregeln bedroht. Auch ist es bei einer dezentralen Anwendung der EG-Wettbewerbsregeln erforderlich, dass, im Hinblick auf die immer stärker werdende internationale Verflechtung von Kartellsachverhalten, Ermittlungen auf dem gesamten Markt vorgenommen werden können, ohne dass die Behörde, auf deren Hoheitsgebiet Beweise vermutet werden, ein eigenes Kartellverfahren durchführen muss. Nur auf diese Weise können unnötige Mehrfachverfahren, bei gleichzeitiger Gewährleistung einer zügigen und gleichmäßigen Sachverhaltsaufklärung und Verfolgung von Wettbewerbsbeschränkungen, vermieden werden.

---

[655] *Meier*, Europäische Amtshilfe – Ein Stützpfeiler des Europäischen Binnenmarktes, EuR 1989, 237, 244.

[656] Die durch Maßnahmen des § 59 GWB erlangten Erkenntnisse sind, wenn es sich bei ihnen um Geschäftsgeheimnisse handelt, von der Kartellbehörde geheim zu halten; vgl. *Bechthold*, GWB, § 59 Rn. 15. In gleicher Weise muss jedoch auch bei der Inanspruchnahme von Amtshilfe die Geheimhaltung der erteilten Auskünfte gewährleistet sein. Umgekehrt kann anderenfalls von der ersuchten Behörde eine Amtshilfe nicht verlangt werden; vgl. hierzu im Steuerrecht § 4 EG-AHG.

Art. 22 Abs. 1 VO Nr. 1/2003 kann jedoch nur dann die beabsichtigte Wirkung erzielen, wenn eine Pflicht der ersuchten Behörde bestehen würde, Ermittlungen einzuleiten.[657] Besteht lediglich das Recht, Amtshilfe zu fordern bzw. zu leisten, ist weder ein zügiges und effektives Vorgehen der jeweiligen Behörde noch deren Vorgehen überhaupt gewährleistet. Nationale Behörden, die, wie es gerade im Hinblick auf die EU-Osterweiterung der Fall sein wird, selbst an personellem Mangel und Arbeitsüberlastung leiden und entweder kein eigenes Interesse an zügigen Ermittlungsergebnissen haben oder ein besonderes politisches Interesse an der Nichtverfolgung des betroffenen Kartells, werden entsprechende Nachprüfungen zumindest hintan stellen. Absehbare Folge ist auch, dass Behörden, die aus diesen Gründen eine Amtshilfe einmal ablehnen oder unzulänglich durchführen, im umgekehrten Fall von der ersuchenden Behörde auch keine Hilfe erwarten werden können. Eine Ausgewogenheit der gegenseitigen Hilfe kann auf diese Weise nicht garantiert werden. Der für das Funktionieren des neuen Systems so wichtigen Amtshilfe wird es an Wirksamkeit fehlen.[658]

b. Rechtliche Umsetzung

Ungewiss ist, ob und wie eine gegenseitige Amtshilfepflicht überhaupt rechtlich durchgesetzt werden könnte.

aa. Allgemein

Rechtsgrundlagen für zwischenstaatliche Amtshilfepflichten könnten sowohl völkerrechtliche Vereinbarungen, die dann durch Zustimmungsgesetz innerstaatliches Recht werden, als auch europäisches Gemeinschaftsrecht sein.

Auf dem Gebiet des Steuerrechts gibt es beispielsweise neben bilateralen Amts- und Rechtshilfevereinbarungen die EG- Amtshilferichtlinie[659] und das zu deren Umsetzung erlassene EG-Amtshilfe-Gesetz[660].

---

[657] Die Monopolkommission plädiert für eine entsprechende Regelung auch für Zustellungs- und Vollstreckungsmaßnahmen, da nur so die Rechtskraft kartellrechtlicher Entscheidungen und die tatsächliche Eintreibung gewährleistet werden könne; vgl. Folgeprobleme der europäischen Kartellverfahrensreform, Sondergutachten der Monopolkommission gemäß § 44 Abs. 1 Satz 4 GWB, S. 37.

[658] So im Ergebnis auch Folgeprobleme der europäischen Kartellverfahrensreform, Sondergutachten der Monopolkommission gemäß § 44 Abs. 1 Satz 4 GWB, S. 37.

[659] Vgl. im Steuerrecht Richtlinie des Rates vom 19.12.1977 über die gegenseitige Amtshilfe zwischen den zuständigen Behörden der Mitgliedstaaten im Bereich der direkten Steuern, ABl.EG vom 27.12.1977 Nr. L 336, 15, in der Fassung vom 6.12.1979, ABl.EG vom 27.12.1979 Nr. L 331/8.

[660] Im Steuerrecht wurde die EG-Amtsermittlungsrichtlinie im EG-Amtshilfegesetz vom 19.12.1985, BStBl. I 1985, S. 740 umgesetzt.

Der Einfachheit halber wäre eine einheitliche Regelung auf EG-Ebene einzelnen bilateralen Abkommen vorzuziehen. Ausreichend wäre auch hier eine EG-Richtlinie, in welcher die Rahmenbedingungen einer Amtshilfepflicht, deren Grenzen und die Rechte der betroffenen Unternehmen festgelegt und ein wirksames und schnelles Vorgehen der ersuchten Behörde gefordert würden. Eine Umsetzung müsste dann in den einzelnen Mitgliedstaaten bis zu einem bestimmten Zeitpunkt vorgenommen werden. Berücksichtigt werden müsste in diesem Zusammenhang auch die Frage, wie etwaige Vollstreckungsmaßnahmen aussehen könnten, um eine solche Pflicht durchzusetzen, wenn die von ihr betroffene Behörde die Erfüllung verweigert.

bb. Grenzen der Amtshilfepflicht

Für eine Pflicht des BKartA zur Leistung von Amtshilfe ergeben sich jedenfalls Grenzen aus den oben geschilderten Bedingungen, unter welchen Amtshilfe keinesfalls gegeben werden darf.

Die Grenzen der Amtshilfepflicht gegenüber dem BKartA ergeben sich aus den Grenzen des Rechts des BKartA zur Inanspruchnahme von Amtshilfe. In den dort genannten Fällen müsste aber nicht nur die Pflicht zur Leistung von Amtshilfe gegenüber dem BKartA ihre Grenzen haben. Auch für Wettbewerbsbehörden anderer Mitgliedstaaten muss die Möglichkeiten bestehen, von einer Pflicht frei zu werden, wenn Hinweise dafür vorliegen, dass der ersuchende Staat seine eigenen Ermittlungsmöglichkeiten nicht ausgeschöpft hat, wenn die Auskunft nur mit unverhältnismäßig großem Aufwand erteilt werden könnte oder wenn durch die Erteilung der Auskunft die Erfüllung der eigenen Aufgaben ernstlich gefährdet werden würde.[661]

cc. Beschleunigung

Andererseits müsste für die Fälle, in denen eine Pflicht zur Amtshilfe besteht, ein effizientes und schnelles Vorgehen der ersuchten Behörde verlangt werden können. Ist dies aus bestimmten Gründen nicht möglich, so müsste die ersuchende Behörde unverzüglich, unter Nennung dieser Gründe, über die Verzögerung informiert werden.[662] Zur Beschleunigung und Erleichterung des Verfahrens wäre es hilfreich, wenn Bedienstete des ersuchenden Staates im Inland anwesend sein und das Ersuchen erläutern, Ermittlungsergebnisse entgegennehmen und evtl. Hinweise für weitere Ermittlungen geben könnten

---

661 Vgl. im Steuerrecht § 3 Abs. 2 EG-AHG.

662 Vgl. im Rahmen des Steuerrechts Art. 5 EG-Amtshilferichtlinie.

4. Ergebnis

Die Amtshilferegelung in Art. 22 Abs. 1 VO Nr. 1/2003 greift in jedem Fall zu kurz. Grundsätzlich bleibt festzuhalten, dass eine bereichsübergreifende europäische Amtshilferegelung in einer Zeit, in welcher der Gemeinschaftsgesetzgeber Transparenz und Abbau von Bürokratie auf seine Fahnen geschrieben hat[663], die einzig wirklich sinnvolle Lösung des Problems ist. Unbeschadet dessen ist jedoch in einzelnen Gebieten schon jetzt die ausdrückliche Regelung einer Amtshilfepflicht mit allen mit ihr verbundenen Voraussetzungen und Grenzen zwingend notwendig. Ob eine solche Regelung tatsächlich jemals Geltung erlangen wird, ist indes fraglich. Dem Vernehmen nach wurde sie zumindest in den Ratsverhandlungen nicht ernsthaft diskutiert. Es wird also bei einer freiwilligen Amtshilfe der einzelnen Mitgliedstaaten bleiben. Auch hier ist jedoch der Erlass von Normen zwingend notwendig, welche Zuständigkeit, Amtshilfeweg und Kosten, die Grenzen eines Rechts auf Leistung von Amtshilfe, Voraussetzungen für ein Recht auf Inanspruchnahme von Amtshilfe und die Rechte der betroffenen Unternehmen regeln. In dieser Hinsicht wird der nationale Gesetzgeber gefragt sein.

Entsprechende Regelungen sind jedoch derzeit nicht vorgesehen. Auch der Entwurf für das Siebte Gesetz zur Änderung des GWB geht lediglich von einer solchen Befugnis aus, indem er in § 50 Abs. 3 GWB das Bundeskartellamt für entsprechende Ermittlungen für zuständig erklärt[664] und in § 50 Abs. 4 GWB feststellt, dass das Bundeskartellamt den Bedienstete der Wettbewerbsbehörden eines anderen Mitgliedstaats gestatten kann seine Bediensteten bei Durchsuchungen nach Art. 22 Abs. 1 Nr. 1/2003 zu begleiten.

C. Mitwirkung an Ermittlungen nach Art. 20 Abs. 5, 6 VO Nr. 1/2003

Neben einem eigenständigen Handeln des BKartA zur Unterstützung der Kommission kommt eine Mitwirkung an deren Ermittlungen nach Art. 20 Abs. 5, 6 VO Nr. 1/2003 in Betracht.

I. Grundsätzliches

Mit Art. 20 Abs. 5 und 6 VO Nr. 1/2003 wurden die in Art. 14 Abs. 5, 6 VO Nr. 17/62 niedergelegten Regeln über die Mitwirkung nationaler Behörden bei Ermittlungen der Kommission, abgesehen von kleinen Abweichungen, auf welche im Folgenden eingegangen werden soll, übernommen.

---

[663] Vgl. *Meier*, Europäische Amtshilfe - Ein Stützpfeiler des Europäischen Binnenmarktes -, EuR 1989, 237, 246.

[664] Begründung zum Siebten Gesetz zur Änderung des Gesetzes gegen Wettbewerbsbeschränkungen.

II. Aufgabe

In Art. 20 Abs. 5, 6 VO Nr. 1/2003 wird den nationalen Behörden die Aufgabe erteilt, die Kommission auf Ersuchen aktiv zu unterstützen. Ist diese Unterstützung erforderlich, weil sich das betroffene Unternehmen widersetzt, so hat die Unterstützung ggf. unter Einsatz von Polizeikräften oder einer entsprechenden vollziehenden Behörde zu erfolgen. Nach Art. 50 Abs. 1 GWB nimmt das BKartA diese Aufgaben wahr. Vollzugsbehörde ist nach § 7 Abs. 1 VwVG das BKartA selbst. Wer im konkreten Fall als Vollzugsbeamter zur Anwendung unmittelbaren Zwangs infrage kommt, richtet sich nach § 6 UZwG.

III. Befugnis

Ursprünglich wurde dem BKartA die Befugnis zur Durchführung solcher Nachprüfungen über § 2 des Gesetzes zur Ausführung der Verordnung Nr. 17 des Rates der Europäischen Wirtschaftsgemeinschaft [665] erteilt. Dieser räumte ihm dieselben Befugnisse ein, wie sie die Kommission nach Art. 14 Abs. 1 VO Nr. 17/62 hatte. Seit der Aufhebung dieses Ausführungsgesetzes gilt lediglich § 50 Abs. 2 S. 3 GWB, nach welchem das BKartA die „erforderlichen Ermittlungen durchführen" kann, auch wenn es am Verfahren der Kommission mitwirkt. Hiernach hat das BKartA alle Befugnisse, die ihm bei der Anwendung des GWB zustehen. Diese stehen jedoch hinter den der Kommission nach Artt. 20, 21 VO Nr. 1/2003 zugewiesenen Befugnissen zurück. Die Befugnis zur Ausübung eines weitergehenden Fragerechts gegenüber Vertretern oder Mitgliedern der Belegschaft des Unternehmens, das Versiegeln von Räumlichkeiten und Geschäftsunterlagen und die Vornahme von Nachprüfungen in anderen Räumlichkeiten stehen dem BKartA nach den §§ 57 bis 59 GWB nicht zu. Sie sind nach Art. 20 Abs. 5 S. 2 VO Nr. 1/2003 erweitert worden.[666] Nationalen Behörden stehen nun die der Kommission in Art. 20 Abs. 2 VO Nr. 1/2003 zugewiesenen Befugnisse zu. Ergibt sich die Einräumung einer Befugnis aus einer EG-Verordnung direkt, so ist sie aufgrund der Rechtsnatur und Geltungswirkung von gemeinschaftsrechtlichen Verordnungen in jedem Mitgliedstaat gültig und wirkt dort selbst wie ein nationales Gesetz. Einer Erweiterung der Befugnisse im GWB bedarf es unbeschadet der Tatsache, dass eine Anpassung allein aus Gründen der Rechtsklarheit erforderlich und wünschenswert wäre, für ein entsprechendes Tätigwerden des BKartA somit nicht. Bei der Mitwirkung an einem Nachprüfungsverfahren der Kommission haben die Beamten des BKartA also schon jetzt, zusätzlich zu den Befugnissen nach § 59 GWB, die Befugnis

[665] Gesetz zur Ausführung der Verordnung Nr. 17 des Rates der Europäischen Wirtschaftsgemeinschaft vom 17.08.1967, BGBl. 1967 I, S. 911.

[666] Vgl. hierzu 3. Kap., § 4, A.

zur Ausübung eines weitergehenden Fragerechts gegenüber Vertretern oder Mitgliedern der Belegschaft des Unternehmens, zum Versiegeln von Räumlichkeiten und Geschäftsunterlagen und der Vornahme von Nachprüfungen in anderen Räumlichkeiten als den Geschäftsräumen des Unternehmens. Sie sind hierbei an nationale Verfahrensvorschriften gebunden.

IV. Änderungen durch die 7. GWB Novelle

Das Bundeskartellamt wird auch nach dem künftigen § 50 Abs. 3 GWB für die Mitwirkung an Verfahren der Kommission allein zuständig sein. Dies ist zum einen deshalb sinnvoll, weil es bereits erhebliche Erfahrungen bei der Mitwirkung an Verfahren der Kommission erworben hat. Zum anderen entspricht es der grundsätzlichen Außenvertretungskompetenz des Bundes nach Art. 32 GG.[667] Die Vorschrift erfasst die Mitwirkung an Ermittlungshandlungen der Kommission nach den Artt. 17 ff. VO Nr. 1/2003. Das Bundeskartellamt ist somit zuständige Wettbewerbsbehörde bei der Unterstützung der Kommission bei Nachprüfungen nach Artt. 20 und 21 VO Nr. 1/2003 oder Ermittlungen nach Art. 22 Abs. 2 VO Nr. 1/2003.

§ 5 Auswirkung auf die Sanktionsbefugnisse des BKartA

Im Folgenden werden zunächst die Sanktionsbefugnisse dargestellt, die das BKartA bei der Anwendung von EG-Kartellrecht derzeit nach dem GWB hat. Anschließend ist auf Art. 5 VO Nr. 1/2003, seine Auswirkungen auf die Sanktionspraxis des BKartA und die dabei möglicherweise entstehenden Probleme einzugehen.

A. Sanktionsbefugnisse nach dem GWB

Zunächst sollen die nach dem GWB momentan möglichen Sanktionen der Kartellbehörden dargestellt werden. Hierbei muss zwischen Sanktionen wegen Verstößen gegen nationales Kartellrecht und Sanktionen wegen Verstößen gegen Gemeinschaftskartellrecht unterschieden werden.

I. Verstöße gegen nationales Kartellrecht

Das BKartA hat die Möglichkeit Bußgelder und Zwangsgelder zu erlassen. Darüber hinaus kann es eine Mehrerlösabschöpfung nach § 34 GWB vornehmen.

1. Bußgeld nach § 81 GWB

Die Voraussetzungen für die Erteilung von Geldbußen sind, soweit das GWB nicht abweichende Vorschriften enthält, im Gesetz für Ordnungswidrigkeiten geregelt.[668]

---

[667] Begründung zu dem Entwurf eines Siebten Gesetzes zur Änderung des Gesetzes gegen Wettbewerbsbeschränkungen vom 26.05.2004, S. 73.

[668] *Emmerich*, Kartellrecht, S. 360.

§ 81 GWB unterscheidet in Absatz 2 zwischen schweren und leichten Kartellrechtsverstößen. Bei schweren Verstößen kann das Bußgeld bis zu 500.000 Euro betragen. In diesen Fällen kann es auch nach dem durch die Zuwiderhandlung erlangten Mehrerlös bestimmt werden und bis zu dessen 3facher Höhe ausmachen.[669] Die Höhe des Bußgeldes bei leichten Zuwiderhandlungen richtet sich nach § 81 Abs. 2 S. 1 GWB und beträgt grundsätzlich bis zu 25.000 EUR. Innerhalb der schweren und leichten Kartellrechtsverstöße ist zwischen originären und akzessorischen Tatbeständen zu unterscheiden. Originäre Tatbestände beinhalten Zuwiderhandlungen gegen gesetzliche Verbote und akzessorische Tatbestände Zuwiderhandlungen gegen vollziehbare Verwaltungsakte. Im Rahmen der schweren Kartellrechtsverstöße in § 81 Abs. 1 GWB handelt es sich beispielsweise bei Nr. 1 und 2 um originäre und bei Nr. 5, 6 Buchst. a und 9 um akzessorische Tatbestände.

2. Mehrerlösabschöpfung nach § 34 GWB

Nach § 34 GWB kann die Kartellbehörde den Mehrerlös, den ein Unternehmen nach Zustellung einer Untersagungsverfügung nach § 32 durch die untersagte Maßnahme erlangt hat, abschöpfen. Ist die Untersagungsverfügung unanfechtbar geworden und der Verstoß gegen sie vorsätzlich oder fahrlässig gewesen, kann die Kartellbehörde innerhalb von 3 Jahren nach dem Eintritt der Unanfechtbarkeit die Abführung des Mehrerlöses anordnen (§ 34 Abs. 1 S. 3 GWB). Diese Anordnung steht im Ermessen der Behörde. Abzuschöpfen ist der Mehrerlös, den das Unternehmen durch die Weiterführung des untersagten Verhaltens erlangt hat. Seine Höhe kann geschätzt werden (§ 34 Abs. 3 GWB). Trotz dieser Erleichterung ist die Berechnung jedoch schwierig, da die hypothetischen Ergebnisse, die sich bei Befolgung der Untersagungsverfügung ergeben hätten, regelmäßig unbekannt sind.[670] Die Abschöpfungsanordnung kann mit einer Beschwerde nach § 63 GWB angefochten werden. Um die Unternehmen nicht doppelt zu belasten, ist die Mehrerlösabschöpfung subsidiär gegenüber Schadensersatzleistungen nach § 33 GWB und entfällt auch dann, wenn der Mehrerlös bereits durch Geldbuße nach § 81 Abs. 2 GWB abgeschöpft wurde (§ 34 Abs. 1 S. 2 GWB).

3. Zwangsgeld

Im GWB werden, anders als im Kartellverwaltungsverfahren der Kommission, lediglich Geldbußen festgelegt. Die Verhängung von Zwangsgeldern richtet sich regelmäßig nach den §§ 6, 9, 11, 13 VwVG des Bundes.

---

669 Langen/*Bunte*, Kommentar zum deutschen und europäischen Kartellrecht, Bd. 1, GWB, § 59 Rn. 8.

670 *Emmerich*, in: Immenga/Mestmäcker, GWB, § 34 Rn. 10.

II. Verstöße gegen Gemeinschaftskartellrecht

Fraglich ist, wie weit die Sanktionsbefugnisse des BKartA derzeit gehen, wenn dieses Gemeinschaftskartellrecht anwendet.

1. Bußgeld nach § 81 GWB

Der Erlass von Geldbußen gehörte vor der EG-Kartellverfahrensreform nicht zu den den Behörden der Mitgliedstaaten übertragenen Aufgaben i.S. des § 50 Abs. 1 GWB und ist nicht in dessen zweitem Absatz vorgesehen. Untersagungsverfügungen können hiernach jedoch erlassen werden. Dabei hat das BKartA § 32 i.V.m. § 50 Abs. 2 GWB entsprechend anzuwenden.[671] Verstößt ein Unternehmen nun gegen eine solche Untersagungsverfügung, so ist nach § 81 Abs. 1 Nr. 6 Buchst. a GWB der Erlass eines Bußgeldbescheids ausdrücklich möglich. Das Bundeskartellamt wendet bei der Entscheidung über die Verhängung dieses Bußgeldes allein deutsches Recht, nicht EG-Recht an.[672]

2. Mehrerlösabschöpfung nach § 34 GWB

Das BKartA kann bei der Missachtung einer auf § 32 i.V.m. § 50 Abs. 2 S. 2 GWB gestützten Untersagungsverfügung nicht gemäß § 34 GWB den Mehrerlös abschöpfen. Zwar würde es sich auch hier allein um die Anwendung deutschen Rechts handeln, jedenfalls würden jedoch die den nationalen Behörden in Artt. 84, 85 EG übertragenen Aufgaben überschritten. Zu diesen gehört nämlich nicht die Anordnung von Maßnahmen, die dem EG-Recht unbekannt sind.[673]

3. Zwangsgeld

Das BKartA kann auch heute schon Zwangsgelder nach §§ 6, 9, 11, 13 VwVG verhängen, um damit eine Untersagungsverfügung nach §§ 32, 50 Abs. 2 GWB durchzusetzen. Auch Verfügungen, die Ermittlungen nach §§ 59, 50 Abs. 2 GWB betreffend, können mit Hilfe von Zwangsgeldern durchgesetzt werden. Überall wo das BKartA bei der Anwendung von EG-Kartellrecht Verfügungen erlässt, ist folglich auch eine Durchsetzung dieser nationalen Verwaltungsakte mit Hilfe der §§ 6, 9, 11, 13 VwVG möglich.

---

[671] *Klocker*, Befugnisse des Bundeskartellamtes im europäischen Recht, WuW 1999, 109, 113, *Bracher*, in: Frankfurter Kommentar, Bd. 2, GWB,§ 50 Rn. 20; a.A. Bechtold, GWB, **2. Aufl.**, § 50 Rn. 10, der einen Rückgriff auf § 32 GWB nicht für erforderlich hält.

[672] KG Urteil v. 16.11.1994, Selektive Exklusivität, WuW/ E OLG 5580, 5591.

[673] *Bracher*, in: Frankfurter Kommentar, Bd. 2, § 50 Rn. 23.

B. Verhängung von Sanktionen nach Art. 5 VO Nr. 1/2003

Nach Art. 5 VO Nr. 1/2003 sind die nationalen Behörden nunmehr auch zur Verhängung von Geldbußen, Zwangsgeldern oder sonstigen, nach innerstaatlichem Recht vorgesehenen Sanktionen, befugt.

I. Geldbußen

Nach § 50 Abs. 1 GWB kann das BKartA die ihm durch Art. 5 VO Nr. 1/2003 übertragenen Aufgaben wahrnehmen und auch Bußgelder aufgrund von Verstößen allein gegen EG-Recht erlassen.

§ 50 Abs. 1 GWB legt lediglich die dem BKartA zugewiesenen Aufgaben fest. Auch enthält § 50 Abs. 2 GWB keine Befugnis zum Erlass von Geldbußen aufgrund von Verstößen gegen EG-Kartellrecht. Geklärt werden muss deshalb, ob dennoch allein nach derzeit geltendem nationalem Recht eine ausreichende Möglichkeit zum Erlass von Bußgeldern besteht. Wäre dies der Fall, so könnte der Gesetzgeber auch schon vor der Aufnahme einer Befugnisnorm in das GWB seine Pflicht zur wirksamen Durchsetzung des Gemeinschaftsrechts erfüllen.[674] Es stellt sich somit zunächst die Frage, ob eine wirksame Verfolgung von Zuwiderhandlungen zum Schutze der Wettbewerbsregeln auch ohne Änderung nationaler Regeln vorgenommen werden kann.

1. Ahndung von Verstößen gegen originäre Kartellrechtstatbestände

Verstöße gegen originäres EG-Kartellrecht können vom BKartA nach derzeit geltendem Recht nicht sanktioniert werden.

2. Ahndung von Verstößen gegen Untersagungen

Dem BKartA bleibt dennoch weiterhin die Möglichkeit, über den Umweg der §§ 81 Abs. 1 Nr. 6 Buchst. a, 32, 50 Abs. 2 S. 2 GWB Geldbußen allein aufgrund von Verstößen gegen nationales Verfahrensrecht zu erlassen. Diese Möglichkeit müsste im Rahmen von schweren Kartellrechtsverstößen, bei denen eine Untersagung vorausgeht, auch ausreichend sein. Sowohl der EG-Kommission als auch den nationalen Kartellbehörden, bei Verfolgung von Zuwiderhandlungen gegen nationales Kartellrecht, ist es jedoch möglich, Geldbußen nicht nur bei Zuwiderhandlungen gegen Untersagungsanordnungen, sondern auch bei anderen Verstößen zu erlassen. Relevant kann in diesem Rahmen die Ahndung von Verstößen gegen einstweilige Anordnungen und gegen Auskunftserteilungspflichten sein.

---

[674] VOV, Begründung zu Art. 5 VOV.

3. Ahndung von Verstößen gegen einstweilige Anordnungen

Die Erteilung von Geldbußen aufgrund von Verstößen gegen auf der Basis nationalen Verfahrensrechts erlassene einstweilige Anordnungen funktioniert schon deshalb nicht, weil Art. 81 Abs. 1 Nr. 9 GWB keine Verweisung auf § 50 Abs. 2 GWB enthält.

4. Ahndung von Verstößen im Rahmen der Auskunftserteilungspflicht

Auch bei Zuwiderhandlungen gegen die Auskunftserteilungspflicht wäre ein Verweis auf § 50 Abs. 2 GWB im Rahmen des § 81 Abs. 1 Nr. 8 GWB erforderlich. Dieser würde dann jedoch auch in § 50 Abs. 2 GWB seine Entsprechung finden, da § 50 Abs. 2 S. 2 GWB die Pflicht zur Auskunftserteilung erfasst.

5. Ergebnis

Ohne eine Änderung im GWB kann das BKartA somit lediglich wie bisher Verstöße gegen Untersagungen nach § 32 GWB sanktionieren. Für die Ahndung von Verstößen gegen einstweilige Anordnungen oder gegen die Auskunftserteilungspflicht muss eine Gesetzesänderung vorgenommen werden. Eine Änderung des GWB in diesem Punkt ist somit erforderlich.

II. Zwangsgeld

Da es sich bei allen Verfügungen, die das BKartA bei der Anwendung von EG-Kartellrecht erlässt, um nach deutschem Recht erlassene Verwaltungsakte einer deutschen Behörde handelt, können sie unter Androhung eines Zwangsgeldes nach dem VwVG durchgesetzt werden. Diesbezüglich werden somit keine Änderungen des nationalen Rechts nötig sein. Zwangsgelder zur Durchsetzung von Untersagungsverfügungen oder Auskunftsverlangen sind heute schon möglich. Bei Einfügung einer entsprechenden Befugnisnorm in das GWB wird daneben auch die Befolgung einer einstweiligen Anordnung mit Zwangsgeld durchgesetzt werden können.

III. Sonstige Sanktionen

In Art. 5 VO Nr. 1/2003 wird den nationalen Behörden die Befugnis erteilt, „Geldbußen oder Zwangsgelder oder sonstige im innerstaatlichen Recht vorgesehene Sanktionen zu verhängen". Da es sich bei § 34 GWB um eine nach innerstaatlichem Recht vorgesehene Sanktion handelt[675], gehört die Mehrerlösabschöpfung zu den dem Bundeskartellamt übertragenen Aufgaben i. S. des § 50 Abs. 1 GWB. Eine Befugnis innerhalb des § 50 Abs. 2 GWB besteht jedoch nicht.

---

[675] Dies lässt schon die für §§ 32, 33, 34 GWB geltende Überschrift des sechsten Abschnitts „Sanktionen" erkennen.

Um ein derartiges Vorgehen zu ermöglichen, müsste auch diesbezüglich eine Gesetzesänderung vorgenommen werden.

IV. Probleme

Im Hinblick auf die Sanktionierung von Verstößen gegen das Gemeinschaftskartellrecht können sich jedoch einige praktische Probleme ergeben.

1. Bebußung von natürlichen Personen

Nach deutschem Recht können Ordnungswidrigkeiten nur von natürlichen Personen begangen werden. Werden diese für ein Untenehmen tätig, so können sie nach § 9 OWiG mit Geldbußen belangt werden, auch wenn nur das Unternehmen und nicht sie selbst, die in der entsprechenden Ge- oder Verbotnorm genannten besonderen persönlichen Merkmale verwirklichen.[676] Gleichzeitig können aber auch gegenüber dem Unternehmen als juristische Person oder Personenvereinigung nach § 30 OwiG Bußgelder verhängt werden, wenn eine in § 30 Abs. 1 OwiG genannte Person eine Ordnungswidrigkeit begangen hat, durch welche die juristische Person oder Personenvereinigung treffende Pflichten, verletzt wurden. Es bedarf also auch bei der Belangung juristischer Personen einer durch eine natürliche Person begangenen Anknüpfungstat.

Dies alles steht im Widerspruch zu dem EG-rechtlichen Grundsatz, dass Geldbußen und Zwangsgelder nur gegenüber Unternehmen und Unternehmensvereinigungen, nicht aber gegen natürliche Personen verhängt werden können (Artt. 15, 16 VO Nr. 17/62). Wegen dieses im Bußgeldrecht nicht hinzunehmenden Wertungswiderspruchs wird teilweise schon heute die Unzulässigkeit einer Bebußung nach §§ 81 Abs. 1 Nr. 6 Buchst. a, 50 Abs. 2 S. 2 GWB vermutet.[677] Dem muss jedoch widersprochen werden, da eben nicht ein Verstoß gegen Gemeinschaftsrecht, sondern ein Verstoß gegen eine Untersagungsverfügung der nationalen Kartellbehörde sanktioniert wird.[678] Probleme können sich jedoch ergeben, wenn nunmehr originäre EG-Kartellrechtsverstöße vom BKartA sanktioniert werden können. Dann nämlich würde eine natürliche Person wegen eines Verstoßes gegen EG-Recht mit einer Geldbuße belastet werden, obwohl das EG-Kartellverfahrensrecht bußgeldrechtliche Sanktionen gegen natürliche Personen nicht kennt. Es bliebe lediglich die Möglichkeit dem Problem die Grundlage zu entziehen, indem man eine Ahndung natürlicher Personen bei der Sanktionierung von EG-Kartellverstößen einfach ausklammert. Auf diese Weise würde jedoch auch gegenüber der juristischen Person eine Bebußung, wegen § 30 OWiG und der nach die-

---

[676] Wie beispielsweise die Unternehmenseigenschaft.

[677] *Dannecker/Biermann*, in: Immenga/Mestmäker, GWB, § 81 Rn. 252.

[678] BKartA, Beschluss v. 24.7.1995, Ruhgas-Thyssengas III, WuW/BKartA 2778, 2782.

sem erforderlichen Anknüpfungstat einer natürlichen Person, unmöglich werden. Außerdem ist zu bemerken, dass in Art. 12 Abs. 3 der VO Nr. 1/2003 Regeln für den Fall getroffen werden, dass nationale Behörden Informationen austauschen, um diese in einem Bußgeldverfahren gegen eine natürliche Person zu verwerten. Die Verhängung von Sanktionen gegen natürliche Personen ist zwar dem Gemeinschaftsrecht fremd, die Möglichkeit nationaler Wettbewerbsbehörden, Sanktionen gegen natürliche Personen auch bei der Anwendung der Artt. 81 und 82 EG zu verhängen, wird hier aber zumindest erkannt.

2. Höhe der Sanktionen

Eine Erhöhung der Geldbuße auf bis zu 10 % des Umsatzes des Unternehmens, wie sie momentan im EG-Kartellrecht besteht, sieht das GWB nicht vor. Eine entsprechende Regelung wurde im Referentenentwurf zur 6. GWB Novelle zwar vorgeschlagen, vom Gesetzgeber jedoch aus rechtstaatlichen Gründen nicht übernommen. Nach dieser Bemessung mögliche extrem hohe Geldbußen würden sich mit der Einordnung des Verhaltens der Unternehmen als bloße Ordnungswidrigkeit nicht vereinbaren lassen.[679] Darüber hinaus kennzeichnet ja gerade die Höhe des Mehrerlöses den Grad der Zuwiderhandlung. Schon deshalb ist eine Bemessung des Bußgeldes nach Umsätzen nicht angebracht.[680] Die Kommission hingegen will in Zukunft allein mit umsatzmäßig berechneten Geldbußen gegen Zuwiderhandlungen vorgehen.

Für vom BKartA verhängte Sanktionen gilt somit nach wie vor Folgendes:

- leichte Kartellverstöße: bis 25.000 EUR
- schwere Kartellverstöße: bis 500.000 EUR o. 3 mal Mehrerlös

Die Kommission sieht folgende Sanktionierung vor:

- leichte Kartellverstöße: 1% des im vorausgegangenen Geschäftjahr erzielten Gesamtumsatzes
- schwere Kartellverstöße: 10% des im vorausgegangenen Geschäftjahr erzielten Gesamtumsatzes

679 *Jescheck*, Das deutsche Wirtschaftsrecht, JZ 1959, 457, 462; *Dannecker/Biermann*, in: Immenga/Mestmäker, GWB, § 81 Rn. 318.

680 BGH, Urteil v. 24.4.1991 „Bußgeldbemessung" WuW/E BGH 2718, 2720.

Vorliegend wird ersichtlich, dass die Höhe von Geldbußen nicht nur im Vergleich zur VO Nr. 17/62[681], sondern auch zu den nach deutschem Recht möglichen Sanktionen erheblich angehoben wurden. Kartellsachverhalte mit gemeinschaftsweiter Bedeutung werden somit abhängig davon, ob sie von der Kommission oder dem BKartA verfolgt werden, Sanktionen unterworfen, die in ihrer Höhe enorme Unterschiede aufweisen. Einen rechtfertigenden Grund für eine derartige Ungleichbehandlung gibt es nicht. Der Sachverhalt kann grundsätzlich der gleiche sein. Dies steht im Widerspruch zu den grundsätzlichen Bemühungen der Kommission, für eine kohärente Entscheidungspraxis innerhalb des Behördennetzes zu sorgen. Der Ausgleich, der in diesem Zusammenhang mit Art. 12 Abs. 3 VO Nr. 1/2003 geschaffen werden sollte, vermag diesen Widerspruch nicht zu beseitigen. Sein Ziel ist es lediglich, bei einer Verwertung ausgetauschter Informationen eine Senkung des Schutzes natürlicher Personen vor Ungleichbehandlung zu vermeiden. Es muss somit auf den Vorschlag des Europäischen Parlaments hingewiesen werden, die nationalen Behörden zu verpflichten, das Sanktionsrecht der EG-Kartellverordnung anzuwenden.[682] Nur auf diese Weise kann eine enorme Ungleichbehandlung der Unternehmen und gleichzeitig die Gefahr des „forum-shopping“[683] vermieden werden.

3. Doppelte Sanktionierung

Im Hinblick auf die Stärkung der Rolle staatlicher Behörden wurde im Weißbuch vorgeschlagen, das Verbot, doppelte Sanktionen in derselben Sache zu verhängen, in der Verordnung zu verankern.[684] Nach der VO Nr. 1/2003 können mehrere nationale Wettbewerbsbehörden gleichzeitig tätig werden und Geldbußen verhängen. Es stellt sich somit die Frage, ob Unternehmen von mehreren dieser Mitgliedstaaten gleichzeitig zu einer Geldbuße verpflichtet werden können. Wäre dies der Fall, so müsste in einem zweiten Schritt überlegt werden, wie betroffene Unternehmen vor einer doppelten Sanktionierung geschützt werden können.

a. Gemeinschaftsrechtliche Kartellsanktionen

Zunächst soll geprüft werden, wie es sich beim Erlass ausschließlich gemeinschaftsrechtlicher Sanktionen verhält. Hierbei handelt es sich um Sanktionen, die aufgrund eines Verstoßes gegen Gemeinschaftsrecht verhängt werden. Es soll zwischen Sanktionen, die durch nationale Behörden und Kommission verhängt werden und Sanktio-

---

681 Vgl. 2. Kap., § 3, A.

682 Legislativvorschlag des Europäischen Parlaments, enthalten in: Bericht des Europäischen Parlaments, endgültig A5-0229/2001, S. 14.

683 Vgl. 3. Kap., § 3, B.

684 Weißbuch Tz. 98.

nen, die durch nationale Behörden verschiedener Mitgliedstaaten verhängt werden, unterschieden werden. In diesem Rahmen wird jeweils zunächst die Rechtslage, wie sie nach der VO Nr. 17/62 galt, und sodann die Rechtslage nach der VO Nr. 1/2003 beleuchtet werden.

aa. Sanktionen durch nationale Behörden und Kommission

Hatte die Kommission einmal ein Verfahren zur Ahndung von Kartellrechtsverstößen eingeleitet, so entfiel für nationale Behörden die Zuständigkeit nach Art. 11 Abs. 6 VO Nr. 17/62. Dasselbe galt, wenn die nationale Behörde das Verfahren vor der Kommission eingeleitet und noch nicht abgeschlossen hatte, bevor die Kommission tätig wurde. Hatte die nationale Behörde das Verfahren bereits abgeschlossen, so war sie jedenfalls wegen der Verweisung in Art. 9 Abs. 3 VO Nr. 17/62 auf Art. 2, 3, 6 VO Nr. 17/62 nicht zur Verhängung von Geldbußen und Zwangsgeldern nach Gemeinschaftsrecht befugt.[685] Trotzdem sprach nach einem rechtskräftig abgeschlossenen Verfahren der Grundsatz „ne bis in idem“ gegen die Einleitung eines Bußgeldverfahrens durch die Kommission. Hätte diese nämlich selbst schon ein Verfahren abgeschlossen gehabt, so hätte es ihr dieser Grundsatz verboten, noch einmal eine Geldbuße zu verhängen.[686] Einer nationalen Entscheidung muss bei der Anwendung von Gemeinschaftsrecht jedoch grundsätzlich dieselbe Bedeutung zukommen wie der Kommissionsentscheidung, sodass ein Bußgeld nicht mehr verhängt werden konnte. Dies galt auch unabhängig davon, ob die nationale Behörde einen Bußgeldbescheid erlassen konnte oder nicht.[687] Eine Gefahr der Verhängung doppelter gemeinschaftsrechtlicher Sanktionen bestand somit nach alter Rechtslage nicht.

Hat die Kommission nach der jetzigen Rechtslage bereits ein Verfahren zur Ahndung von Kartellrechtsverstößen eingeleitet, so entfällt für nationale Behörden die Zuständigkeit nach Art. 11 Abs. 6 VO Nr. 1/2003. Dasselbe gilt, wenn die nationale Behörde das Verfahren vor der Kommission eingeleitet und noch nicht abgeschlossen hat, bevor die Kommission tätig wird. Nationale Behörden sind nach Art. 5 4. Spiegelstrich VO Nr. 1/2003 berechtigt, Entscheidungen zu erlassen, mit denen Geldbußen, Zwangsgelder oder sonstige im innerstaatlichen Recht vorgesehene Sanktionen verhängt werden. Hat die nationale Behörde das Verfahren schon rechtskräftig abge-

---

685 *Klaue*, in: Immenga/Mestmäcker, GWB, § 50 Rn. 11.

686 *Böse*, Strafen und Sanktionen im Europäischen Gemeinschaftsrecht, S. 173.

687 *Dannecker*, in: Immenga/Mestmäcker, EG Wettbewerbsrecht, Bd. 2, VO 17, Vorbem. Art. 15 Rn. 116.

schlossen, so muss der Einleitung eines Bußgeldverfahrens durch die Kommission nun somit erst recht der Grundsatz „ne bis in idem" entgegenstehen.[688]

bb. Sanktionen durch nationale Behörden

Waren mehrere nationale Wettbewerbsbehörden tätig, so bestand die Gefahr von Doppelsanktionen in der Vergangenheit schon deshalb nicht, weil wegen Art. 9 Abs. 3 VO Nr. 17/62, Art. 2, 3, 6 VO Nr. 17/62 keiner von ihnen befugt war gemeinschaftsrechtliche Sanktionen zu verhängen.

Die Tatsache, dass nationale Behörden nach Art. 5 4. Spiegelstrich VO Nr. 1/2003 jetzt berechtigt sind, Entscheidungen zu erlassen, mit denen Geldbußen, Zwangsgelder oder sonstige im innerstaatlichen Recht vorgesehene Sanktionen verhängt werden, spielt eine Rolle, wenn mehrere nationale Behörden gleichzeitig tätig werden. Sie sind dann alle befugt, Geldbußen zu verhängen. Grundsätzlich gilt der Grundsatz „ne bis in idem" nämlich bei der Anwendung verschiedener Rechtsordnungen, d.h. im Verhältnis nationaler Sanktionen zu ausländischen Sanktionen, nicht.[689] Es muss jedoch berücksichtigt werden, dass eine Harmonisierung der Verfahrensregeln, nach welchen die Mitgliedstaaten Sanktionen vornehmen, zwar nicht vorgesehen ist, sodass die einzelnen Verfahren nach unterschiedlichen Rechtsordnungen durchgeführt werden. Die negative Beurteilung der jeweiligen Vereinbarung erfolgt jedoch jeweils nach Gemeinschaftsrecht. Der festgestellte Unrechtsgehalt ist bei der Würdigung durch jede Behörde der gleiche. Es kann hier nichts anderes gelten, als wenn die Kommission einen Kartellverstoß mehrmals ahnden will. Der Grundsatz „ne bis in idem" muss eine doppelte Sanktionierung verbieten.

b. Verhältnis nationaler zu gemeinschaftsrechtlichen Sanktionen

Es ist jedoch fraglich, ob Unternehmen Doppelsanktionen hinnehmen werden müssen, weil entweder nationale Behörden nach nationalem Recht und gleichzeitig nach Gemeinschaftsrecht sanktionieren wollen oder weil nationale Behörden nach nationalem Recht und die Kommission nach Gemeinschaftsrecht Sanktionen verhängen wollen. Auch hier soll zwischen Sanktionen, die durch nationale Behörden und die Kommission verhängt werden und Sanktionen, die durch nationale Behörden verschiedener Mitgliedstaaten verhängt werden, unterschieden werden.

---

[688] *Dannecker*, in: Immenga/Mestmäcker, EG Wettbewerbsrecht, Bd. 2, VO 17, Vorbem., Art. 15 Rn. 116.

[689] *Dannecker*, in: Immenga/Mestmäcker, EG Wettbewerbsrecht, Bd. 2, VO 17, Vorbem., Art. 15 Rn. 119.

aa. Sanktionen durch nationale Behörden und die Kommission

Es wird jeweils vorerst die Rechtslage, wie sie nach der VO Nr. 17/62 galt, und sodann die Rechtslage nach der VO Nr. 1/2003 dargestellt werden.

(1) Rechtslage nach der VO Nr. 17/62

Zunächst soll der Fall beleuchtet werden, dass eine nationale Behörde Verstöße gegen nationales Kartellrecht und die Kommission Verstöße gegen Gemeinschaftsrecht ahnden wollte.

Zum einen war nationales Kartellrecht nach der VO Nr. 17/62 neben Gemeinschaftskartellrecht grundsätzlich anwendbar, wenn beide zu gleichgerichteten Ergebnissen führten.[690] Eine wettbewerbsbeschränkende Vereinbarung konnte somit sowohl durch die Kommission als auch durch die nationalen Behörden sanktioniert werden. Fraglich war, ob in diesem Fall der Grundsatz „ne bis in idem" herangezogen werden kann. Hier war zu beachten, dass nach Art. 15 VO Nr. 17/62 nur Verstöße gegen Gemeinschaftsrecht geahndet wurden, wohingegen die nationalen Behörden lediglich aufgrund der Verletzung nationaler Vorschriften Sanktionen erheben konnten. Es handelte sich somit um die Ahndung von Verstößen zweier verschiedener Rechtsordnungen, die jeweils einen anderen Unrechtsgehalt erfassten. Von keiner Seite konnte eine erschöpfende rechtliche Würdigung vorgenommen werden. Der Grundsatz „ne bis in idem" konnte deshalb im Verhältnis von nationalen Kartellsanktionen zu gemeinschaftsrechtlichen Sanktionen keine Anwendung finden.[691] Allerdings war nach einem allgemeinen Billigkeitsgedanken die früher ergangene Bußgeldentscheidung im Rahmen der später ergehenden zu berücksichtigen und anzurechnen.[692]

Zum anderen konnte das BKartA nach § 50 Abs. 1, 2 GWB Untersagungsverfügungen erlassen. Dabei hatte es § 32 i.V.m. § 50 Abs. 2 GWB entsprechend anzuwenden.[693] Verstieß ein Unternehmen gegen eine solche Untersagungsverfügung, so war nach § 81 Abs. 1 Nr. 6 Buchst. a der Erlass eines Bußgeldbescheids ausdrücklich möglich. Bei der Entscheidung über die Verhängung dieses Bußgeldes kam allein deutsches,

---

690 Hierzu später 3. Kap., § 7, B., II.

691 Vgl. EuGH, Urteil v. 13.2.1969, Rs. 14/68 (Walt-Wilhelm), Slg. 1969, 1, 25.

692 *Ritter/Braun/Rawlinson*, European Competition Law, p. 71. War eine Anrechnung aus technischen Gründen nicht möglich, so konnte die vorausgehende Sanktionsentscheidung als allgemeiner Strafmilderungsgrund Berücksichtigung finden; *Schröter/Delsaux*, in: v.d.Groeben/Thiesing/Ehlermann, Kommentar zum EU-/EG-Vertrag, Bd. 2/I, Vorbemerkung zu den Artikeln 85 bis 89 Rn. 64.

693 *Klocker*, Befugnisse des Bundeskartellamtes im europäischen Recht, WuW 1999, 109, 113, *Bracher*, in: Frankfurter Kommentar, Bd. 2, § 50 Rn. 20; a.A. *Bechtold*, GWB, 2. Aufl., § 50 Rn. 10, der einen Rückgriff auf § 32 GWB nicht für erforderlich hält.

nicht EG-Recht zur Anwendung.[694] Es handelte sich somit um eine nationale Kartellsanktion. Fraglich war, ob hier der Grundsatz „ne bis in idem“ herangezogen werden kann. Dies hätte, nach den obigen Ausführungen, verneint werden können, da es sich auch hier um die Ahndung von Verstößen gegen zwei verschiedene Rechtsordnungen handelte. Vorliegend wurde ja gerade der Verstoß gegen §§ 32, 50 Abs. 2 S. 2 GWB geahndet. Die missachtete Untersagungsverfügung beruhte jedoch auf einem Verstoß gegen Gemeinschaftsrecht, nämlich gegen Artt. 81, 82 EG. Es wurde der gleiche Unrechtsgehalt erfasst wie bei einer gemeinschaftsrechtlichen Kartellsanktion. Der Grundsatz „ne bis in idem“ musste somit Anwendung finden. Allerdings ergab sich dieses Problem faktisch überhaupt nicht. Die nationale Behörde hatte ein Verfahren zur Anwendung der Artt. 81 und 82 EG eingeleitet. Wenn sie dazu kam, ein Bußgeld zu erlassen, konnte sie das Verfahren abschließen, ohne dass ihr die Kommission den Fall vorher nach Art. 9 Abs. 3 VO Nr. 17/62 entzogen hatte. In einem solchen Fall war es dieser wegen dem Grundsatz „ne bis in idem“ jedoch ohnehin nicht möglich ein weiteres Bußgeld zu erlassen.[695]

(2) Rechtslage nach der VO Nr. 1/2003

Nach Art. 3 des VOV hätte es eine parallele Anwendung von nationalem Kartellrecht und Gemeinschaftskartellrecht nicht mehr gegeben, weil bei Maßnahmen, die geeignet gewesen wären, den Handel zwischen den Mitgliedstaaten zu beeinträchtigen, regelmäßig ausschließlich Gemeinschaftsrecht Anwendung gefunden hätte. Die Verhängung von Sanktionen nach beiden Rechtsordnungen wäre unter Beachtung dieser Regel nicht mehr in Betracht gekommen. Art. 3 VOV wurde in der VO Nr. 1/2003 jedoch abgemildert. Nach ihm können nationale Behörden nationales Recht und Gemeinschaftsrecht parallel anwenden. Die Frage nach einer doppelten Sanktionierung wird somit auch in Zukunft von Interesse sein.

Es soll auch hier der Fall beleuchtet werden, dass eine nationale Behörde Verstöße gegen nationales Kartellrecht und die Kommission Verstöße gegen Gemeinschaftsrecht ahnden will. Es handelt sich auch hier um die Ahndung von Verstößen zweier verschiedener Rechtsordnungen, die jeweils einen anderen Unrechtsgehalt erfassen. Von keiner Seite kann eine erschöpfende rechtliche Würdigung vorgenommen werden. Der Grundsatz „ne bis in idem“ kann aus diesen Gründen im Verhältnis von nationalen Kartellsanktionen zu gemeinschaftsrechtlichen Sanktionen keine Anwendung finden.[696] Allerdings wird nach einem allgemeinen Billigkeitsgedanken die früher ergan-

---

[694] KG Urteil v. 16.11.1994, Selektive Exklusivität, WuW/ E OLG 5580, 5591.

[695] Vgl. 3. Kap., § 5, IV., 3., a., aa.

[696] Vgl. EuGH, Urteil v. 13.2.1969, Rs. 14/68 (Walt-Wilhelm), Slg. 1969, 1, 25.

gene Bußgeldentscheidung im Rahmen der später ergehenden zu berücksichtigen und anzurechnen sein.[697] Diesbezüglich ändert sich also nichts. Auch im Hinblick auf Untersagungsverfügungen nach § 32 i.V.m. § 50 Abs. 2 GWB gilt das oben gesagte.

bb. Sanktionen durch nationale Behörden

Wendet eine nationale Behörde nationales Recht an und eine andere nationale Behörde Gemeinschaftsrecht, kann nichts anderes gelten, als wenn die Kommission Gemeinschaftsrecht anwendet.

Es handelt sich somit um die Ahndung von Verstößen gegen zwei verschiedene Rechtsordnungen, die jeweils einen anderen Unrechtsgehalt erfassen. Von keiner Seite kann eine erschöpfende rechtliche Würdigung vorgenommen werden. Der Grundsatz „ne bis in idem" kann deshalb keine Anwendung finden. Allerdings ist die früher ergangene Bußgeldentscheidung im Rahmen der später ergehenden zu berücksichtigen und anzurechnen. Dies muss auch in Zukunft gelten.

Wollte das BKartA Sanktionen verhängen, weil eine Untersagungsverfügung nach §§ 32, 50 Abs. 2 GWB missachtet wurde, dann bestand wegen Art. 9 Abs. 3 VO Nr. 17/62, Art. 2, 3, 6 VO Nr. 17/62 früher nicht die Möglichkeit, dass eine andere nationale Behörde Sanktionen wegen originärer EG-Kartellrechtsverstöße verhängte. Nunmehr besteht diese Möglichkeit allerdings. In diesem Fall gewinnen die obigen Ausführungen an Relevanz. Die hier missachtete Untersagungsverfügung beruht auf einem Verstoß gegen Gemeinschaftsrecht, nämlich gegen die Artt. 81, 82 EG. Es wird der gleiche Unrechtsgehalt erfasst wie bei einer Kartellsanktion aufgrund eines Verstoßes gegen originäres Gemeinschaftsrecht. Der Grundsatz „ne bis in idem" muss hier somit Anwendung finden.

c. Ergebnis

Zwar wurde im Weißbuch vorgeschlagen, eine Regelung in den VOV aufzunehmen, die betroffene Unternehmen vor einer doppelten Sanktionierung ihrer wettbewerbsbeschränkenden Maßnahmen ausdrücklich schützt. Die Tatsache, dass dieser Gedanke in der VO selbst nicht mehr weiter verfolgt wurde, führt jedoch nicht zu unbilligen Ergebnissen. Eine doppelte Sanktionierung kommt nur in den Fällen in Betracht, in denen eine nationale Behörde Sanktionen aufgrund eines Verstoßes gegen nationales Kartellrecht verhängt und entweder die Kommission aufgrund eines Verstoßes gegen

---

697 *Ritter/Braun/Rawlinson*, European Competition Law, p. 71. Ist eine Anrechnung aus technischen Gründen nicht möglich, so kann die vorausgehende Sanktionsentscheidung als allgemeiner Strafmilderungsgrund Berücksichtigung finden; *Schröter/Delsaux*, in: v.d.Groeben/ Thiesing/Ehlermann, Kommentar zum EU-/EG-Vertrag, Bd. 2/I, Vorbemerkung zu den Artikeln 85 bis 89 Rn. 64.

Gemeinschaftskartellrecht oder eine andere Behörde aufgrund eines Verstoßes gegen Gemeinschaftskartellrecht Sanktionen verhängt. Prüfen nationale Behörden nationales Recht und erlassen dann Sanktionen zur Ahndung von Rechtsverstößen, so kann nach dem bisher Gesagten der Grundsatz „ne bis in idem" auch hier nicht gelten.

In dem ersten und letzten Fall bestand die Möglichkeit einer Doppelsanktionierung auch in der Vergangenheit schon. Sie war dadurch gerechtfertigt, dass es sich um die Ahndung von Verstößen zweier verschiedener Rechtsordnungen handelte, die einen unterschiedlichen Unrechtsgehalt erfassten, und von keiner Seite eine ausreichende rechtliche Würdigung vorgenommen werden konnte. Dies gilt auch für den zweiten Fall, der im neuen System hinzukommt. Er kann nicht anders beurteilt werden als der erste, hier beschriebene Fall.

4. Beweislast nach Art. 2 VO Nr. 1/2003

Nach Art. 2 VO Nr. 1/2003 trifft in allen einzelstaatlichen und gemeinschaftlichen Verfahren die Beweislast dafür, dass die Voraussetzungen des Art. 81 Abs. 3 EG vorliegen, die Unternehmen oder Unternehmensvereinigungen, die sich auf ihn berufen. Die Beweislast für eine Zuwiderhandlung bleibt bei der Partei oder Behörde, die den Vorwurf erhebt.

a. Anwendungsbereich

Teilweise wird angenommen, dass eine Umkehr der Beweislast lediglich für Zivilverfahren und nicht für Verwaltungsverfahren gelten soll.[698] Hierfür spräche zum einen die Begründung der Kommission im VOV, in welcher hervorgehoben wird, dass die Bestimmung einem auch im Recht der Mitgliedstaaten überwiegend respektierten Grundsatz entspricht.[699] Dies wäre bei einer Änderung der Beweislast im Verwaltungsverfahren jedoch zumindest im Fall Deutschland nicht zutreffend. Zum anderen könnte davon ausgegangen werden, dass die Kommission zu einer so grundlegenden Änderung bezüglich des Verwaltungsverfahrens zumindest kurz Stellung genommen hätte. Indessen lässt nichts des von ihr zu Art. 2 VOV Vorgebrachten auf eine Geltung auch im Verwaltungsverfahren schließen. Hingegen sprechen die Stellung der geplanten Norm und ihr Wortlaut eindeutig für eine Geltung auch im Verwaltungsverfahren. Art. 2 VO Nr. 1/2003 regelt dies zwar nicht ausdrücklich, bezieht sich jedoch auf *alle*

---

698 Im Ergebnis, allerdings ohne Begründung, auch: Stellungnahme des Bundesverbandes der Deutschen Industrie (BDI) vom 19.1.2001, B., S. 7; *Gröning*, Die dezentrale Anwendung des EG-Kartellrechts gemäß dem Vorschlag der Kommission zur Ersetzung der VO 17/62, WRP 2001, 83, 88; a.A. wohl *Bechtold*, Modernisierung des EG-Wettbewerbsrechts: Der Verordnungsentwurf der Kommission zur Umsetzung des Weißbuchs, BB 2000, 2425, 2426.

699 VOV, Begründung zu Art. 3 VOV.

einzelstaatlichen und gemeinschaftlichen Verfahren. Auch seine Stellung, und zwar gleich an zweiter Stelle der Verordnung unter dem Titel „Grundsätze“ und nicht im Rahmen der Vorschriften für die Gerichte der Mitgliedstaaten, spricht dafür, dass er tatsächlich für alle Verfahren gelten soll. Es ist deshalb davon auszugehen, dass die Kommission mit der Formulierung „alle einzelstaatlichen und gemeinschaftsrechtlichen Verfahren“ nicht lediglich alle zivilgerichtlichen Verfahren meint.

b. Anwendung durch das BKartA

Die Anwendung des Art. 2 VO Nr. 1/2003 durch das BKartA erscheint allerdings problematisch. Art. 2 VO Nr. 1/2003 gilt im nationalen Recht unmittelbar und geht deutschem Recht vor.[700] Dort wird jedoch, anders als im EG-Kartellverfahren, zwischen Verwaltungsverfahren und Bußgeldverfahren unterschieden. Das Bußgeldverfahren richtet sich gemäß § 81 Abs. 3 GWB nach den Vorschriften des Gesetzes über Ordnungswidrigkeiten (OwiG). Verwaltungsbehörde i. S. des § 36 Abs. 1 Nr. 1 OwiG ist bei der Anwendung der Artt. 81, 82 EG nach § 81 Abs. 4 Nr. 2 GWB das BKartA. Im Owi-Verfahren gilt nach § 46 Abs. 1, 2 OWiG i.V.m. § 160 StPO der Untersuchungsgrundsatz.[701] Für die Sachverhaltsaufklärung bzw. den Nachweis der Begehung einer Ordnungswidrigkeit ist die Verwaltungsbehörde zuständig.[702]

Zwar könnte für eine Geltung des Art. 2 VO Nr. 1/2003 im Owi-Verfahren sprechen, dass es sich beim Ordnungswidrigkeitenrecht nicht um Strafrecht handelt.[703] § 46 OWiG verweist jedoch auf die Vorschriften im Strafverfahren. Die Verfolgungsbehörde bekommt, mit Ausnahmen, dieselben Rechte und Pflichten eingeräumt wie die Staatsanwaltschaft. Eine gesetzliche Ausnahme liegt nicht vor. Gleichwohl hat die Verweisung in § 46 Abs. 2 OwiG neben den gesetzlichen Ausnahmen ihre Grenzen. Die Übertragung von Verfahrensregeln ist beispielsweise dann ausgeschlossen, wenn diese schon im Strafverfahren nur bei bestimmten Tatbeständen anzuwenden sind. Bestimmte Eingriffsrechte sind im Owi-Verfahren nur in dem Umfang zulässig, wie sie dort auch verhältnismäßig sind.[704] Geht man jedoch vom Gedanken der einheitlichen Verfahrensordnung aus, so müssen wenigstens die grundlegenden Verfahrensmaximen übereinstimmen. Hiergegen sei jedoch gesagt, dass im Strafprozessrecht nach § 152 Abs. 2 StPO auch das Legalitätsprinzip, im OwiG hingegen das Opportunitätsprinzip

---

700 *Oppermann*, Europarecht, Rn. 539, 629.
701 *Rosenkötter*, Das Recht der Ordnungswidrigkeiten, Rn. 247.
702 Vgl. *Thieß*, Ordnungswidrigkeitenrecht, Rn. 475.
703 *Lemke*, in: Heidelberger Kommentar, OwiG, Einl. Rn. 12.
704 *Lemke*, in: Heidelberger Kommentar, OwiG, § 46 Rn. 13, 15.

gilt. Dies wird jedoch ausdrücklich in § 47 Abs. 1 OwiG festgelegt.[705] Er stellt somit eine der in § 46 Abs. 1 OwiG erwähnten Ausnahmen dar. Eine Abweichung vom Untersuchungsgrundsatz wurde hingegen nicht ausdrücklich geregelt. Eine Ausnahme von § 46 OwiG liegt somit nicht vor.

Abgesehen hiervon gelten verfassungsrechtliche Ausprägungen des Strafrechts, wie das Recht auf Gehör, die Rechtsweggarantie, das Verbot mehrfacher Ahndung und der Grundsatz des fairen Verfahrens im Owi-Verfahren unbeschadet der Grenzen der Verweisung in § 46 OwiG.[706] Der Untersuchungsgrundsatz stellt nach deutscher Auffassung eine Ausprägung des in Art. 1, 20, 28, 103 Abs. 1 GG verfassungsrechtlich garantierten Grundsatzes des „fair trial" dar[707], der auch im Owi-Verfahren gilt[708]. Er ist also nicht nur in § 46 Abs. 1, 2 OwiG, § 160 StPO festgelegt, sondern zumindest auch in den Artt. 1, 20 der Verfassung.[709] Eine Anwendung des Art. 2 VO Nr. 1/2003 und die damit verbundene Abweichung vom Untersuchungsgrundsatz könnte somit einen Verstoß gegen deutsches Verfassungsrecht darstellen.

Nach der Rechtsprechung sowohl des EuGH[710] als auch des BVerfG[711] können gemeinschaftsrechtliche Regeln jedoch nicht an nationalem Verfassungsrecht gemessen werden. Es könnte jedoch ein Verstoß gegen höherrangiges Gemeinschaftsrecht vorliegen. Der Grundsatz des „fair trial" wurde vom EuGH als Gemeinschaftsgrundrecht bereits anerkannt.[712] Die Umkehrung der Beweislast könnte jedoch auch einen Verstoß gegen den Grundsatz „in dubio pro reo" darstellen.[713] Auch dieser wird von der h.M.

---

705 *Lemke*, in: Heidelberger Kommentar, OwiG, § 47 Rn. 1.

706 *Bohnert*, in: Karlsruher Kommentar, OwiG, Einl. Rn 118 ff.; *Lemke*, Kommentar zum Ordnungswidrigkeitengesetz, Einl. Rn. 37 ff.

707 *Kuhlmann*, Ausschließung und Ablehnung des Staatsanwalts, DRiZ 1976, 11, 13; *Wache* in: Karlsruher Kommentar StPO, § 160 Rn. 22.

708 Vgl. *Thieß*, Ordnungswidrigkeitenrecht, Rn. 359.

709 Art. 103 GG gilt lediglich für Verfahren vor Gericht; vgl. *Jarass/Pieroth*, GG, Art. 103 Rn. 5. Bei Verfahren vor der Verwaltungsbehörde liegt dennoch ein Verstoß gegen Art. 1, 20 GG vor. So im Hinblick auf eine Verletzung des Rechts auf Gehör; *Bohnert*, in: Karlsruher Kommentar OwiG Einl. Rn. 121.

710 EuGH, Urteil v. 15.6.1964, Rs. 6/64 (Costa/ENEL), Slg. 1964, 1251, 1269.

711 Das BVerfG entschied im „Bananen-Beschluß", dass Verfassungsbeschwerden oder Vorlagen von Gerichten, die eine Verletzung des GG durch sekundäres Gemeinschaftsrecht geltend machen, von vornherein unzulässig sind, wenn ihre Begründung nicht darlegt, dass die europäische Rechtsentwicklung einschließlich der Rechtsprechung des EuGH nach Ergehen der Solange II-Entscheidung unter den erforderlichen Grundrechtsstandart abgesunken ist; vgl. BVerfG, Beschl. v. 22.10.86, BVerfGE 73, 339-381; BVerfG, Beschl. v. 07.06.00, NJW 2000, 3124 1. LS.

712 EuGH, Urteil v. 5.3.1980, Rs. 98/79 (Pecastaing), Slg. 691, 710.

713 So *Dannecker*, in: Immenga/Mestmäcker, EG-Wettbewerbsrecht, VO 17, B., Vorbem zu Art. 15 Rn. 45.

als durch Art. 6 Abs. 2 EMRK garantiert angesehen und bindet die Gemeinschaftsorgane.[714]

Beide Grundsätze gelten jedenfalls im Strafverfahren. EG-Kartellsanktionen sind nach Art. 23 Abs. 5 VO Nr. 1/2003 jedoch nicht strafrechtlicher Art. Gleichwohl handelt es sich bei ihnen nach herrschender Auffassung um Strafrecht im weiteren Sinne, das dem Ordnungswidrigkeitenrecht im Deutschen, Portugiesischen und Italienischen vergleichbar ist.[715] Allerdings bestimmt die Art der Sanktionen nicht zwangsläufig das Verfahren, das zu den Sanktionen führen kann.[716] Verfahren, die zu schweren Sanktionen nicht strafrechtlicher Art führen können, müssen den Anforderungen gerecht werden, die für Strafverfahren gelten.[717] Strafrechtliche Fundamentalgarantien gelten auch im gemeinschaftlichen Bußgeldrecht.[718] Dies gilt auch für den Grundsatz „in dubio pro reo".[719] Die Pflicht der Kommission, den Nachweis eines schuldhaft begangenen Wettbewerbsverstoßes zu führen, ergibt sich im Gemeinschaftsrecht aus diesem Grundsatz.[720]

Das Kartellverfahren nach der VO Nr. 17/62 unterlag zwar der Untersuchungsmaxime, wonach der Kommission die für den Nachweis einer Zuwiderhandlung notwendigen Maßnahmen oblagen.[721] Auch forderte der EuGH von der Kommission nach den Grundsätzen einer „guten Verwaltungsführung" zur Aufklärung des Sachverhalts beizutragen.[722] Der Nachweis für das Vorliegen der Voraussetzungen des Art. 81 Abs. 3 EG musste jedoch von dem Unternehmen erbracht werden, welches sich auf ihn berief.[723] Ein Verstoß gegen höherrangiges Gemeinschaftsrecht erblickte der EuGH hierin offensichtlich nicht.

---

714 *Peukert/Frowein*, EMRK-Kommentar, Art. 6 Rn. 156 ff.; *Weiß*, Die Verteidigungsrechte im EG-Verfahren, S. 77 ff.

715 Vgl. z.B. Schlussanträge des Generalanwaltes Karl Roemer vom 19.12.1968; in: EuGH, Urteil v. 13.2.1969, Rs. 14/68 (Walt-Wilhelm), Slg. 1969, 1, 24; *Dannecker*, in Immenga/Mestmäcker, VO 17, Vorbem. zu Art. 15 Rn. 204 ff.

716 *De Bronett*, in: Schröter/Jakob/Mederer, Kommentar zum Europäischen Wettbewerbsrecht, VO Nr. 17, Art. 15 Rn. 2.

717 Schlussanträge des Generalanwalts Phillipe Léger vom 3.2.1998, in: EuGH, Urteil v. 17.12.1998, Rs. C 185/95 P (Baustahlgwebe/Kommission), Slg. 1998, I- 8422, 8431.

718 Schünemann/Suárez González, Bausteine des europäischen Wirtschaftsstrafrechts, S. 331, 344.

719 *Dannecker*, in: Immenga/Mestmäcker, EG-Wettbewerbsrecht, Bd. 2., VO 17, Vorbem. zu Art. 15 Rn. 43 ff.

720 So *Dannecker*, in: Immenga/Mestmäcker, EG-Wettbewerbsrecht, Bd. 2, VO 17, Vorbem. zu Art. 15. Rn. 43.

721 *Ritter*, in: Immenga/Mestmäcker, EG-Wettbewerbsrecht, VO Nr. 17, Vorbem. Rn. 35.

722 EuGH, Urteil v. 13.7. 1966, Rs. 56 und 58/64 (Grundig/Consten), Slg. 1966, 321, 395 f.

723 EuGH, Urteil v. 15.5.1975 Rs. 71/74, (Frubo), Slg. 1975, 563, 585; EuGH, Urteil v. 11.7.1995 Rs. 42/84 (Remia), Slg. 1985, 2566, 2578; *Ritter*, in: Immenga/Mestmäcker, EG-Wettbewerbsrecht,

Das BKartA hat Art. 2 VO Nr. 1/2003 somit auch im nationalen Bußgeldverfahren, trotz des Widerspruchs zu Bestimmungen im OwiG, anzuwenden. Es muss von den dort bestehenden Verfahrensmaximen abweichen und unter Umständen gegen nationales Verfassungsrecht verstoßen, um sich nicht einer Vertragsverletzung schuldig zu machen.

c. Normzweck

Die Kommission zielte auf eine solche Regelung zum einen wohl im Hinblick auf die Möglichkeit ab, auf diese Weise einer Verwischung der Grenzen zwischen Art. 81 Abs. 1 EG und Art. 81 Abs. 3 EG, welche durch die Einführung eines Legalausnahmesystems bedingt würde, entgegenzuwirken. Dieser Hintergrund kann aus den Erwägungsgründen zum VOV herausgelesen werden, in welchen die Kommission betont, dass der Beweislastregelung die im EG-Vertrag vorgegebene Aufteilung des Art. 81 EG in seinen ersten und dritten Absatz zugrunde liegt.[724]

Die Kommission begründet ihren Vorschlag zum anderen damit, dass die Partei, die sich auf Art. 81 Abs. 3 EG beruft, in der Regel am besten in der Lage sei, die Informationen beizubringen, mit denen dargelegt werden kann, dass seine Voraussetzungen vorliegen. Art. 2 VO Nr. 1/2003 führe deshalb zu einer ausgewogenen Behandlung beider Parteien.[725] Es stellt sich jedoch die Frage, ob es den Unternehmen tatsächlich leichter fällt als der Behörde, zu beweisen, dass ihr Verhalten zur Verbesserung der Warenerzeugung oder -verteilung oder Förderung des technischen oder wirtschaftlichen Fortschritts beiträgt. Art. 81 Abs. 3 EG enthält etliche unbestimmte Rechtsbegriffe. Das Unternehmen müsste die spürbaren objektiven Vorteile seiner Absprache darlegen.[726] Bei der Darlegung dieser Voraussetzungen müsste in erster Linie eine Prognose sowohl über die Entwicklung der Warenerzeugung oder -verteilung unter dem Einfluss der Absprache als auch über die Entwicklung des Marktes vorgenommen werden. Hierbei ist abzuschätzen, inwieweit der Wettbewerb zwischen den Beteiligten und die Interessen Dritter beeinträchtigt werden. Letztendlich ist die Lage, die durch die Absprache herbeigeführt wird, mit der Lage zu vergleichen, die ohne die Wettbewerbsbeschränkung bestehen würde.[727]

VO 17, Art. 6 Rn. 7; *Schröter*/Jakob/Mederer, Kommentar zum Europäischen Wettbewerbsrecht, Art. 81 Abs. 3 EG Rn. 307.

724 VOV, Begründung zu Art. 2 VOV.

725 VOV, Begründung zu Art. 2 VOV.

726 *Sauter*, in Immenga/Mestmäcker, EG-Wettbewerbsrecht, Bd. 1, Art. 85 Abs. 3, C. Rn. 4

727 *Sauter*, in Immenga/Mestmäcker, EG-Wettbewerbsrecht, Bd. 1, Art. 85 Abs. 3, C. Rn. 5

Dies erfordert nicht nur die Kenntnis wirtschaftlicher Zusammenhänge auf dem Markt, sondern einiges an konkreter wirtschaftlicher Erfahrung zur Beurteilung der Wirkungen von Wettbewerbsbeschränkungen. Diese Erfahrung haben Beamte der Kommission oder nationaler Wettbewerbsbehörden zweifelsohne mehr als die betroffenen Unternehmen.

Allerdings ist davon auszugehen, dass nach Art. 2 VO Nr. 1/2003 das Unternehmen selbst zwar die Angaben und Schriftstücke, die den Nachweis führen sollen, beibringen und das Vorliegen der Voraussetzungen des Art. 81 Abs. 3 EG darlegen sollen. Ob die erbrachten Beweise im konkreten Fall jedoch für eine Legalausnahme ausreichen, wird weiterhin von der Wettbewerbsbehörde selbst beurteilt werden. Die erwähnten Prognosen und der Vergleich der tatsächlichen mit einer hypothetischen Lage auf dem Markt wird letztendlich doch von dieser vorgenommen werden, sodass sich für das betroffene Unternehmen keine schwerwiegenden Beurteilungsprobleme ergeben dürften. Der einzige Unterschied zur derzeitigen Rechtslage im Gemeinschaftsrecht besteht darin, dass sich die Unternehmen nicht mehr ausschließlich an die im Formblatt A/B geforderten Angaben und Schriftstücke zu halten haben, sondern vielmehr selbst entscheiden müssen, was sie als Beweis vorbringen müssen. Auch dies dürfte jedoch kein wesentliches Problem darstellen, zumal eine Orientierung an dem im Anhang der VO Nr. 3385/94[728] abgedruckten Formblatt weiterhin möglich ist.

C. Änderungen durch die 7. GWB-Novelle

Im Folgenden werden die mit der GWB-Reform geplanten Änderungen dargestellt werden.

I. Bußgeld

Dem Erfordernis einer Anpassung an das Sanktionsrecht der EG-Kartellverordnung will der Gesetzgeber nun in mehrfacher Hinsicht gerecht werden. Zum einen sollen nach § 81 Abs. 1 GWB in Zukunft Verstöße gegen Artt. 81 und 82 EG unmittelbar mit Geldbußen geahndet werden können. Auf diese Weise wird eine wirksame Anwendung der europäischen Wettbewerbsregeln sichergestellt werden. Zum anderen soll der Regelbußgeldrahmen für schwerwiegende Verstöße von 500.000 Euro auf 1 Mio. Euro erhöht werden, der Bußgeldrahmen für leichte Verstöße von 25.000 Euro auf 100.000 Euro. Damit wird eine wirkungsvolle Ahndung von hard core-Kartellen ermöglicht und somit sichergestellt, dass die Abschaffung des bisherigen Genehmigungssystems für wettbewerbsbeschränkende Vereinbarungen nicht zu einem Verlust des Wettbewerbsschutzes führt. Der mehrerlösbezogene Sonderbußgeldrahmen wird seiner Höhe

---

[728] ABL.EG vom 31.12.1994 Nr. L 377/28, 31 ff.

nach hingegen unverändert bleiben. Auch werden Bußgelder künftig nach § 81 Abs. 5 GWB einen reinen Ahndungszweck verfolgen können. Bislang schlossen Bußgelder in Kartellordnungswidrigkeitenverfahren nach § 17 Abs. 4 OWiG neben der Sanktionierung des Kartellrechtsverstoßes auch die Abschöpfung des wirtschaftlichen Vorteils ein. Geldbußen der Kommission hingegen haben ausschließlich Sanktionscharakter und bezwecken keine Abschöpfung des wirtschaftlichen Vorteils.[729] Im Sinne einer weiteren Anpassung an EG-Recht wird § 17 Abs. 4 OwiG nur noch als Kann-Regelung für anwendbar erklärt werden. Geldbußen können in Zukunft somit auch als reine Ahndungsmaßnahmen festgesetzt werden.[730]

II. Mehrerlösabschöpfung

Nach § 34 Abs. 1 GWB soll die Mehrerlösabschöpfung künftig alle Verstöße gegen Vorschriften des deutschen oder europäischen Wettbewerbsrechts erfassen und nicht, wie bisher, lediglich für den Fall der Zuwiderhandlung gegen eine Verfügung der Kartellbehörde gelten. Außerdem wird sie zu einem Instrument zur Abschöpfung des gesamten, durch den Kartellrechtsverstoß erlangten, wirtschaftlichen Vorteils erweitert werden (Vorteilsabschöpfung). Die Vorteilsabschöpfung wird gegenüber individuellen Schadensersatzansprüchen Dritter und gegenüber Geldbußen, wenn durch diese der wirtschaftliche Vorteil abgeschöpft wird, subsidiär sein. Die straf- und verwaltungsrechtlichen Sanktionen werden in vollem Umfang bestehen bleiben. Die Vorteilsabschöpfung soll für einen Zeitraum von längstens 5 Jahren angeordnet werden können. Mit einem § 34a GWB wird die grundsätzliche Möglichkeit einer Vorteilsabschöpfung durch Verbände und qualifizierte Einrichtungen eröffnet werden, wenn der Zuwiderhandelnde einen wirtschaftlichen Vorteil zu Lasten einer Vielzahl von Abnehmern erhalten hat. Bei derartig gefährlichen kartellrechtswidrigen Handlungen ist eine solche Regelung zur Verstärkung der Abschreckungswirkung gerechtfertigt.

III. Beweislast

In der Begründung zu dem Entwurf eines Siebten Gesetzes zur Änderung des Gesetzes gegen Wettbewerbsbestimmungen wird im Rahmen der Erläuterungen zu § 2 Abs. 2 GWB ausgeführt, dass die Beweislast dafür, dass die Freistellungsvoraussetzungen des § 2 vorliegen, wie in Art. 2 VO Nr. 1/2003, grundsätzlich bei den Unternehmen oder

---

[729] Vgl. Begründung zu dem Entwurf eines Siebten Gesetzes zur Änderung des Gesetzes gegen Wettbewerbsbeschränkungen vom 26.05.2004, S. 84.

[730] Daraus folgt, dass in diesen Fällen die auf den abgeschöpften wirtschaftlichen Vorteil entfallenden Steuern bei der Bußgeldberechnung nicht mehr berücksichtigt werden müssen. Auch entfällt die Verrechnung mit Schadensersatzleistungen an Dritte; vgl. Begründung zu dem Entwurf eines Siebten Gesetzes zur Änderung des Gesetzes gegen Wettbewerbsbeschränkungen vom 26.05.2004, S. 84.

der Unternehmensvereinigung liegt, die sich darauf beruft. Es wird jedoch ausdrücklich erwähnt, dass die Bundesregierung bei Verabschiedung der VO Nr. 1/2003 in einer Protokollerklärung deutlich gemacht hat, dass diese Beweislastregelung nicht die verfassungsrechtlich geschützte Unschuldsvermutung in Bußgeldverfahren beeinträchtigen kann. Es bleibt somit abzuwarten, wie das BKartA in Zukunft mit diesem Problem umgehen wird.

§ 6 Zusammenarbeit mit Kommission und nationalen Behörden

Von praktischer Bedeutung für das Verfahren des BKartA bei der Anwendung von Gemeinschaftsrecht wird in Zukunft die Zusammenarbeit mit der Kommission und anderen nationalen Behörden sein. In diesem Zusammenhang soll auf die Zuordnung der Fälle im Behördennetz, Unterrichtungspflichten des BKartA und die Informationsübermittlung zwischen den Behörden eingegangen werden. Schließlich sind die Rechte der betroffenen Unternehmen zu untersuchen.

A. Zuordnung der Fälle

Eine Zuordnung der Fälle im Behördennetz ist in der VO Nr. 1/2003 nicht enthalten. Dies wurde schon weiter oben erörtert und ein Vorschlag für eine Zuständigkeitsverteilung zwischen Kommission und nationalen Behörden unterbreitet. Vorliegend soll nun eine Zuständigkeitsverteilung zwischen den nationalen Behörden untereinander vorgenommen werden, um dann auf Fragen hinsichtlich eines Verfahrens der Zuständigkeitsverteilung und verbleibende Regelungsmöglichkeiten einzugehen.

I. Grundsätzliches

Art. 13 VO Nr. 1/2003 gibt nationalen Behörden die Möglichkeit, Beschwerden abzuweisen oder das Verfahren auszusetzen, wenn der entsprechende Fall bereits von einer anderen Wettbewerbsbehörde behandelt wird (Art. 13 Abs. 1 VO Nr. 1/2003) oder behandelt worden ist (Art. 13 Abs. 2 VO Nr. 1/2003). Diese Norm ist vor allem für Mitgliedstaaten von Bedeutung, in welchen Beschwerdeführer Anspruch auf eine Entscheidung der Kartellbehörde haben. Fraglich ist, ob Art. 13 VO Nr. 1/2003 für die Entscheidungspraxis des BKartA von Bedeutung ist. Im Gegensatz zu einer Verfahrenseinstellung, welche nationalen Kartellbehörden nach Art. 5 S. 3 VO Nr. 1/2003 möglich ist, wenn nach ihrer Ansicht die Voraussetzungen für ein Verbot nicht vorliegen, wird hier eine Einstellung oder Aussetzung des Verfahrens ermöglicht, ohne dass die Behörde in ihrer Prüfung überhaupt zu einem abschließenden Ergebnis gekommen ist. Abgesehen hiervon können Beschwerden Dritter von vornherein abgewiesen werden. Ein solches Vorgehen war dem BKartA schon in der Vergangenheit, auch ohne die Rechtsgrundlage des Art. 13 VO Nr. 1/2003, möglich. Erhob ein Dritter Beschwerde gegen ein angeblich kartellrechtswidriges Verhalten, so konnte er die Einleitung eines Verfahrens anregen. Ob die Kartellbehörde das Verfahren von Amts wegen tatsächlich einleitete, stand in ihrem Ermessen. Das BKartA konnte die Beschwerde eines Dritten also ohne zusätzliche Rechtsgrundlage ohnehin abweisen, wenn ihm hierbei kein Ermessensfehler unterlief. Auch konnte es ein von Amts wegen eingeleitetes Verfahren, unabhängig davon, ob die Einleitung durch einen Dritten angeregt wurde, jederzeit einstellen. Selbst wenn es bereits festgestellt hatte, dass die Untersagungsvoraussetzungen gegeben waren, lag der Erlass einer Untersagungsverfügung in seinem Ermessen.[731] Ansprüche auf den Erlass einer Untersagungsverfügung bestanden lediglich, wenn dem Beschwerdeführer bei Nichteinschreiten ein irreparabler, erheblicher Schaden drohte. Dies war jedoch nur dann der Fall, wenn der Beschwerdeführer seine Rechte nicht selbst im Wege der zivilrechtlichen Unterlassungsklage verfolgen konnte.[732] Für das Bundeskartellamt bestand also auch in der Vergangenheit keine Pflicht eine materiellrechtliche Entscheidung zu erlassen, es stand in seinem Ermessen, ob es ein Verfahren überhaupt einleiten oder ein bereits eingeleitetes Verfahren einstellen oder abweisen wollte. Art. 13 VO Nr. 1/2003 hat für das BKartA somit keine praktische Bedeutung.

Auch kann die Ansicht der Monopolkommission, es bestünden verfassungsrechtliche Einwände gegen Art. 13 VO Nr. 1/2003, nicht geteilt werden.[733] Art. 13 VO Nr. 1/2003 stellt gerade keine Kompetenzzuweisung an andere Mitgliedstaaten dar. Eine ausdrückliche Zuständigkeitsverteilung in der Form, dass Kartellbehörden einzelner Mitgliedstaaten unter bestimmten Umständen ihre Zuständigkeit verlieren, wurde gerade nicht vorgenommen. In dem mit der VO Nr. 1/2003 eingeführten System bleiben hingegen alle Mitgliedstaaten nebeneinander zuständig.[734] Durch die Einstellung oder Aussetzung eines Verfahrens oder die Abweisung einer Beschwerde i.S. des Art. 13 VO Nr. 1/2003 gibt das BKartA seine Zuständigkeit nicht endgültig an eine andere Behörde ab.

---

[731] *Bechtold*, GWB, § 54 Rn. 1f.

[732] Beschluss v. 10.11.1976 „medizinischer Badebetrieb“ WuW/E OLG 1813, 1815; Beschluss v. 14.11.1968 „Taxiflug“ WuW/ BGH 995, 996.

[733] Hiernach stößt eine Regelung, nach welcher deutsche Wettbewerbsbehörden zugunsten von Behörden anderer Mitgliedstaaten auf kartellrechtliche Kompetenzen verzichten, auf verfassungsrechtliche Bedenken. Nach Art. 23, 24 GG ist lediglich eine Kompetenzübertragung an die Europäische Gemeinschaft möglich; vgl. Folgeprobleme der europäischen Kartellverfahrensreform, Sondergutachten der Monopolkommission gemäß § 44 Abs. 1 Satz 4 GWB, S. 23 f; Kartellpolitische Wende in der Europäischen Union? Zum Weißbuch der Kommission vom 28. April 1999, Sondergutachten 28 der Monopolkommission, Tz. 69.

[734] Dies wurde im Rahmen dieser Arbeit bereits kritisiert; vgl. 2. Kap., § 4, A., II.

Es verzichtet lediglich momentan auf ein Einschreiten, weil der Fall bereits von dieser anderen Behörde behandelt wird. Eine Kompetenzzuweisung liegt, auch in indirekter Form, nicht vor. Ein Verstoß gegen die deutsche Verfassung ist nicht gegeben. Der Konstruktion einer Auftragsverwaltung, wie sie von der Monopolkommission vorgeschlagen wird[735], bedarf es daher nicht.

II. Festlegung der Zuständigkeiten

Eine Regelung der Zuständigkeiten nationaler Behörden in der VO Nr. 1/2003 wäre wünschenswert gewesen. Wie schon weiter oben erwähnt[736], haben Rat und Kommission eine Gemeinsame Erklärung zur Funktionsweise des Netzwerkes der Wettbewerbsbehörden[737] und eine Bekanntmachung über die Zusammenarbeit innerhalb des Netzes der Wettbewerbsbehörden herausgegeben[738]. Lediglich diese treffen Aussagen über die Zuständigkeit nationaler Behörden untereinander.[739] Vorliegend soll zunächst ein Vorschlag für eine Zuständigkeitsverteilung zwischen Kommission und nationalen Behörden unterbreitet und Möglichkeiten für ein Verteilungsverfahren aufgezeigt werden. Dieser Vorschlag ist dann mit der Gemeinsamen Erklärung von Rat und Kommission und der Bekanntmachung zu vergleichen.

1. Sachliche Zuordnung

Zwar könnte Art. 13 VO Nr. 1/2003 dahingehend ausgelegt werden, dass immer die Behörde zuständig ist, die sich zuerst mit dem jeweiligen Fall befasst hat. Auf diese Weise wäre dann eine konkrete Zuordnung möglich. Das reicht jedoch nicht aus. Um den Umständen des Einzelfalles gerecht zu werden, muss das gesuchte Abgrenzungskriterium eine gewisse Flexibilität aufweisen.[740] Dies ist bei einer zeitlichen Abgrenzung nicht der Fall. Sie würde zudem etwaige Beschwerdeführer veranlassen, zuerst zu derjenigen Behörde zu gehen, bei der sie sich den größten Erfolg versprechen („fo-

---

[735] Die Monopolkommission schlägt vor, nationale Wettbewerbsbehörden im Wege einer Art Auftragsverwaltung mit der Wahrnehmung von EU-Kompetenzen zu betrauen; vgl. Folgeprobleme der europäischen Kartellverfahrensreform, Sondergutachten der Monopolkommission gemäß § 44 Abs. 1 Satz 4 GWB, S. 24.

[736] 2. Kapitel, § 4, A., II., 3.

[737] Draft Joint Statement of the Council and the Commission on the functioning of the network of competition authorities, Ratsdokument, MD 74/02.

[738] Bekanntmachung der Kommission über die Zusammenarbeit innerhalb des Netzes der Wettbewerbsbehörden, ABl.EG vom 27.04.2004, Nr. C 101/43.

[739] Draft Joint Statement of the Council and the Commission on the functioning of the network of competition authorities, Ratsdokument, MD 74/02, Tz.15.

[740] So auch die Ansicht des Economic and Social Committee; aufgeführt in: White paper on reform of Regulation 17, Summary of the observations, Punkt 6.2.

rum shopping").[741] Diese ist aber nicht zwingend die am besten geeignete Behörde. Dass eine Bearbeitung des Falles durch die geeignetste Behörde das Ziel sein muss, liegt jedoch auf der Hand und wird von der Kommission ausdrücklich hervorgehoben.[742] Welche Behörde dies ist, muss somit anhand von anderen Kriterien festgestellt werden.

a. Schwerpunkt der wettbewerbsbeschränkenden Maßnahme

Hierbei ist es nahe liegend, die Zuständigkeit der Wettbewerbsbehörde des Mitgliedstaates zu erteilen, in welchem der Schwerpunkt der Wettbewerbsbeschränkung liegt.[743] Um diesen herauszufinden, gibt es verschiedene Möglichkeiten.

Die Beurteilung könnte danach erfolgen, wo die Vereinbarung geschlossen wurde oder aber nach der Frage, in welchem Mitgliedstaat die Mehrzahl der Kartellmitglieder oder Kartellopfer ihren Sitz haben. In den meisten Fällen wird der Sitz der Kartellmitglieder mit dem Ort des Vertragsschlusses übereinstimmen. Dieser muss jedoch nicht mit dem Ort übereinstimmen, an welchem die Kartellmitglieder tätig werden, an dem sich die Wettbewerbsbeschränkung also meist auswirkt. Die Behörde, die sich in der Nähe dieser Auswirkungen befindet, wird jedoch die Wettbewerbsbeschränkung in der Regel besser beurteilen können als diejenige am Ort des Vertragsschlusses. Sinnvoller wäre es also, den Sitz der Mehrzahl der Kartellopfer heranzuziehen. Hier ist eine Abgrenzung jedoch schwer. Davon abgesehen, dass in den meisten Fällen nur *ein* Beschwerdeführer erscheint, ist die Frage, ob und welche Unternehmen als Kartellopfer in Betracht kommen, Inhalt des Verfahrens. Die Zuständigkeit, muss jedoch schon vorher und ohne weitergehende Nachforschungen bestimmt werden können. Der Ort der Auswirkungen könnte anhand der Umsätze der an dem Kartell beteiligten Unternehmen ausgemacht werden. Umsätze sagen grundsätzlich etwas über den Tätigkeitsschwerpunkt eines Unternehmens aus. Dort wo das Unternehmen tätig wird, treten dann auch die Auswirkungen der wettbewerbsbeschränkenden Vereinbarung auf.[744] Der Markt des Umsatzschwerpunktes wird also mit dem der Auswirkungen der wettbewerbsbeschränkenden Vereinbarung übereinstimmen.

---

741 Folgeprobleme der europäischen Kartellverfahrensreform, Sondergutachten der Monopolkommission gemäß § 44 Abs. 1 Satz 4 GWB, S. 27.

742 VOV, Begründung, II., C., 2., a.; auch *Schaub*, Wandel des Europäischen Wettbewerbsrechts, in: Europäisches Wettbewerbsrecht im Wandel, 13, 19.

743 Vgl. Stellungnahme des Bundesverbandes der Deutschen Industrie (BDI) vom 19.1.2001, B., S. 12; White paper on reform of Regulation 17, Summary of the observations, Punkt 6.2.

744 Vgl. Bekanntmachung der Kommission über die Zusammenarbeit zwischen der Kommission und den Wettbewerbsbehörden der Mitgliedstaaten bei der Bearbeitung von Fällen im Anwendungsbereich der Artikel 85 und 86 EG-Vertrag, ABl.EG vom 15.10.1997 Nr. C 313/3, 7.

Absolute Umsatzschwellen machen für eine Zuordnung zwischen den nationalen Behörden keinen Sinn. Jedoch könnten relative Umsatzgrößen einen Hinweis auf den nationalen Schwerpunkt der Vereinbarung, unabhängig von der Größe des Unternehmens, geben. In Betracht käme eine Regelung, nach der diejenige nationale Behörde zuständig ist, in deren Mitgliedstaat die beteiligten Unternehmen zusammen den größten Umsatz machen. Um Behörden kleinerer Mitgliedstaaten nicht zu benachteiligen, müsste der Umsatz jedoch im Verhältnis zur Größe des Mitgliedstaates berechnet werden.[745] Bei einer solchen, vom Umsatz der Unternehmen abhängigen Kompetenzzuteilung wären die Zuständigkeiten einfach und schnell zu ermitteln. Ein größtmögliches Maß an Transparenz, Praktikabilität und Rechtssicherheit würde somit gewährleistet.

b. Qualitative Abgrenzungskriterien

Dennoch darf das Maß der Auswirkungen der Wettbewerbsbeschränkung nicht allein über die Zuständigkeit der Behörde entscheiden. Die Behörde des Mitgliedstaates, bei dem sich der Schwerpunkt der Auswirkungen befindet, ist nämlich nicht zwingend die zur Verfolgung der wettbewerbsbeschränkenden Maßnahme am besten geeignete. Sind Auswirkungen in mehreren Mitgliedstaaten festzustellen, so muss, unabhängig von deren Ausmaß, die Behörde zuständig sein, die im Einzelfall mit der größten Effektivität vorgehen kann. Das ist diejenige Behörde, die mit den besten sachlichen und personellen Ressourcen und Untersuchungsbefugnissen ausgestattet ist, um die erforderlichen Ermittlungen zu führen.[746] Hierbei könnte z.B. die Tatsache ausschlaggebend sein, dass bereits ein Verfahren bei ihr anhängig ist oder war, welches mit dem zuzuordnenden Verfahren in engem Sachzusammenhang steht. Bei welcher Behörde sich der Großteil der Beweismittel befindet, kann, im Hinblick auf Art. 12 VO Nr. 1/2003, nach welchem Informationen einschließlich vertraulicher Angaben ausgetauscht und als Beweismittel benutzt werden können, hingegen keine besondere Rolle spielen.[747] Auch ist nicht erheblich, ob die infrage kommende Behörde schon einschlägige Erfahrungen mit der Anwendung von Gemeinschaftsrecht hat. Anderenfalls wären Behör-

---

[745] Folgeprobleme der europäischen Kartellverfahrensreform, Sondergutachten der Monopolkommission gemäß § 44 Abs. 1 Satz 4 GWB, S. 26.

[746] Vgl. Bekanntmachung der Kommission über die Zusammenarbeit zwischen der Kommission und den Wettbewerbsbehörden der Mitgliedstaaten bei der Bearbeitung von Fällen im Anwendungsbereich der Artikel 85 und 86 EG-Vertrag, ABl.EG vom 15.10.1997 Nr. C 313/3, 6. Dieses Merkmal wird hier zwar zur Bestimmung des Verhältnisses zwischen der Kommission und den nationalen Wettbewerbsbehörden herangezogen. Daneben ist es jedoch durchaus auch für eine Abgrenzung zwischen den nationalen Behörden geeignet; vgl. Folgeprobleme der europäischen Kartellverfahrensreform, Sondergutachten der Monopolkommission gemäß § 44 Abs. 1 Satz 4 GWB, S. 26.

[747] So aber: *Schaub*, Wandel des Europäischen Wettbewerbsrechts, S. 13, 19.

den kleinerer Mitgliedstaaten und die der EU-Beitrittsländer kaum zuständig und würden so mit der Anwendung des Gemeinschaftsrechts nie vertraut werden. Gleichwohl muss die zuständige Behörde über verwaltungsrechtliche Einwirkungsmöglichkeiten zur Durchsetzung ihrer Entscheidungen verfügen. Die Wirksamkeit des Vorgehens hängt dabei nicht nur von ihren Untersuchungsbefugnissen, sondern auch von den Rechtsinstrumenten, anhand der sie in einer Sache befinden kann, ab. Dies ist insbesondere die Befugnis einstweilige Anordnungen zu erlassen und Sanktionen festzusetzen.[748] Der Fall, dass einer Behörde die Befugnis zur Anwendung der Wettbewerbsregeln vollständig fehlt, wird nun nicht mehr vorkommen, da nach Art. 35 Abs. 1 VO Nr. 1/2003 alle Mitgliedstaaten verpflichtet wurden, innerhalb einer bestimmten Frist den Behörden eine solche Befugnis einzuräumen.

c. Zwischenergebnis

Die Zuordnung zwischen den nationalen Behörden muss sich somit einerseits nach dem Ort der Auswirkungen der wettbewerbsbeschränkenden Maßnahme richten. Dieser lässt sich durch die Umsätze der Kartellmitglieder ermitteln. Von den Mitgliedstaaten, bei denen Auswirkungen auf dem relevanten Markt festgestellt werden können, muss dann diejenige Behörde zuständig sein, die mit der größten Effektivität vorgehen kann. Dies richtet sich nach den verwaltungsrechtlichen Einwirkungsmöglichkeiten, ihren Untersuchungsbefugnissen und sonstigen sachlichen und personellen Ressourcen.

d. Reichweite

Zunächst kommt die ausschließliche Zuständigkeit einer Behörde mit der Folge in Betracht, dass für jede andere Behörde eine Pflicht zur Abweisung des Verfahrens nach Art. 13 VO Nr. 1/2003 besteht. Die Kommission führt in ihrem VOV aus, dass es weder erforderlich noch zweckmäßig sei, andere Wettbewerbsbehörden zur Aussetzung oder Einstellung ihrer Verfahren zu verpflichten, sondern dass es vielmehr Sache des Netzes sei, in der Praxis dafür zu sorgen, dass die vorhandenen Ressourcen optimal eingesetzt und Parallelverfahren vermieden werden.[749]

---

[748] Bekanntmachung der Kommission über die Zusammenarbeit zwischen der Kommission und den Wettbewerbsbehörden der Mitgliedstaaten bei der Bearbeitung von Fällen im Anwendungsbereich der Artikel 85 und 86 EG-Vertrag, ABl.EG vom 15.10.1997 Nr. C 313/3, 6. Sieht man diese Bekanntmachung im Lichte des früheren Systems, ist auf den ersten Blick nicht einzusehen, wieso die Kommission im Weiteren der nationalen Behörde ein Tätigwerden verweigern wollte, wenn diese nicht die Befugnis zur Verhängung von Sanktionen hatte. Diese hatte sie nämlich in der Vergangenheit ohnehin nicht. Dennoch hätte sie nationales Recht parallel anwenden und hiernach Kartellsanktionen verhängen können.

[749] VOV, Begründung III.

aa. Keine Behörde ist zuständig

Um eine, aus oben genannten Gründen zwingend erforderliche, Zuordnung der Kompetenzen nicht leer laufen zu lassen, müsste eine solche Pflicht jedoch zumindest für diejenigen Behörden bestehen, die nach den herausgearbeiteten Kriterien unzuständig wären. Sie müssten nicht nur eine Beschwerde nach Art. 13 VO Nr. 1/2003 abweisen können, obwohl keine andere Behörde mit dem Fall befasst ist oder war, sondern vielmehr dazu verpflichtet sein. Auch müsste es ihnen verwehrt sein, ein Verfahren von Amts wegen einzuleiten. Hierbei ist jedoch festzuhalten, dass sie unter diesen Umständen in der Praxis ohnehin kein Interesse an der Durchführung eines Verfahrens hätten, da sich die Wettbewerbsbeschränkung entweder nicht auf ihrem Hoheitsgebiet auswirken würde oder sie nicht die erforderlichen Mittel hätten, um diese wirksam zu verfolgen.[750] Würde eine unzuständige Behörde dennoch tätig, so müsste jede andere zuständige Behörde die Möglichkeit haben, das Verfahren durch Einleitung eines eigenen Verfahrens an sich zu ziehen. Ist keine andere Behörde zuständig, müsste die Kommission verpflichtet sein, ein Verfahren einzuleiten.

bb. Zuständigkeit mehrerer Behörden

Häufig wird es jedoch vorkommen, dass sich die wettbewerbsbeschränkende Maßnahme in mehreren Mitgliedstaaten auswirkt und die Wettbewerbsbehörden dieser Mitgliedstaaten über äquivalente verwaltungsrechtliche Möglichkeiten verfügen, um diese Maßnahme effektiv zu verfolgen und Entscheidungen durchzusetzen. Da die Abgrenzungskriterien keinen eindeutigen Charakter haben, würde sich die parallele Zuständigkeit mehrerer Behörden in der Praxis kaum vermeiden lassen. Unklar ist, ob auch hier eine ausschließliche Zuständigkeit für eine Behörde begründet oder auf andere Weise versucht werden sollte, die Anzahl paralleler Verfahren möglichst gering zu halten. Zwar ist es letztendlich Ziel der Kommission, für jeden Fall nur eine Behörde ausschließlich zuständig sein zu lassen; die Pflicht eine Beschwerde abzuweisen oder ein Verfahren einzustellen ergibt sich aus Art. 13 VO Nr. 1/2003 jedoch nicht.

Jedoch kann eine Zuständigkeitsverteilung nur so ihren Zweck, für Rechtssicherheit bei den Unternehmen zu sorgen, wirklich erfüllen. Vor unterschiedlichen Entscheidungen der einzelnen Behörden und der Gefahr des „forum shopping“ kann bei einer Zuständigkeitsverteilung, die nicht zur ausschließlichen Zuständigkeit einer Behörde

---

[750] Folgeprobleme der europäischen Kartellverfahrensreform, Sondergutachten der Monopolkommission gemäß § 44 Abs. 1 Satz 4 GWB, S. 29.

führt, letztendlich nicht geschützt werden. Genau deshalb wurde eine solche, zumindest von den Vertretern der Industrie, immer wieder ausdrücklich gefordert.[751]

Andererseits kann die konkurrierende Zuständigkeit mehrerer Behörden auch von Vorteil sein. Dies besonders deshalb, weil es im Ermessen der Behörde liegt, ob sie überhaupt tätig wird oder nicht. Die Durchsetzung kartellrechtlicher Normen würde somit von zeitlichen, personellen und finanziellen Mitteln einer Behörde abhängen. Daneben besteht die Gefahr, dass aufgrund nationaler Interessen besonders großzügige Maßstäbe bei der Prüfung herangezogen würden.[752] Hiergegen könnte zwar eingewandt werden, dass eine Behörde, der die nötigen Ressourcen fehlen, nach dem bisher Gesagten ohnehin nicht zuständig wäre. Die Gefahr, dass sie aufgrund nationaler Interessen besondere Maßstäbe anlegt, existiert schon deshalb nicht, weil bei Interessenkonflikten die Kommission für die Behandlung des Falles zuständig sein soll.[753] Zumindest bleibt aber die Möglichkeit, dass sie aus anderen Gründen nicht tätig wird. Um dies zu vermeiden, müsste sie zu einem Tätigwerden verpflichtet werden. Die Frage, ob eine solche Verpflichtung möglich und sinnvoll ist, kann jedoch dahingestellt bleiben, wenn eine ausschließliche Zuständigkeit schon aus einem anderen Grund nicht wünschenswert wäre.

Die zuständige Behörde würde grundsätzlich, auch wenn kein besonderer, die Zuständigkeit der Kommission begründender Interessenkonflikt vorliegt, lediglich die Auswirkungen der Wettbewerbbeschränkung auf ihrem Hoheitsgebiet berücksichtigen. Sind dort schädliche Auswirkungen feststellbar, so wird sie die Wettbewerbsbeschränkung verbieten, unabhängig davon, ob positive Auswirkungen in anderen Mitgliedstaaten dies ausgleichen würden. Gleiches gilt im umgekehrten Falle. Eine Gesamtbetrachtung würde jedenfalls nicht vorgenommen.[754] Andere Mitgliedstaaten würden folglich um eine Beurteilung der Wettbewerbsbeschränkung hinsichtlich der Auswirkungen, die sie auf deren Hoheitsgebiet zeitigt, gebracht. Eine derart einseitige Beurteilung von wettbewerbsbeschränkenden Maßnahmen, die sich in mehreren Mitglied-

[751] Stellungnahme des Bundesverbandes der Deutschen Industrie (BDI) vom 19.1.2001, B., S. 13; Stellungnahme des Wirtschafts- und Sozialausschusses zum „Vorschlag für eine Verordnung des Rates zur Durchführung der in den Artikeln 81 und 82 EG-Vertrag niedergelegten Wettbewerbsregeln und zur Änderung der Verordnungen (EWG) Nr. 1017/68, (EWG) Nr. 2988/74, (EWG) Nr. 4056/86 und (EWG) Nr. 3975/87 („Durchführungsverordnung zu den Artikeln 81 und 82 EG-Vertrag")", ABl.EG vom 29.5. 2001 Nr. C 155/14, 73, 77.

[752] Folgeprobleme der europäischen Kartellverfahrensreform, Sondergutachten der Monopolkommission gemäß § 44 Abs. 1 Satz 4 GWB, S. 28.

[753] Vgl. 2. Kap., § 4, A., II., 1., b., bb.

[754] Folgeprobleme der europäischen Kartellverfahrensreform, Sondergutachten der Monopolkommission gemäß § 44 Abs. 1 Satz 4 GWB, S. 39.

staaten auswirken, kann jedoch nicht i.S. der Kartellverfahrensreform sein und könnte lediglich dadurch verhindert werden, dass die ausschließlich zuständige Behörde verpflichtet ist, die Interessen anderer Mitgliedstaaten auf deren Ersuchen hin mit zu berücksichtigen.[755]

Abgesehen hiervon ergibt sich ein grundsätzliches Problem bei einer ausschließlichen Zuständigkeitsverteilung. Es dürfte unmöglich sein, unter mehreren zuständigen Behörden diejenige zu bestimmen, die ausschließlich zuständig sein soll, ohne hier nach der Reihenfolge des Tätigwerdens oder sonst in willkürlicher Weise vorzugehen. Deshalb müsste die Bestimmung ausschließlicher Zuständigkeiten wenigstens dann abgelehnt werden, wenn sich andere Möglichkeiten ergeben würden, um Parallelverfahren weitestgehend zu vermeiden. Ein erster Schritt in diese Richtung wäre die Zuständigkeit der Kommission, für den Fall, dass mehr als zwei oder drei nationale Behörden zuständig sind. Greift diese Regelung nicht ein, so können parallele Verfahren auch auf andere Weise verhindert werden. Hierbei ist schon Art. 13 VO Nr. 1/2003 von großer Bedeutung, nach dem es der zuständigen Behörde möglich ist, ein Verfahren abzuweisen, wenn eine andere Behörde damit befasst ist oder war. Grundsätzlich ist auch zu erwarten, dass die Behörden von dieser Möglichkeit Gebrauch machen, wenn sie nicht befürchten, dass die tätige Behörde entgegen ihren Interessen handelt. Können sie sich sicher sein, dass ihre Interessen berücksichtigt werden, werden sie von einer Verfahrenseinleitung absehen. Auch hier kann die Möglichkeit herangezogen werden, jede zuständige Behörde zu verpflichten, Interessen anderer Mitgliedstaaten auf deren Ersuchen hin zu berücksichtigen. Zuletzt sei gesagt, dass eine Zuständigkeitsverteilung ohne die Festlegung von ausschließlichen Kompetenzen nicht sinnlos wäre. Zum einen fiele es den Behörden durch eine Zuordnung selbst leichter, zu beurteilen ob sie überhaupt zuständig wären.[756] Zum anderen wüssten Beschwerdeführer so, an welche Behörde sie sich wenden müssen.

2. Verteilungsverfahren

Eine Hinzuziehung des Beratenden Ausschusses bei Entscheidungen über die Kompetenzverteilung ausschließlich unter nationalen Behörden ist abzulehnen. Entscheidungen dieser Art müssen im Interesse der Rechtssicherheit schnell getroffen werden. Würde schon das „Vorverfahren" durch die Zusammenarbeit mehrerer Instanzen er-

---

[755] Diesen Vorschlag macht die Monopolkommission zur Vermeidung von Parallelverfahren in dem von der Kommission vorgeschlagenen System; vgl. Folgeprobleme der europäischen Kartellverfahrensreform, Sondergutachten der Monopolkommission gemäß § 44 Abs. 1 Satz 4 GWB, S. 30.

[756] Sind sie es nicht, dürften sie auch auf Beschwerden hin nicht tätig werden. Auf diese Weise könnte die Gefahr des „forum shopping" etwas eingedämmt werden.

hebliches an Zeit in Anspruch nehmen, so könnte dies zu einer Schwächung des Wettbewerbsprinzips führen. Darüber hinaus wäre eine solche Regelung nicht erforderlich, da mit der Kommission eine unabhängige Behörde entscheiden würde und die Mitgliedstaaten immer noch nach Art. 230 EG vorgehen könnten.

Auch in diesem Zusammenhang wird teilweise ein Letztentscheidungsrecht der Kommission in Form von Vorabentscheidungsbefugnissen, die auf dem Weg über Art. 230 EG von den Mitgliedstaaten angegriffen werden können, vorgeschlagen.[757] Dies wäre, zumindest wenn es sich um Entscheidungen handelt, die das Verhältnis der nationalen Behörden untereinander betreffen, sinnvoll. Die Kommission würde hier eine unabhängige Instanz darstellen, die aufgrund ihrer Kenntnisse und Erfahrungen Entscheidungen schnell treffen kann. Gegen eine solche Regelung könnte jedoch die von der Kommission selbst angeführte hohe Arbeitsbelastung sprechen. Streitigkeiten, welche die Zuständigkeit nationaler Behörden betreffen, könnten, aufgrund der Sorge, nationale Interessen würden nicht ausreichend berücksichtigt, nicht nur jetzt, kurz nachdem die VO Nr. 1/2003 Geltung erlangt hat, sondern auch noch lange Zeit auftreten. Dennoch hätte die Kommission lediglich über die Unzuständigkeit eines Mitgliedstaates zu entscheiden. In anderen Fällen können die Behörden nebeneinander tätig werden. Konfliktsituationen dürften also zum einen sehr selten auftreten und zum anderen eindeutig und relativ einfach zu entscheiden sein.

3. Gemeinsame Erklärung und Bekanntmachung

Auch nach der Gemeinsamen Erklärung von Rat und Kommission zur Funktionsweise des Netzwerkes[758] und der Bekanntmachung über die Zusammenarbeit innerhalb des Netzes der Wettbewerbsbehörden[759] soll sich die Zuordnung zwischen den nationalen Behörden einerseits nach dem Ort der Auswirkungen der wettbewerbsbeschränkenden Maßnahme richten. Außerdem soll diejenige Behörde zuständig sein, die mit der größten Effektivität vorgehen kann.[760] Nach der Bekanntmachung wird davon ausgegangen, dass eine Behörde gut geeignet ist, sich eines Falles anzunehmen, wenn drei Voraussetzungen erfüllt sind. Zum einen muss die Vereinbarung wesentliche unmittelbare Auswirkungen auf den Wettbewerb innerhalb des Hoheitsgebietes dieser Behörde

---

[757] Folgeprobleme der europäischen Kartellverfahrensreform, Sondergutachten der Monopolkommission gemäß § 44 Abs. 1 Satz 4 GWB, S. 30.

[758] Draft Joint Statement of the Council and the Commission on the functioning of the network of competition authorities, Ratsdokument, MD 74/02.

[759] Bekanntmachung der Kommission über die Zusammenarbeit innerhalb des Netzes der Wettbewerbsbehörden, ABl.EG vom 27.04.2004, Nr. C 101/43.

[760] Draft Joint Statement of the Council and the Commission on the functioning of the network of competition authorities, Ratsdokument, MD 74/02, Tz.15.

haben, in deren Hoheitsgebiet umgesetzt werden oder dort ihren Ursprung haben. Außerdem muss die Behörde eine Verbotsentscheidung erlassen können, deren Wirksamkeit ausreicht, die Zuwiderhandlung zu beenden und sie muss die Zuwiderhandlung wirksam ahnden können. Schließlich muss sie, erforderlichenfalls mit Unterstützung anderer Behörden, die zum Nachweis der Zuwiderhandlung erforderlichen Beweise erheben können. Ein paralleles Vorgehen durch mehrere nationale Behörden kann dann angemessen sein, wenn eine Vereinbarung hauptsächlich in deren jeweiligen Hoheitsgebieten Auswirkungen hat und das Vorgehen nur einer Behörde nicht ausreichen würde.[761] Sowohl die Erklärung als auch die Bekanntmachung entsprechen somit insoweit den hier gefundenen Ergebnissen.

Eine Regelung über die Fallverteilung wird jedoch nicht vorgenommen. Es wird lediglich ausgeführt, dass eine Verteilung so schnell wie möglich erfolgen soll. Eine Verteilungsfrist von drei Monaten wird hierbei als anstrebenswert erachtet. Auch soll der Grundsatz gelten, dass die Behörde zuständig ist, die den Fall aufgegriffen hat, solange sie die Zuständigkeitskriterien erfüllt und keine andere Behörde Einspruch erhebt.[762]

Auch sind in der Erklärung keine Anhaltspunkte zur Reichweite der Zuständigkeitsverteilung gemacht. Die unzuständigen Behörden müssten jedoch verpflichtet sein, eine Beschwerde nach Art. 13 VO Nr. 1/2003 abzuweisen.[763] Auch müsste es ihnen verwehrt sein, ein Verfahren von Amts wegen einzuleiten. Für den Fall mehrerer zuständiger Behörden ergibt sich ein solches Erfordernis, aus den bereits genannten Gründen[764] hingegen nicht.

B. Unterrichtungspflichten

In Art. 11 VO Nr. 1/2003 ist eine umfassende Kooperation zwischen Kommission und nationalen Kartellbehörden einschließlich des Informationsaustauschs und der sachlichen Koordinierung vorgesehen.

---

761 Bekanntmachung der Kommission über die Zusammenarbeit innerhalb des Netzes der Wettbewerbsbehörden, ABl.EG vom 27.04.2004, Nr. C 101/43, 44.

762 Draft Joint Statement of the Council and the Commission on the functioning of the network of competition authorities, Ratsdokument, MD 74/02, Tz.12; Bekanntmachung der Kommission über die Zusammenarbeit innerhalb des Netzes der Wettbewerbsbehörden, ABl.EG vom 27.04.2004, Nr. C 101/43, 44, 45.

763 Auch hier gilt jedoch wieder darauf hinzuweisen, dass die vorliegende Erklärung ohnehin zwar eine erhebliche politische, jedoch keinerlei rechtliche Bindungswirkung hat.

764 Vgl. 3. Kap., § 6, A., II., 1., d., cc.

I. Grundsätzliches

Zunächst sollen die früheren Pflichten des BKartA zur Unterrichtung der Kommission kurz erläutert und sodann die mit der VO Nr. 1/2003 eingetretenen Änderungen dargestellt werden.

1. Pflicht zur Unterrichtung nach früherer Rechtslage

Mit § 50 Abs. 3 GWB hat der Deutsche Gesetzgeber auf die Bekanntmachung über die Zusammenarbeit der Kommission und den Wettbewerbsbehörden der Mitgliedstaaten reagiert, nach welcher nationale Behörden der Kommission die in Anwendung der Artt. 81, 82 EG getroffenen Maßnahmen mitteilen.[765] Gemäß § 50 Abs. 3 GWB hatte das BKartA die Kommission über Verfahren, in welchen Artt. 81, 82 EG angewendet werden sollten, zu unterrichten und dieser Gelegenheit zur Stellungnahme zu geben. Die Pflicht zur Unterrichtung der Kommission galt für die Einleitung eines jeden Verfahrens, in welchem die Artt. 81, 82 EG Anwendung fanden, nicht jedoch im Rahmen der Einleitung eines Bußgeldverfahrens.[766] In all diesen Fällen war die Kommission auch zur Stellungnahme befugt. Genauere Regelungen, die Unterrichtung betreffend, waren in § 50 Abs. 3 GWB nicht enthalten. Dieser war jedoch an Art. 10 VO Nr. 17/62 angelehnt[767], welcher die unverzügliche Unterrichtung der Behörden der Mitgliedstaaten durch die Kommission nach Eingang von Anträgen oder Anmeldungen vorschrieb. Die Unterrichtung nach § 50 Abs. 3 GWB hatte folglich auch unverzüglich nach Einleitung des Verfahrens zu erfolgen.[768]

2. Pflicht zur Unterrichtung nach der VO Nr. 1/2003

Die Pflicht der nationalen Kartellbehörden, die Kommission bei Anwendung der Artt. 81 oder 82 EG zu unterrichten, ist nun in Art. 11 VO Nr. 1/2003 geregelt.

a. Art. 11 Abs. 3 VO Nr. 1/2003

Nach Art. 11 Abs. 3 VO Nr. 1/2003 sind die nationalen Wettbewerbsbehörden verpflichtet, die Kommission bei Anwendung der Artt. 81 oder 82 EG vor Beginn oder unverzüglich nach Einleitung der ersten förmlichen Ermittlungshandlung schriftlich zu unterrichten. Dieser Vorschrift liegt der Gedanke zugrunde, dass das Netz Mehrfachverfahren erkennen und sich mit möglichen Fragen der Umverteilung von Fällen befassen kann, sobald eine Behörde Ermittlungen aufnimmt.[769] Die Unterrichtung soll

---

[765] ABl.EG vom 15. 10. 1997 Nr. C 313/3, 9.

[766] *Bracher*, in: Frankfurter Kommentar, Bd. III, § 50 GWB, Rn. 32.

[767] BT-Drucks. 13/9720, 63.

[768] *Bracher*, in: Frankfurter Kommentar, Bd. III, § 50 GWB, Rn. 32.

[769] Bekanntmachung der Kommission über die Zusammenarbeit innerhalb des Netzes der Wettbewerbsbehörden, ABl.EG vom 27.04.2004 Nr. C 101/43,45.

auf elektronischem Wege erfolgen und auch anderen Wettbewerbsbehörden zur Verfügung stehen.[770] Letzteres wurde in der Begründung zum VOV zwar vorgeschlagen, jedoch erst in der der VO Nr. 1/2003 ausdrücklich geregelt (Art. 11 Abs. 3 S. 2 VO Nr. 1/2003)

b. Art. 11 Abs. 4 VO Nr. 1/2003

Mit Hilfe des Art. 11 Abs. 4 VO Nr. 1/2003 sollen Untersagungsentscheidungen und solchen gleichstehende Entscheidungen koordiniert werden.[771] Nationale Behörden haben die Pflicht, die Kommission spätestens 30 Tage vor dem Erlass von Entscheidungen, mit denen die Abstellung einer Zuwiderhandlung angeordnet, Verpflichtungszusagen angenommen oder der Rechtsvorteil einer GVO entzogen wird, zu unterrichten. Ist die 30-Tage-Frist abgelaufen, so kann die Entscheidung erlassen werden, solange die Kommission kein Verfahren eingeleitet hat. Muss eine nationale Entscheidung innerhalb von weniger als 30 Tagen nach der Unterrichtung getroffen werden, kann die nationale Behörde die Kommission um eine schnellere Antwort ersuchen.[772] Im Rahmen der Unterrichtung sind eine Zusammenfassung des Falles und die beabsichtigte Entscheidung oder, wenn dies nicht möglich ist, sonstige Unterlagen, aus denen die geplante Vorgehensweise zu entnehmen ist, zu übermitteln. Auf Anfrage sind alle erforderlichen Verfahrensunterlagen weiterzuleiten. Alle diese Unterlagen können auch Wettbewerbsbehörden anderer Mitgliedstaaten zugänglich gemacht werden. Diese können erforderliche Informationen untereinander austauschen.

c. Art. 11 Abs. 5 VO Nr. 1/2003

Da auch Entscheidungen zur Abweisung von Beschwerden, Entscheidungen zur Einstellung eines von Amts wegen eingeleiteten Verfahrens oder Entscheidungen zur Anordnung vorläufiger Maßnahmen wettbewerbspolitisch bedeutend sein können[773], können nationale Wettbewerbsbehörden die Kommission auch in anderen Fällen, in denen es um die Anwendung des Gemeinschaftsrechts geht, unterrichten und konsultieren.

3. Auswirkungen auf die Praxis des BKartA

Das nationale Recht bleibt hinter den Unterrichtungspflichten aus der VO Nr. 1/2003 in der Weise zurück, dass im Rahmen des § 50 Abs. 3 GWB eine Unterrichtung im

---

770 VOV, Begründung zu Art. 11 VOV.

771 VOV, Begründung zu Art. 11 VOV.

772 Bekanntmachung der Kommission über die Zusammenarbeit innerhalb des Netzes der Wettbewerbsbehörden, ABl.EG vom 27.04.2004 Nr. C 101/43,49.

773 Bekanntmachung der Kommission über die Zusammenarbeit innerhalb des Netzes der Wettbewerbsbehörden, ABl.EG vom 27.04.2004 Nr. C 101/43,49.

Bußgeldverfahren nicht erforderlich ist. Im EG-Kartellverfahrensrecht wird jedoch nicht zwischen Kartellverwaltungs- und Bußgeldverfahren unterschieden, was bedeutet, dass gemäß Art. 11 Abs. 3 und 4 VO Nr. 1/2003, die im nationalen Recht unmittelbare Wirkung erlangen, nun eine Unterrichtung auch bei der Einleitung eines Bußgeldverfahrens erfolgen muss. Im Gegensatz hierzu bleiben Art. 11 Abs. 3 und 4 VO Nr. 1/2003 insoweit hinter der bisherigen Praxis des BKartA zurück, als die Pflicht zur Übermittlung der Unterlagen ausschließlich dann besteht, wenn die nationale Kartellbehörde beabsichtigt, negative Entscheidungen i.S. des Art. 11 Abs. 4 VO Nr. 1/2003 zu erlassen. Nach § 50 Abs. 3 GWB besteht eine solche Pflicht bei Einleitung eines jeden Verfahrens, in welchem die Artt. 81, 82 EG angewandt werden. Entsprechend existiert auch das Recht der Kommission, Stellung zu nehmen, lediglich in diesem Rahmen.

4. Unterrichtungspflichten nach der 7. GWB-Novelle

Da die Unterrichtungspflicht nach § 50 Absatz 2 GWB ohnehin von Art. 11 Abs. 3 und 4 VO Nr. 1/2003 überlagert wird, wird sie im Zuge der Siebten GWB-Novelle voraussichtlich gestrichen werden. Dies wird zur Folge haben, dass die Pflicht zur Übermittlung der Unterlagen in Zukunft ausschließlich dann bestehen wird, wenn die nationale Kartellbehörde beabsichtigt, negative Entscheidungen i.S. des Art. 11 Abs. 4 VO Nr. 1/2003 zu erlassen.

§ 50 Abs. 2 GWB wird künftig die Regelung enthalten, das die Landeskartellbehörden bei Anwendung des europäischen Wettbewerbsrechts den Geschäftsverkehr mit der Kommission und den Wettbewerbsbehörden der anderen EG-Mitgliedstaaten über das Bundeskartellamt abzuwickeln haben. Es bleibt also bei einer einheitlichen Außenvertretung durch das Bundeskartellamt.

II. Ungerechte Verteilung der Pflichten

Betrachtet man die in Art. 11 VO Nr. 1/2003 vorgesehenen Informationspflichten, so sticht deren ungleiche Verteilung ins Auge. Die Kommission hat lediglich die Pflicht, der nationalen Wettbewerbsbehörde eine Kopie der wichtigsten Schriftstücke zu ihren Entscheidungen zu übermitteln. Dem stehen weitaus umfassendere Pflichten der nationalen Behörden gegenüber. Sie müssen die Kommission nicht nur über die Einleitung eines Verfahrens unterrichten, sondern über jede geplante Negativentscheidung informieren. Fordert die Behörde hingegen eine Stellungnahme der Kommission, so besteht für diese keine Pflicht sich zu äußern. Bezüglich der Rechte und Pflichten der Kommission hat sich im neuen System also nichts geändert. Hinzu kommen lediglich weitgehende Pflichten der Kartellbehörden. Das Kräfteverhältnis ist unausgeglichen.

Fraglich ist, ob eine solche Behandlung gerechtfertigt ist. Hierzu muss zunächst der mit ihr verfolgte Zweck beleuchtet werden. Mit der Pflicht zur Unterrichtung über die Einleitung eines Verfahrens will die Kommission die frühzeitige Aufnahme der Zusammenarbeit zur Verteilung der Fälle und einen effektiven Umgang mit Mehrfachbeschwerden erreichen.[774] Art. 11 Abs. 4 VO Nr. 1/2003 soll für eine Koordination von Untersagungsentscheidungen und diesen gleichstehenden Entscheidungen sorgen.[775] Neben dem Ziel, Doppelarbeit zu vermeiden und das Subsidiaritätsprinzip zu verwirklichen, steht also die Gewährleistung einer kohärenten Anwendung der Wettbewerbsregeln durch Vermeidung von Parallelverfahren und unterschiedlichen Entscheidungen im Vordergrund. Sowohl die Vermeidung unnötiger Arbeit durch die Reduzierung von Parallelverfahren als auch die einheitliche Anwendung der Wettbewerbsregeln liegen im Interesse auch der Mitgliedstaaten. Die absolute Notwendigkeit der Gewährleistung einer kohärenten Anwendung wurde von ihnen ja auch immer wieder hervorgehoben.[776] Die dabei entstehenden Nachteile müssen deshalb in Kauf genommen werden.

III. Reichweite der Pflichten

In Art. 11 Abs. 3 und 4 VO Nr. 1/2003 besteht eine Informations*pflicht* nationaler Behörden in allen dort genannten Fällen. Für ein Ermessen der nationalen Behörden soll hier kein Platz sein, was i.S. einer kohärenten Rechtsanwendung auch sinnvoll ist.[777] Auch scheint eine solche Regelung verhältnismäßig, da hiermit kein besonders hoher Aufwand verbunden ist und die nationalen Behörden nicht unnötig weitgehenden Pflichten unterworfen werden. Es muss, im Gegenteil, sogar darüber nachgedacht werden, diese Verpflichtung zu erweitern. Nationale Behörden sollten in Art. 11 Abs. 3 VO Nr. 1/2003 nicht nur verpflichtet werden, über die Einleitung eines Verfahrens zu unterrichten sondern auch über Vorgänge, die trotz einer Beschwerde oder eines „Anfangsverdachts" nicht zu einem Eingreifen geführt haben. Gerade die Untätigkeit der nationalen Behörde trotz Vorliegens eines wettbewerbsrechtlich relevanten Verhaltens kann eine Form inkohärenter Rechtsanwendung darstellen.[778] Diese ist deswegen besonders risikoreich, da sie oftmals nicht wahrgenommen wird. Es könnte jedoch zum einen schon die Verpflichtung, die Kommission zu unterrichten und den Fall darzulegen, die nationale Behörde davon abhalten, den Fall unbemerkt „unter den Tisch

---

774 VOV, Begründung zu Art. 11 VOV.

775 VOV Begründung zu Art. 11 VOV.

776 Vgl. 1. Kap., § 3, D.

777 Folgeprobleme der europäischen Kartellverfahrensreform, Sondergutachten der Monopolkommission gemäß § 44 Abs. 1 Satz 4 GWB, S. 35.

778 Folgeprobleme der europäischen Kartellverfahrensreform, Sondergutachten der Monopolkommission gemäß § 44 Abs. 1 Satz 4 GWB, S. 36.

zu kehren".[779] Zum anderen hätte so auch die Kommission die Möglichkeit den Fall aufzugreifen und eine genauere Überprüfung vorzunehmen. Auch sollten nationale Behörden die Kommission über die Einstellung oder Aussetzung eines Verfahrens nach Art. 13 VO Nr. 1/2003 informieren müssen. Den anderen Behörden wäre diese Information zugänglich.[780] Sie könnten dann entscheiden, ob eine Übermittlung der bisher gesammelten Ermittlungsergebnisse für sie von Interesse ist und diese ggf. über die Kommission i.S. des Art. 12 VO Nr. 1/2003 bei der nationalen Behörde anfordern.

IV. Form

In ihrer Begründung zum VOV führt die Kommission aus, die Unterrichtung solle auf elektronischem Wege geschehen. Dies ist im Hinblick auf die fortschreitenden Möglichkeiten elektronischer Datenübermittlung und deren Verbreitung auch sinnvoll. Auch die Einfügungen in Art. 11 Abs. 3 S. 2, Abs. 5 S. 2, 4 VO Nr. 1/2003, wonach übermittelte Informationen anderen Wettbewerbsbehörden zugänglich gemacht werden, zeigen, dass eine Unterrichtung über das Intranet auch hier geplant ist. Im Rahmen einer Unterrichtung bzw. Datenübermittlung nach Art. 11 Abs. 4 VO Nr. 1/2003, bei welcher Schriftform nicht ausdrücklich gefordert ist, ist dies auch unproblematisch. Die Unterrichtung nach Art. 11 Abs. 3 VO Nr. 1/2003 soll jedoch bei der Einleitung eines jeden Verfahrens in schriftlicher Form vorgenommen werden.[781] Die Unternehmen haben nämlich im Rahmen ihres Akteneinsichtsrechts einen Anspruch auf Einsicht in die Unterrichtungsmaßnahme des BKartA und die Stellungnahme der Kommission.[782] Geklärt werden muss an dieser Stelle, ob bei einer elektronischen Unterrichtung der Kommission die Möglichkeit der Unternehmen, Einsicht in die sie betreffenden Akten zu nehmen, in ausreichendem Maße gewährt wird. Schriftform kann bei Schreiben per E-Mail in der Regel nicht angenommen werden. In der Praxis des BKartA und der Kommission wird es mit dem Schriftformerfordernis jedoch auch heute nicht ganz so genau genommen. In welcher Form die Unterrichtung der Kommission geschieht, hängt dem Vernehmen nach in erster Linie von der jeweiligen Beschlussabteilung und dem Stand des Verfahrens ab. Grundsätzlich genügt jedoch auch ein Telefonat mit der Kommission und ein daraufhin erfolgter Aktenvermerk, um die Rechte der betroffenen Unternehmen nicht zu untergraben. Eine solche Vorgehensweise wird im Rahmen des Art. 11 Abs. 3 VO Nr. 1/2003 hingegen nicht genügen.

---

[779] Folgeprobleme der europäischen Kartellverfahrensreform, Sondergutachten der Monopolkommission gemäß § 44 Abs. 1 Satz 4 GWB, S. 36.

[780] So ist es für alle Informationen nach Art. 11 Abs. 3 VO Nr. 1/2003 vorgesehen.

[781] *Klaue*, in: Immenga/Mestmäcker, GWB, § 50 Rn. 23.

[782] *Bechtold*, GWB, § 50 Rn. 13.

Es ist jedoch davon auszugehen, dass eine elektronische Unterrichtung, die dann als Ausdruck den Akten beigefügt werden kann, dem, im Hinblick auf ein Akteneinsichtsrecht bestehenden, Schriftformerfordernis genügt. Die Errichtung eines Behördennetzes, wie es derzeit von der Kommission geplant ist, ist nur dann sinnvoll, wenn die Kommunikation innerhalb des Netzes zügig und unproblematisch möglich ist. Eine elektronische Übermittlung von Daten über das geplante Intranet muss deshalb ausreichen.

V. Pflichtverletzung

Fraglich ist, wie sich eine fehlende Unterrichtung auf Verfügungen des BKartA auswirkt.

1. Beurteilung nach früherer Rechtslage

Die Frage, ob eine fehlende Unterrichtung der Kommission die Rechtswidrigkeit der Verfügung des Bundeskartellamtes zur Folge hatte, wurde vor Geltung der VO Nr. 1/2003 unterschiedlich beantwortet.[783] Ein Fall des § 44 Abs. 3 Nr. 4 oder § 45 Abs. 1 Nr. 5 VwVfG lag nicht vor, weil es sich bei der Verfügung des BKartA nicht um einen mehrstufigen VA handelte. Allein die Tatsache, dass die Kommission eine Möglichkeit zur Stellungnahme hätte haben müssen, machte den VA nicht mehrstufig. Was unterblieben war, war ja lediglich die Unterrichtung der Kommission. Ob diese überhaupt Stellung genommen hätte, stand ohnehin nicht fest. Dennoch lag ein Verfahrensfehler vor. Es stellte sich jedoch die Frage, ob dieser wesentlich war. Unwesentliche Verfahrensfehler können regelmäßig nicht die Rechtswidrigkeit des Verwaltungsaktes nach sich ziehen.[784] Um einen absoluten Verfahrensfehler handelte es sich in diesem Fall nicht.[785] Ein Verfahrensfehler kann jedoch auch dann wesentlich sein, wenn grundsätzlich die Möglichkeit besteht, dass er die Entscheidung in der Sache beeinflusst hat.[786] Ohne die Unterrichtung durch das BKartA hatte die Kommission keine Gelegenheit zur Stellungnahme, da sie möglicherweise von dem Verfahren gar nichts mitbekam. Erst durch die Unterrichtung wurde ihr Gelegenheit zur Stellungnahme gegeben. Zumindest theoretisch bestand die Möglichkeit, dass die Entscheidung des BKartA aufgrund der Stellungnahme der Kommission anders ausgefallen war, als dies

---

[783] *Bechtold*, GWB, § 50 Rn. 13, geht nicht von einer Rechtswidrigkeit der entsprechenden Verfügung aus; a.A. *Klaue*, in: Immenga/Mestmäcker, GWB, § 50 Rn. 23.

[784] Sachs, in: Stelkens/Bonk/Sachs, Verwaltungsverfahrensgesetz, § 46 Rn. 23.

[785] Vgl. hierzu *Sachs*, in: Stelkens/Bonk/Sachs, Verwaltungsverfahrensgesetz, § 45 Rn. 135.

[786] BVerwG, Urteil vom 5.12.1986, BVerwG 75, 214, 228. *Sachs*, in: Stelkens/Bonk/Sachs, Verwaltungsverfahrensgesetz, § 46 Rn. 23 ff. Nach a. A ist ein VA vielmehr immer dann rechtswidrig, wenn er an einem inhaltlichen Mangel leidet oder in förmlicher Hinsicht nicht den gesetzlichen Anforderungen entspricht; *Ule/Laubinger*, Verwaltungsverfahrensrecht, § 58 Rn. 3.

ohne deren Stellungnahme der Fall gewesen wäre.[787] Es handelte sich somit um einen wesentlichen Verfahrensfehler. Die Verfügung des BKartA war rechtswidrig und konnte nach § 48 VwVfG aufgehoben werden. Davon abgesehen bestand auch ein Aufhebungsanspruch der betroffenen Unternehmen.

2. Beurteilung im Hinblick auf die VO Nr. 1/2003

Nunmehr wird bei einem Unterlassen der Unterrichtung ein Verstoß gegen EG-Kartellverfahrensrecht, nämlich gegen Art. 11 Abs. 3 und 4 VO Nr. 1/2003 zu verbuchen sein. Da diese unmittelbare Wirkung im nationalen Recht entfalten, liegt ein Rechtsverstoß vor. Bei der Frage, ob dieser wesentlich ist und zur Rechtswidrigkeit der Kartellverfügung führt, kommt es wieder darauf an, ob die Möglichkeit besteht, dass die Entscheidung in der Sache, ohne den Verfahrensfehler, anders ausgefallen wäre. Dies wäre dann der Fall, wenn die Kommission aufgrund des Verfahrensfehlers nicht Stellung genommen hat. Gerade diese Stellungnahme hätte nämlich das Bundeskartellamt zu einer anderen Entscheidung bewegen können.

a. Fehlen der Unterrichtung nach Art. 11 Abs. 3 VO Nr. 1/2003

Die Unterrichtung nach Art. 11 Abs. 3 VO Nr. 1/2003 ist nicht mit der Gelegenheit zur Stellungnahme der Kommission verbunden. Bleibt sie also aus, besteht dennoch nicht die Möglichkeit, dass die Entscheidung anders ausfällt. Der Verfahrensfehler ist somit nicht wesentlich.

b. Fehlen der Kontaktaufnahme nach Art. 11 Abs. 4 VO Nr. 1/2003

Fehlt neben der Unterrichtung nach Art. 11 Abs. 3 VO Nr. 1/2003 die Erfüllung der Pflichten aus Art. 11 Abs. 4 VO Nr. 1/2003, weiß die Kommission u.U. über das ganze Verfahren nicht Bescheid. Sie wird ihr Recht zur Stellungnahme deshalb nicht ausüben. Anders könnte der Fall liegen, wenn nur die Kontaktaufnahme nach Art. 11 Abs. 4 VO Nr. 1/2003 fehlt, eine Unterrichtung nach Art. 11 Abs. 3 VO Nr. 1/2003 jedoch vorgenommen wurde. Hier weiß die Kommission zumindest, dass der Fall von der nationalen Kartellbehörde bearbeitet wird. Fraglich ist, ob dennoch die Möglichkeit besteht, dass die Entscheidung des BKartA aufgrund des Fehlens der Stellungnahme anders ausgefallen ist, als wenn die Kommission Stellung genommen hätte. Unterbleibt eine Unterrichtung nach Art. 11 Abs. 4 VO Nr. 1/2003, so weiß die Kommission zwar von der Einleitung eines Verfahrens aufgrund der Unterrichtung nach Art. 11 Abs. 3 VO Nr. 1/2003. Sie wird jedoch davon ausgehen, dass die nationale Behörde keine negative Entscheidung beabsichtigt, eben weil eine weitere Unterrichtung nach Art 11 Abs. 4 VO Nr. 1/2003 nicht erfolgt ist. Es besteht die Möglichkeit, dass die

[787] Dem Vernehmen nach waren sich BKartA und Kommission bislang erst in einem Fall uneinig.

Kommission aus diesem Unwissen heraus von einer Stellungnahme absieht und deshalb die Entscheidung des BKartA nicht beeinflussen kann. Der Verfahrensfehler wäre somit in beiden Fällen wesentlich und würde zur Rechtswidrigkeit der Verfügung führen.

C. Informationsübermittlung

Nach Art 12. VO Nr. 1/2003 können nationale Behörden für die Zwecke der Anwendung der Artt. 81 und 82 EG einander tatsächliche oder rechtliche Umstände einschließlich vertraulicher Angaben mitteilen und diese als Beweismittel verwenden. Eine Übermittlung der Informationen soll über ein Intranet erfolgen, auf welches die mitgliedstaatlichen Wettbewerbsbehörden Zugang haben.[788]

Mit der 7. GWB-Novelle ist die Einfügung eines § 50a geplant, der eine Klarstellung der Ermächtigung der Kartellbehörden zum Informationsaustausch im Netzwerk der europäischen Wettbewerbsbehörden enthalten soll. Nach § 50a Abs. 1 soll die Kartellbehörde befugt sein, bei der Anwendung von EG-Kartellrecht der Kommission und den Wettbewerbsbehörden der anderen Mitgliedstaaten tatsächliche und rechtliche Umstände einschließlich vertraulicher Angaben mitzuteilen, entsprechende Dokumente und Daten zu übermitteln, die anderen Wettbewerbsbehörden um die Übermittlung solcher Informationen zu ersuchen, diese zu empfangen und als Beweismittel zu verwenden.

D. Unternehmensrechte

Wie schon erwähnt, wurden seitens der Industrie erhebliche Bedenken gegen Art. 12 VO Nr. 1/2003 deshalb vorgebracht, weil Unternehmen durch die Weiterleitung von Informationen Verfahrensrechte verlieren könnten. Im Folgenden werden die Rechte der betroffenen Unternehmen im Hinblick auf eine enge Zusammenarbeit der verschiedenen nationalen Wettbewerbsbehörden untersucht werden.

I. Preisgabe von Informationen

Zunächst soll untersucht werden, ob eine Preisgabe von Informationen durch nationale Behörden wahrscheinlicher geworden ist und so eine Senkung des Schutzes vertraulicher Informationen im nationalen Kartellverfahren mit sich bringt.

1. Rechtslage nach der VO Nr. 17/62

Nach Art. 20 Abs. 2 der VO Nr. 17/62 durften nationale Behörden Kenntnisse, die sie bei ihren Ermittlungen erlangt haben, nicht preisgeben.[789]

---

[788] Vgl. 2. Kap., § 4, B., II.

[789] Näheres hierzu 2. Kap., § 4, B., III., 1., a.

2. Rechtslage nach der VO Nr. 1/2003

Nach Art. 28 VO Nr. 1/2003 sind die Bediensteten der Wettbewerbsbehörden der Mitgliedstaaten verpflichtet, keine Informationen preiszugeben, die sie bei der Ermittlung erlangt oder ausgetauscht haben und die ihrem Wesen nach unter das Berufsgeheimnis fallen. Insoweit entspricht Art. 28 VO Nr. 1/2003 der Regelung in Art. 20 Abs. 2 VO Nr. 17/62, abgesehen davon, dass Art. 28 VO Nr. 1/2003 unbeschadet der Möglichkeit gilt, Informationen nach Art. 12 VO Nr. 1/2003 auszutauschen oder nach Art. 11 VO Nr. 1/2003 zu übermitteln.

3. Senkung des Schutzniveaus?

Die Weiterleitung von Informationen durch die nationalen Behörden kommt zum einen bei einer Übermittlung von Informationen nach Art. 12 VO Nr. 1/2003 von nationaler Behörden zu nationaler Behörde oder Kommission oder bei einer Übermittlung von Informationen nach Art. 11 Abs. 3 und 4 VO Nr. 1/2003 von einer nationalen Behörde zur Kommission in Betracht. Eine Senkung des Schutzniveaus ist, wie schon weiter oben[790] festgestellt wurde, nur zu befürchten, wenn sich allein die Kenntnis der empfangenden Wettbewerbsbehörde nachteilig auswirkt.[791] Um dem vorzubeugen, muss ein gewisser Schutz hinsichtlich der Zugangsmöglichkeiten auf das Intranet gewährleistet sein.[792]

II. Verwertung der Informationen

Eine Weiterleitung von Informationen zum Zwecke ihrer Verwertung kommt nur durch nationale Behörden, entweder an andere nationale Behörden oder an die Kommission, in Betracht.

1. Rechtslage nach der VO Nr. 17/62

Nach Art. 20 Abs. 1 VO Nr. 17/62 durften die bei Ermittlungen nach Artt. 11, 12, 13 und 14 VO Nr. 17/62 erlangten Kenntnisse nur zu dem mit der Auskunft oder Nachprüfung verfolgten Zweck verwertet werden.

2. Rechtslage nach der VO Nr. 1/2003

Art. 28 VO Nr. 1/2003 entspricht, abgesehen von der unbeschadeten Geltung des Art. 12 VO Nr. 1/2003, Art. 20 Abs. 1 VO Nr. 17/62. Nach Art. 12 VO Nr. 1/2003 dürfen

---

790 Vgl. 2. Kap., § 4, B., III., 1., c.

791 Beispielsweise, wenn vertrauliche Informationen an einen Mitgliedstaat weitergeleitet werden, der selbst Anteilseigner an einem Unternehmen ist, das mit dem betroffenen Unternehmen in Konkurrenz steht.

792 Vgl. 2. Kap., § 4, B., III., 1., c.

die Ermittlungsergebnisse für die Zwecke der Anwendung der Artt. 81 und 82 EG in Verfahren anderer Wettbewerbsbehörden als Beweise verwertet werden.

3. Senkung des Schutzniveaus?

Geklärt werden muss auch hier, ob das Schutzniveau des Art. 28 VO Nr. 1/2003 wegen der Geltung des Art. 12 VO Nr. 1/2003 im Vergleich zu dem Schutz nach Art. 20 Abs. 1 VO Nr. 17/62 geringer ist.

a. Verwendung in Kartellverfahren

Informationen können nicht in Verfahren mit einem anderen Untersuchungsgegenstand verwertet werden. Hiervor schützt Art. 12 Abs. 2 S. 1 VO Nr. 1/2003, nach welchem eine Beweisverwertung nur erfolgen kann, wenn es sich um die Anwendung der Artt. 81, 82 EG in Bezug auf denselben Untersuchungsgegenstand, für den die Informationen erhoben wurden, handelt.

Dies lässt jedoch vermuten, dass Informationen von einer nationalen Wettbewerbsbehörde an eine andere oder an die Kommission weitergeleitet werden, um dort in einem auf eine andere Rechtsgrundlage (beispielsweise Art. 82 EG statt 81 EG) gestützten Verfahren verwertet zu werden können. Schließlich handelt es sich auch dann um die Anwendung der Artt. 81, 82 EG und denselben Untersuchungsgegenstand. Nach Art. 20 VO Nr. 17/62 durfte die Kommission Ermittlungsergebnisse, die sie in einem Verfahren erzielt hat, in einem auf eine andere Rechtsgrundlage gestützten Verfahren jedoch auch verwerten.[793] Eine Senkung des Schutzniveaus ergibt sich hier also nicht.

Nach Art. 20 der VO Nr. 17/62 konnten die von der Kommission erlangten Ermittlungsergebnisse als solche nicht in Verfahren über Verstöße gegen das nationale Kartellrecht verwertet werden.[794] Von der Kommission erlangte Informationen konnten aber als Anhaltspunkte zur Durchführung nationaler Ermittlungen dienen und umgekehrt.[795] Unmittelbar konnten Ermittlungsergebnisse nur verwendet werden, wenn die nationale Behörde sowohl zur Unterstützung der Kommissionsbeamten als auch zur Ermittlung wegen eines Verstoßes gegen nationales Recht tätig wurde (Doppelmandat).[796] Dem entspricht auch die Regelung in Art. 12 Abs. 2 VO Nr. 1/2003, wonach Informationen in nationalen Verfahren verwertet werden können, wenn nationales Recht parallel angewandt wird und nicht zu anderen Ergebnissen führt. Berücksichtigt

---

[793] *Ritter*, in: Immenga/Mestmäcker, EG-Wettbewerbsrecht, VO 17, Art. 20 Rn. 5.

[794] *Ritter*, in: Immenga/Mestmäcker, EG-Wettbewerbsrecht, VO 17, Art. 20 Rn. 9.

[795] EuGH, Urteil v. 16.7.1992 Rs. C-67/91 (Asociación Espa□ola de Banca Privada u.a.), Slg. 1992, I-4820, 4833 f.

[796] *Ritter*, in: Immenga/Mestmäcker, EG-Wettbewerbsrecht, VO 17, B., Art. 20 Rn. 9; Art. 10 Rn. 19, 20.

man Art. 12 Abs. 2 VO Nr. 1/2003, so fällt auf, dass er an dieser Stelle also nicht einer Einschränkung der Verwertungsmöglichkeit dient, sondern einer Ausdehnung. Dies jedoch nur, um diese nicht gegenüber der momentanen Praxis einzuschränken. Eine Senkung des Schutzniveaus tritt somit also auch hier nicht ein.

Die Regelung des § 12 bs. 2 S. 1 VO Nr. 1/2003 soll direkt in das deutsche Kartellverfahrensrecht übernommen werden. Nach § 50a Abs. 2 des Entwurfs zu dem Gesetz zur Änderung des GWB sollen das BKartA und die Landeskartellbehörden die empfangenen Informationen nur zum Zweck der Anwendung von Art. 81 oder 82 EG sowie in Bezug auf den Untersuchungsgegenstand als Beweismittel verwenden dürfen, für den sie von der übermittelnden Behörde erhoben wurden. Wird das deutsche Kartellrecht im gleichen Fall und parallel angewandt und führt es nicht zu anderen Ergebnissen, so sollen die ausgetauschten Informationen auch für die Anwendung von nationalem Kartellrecht verwendet werden können.

b. Verwendung in strafrechtlichen Verfahren

Auch können die Bedenken, die ausgetauschten Informationen könnten insbesondere in strafrechtlichen Verfahren, in denen an sich stärkere Verfahrensrechte bestehen, verwertet werden, nicht geteilt werden.[797]

c. Verwendung zu Sanktionszwecken

Es besteht jedoch die Gefahr, dass die betroffenen Unternehmen in dem Mitgliedstaat, in dem ihr Fall nun behandelt wird, strengeren Sanktionen ausgesetzt sind, als sie es in dem Mitgliedstaat gewesen wären, aus dem die Informationen stammen. Dieses Problem wollte die Kommission mit Art. 12 Abs. 2 VOV eindämmen und ein Gleichgewicht zwischen den Verteidigungsrechten der Unternehmen in den verschiedenen Mitgliedstaaten schaffen.[798] Hiernach sollten auf der Basis weitergeleiteter Informationen nur Sanktionen finanzieller Art verhängt werden dürfen. Diese Regelung wurde nicht in Art. 12 VO Nr. 1/2003 übernommen. Stattdessen wurde eine Regelung eingefügt, die den im VOV geplanten Schutz einerseits übertrifft, andererseits hinter ihm zurückbleibt. Unternehmen selbst sollen in Zukunft vor unterschiedlichen Sanktionen nicht geschützt werden. Auch der Schutz natürlicher Personen übertrifft nur teilweise den im VOV vorgesehenen Schutz.

---

[797] Vgl. 2. Kap., § 4, B., III., 2., c., bb.

[798] VOV, Begründung zu Art. 12 VOV.

aa. Gegen natürliche Personen verhängte Sanktionen

Für die Weiterleitung von Informationen zwischen nationalen Behörden ist eine Verwendung von Ermittlungsergebnissen nur dann möglich, wenn die Sanktionsmöglichkeiten der empfangenden Behörde denjenigen der übermittelnden Behörde ähneln (Art. 12 Abs. 3 1. Spiegelstrich VO Nr. 1/2003). Dies bedeutet, dass auch finanzielle Sanktionen ihrer Höhe nach einander ähneln müssen und stellt im Vergleich zum VOV eine positive Änderung dar. Andererseits können in einem solchen Fall jedoch auch Haftstrafen verhängt werden. Eine solche Einschränkung des Schutzes ist jedoch gerechtfertigt, da dies nur gilt, wenn auch im übermittelnden Staat Haftstrafen möglich sind. Die betroffene Person muss dann nicht einen Nachteil hinnehmen, der durch die Verwertung der weitergeleiteten Informationen entstanden ist. Ähneln sich die Sanktionsmöglichkeiten nicht, so muss jedenfalls das Schutzniveau hinsichtlich der Verteidigungsrechte das gleiche sein (Art. 12 Abs. 3 2. Spiegelstrich VO Nr. 1/2003). Haftstrafen dürfen in einem solchen Fall nicht verhängt werden. Stark voneinander abweichende finanzielle Sanktionen sind hiernach für eine Verwertungsmöglichkeit also unschädlich, sofern die Verteidigungsrechte einander entsprechen. Bei der Sanktionierung natürlicher Personen bleibt der Schutz der VO Nr. 1/2003 also hinter dem des VOV insoweit zurück, als grundsätzlich auch Haftstrafen möglich sind. Dies ist aus den genannten Gründen jedoch unbedenklich.

bb. Gegen juristische Personen verhängte Sanktionen

Unternehmen werden nicht davor geschützt, durch die Weiterleitung von Informationen höheren Sanktionen ausgesetzt zu sein. Dies lässt sich jedoch rechtfertigen. Zum einen sind Sanktionen, mit denen Unternehmen belegt werden können, in allen Systemen von derselben Art, zum anderen können auch die Verteidigungsrechte in den einzelnen Mitgliedstaaten als hinreichend gleichwertig angesehen werden.[799]

cc. Einschränkung

Die Regelung des Art. 12 Abs. 3 VO Nr. 1/2003 könnte jedoch insoweit zu unflexibel sein, als überhaupt keine Möglichkeit zur Beweisverwertung besteht, wenn die genannten Voraussetzungen nicht vorliegen. Zumindest das Verhängen von Sanktionen ist in diesem Fall nicht möglich. Die Möglichkeit, eine Beweisverwertung unter der Bedingung zuzulassen, dass nur Sanktionen verhängt werden, die nicht über die in dem übermittelnden Staat vorgesehenen Sanktionen hinausgehen, sondern ihnen entsprechen, wird hier nicht eröffnet. Die Kommission selbst führt an, dass Sanktionen bei natürlichen Personen in den verschiedenen Systemen erheblich voneinander ab-

---

799 VO Nr. 1/2003, Erwägungsgrund 16.

weichen können. In der Regel wird also eine Beweisverwertung nicht möglich sein. Zumindest aber werden Sanktionen nicht verhängt werden können. Dies könnte eine Beeinträchtigung der Durchsetzungsmöglichkeiten nationaler Behörden zur Folge haben. Zwar bleibt den Behörden die Möglichkeit, der betroffenen Person nach Art. 12 Abs. 3 2. Spiegelstrich VO Nr. 1/2003 dieselben Verteidigungsrechte einzuräumen, die sie in dem übermittelnden Staat hätte. Dies ist jedoch nicht ganz unproblematisch, da diese im nationalen Verfahrensrecht nicht vorgesehen sind.

dd. Harmonisierung der Sanktionsbefugnisse

Die hier geschilderten Probleme hätten verhindert werden können, wenn man den Vorschlag des Europäischen Parlaments berücksichtigt hätte, den nationalen Behörden aufzugeben, Geldbußen oder Zwangsgelder nach den für die Kommission in der Verordnung vorgesehenen Sanktionsbefugnissen zu erlassen oder sonstige nach dem Europäischen Wettbewerbsrecht vorgesehene Sanktionen zu verhängen, sofern diese Sanktionen verhältnismäßig sind und in Einklang mit den allgemeinen Grundsätzen des Gemeinschaftsrechts stehen.[800] Dieser Vorschlag wurde in der VO Nr. 1/2003 nicht aufgegriffen. Eine entsprechende Regelung wäre jedoch weniger einschneidend gewesen, als man zunächst vermuten könnte. Zwar hätte dies für das deutsche Kartellrecht die Geltung eines komplett neuen Sanktionsrechts neben dem OwiG und für das Bundeskartellamt die Anwendung dieses neuen Sanktionsrechts bedeutet. Grundsätzlich dürfte dies jedoch nicht mit großen Komplikationen verbunden sein. Abgesehen von den Normen zum Vollzug, sind nämlich alle erforderlichen Regeln in der VO Nr. 1/2003 enthalten. Auch dürfte ihre Anwendung dem BKartA keine unlösbaren Probleme bereiten.

ee. Änderungen nach der 7. GWB-Novelle

Auch die Regelung des § 12 Abs. 3 VO Nr. 1/2003 soll im deutschen Kartellverfahrensrecht seine Entsprechung finden. Nach § 50a Abs. 3 des Entwurfs für ein Gesetz zur Änderung des GWB sollen Informationen, welche das BKartA nach § 50a Abs. 1 erhalten hat, zum Zweck der Verhängung von Sanktionen gegen natürliche Personen nur als Beweismittel verwendet werden können, wenn das Recht der übermittelnden Behörde ähnlich geartete Sanktionen in Bezug auf Verstöße gegen Art. 81 oder 82 EG vorsieht. Falls diese Voraussetzungen nicht erfüllt sind, soll eine Verwendung als Beweismittel auch dann möglich sein, wenn die Informationen in einer Weise erhoben

---

[800] Legislativvorschlag des Europäischen Parlaments, enthalten in: Bericht des Europäischen Parlaments endgültig A5-0229/2001, S. 8.

worden sind, die hinsichtlich der Wahrung der Verteidigungsrechte das gleiche Schutzniveau wie nach dem deutschen Recht gewährleistet. Das Beweisverwertungsverbot soll einer Verwendung der Beweise gegen juristische Personen oder Personenvereinigungen nicht entgegenstehen.

§ 7 Verhältnis von nationalem zu EG-Kartellrecht

Eine der bedeutendsten, das nationale Kartellrecht und nationale Kartellbehörden betreffende Änderungen stellt Art. 3 VO Nr. 1/2003 dar.

A. Grundsätzliches

Die Artt. 81 und 82 EG regeln die Auswirkungen von Wettbewerbsbeschränkungen auf den zwischenstaatlichen Handel. Nationales Kartellrecht betrachtet die innerstaatlichen Auswirkungen wettbewerbsbeschränkenden Verhaltens. Dies kann im Einzelfall dazu führen, dass ein und derselbe Sachverhalt in parallelen Verfahren sowohl nach Gemeinschaftsrecht vor den Gemeinschaftsbehörden als auch nach nationalem Recht vor den nationalen Behörden beurteilt werden muss.[801] Jedoch unterscheidet sich das EG-Kartellrecht, selbst soweit sich die Vorschriften ähneln, in seiner Konzeption von den Regeln des GWB.

Die Wettbewerbspolitik der Kommission ist in erster Linie ein Instrument, das zur Erreichung der grundlegenden Gemeinschaftsziele beiträgt. Sie findet nicht in einem Vakuum statt, sondern hat vielmehr ihre Auswirkungen in Bereichen wie Industrie-, Regional-, Sozial- oder Umweltpolitik in Betracht zu ziehen.[802] Bei der Anwendung des deutschen Kartellgesetzes dagegen ist kein Raum für die Berücksichtigung solcher Aspekte. Das GWB ist nicht auf die Gestaltung von Marktergebnissen und die direkte Erreichung gesamtwirtschaftlicher Ziele gerichtet. Es orientiert sich an einer auf dem Schutz der individuellen Handlungsfreiheit beruhenden Wettbewerbskonzeption, um durch einen freien und wirksamen Wettbewerb das Beste für die Gesamtwirtschaft und den Verbraucher zu erreichen.[803] Da kartellrechtliche Normen und deren Auslegung von der jeweils dahinter stehenden Wettbewerbskonzeption abhängig sind, können die Ergebnisse bei der Überprüfung von Kartellsachverhalten durch nationale Behörden und Kommission voneinander abweichen.

---

801 EuGH, Urteil v. 13.12.1969 Rs. 14/68 (Walt-Wilhelm), Slg. 1969, 1, 13; EuGH, Urteil v. 10.07.1980, Rs. 253/78, 1 bis 3/79 (Guerlain), Slg. 1980, 2327, 2374; BGH, Urteil v. 12.10.1970 „Teerfarben", WuW/E BGH 1147, 1150; BGH Urteil v. 18.5.1993 „Pauschalreisenvermittlung II", WuW/E BGH 2869, 2873; BKartA Entscheidung v. 21.03.1979 „Indentteile", WuW/E BKartA 1781, 1792.

802 *Van Miert*, Die Wettbewerbspolitik der neuen Kommission, WuW 1995, 253, 254.

803 *Hossenfelder/Müller/Parlasca*, Das Kartellverbot und seine Ausnahmen, ZHR 160 (1996), 1, 3.

Hier stellt sich die Frage, welchem Recht Vorrang zu gewähren ist. In Art. 83 Abs. 2 Buchst. e EG wird dem Rat die Kompetenz erteilt, das Verhältnis zwischen europäischem und nationalem Kartellrecht durch eine Verordnung zu bestimmen. Von dieser Möglichkeit wurde jedoch in der Vergangenheit kein Gebrauch gemacht. Auch gab es sonst kaum Normen, die dieses Verhältnis regelten. Im Rahmen des Kartellrechts war hier lediglich Art. 9 Abs. 1 der VO Nr. 17/62 maßgeblich, der eine Anwendung des Art. 81 Abs. 3 EG ausschließlich durch die Kommission vorsah. Dies hat sich mit Art. 3 VO Nr. 1/2003 geändert, der nun das Verhältnis zwischen den Artt. 81 und 82 EG und dem einzelstaatlichen Wettbewerbsrecht regelt.

B. Auswirkungen des Art. 3 VO Nr. 1/2003

Im Folgenden wird das in Art. 3 VO Nr. 1/2003 geregelte Verhältnis von nationalem und EG-Kartellrecht näher beleuchtet.

I. Parallele Anwendbarkeit

Bei der Klärung des Verhältnisses zwischen nationalem und Gemeinschaftskartellrecht war bislang die Rechtsprechung des EuGH maßgeblich. Dieser hat seine Lösung unmittelbar aus dem EG-Vertrag heraus entwickelt. Mit seinem Walt-Wilhelm-Urteil hat er die Möglichkeit paralleler Kartellrechtsverfahren grundsätzlich anerkannt.[804] Nach Art. 3 Abs. 1 VO Nr. 1/2003 haben nationale Behörden, wenn die Zwischenstaatlichkeitsklausel erfüllt ist, neben nationalem Recht immer auch EG-Kartellrecht anzuwenden. Dies gilt sowohl im Rahmen des Art. 81 EG als auch im Rahmen des Art. 82 EG. Eine parallele Anwendung ist hiernach nicht nur möglich, sondern sogar zwingend.

II. Vorrang

Nach dem Walt-Wilhelm-Urteil des EuGH sind Konflikte, die sich durch die parallele Geltung der beiden Rechtssysteme ergeben, durch die Grundsätze des Vorrangs des Gemeinschaftsrechts zu lösen. Ein Konflikt liegt hiernach vor, wenn die einheitliche Anwendung des Gemeinschaftsrechts und die volle Wirksamkeit der zu seinem Vollzug ergangenen oder zu treffenden Maßnahmen durch die Anwendung nationalen Rechts nicht mehr gewährleistet werden kann.[805] Ein den Vorrang des Gemeinschaftsrechts begründender Konflikt tritt somit im Falle sich widersprechender Rechtsfolgen

---

[804] EuGH, Urteil v. 13.2.1969, Rs. 14/68 (Walt-Wilhelm), Slg. 1969, 1. Vorliegend ging es um die Möglichkeit paralleler Bußgeldverfahren vor dem Bundeskartellamt und der EG-Kommission. Es stellte sich die Frage der Rechtsstaatswidrigkeit des Aufeinandertreffens von, in die gleiche Richtung gehenden, Rechtsfolgen. So auch Generalanwalt Karl Roemer in den Schlussanträgen v. 19.12.1968, EuGH, Urteil v. 13.2.1969 Rs. 14/68 (Walt-Wilhelm), Slg. 1969, 1, 17, 19 unter II. Der EuGH traf jedoch eine grundsätzliche Entscheidung zur Lösung des Konkurrenzproblems.

[805] EuGH, Urteil v. 13.2.1969, Rs. 14/68 (Walt-Wilhelm), Slg. 1969, 1, 14 f.

ein. Ergibt sich die gleiche Rechtsfolge, so ist er regelmäßig nicht gegeben.[806] Nach dem Walt-Wilhelm-Urteil muss der Vorrang des Gemeinschaftsrechts somit für den konkreten Einzelfall festgestellt werden.[807] An dieser Stelle sollen zunächst Fälle untersucht werden, in denen das maßgebliche Verhalten nach EG-Kartellrecht erlaubt und nach deutschem Recht verboten, und sodann Fälle, in denen es nach EG-Recht verboten und nach deutschem Recht erlaubt ist.

1. EG-rechtlich erlaubtes, nach deutschem Recht verbotenes Verhalten

In diesem Rahmen werden zunächst Fälle im Anwendungsbereich des Art. 81 EG und sodann Fälle im Anwendungsbereich des Art. 82 EG herangezogen.

a. Art. 81 EG

Im Folgenden wird die Rechtsprechung des EuGH nach dem „Walt-Wilhelm-Urteil" jeweils im Lichte der VO Nr. 17/62 und der VO Nr. 1/2003 betrachtet und sodann die sich durch Art. 3 VO Nr. 1/2003 ergebenden Änderungen dargestellt werden.

aa. „Walt-Wilhelm" im Lichte der VO Nr. 17/62

Der EuGH hat den Vorrang des Gemeinschaftsrechts für Entscheidungen nach Art. 81 Abs. 3 EG angenommen, soweit „den Gemeinschaftsbehörden auch gewisse positive, obgleich mittelbare Eingriffe zur Förderung einer harmonischen Entwicklung des Wirtschaftslebens innerhalb der Gemeinschaft i.S. von Art. 2 EG-Vertrag" gestattet sind.[808] Hiermit waren, wie aus dem Zusammenhang deutlich wurde, Freistellungen nach Art. 81 Abs. 3 EG gemeint.[809] Er stellte weiterhin ausdrücklich klar, dass von der Kommission nach Art. 81 Abs. 3 EG freigestellte Kartelle nicht nach nationalem Recht verboten werden dürfen, wenn die Kommissionsentscheidung Ausdruck einer grundsätzlichen Wettbewerbspolitik ist, welche auf die Schaffung einheitlicher Bedingungen für den gesamten Gemeinschaftsmarkt abzielt.[810] Ein solcher positiver Eingriff konnte sowohl in Einzelfreistellungen als auch in GVOen gesehen werden.

---

806 Die Bußgeldtatbestände des Gemeinschaftsrechts können also mit denen des nationalen Rechts zusammentreffen. Der Grundsatz „ne bis in idem" gilt in diesem Rahmen weder im nationalen noch im Gemeinschaftsrecht. Das früher verhängte Bußgeld ist jedoch bei der Bemessung der Bußgeldhöhe zu berücksichtigen; vgl. Immenga/*Mestmäcker*, GWB, Einl., C. Rn. 80. Dies wird auch im „Walt-Wilhelm-Urteil", in welchem es eigentlich, wie erwähnt, um die Frage der Rechtsstaatsmäßigkeit einer Kumulation von in dieselbe Richtung gehenden Rechtsfolgen ging, deutlich; vgl. EuGH, Urteil v. 13.2.1969, Rs. 14/68 (Walt-Wilhelm), Slg. 1969, 1, 15.

807 *Walz*, Der Vorrang des europäischen vor dem nationalen Kartellrecht, S. 41.

808 EuGH, Urteil v. 13.2.1969, Rs. 14/68 (Walt-Wilhelm), Slg. 1969, 1, 14.

809 EuGH, Urteil v. 13.2.1969, Rs. 14/68 (Walt-Wilhelm), Slg. 1969, 1, 14; *Walz*, Der Vorrang des europäischen vor dem nationalen Kartellrecht, S. 32; Immenga/*Mestmäcker*, GWB, Einl., C. Rn. 85; *Ritter/Braun/Rawlinson*, European Competition Law, p. 72.

810 EuGH, Urteil v. 13.2.1969, Rs. 14/68 (Walt-Wilhelm), Slg. 1969, 1, 14.

Freistellungen nach Art. 81 Abs. 3 EG haben, wie auch in dessen Voraussetzungen deutlich wird, das allgemeine Vertragsziel des Art. 2 EG berücksichtigt.Sie stellten deshalb grundsätzlich positive Maßnahmen zur Förderung einer harmonischen Entwicklung des Wirtschaftslebens innerhalb der Gemeinschaft dar.[811]

Gruppenfreistellungen haben dieselbe Zielrichtung und können nach Art. 81 Abs. 3 EG nur solchen Kartellen zugute kommen, welche für die Verbesserung der Warenerzeugung oder -verteilung oder für den technischen oder wirtschaftlichen Fortschritt unerlässlich sind. [812]

Bei Negativattesten stellte die Kommission klar, dass Gemeinschaftsrecht in einem bestimmten Fall nicht anwendbar ist, ein Verstoß gegen Art. 81 EG also nicht vorliegt.[813] Da hier eine Anwendung des Gemeinschaftsrechts gar nicht in Frage kam, ein Konkurrenzverhältnis zwischen nationalem und Gemeinschaftsrecht somit nicht bestand, wurde von der herrschenden Meinung ein das nationale Recht ausschließender Vorrang abgelehnt.[814] Dies bestätigte der EuGH auch in seinem „Guerlain-Urteil".[815]

Einigkeit bestand darüber, dass es sich beim Vorliegen eines comfort letter nicht um einen „positiven Eingriff" handelt, da sich der Inhalt einer solchen nichtförmlichen

---

811 Eine a. A. wollte nicht alle Freistellungen automatisch als positive Eingriffe qualifizieren sondern dies im Einzelfall davon abhängig machen, ob durch sie eine harmonische Entwicklung tatsächlich gefördert würde und ob die Anwendung nationalen Rechts die Wirksamkeit der Entscheidung auf dem gemeinsamen Markt beeinträchtigen würde, *Klaue*, Gemeinschaftskartellrecht und nationales Kartellrecht, WuW 1969, 593, 597 f.. Eine solche Aufteilung in positive und nichtpositive Freistellungen wurde von der h.M. jedoch aus Rechtssicherheitsgründen abgelehnt; Langen/*Bunte*, Kommentar zum deutschen und europäischen Kartellrecht, Einf. zum EG-Kartellrecht Rn. 79; *Schröter/Delsaux*, in: v.d.Groeben/Thiesing/Ehlermann, Kommentar zum EU-/EG-Vertrag, Band 2/I, Vorbem. zu den Artt. 85 bis 89 Rn. 60; *Jung*, Subsidiarität im Recht der Wettbewerbsbeschränkungen, S. 131.

812 Langen/*Bunte*, Kommentar zum deutschen und europäischen Kartellrecht, Einf. zum EG-Kartellrecht Rn. 79; a.A. *Bellamy/Child*, Common Market Law of Competition Tz. 10-060.

813 Vgl. 2. Kap., § 1, A., I.

814 *Jung*, Subsidiarität im Recht der Wettbewerbsbeschränkungen, S. 125; *Hossenfelder/Müller/Parlasca*, Das Kartellverbot und seine Ausnahmen, ZHR 160, 1, 12; Langen/*Bunte*, Kommentar zum deutschen und europäischen Kartellrecht, Einf. zum EG-Kartellrecht Rn. 77; *Brinker*, Ansätze für eine EG-konforme Auslegung des nationalen Kartellrechts, WuW 1996, 549 557, der zumindest für Negativatteste, in welchen die Kommission feststellt, dass der zwischenstaatliche Handel nicht betroffen ist, keinen Vorrang des Gemeinschaftsrechts sah.

815 In diesem ging es zwar um die Vorrangwirkung eines comfort letters, dennoch stellte der EuGH fest dass „die Tatsache, daß eine Praktik, von der Kommission als nicht unter das Verbot des Art. 85 Absätze 1 und 2 fallend beurteilt wurde" keineswegs ausschließt, „daß diese Praktik von den nationalen Stellen (...) betrachtet wird (...)."; EuGH, Urteil v. 10.7.1980, Rs. 253/78 u. 1 bis 3/79 (Guerlain), Slg. 1980, 2327, 2375. Dies bedeutete umgekehrt, dass eine Entscheidung der Kommission, die darauf beruhte, dass die Voraussetzungen des Art. 81 Abs. 1, 2 EG nicht vorliegen, nicht den Vorrang des Gemeinschaftsrechts begründete. Ausführlich zu diesem Urteil; vgl. *Walz*, Der Vorrang des europäischen vor dem nationalen Kartellrecht, S. 33 ff, insbesondere S. 37.

Erklärung lediglich in der unverbindlichen Aussage erschöpfte, dass die Kommission nicht die Absicht hat, gegen das Vorhaben einzuschreiten.[816] Da die Kommission in den meisten Fällen jedoch statt förmlicher Entscheidungen comfort letter verschickte, war davon auszugehen, dass ein Vorrang des Gemeinschaftsrechts nur selten anzunehmen war.

bb. „Walt-Wilhelm" im Lichte der VO Nr. 1/2003

An dieser Stelle soll zum besseren Verständnis kurz dargestellt werden, wie das Verhältnis von nationalem zu Gemeinschaftskartellrecht im Legalausnahmesystem ohne die Existenz des Art. 3 VO Nr. 1/2003 aussehen würde.

Nunmehr gehören weder Negativatteste noch Freistellungsentscheidungen oder comfort letter zur Praxis der Kommission. Ausschlaggebend ist hingegen die Rolle von Entscheidungen nach Art. 10 VO Nr. 1/2003 unter der Wirkung der „Walt-Wilhelm" Rechtsprechung des EuGH. Voraussetzung für einen Vorrang des Gemeinschaftsrechts wäre danach ein Gemeinschaftsrechtsakt, der Ausdruck einer positiv gestaltenden Wettbewerbspolitik der Gemeinschaft ist.[817] Wie bereits festgestellt, handelt es sich bei Nichtanwendbarkeitsentscheidungen um echte, formelle Entscheidungen nach Art. 249 Abs. 4 EG, die jedoch nur deklaratorischer Art sind und denen selbst keinerlei Bindungswirkung zukommt.

---

[816] *Emmerich*, Kartellrecht, S. 378; Langen/*Bunte*, Kommentar zum deutschen und europäischen Kartellrecht, Einf. zum EG-Kartellrecht Rn. 77; *Hossenfelder/Müller/Parlasca*, Das Kartellverbot und seine Ausnahmen, ZHR 160, 1, 12; *Jung*, Subsidiarität im Recht der Wettbewerbsbeschränkungen, S. 124, *Gleiss/Hirsch*, Kommentar zu EG-Kartellrecht, Bd. 1, Einl. C Rn. 75; *Ritter/Braun/Rawlinson*, European Competition Law, p. 74. Nach dem EuGH durften die nationalen Behörden oder Gerichte sie zwar als „tatsächlichen Umstand" berücksichtigen, blieben in ihrer eigenen Beurteilung jedoch völlig frei; EuGH, Urteil v. 10.07.1980, Rs. 253/78 u. 1-3/79 (Guerlain), Slg. 1980, 2327, 2374. *Brinker*, Ansätze für eine EG-konforme Auslegung des nationalen Kartellrechts, WuW 1996, 549, 556 f.; *Schwarze*, Die Auswirkungen des Vorrangs des Gemeinschaftsrechts auf das deutsche Kartell- und Wettbewerbsrecht, JZ 1996, 57, 63. Beide sahen aus Gesichtspunkten des Vertrauensschutzes auch bei formlosen Verwaltungsschreiben einen Vorrang des Gemeinschaftsrechts begründet.

[817] EuGH, Urteil v. 13.2.1969, Rs. 14/68 (Walt-Wilhelm), Slg. 1969, 1, 14.

Letzteres würde gegen einen Vorrang sprechen, da informelle Verwaltungsschreiben (comfort letter) aus genau diesem Grund nicht am Vorrang teilnahmen.[818] Wollte man sich jedoch nicht wieder der Kritik aussetzen, auf die verwaltungstechnische Form der Entscheidung, statt auf ihren Inhalt abzustellen[819], müsste man bei Entscheidungen nach Art. 10 VO Nr. 1/2003 differenzierter vorgehen und nach dem jeweiligen Inhalt der Entscheidung unterscheiden. Wird diese erlassen, weil die Freistellungsvoraussetzungen nach Art. 81 Abs. 3 EG vorliegen (Art. 10 Abs. 1 2. Alt. VO Nr. 1/2003), so müsste ein Vorrang, wie bei Einzelfreistellungen und Gruppenfreistellungsentscheidungen in der Vergangenheit, bejaht werden, da sie Ausdruck einer positiv gestaltenden Politik der Gemeinschaft ist. Wird sie hingegen erlassen, weil Art. 81 Abs. 1 EG nicht einschlägig ist (Art. 10 Abs. 1, 1. Alt VO Nr. 1/2003), so könnte nichts anderes gelten als im Rahmen eines Negativattests[820]. Ein das nationale Recht ausschließender Vorrang würde nicht bestehen. Vorliegend käme eine Anwendung des Gemeinschaftsrechts gar nicht in Frage, es würde also schon an einem Konkurrenzverhältnis zwischen nationalem und Gemeinschaftsrecht fehlen. Wäre Art. 3 VO Nr. 1/2003 somit nicht Bestandteil der neuen VO, so käme ein Vorrang für Nichtanwendbarkeitsentscheidungen nach Art. 10 Abs. 1, 1. Alt VO Nr. 1/2003 richtigerweise nicht in Betracht. Entscheidungen nach Art. 10 Abs. 1 2. Alt. VO Nr. 1/2003 würden hingegen an einem Vorrang teilnehmen.

---

[818] *Emmerich*, Kartellrecht, S. 378; Langen/*Bunte*, Kommentar zum deutschen und europäischen Kartellrecht, Einf. zum EG-Kartellrecht, Rn. 77; *Hossenfelder/Müller/Parlasca*, Das Kartellverbot und seine Ausnahmen, ZHR 160, 1, 12; *Jung*, Subsidiarität im Recht der Wettbewerbsbeschränkungen, S. 124, *Gleiss/Hirsch*, Kommentar zu EG-Kartellrecht, Bd. 1, Einl. C, Rn. 75; *Ritter/Braun/Rawlinson*, European Competition Law, p. 74. Nach dem EuGH durften die nationalen Behörden oder Gerichte sie zwar als „tatsächlichen Umstand“ berücksichtigen, blieben in ihrer eigenen Beurteilung jedoch völlig frei; EuGH, Urteil v. 10.07.1980, Rs. 253/78 u. 1 bis 3/79 (Guerlain), Slg. 1980, 2327, 2374. A.A *Brinker*, Ansätze für eine EG-konforme Auslegung des nationalen Kartellrechts, WuW 1996, 549, 556 f.; *Schwarze*, Die Auswirkungen des Vorrangs des Gemeinschaftsrechts auf das deutsche Kartell- und Wettbewerbsrecht, JZ 1996, 57, 63. Beide sahen aus Gesichtspunkten des Vertrauensschutzes auch bei formlosen Verwaltungsschreiben einen Vorrang des Gemeinschaftsrechts begründet.

[819] *Bechthold* in: FS für Lieberknecht, S. 254 f.

[820] *Jung*, Subsidiarität im Recht der Wettbewerbsbeschränkungen, S. 125; *Hossenfelder/Müller/Parlasca*, Das Kartellverbot und seine Ausnahmen, ZHR 160, 1, 12; *Schröter/Delsaux*, in: v.d.Groeben/Thiesing/Ehlermann, Kommentar zum EU-/EG-Vertrag, Bd. 2/I, Vorbem. zu den Artt. 85 bis 89 Rn. 61; Langen/*Bunte*, Kommentar zum deutschen und europäischen Kartellrecht, Einf. zum EG-Kartellrecht Rn. 77; *Brinker*, Ansätze für eine EG-konforme Auslegung des nationalen Kartellrechts, WuW 1996, 549, 557, der zumindest für Negativatteste, in welchen die Kommission feststellt, dass der zwischenstaatliche Handel nicht betroffen ist, keinen Vorrang des Gemeinschaftsrechts sah.

cc. Art. 3 VO Nr. 1/2003

Die Frage, ob ein nach EG-Recht erlaubtes Verhalten nach nationalem Recht verboten werden kann, wurde in Art. 3 Abs. 2 VO Nr. 1/2003 jedoch endgültig geklärt. Im Rahmen des Art. 81 EG darf die Anwendung des nationalen Rechts nicht zum Verbot der unternehmerischen Maßnahme führen, wenn sich ein solches nicht auch aus EG-kartellrechtlichen Regelungen ergibt. Hat die Kommission also eine Entscheidung nach Art. 10 VO Nr. 1/2003 erlassen, so dürfen nationale Behörden bei der Anwendung nationalen Rechts das Verhalten des Unternehmens nicht verbieten.

Entscheidungen nach Art. 10 VO Nr. 1/2003 sollen jedoch im Legalausnahmesystem die Ausnahme sein. Nicht jedes Mal, wenn die Kommission unternehmerisches Verhalten überprüft und zu einem positiven Ergebnis kommt, ist der Erlass einer solchen Entscheidung die Folge. Fraglich ist deshalb, ob der Vorrang der gemeinschaftsrechtlichen positiven Beurteilung auch hier gilt. Art 3 VO Nr. 1/2003 stellt in seinem Wortlaut nicht nur auf Entscheidungen nach Art. 10 VO Nr. 1/2003 ab. Nach ihm genügt es, wenn die entsprechenden Verhaltensweisen den Wettbewerb i.S. des Art. 81 Abs. 1 EG nicht einschränken oder die Bedingungen des Art. 81 Abs. 3 EG erfüllen. Einer ausdrücklichen Entscheidung der Kommission bedarf es hierfür nicht. Ein nationales Verbot ist somit auch dann nicht erlaubt, wenn das relevante Verhalten unter eine GVO fällt.

b. Art. 82 EG

Auch im Rahmen des Art. 82 EG soll die Rechtsprechung des EuGH nach dem „Walt-Wilhelm-Urteil" jeweils im Lichte der VO Nr. 17/62 und der VO Nr. 1/2003 untersucht und sodann die sich durch Art. 3 VO Nr. 1/2003 ergebenden Änderungen dargestellt werden.

aa. „Walt-Wilhelm" im Lichte der VO Nr. 17/62

Für eine positive Entscheidung im Rahmen des Art. 82 EG kam bislang nur der Erlass eines Negativattests in Betracht. Dieses wurde in den meisten Fällen formlos als comfort letter erteilt. Auch hier galt die Rechtsprechung des EuGH, sodass strengeres nationales Recht in den meisten Fällen angewandt werden konnte.[821]

bb. „Walt-Wilhelm" im Lichte der VO Nr. 1/2003

Nach Art. 10 S. 2 VO Nr. 1/2003 kann die Kommission Nichtanwendbarkeitsentscheidungen auch in Bezug auf Art. 82 EG erlassen. Es wird sich hierbei immer um eine Feststellung i.S. des Art. 10 S. 1, 1. Alt. VO Nr. 1/2003 handeln. Würde man die

---

[821] Vgl. 3. Kap., § 7, B., II., 1., a., aa.

Rechtsprechung des EuGH hierauf anwenden, so dürfte sich ein das strengere nationale Recht ausschließender Vorrang nicht ergeben.

cc. Art. 3 VO Nr. 1/2003

Auch nach Art. 3 VO Nr. 1/2003 soll den Mitgliedstaaten nicht verwehrt werden, in ihrem Hoheitsgebiet strengere innerstaatliche Vorschriften zur Unterbindung oder Ahndung einseitiger Handlungen zu erlassen oder anzuwenden. Bei Vereinbarungen, Beschlüssen und abgestimmten Verhaltensweisen im Sinne des Art. 81 Abs. 1 EG handelt es sich grundsätzlich nicht um einseitiges Verhalten. Bei der Frage der Reichweite des Vorrangs ist folglich maßgeblich, ob ein Verhalten entsprechend Art. 81 Abs. 1 EG vorliegt oder ob von unilateralem Verhalten auszugehen ist.

Der Missbrauch einer marktbeherrschenden Stellung i.S. des Art. 82 EG stellt grundsätzlich eine einseitige Handlung dar. Den Mitgliedstaaten ist es folglich gestattet im Rahmen der Missbrauchskontrolle über den Anwendungsbereich des Art. 82 EG hinaus strengere innerstaatliche Vorschriften zu erlassen und anzuwenden.

2. EG-rechtlich verbotenes, nach deutschem Recht erlaubtes Verhalten

Zu klären ist, wie sich die Vorrangproblematik bei EG-rechtlich verbotenem, nach deutschem Recht erlaubtem Verhalten darstellt

a. „Walt-Wilhelm“ im Lichte der VO Nr. 17/62

Das Zusammentreffen eines gemeinschaftsrechtlichen Verbots mit einer Erlaubnis nach nationalem Recht stellte nach Ansicht des EuGH den klassischen Fall des Vorrangs von Gemeinschaftsrecht dar. Mit Art. 81 Abs. 1 EG und Art. 82 EG will der Vertrag in erster Linie Hindernisse für den freien Warenverkehr auf dem Gemeinsamen Markt beseitigen und die Einheit dieses Marktes gewährleisten.[822] Das gemeinschaftsrechtliche Verbot darf durch das nationale Recht in seiner uneingeschränkten und einheitlichen Anwendung nicht beeinträchtigt werden.[823]

b. „Walt-Wilhelm“ im Lichte der VO Nr. 1/2003

Da Untersagungsentscheidungen in einem Legalausnahmesystem weiterhin erlassen werden, liegt auch jetzt bei der negativen Beurteilung eines Sachverhalts durch die

---

822 EuGH, Urteil v. 13.2.1969, Rs. 14/68 (Walt-Wilhelm), Slg. 1969, 1, 14.

823 Immenga/*Mestmäcker*, GWB, Einl. Rn. 81; *Schröter/Delsaux*, in: v.d.Groeben/Thiesing/Ehlermann, Kommentar zum EU-/EG-Vertrag, Bd. 2/I, Vorbem. zu den Artt. 85 bis 89 Rn. 60; so auch *Walz*, Der Vorrang des europäischen vor dem nationalen Kartellrecht, S. 97 f., der zwar das Nichtvorliegen einer positiven Entscheidung hervorhebt, dem Walt-Wilhelm Urteil jedoch trotzdem einen Vorrang von gemeinschaftsrechtlichen Verbotsentscheidungen entnimmt. Langen/*Bunte*, Kommentar zum deutschen und europäischen Kartellrecht, Einf. zum EG-Kartellrecht Rn. 76.

Kommission eine ausdrückliche Entscheidung vor. Nach den allgemeinen Grundsätzen des Vorrangs des Gemeinschaftsrechts hat diese dann in jedem Fall Vorrang vor nationalem Recht.

c. Art. 3 VO Nr. 1/2003

In der VO Nr. 1/2003 ist von einem entsprechenden Vorrang des Gemeinschaftsrechts zwar nicht die Rede. Es ist jedoch davon auszugehen, dass sich der Gemeinschaftsgesetzgeber nicht gegen die Rechtsprechung des EuGH wenden und eine nationale Erlaubnis einem gemeinschaftsrechtlichen Verbot vorgehen lassen wollte. Die Lösung des hier geschilderten Konflikts war bislang unstrittig. Ein Vorrang von Gemeinschaftskartellrecht bleibt selbstverständlich bestehen und wurde wohl aus eben diesem Grund nicht ausdrücklich in der VO erwähnt.[824]

C. Vergleich mit Art. 3 VOV

Nach der ursprünglichen Fassung des Art. 3 sollte beim Vorliegen der Zwischenstaatlichkeitsklausel allein das Wettbewerbsrecht der Gemeinschaft zur Geltung kommen. Eine parallele Anwendung des nationalen Rechts wäre hiernach nicht möglich gewesen. Auf den ersten Blick erscheint die Regelung des Art. 3 VOV wesentlich tief greifender als seine endgültige Fassung. Ob dies tatsächlich der Fall ist und wo die Unterschiede liegen, soll im Folgenden untersucht werden.

I. Art. 81 EG

Nach Art. 3 VO Nr. 1/2003 hat eine gemeinschaftliche Kartellerlaubnis Vorrang vor einem nationalen Verbot. Dies gilt sowohl für die Fälle, in denen der Wettbewerb i.S. des Art. 81 Abs. 1 EG nicht eingeschränkt ist, als auch für die Fälle, in denen Art. 81 Abs. 3 EG greift.

Im Rahmen des Art. 3 VOV war hingegen nicht eindeutig geklärt, ob ein Vorrang auch für den Fall gelten hätte sollen, dass Art. 81 Abs. 1 EG nicht eingeschränkt ist. Nach dem Wortlaut des Art. 3 VOV wäre für einen Vorrang zwar lediglich die Erfüllung der Zwischenstaatlichkeitsklausel erforderlich gewesen. Teilweise wurde jedoch aus der Tatsache, dass Art. 3 VOV im Rahmen der Missbrauchskontrolle einen tatsächlichen Missbrauch der marktbeherrschenden Stellung für einen Vorrang voraussetzte, gefolgert, dass es auch einer tatsächlichen Wettbewerbsbeschränkung bedarf.[825]

---

[824] So im Ergebnis auch *Hossenfelder/Lutz*, Die neue Durchführungsverordnung zu den Artikeln 81 und 82 EG-Vertrag, WuW 2003, 118, 121.

[825] *Bechtold*, Modernisierung des EG-Wettbewerbsrechts: Der Verordnungsentwurf der Kommission zur Umsetzung des Weißbuchs, BB 2000, 2425, 2428.

Hiergegen muss jedoch eingewandt werden, dass Art. 3 VOV seines Sinnes beraubt worden wäre, hätte er nur unter der Voraussetzung Geltung erlangt, dass eine Wettbewerbsbeschränkung tatsächlich vorliegt. Die Kommission beabsichtigte mit Art. 3 VOV die endgültige Lösung der Vorrangproblematik. Es kann nicht in ihrem Sinne sein, zu demselben Ergebnis zu kommen, als würde man auf Art. 3 VOV ganz verzichten. Wie die Vorrangproblematik in einem Legalausnahmesystem ohne eine sie regelnde Norm zu lösen ist, wurde weiter oben bereits dargestellt. Geht man von Art. 3 VOV aus und fordert dort eine Wettbewerbsbeschränkung, so würde sich nichts anderes ergeben als dort. Bei Entscheidungen nach Art. 10 Abs. 1, 1. Alt. VO Nr. 1/2003, bei denen eine Wettbewerbsbeschränkung regelmäßig nicht vorliegt, wäre die parallele Anwendung nationalen Rechts weiterhin möglich gewesen. Bei Entscheidungen nach Art. 10 Abs. 1, 2. Alt. VOV hätte Art. 3 VOV Geltung erlangt.

Die Kommission hat zugunsten einer einheitlichen Rechtsanwendung einen Ausschluss der nationalen Regelungen *in jedem Fall* angestrebt. Wäre eine Wettbewerbsbeschränkung Vorraussetzung für diesen Ausschluss, so käme eine parallele Anwendung von Gemeinschaftsrecht und nationalem Recht weiterhin in Betracht, wenn die Kommission eine Entscheidung nach Art. 10 Abs. 1, 1. Alt. VO Nr. 1/2003 erlässt. Dass dies nicht ihren Vorstellungen entsprochen hätte, ist offensichtlich. Es ist somit davon auszugehen, dass eine Wettbewerbsbeschränkung nicht zwingende Voraussetzung für Art. 3 VOV hätte sein sollen.

Im Rahmen des Anwendungsbereichs von Art. 81 EG entspricht Art. 3 VO Nr. 1/2003 somit praktisch seiner ursprünglichen Fassung. Zwar ist die parallele Anwendung nationalen Rechts nicht wie im VOV ausgeschlossen, es ergibt sich jedoch ein reiner Anwendungsvorrang.[826]

II. Art. 82 EG

Im Anwendungsbereich des Art. 82 EG können nach Art. 3 VO Nr. 1/2003 strengere nationale Regelungen vorgehen. Dies scheint auf den ersten Blick eine Einschränkung gegenüber Art. 3 VOV zu sein. Betrachtet man jedoch den Wortlaut des Art. 3 VOV genau, hätte der Vorrang des Gemeinschaftsrechts im Bereich der Missbrauchkontrolle lediglich in Fällen einer tatsächlichen missbräuchlichen Ausnutzung einer beherrschenden Stellung gegolten. Die Anwendung nationalen Rechts wäre nur dann nicht gestattet gewesen, wenn das maßgebliche Verhalten nach Gemeinschaftsrecht verboten gewesen wäre. Einer strengeren Beurteilung durch die nationalen Behörden hätte

---

[826] Zur Terminologie; vgl. Walz, Der Vorrang des europäischen vor dem nationalen Kartellrecht, S. 175 ff.

somit nichts im Wege gestanden. Eine dem Wortlaut entsprechende Auslegung des Art. 3 VOV scheint von der Kommission zwar zunächst nicht beabsichtigt gewesen zu sein. Sie beruht vielmehr auf einem im Zuge der Beratungen eingegangenen Kompromiss.[827] Ein tatsächlicher Unterschied zwischen Art. 3 VO Nr. 1/2003 und seiner ursprünglichen Fassung ergibt sich somit jedoch auch im Rahmen des Art. 82 EG nicht.

D. Normzweck

Aufgrund des geplanten Systemwechsels musste eine die Vorrangproblematik betreffende, klarstellende Regelung in die VO aufgenommen werden. Auf diese Weise versuchte man außerdem der Kritik, die sich infolge der Reformvorschläge einstellte, entgegenzutreten.

I. Einheitliche Rechtsanwendung

In erster Linie war dies wohl die Sorge um eine kohärente Rechtsanwendung im geplanten System. Diese hätte die ausschließliche Anwendung von EG-Kartellrecht bei Vereinbarungen, die geeignet sind, den Handel zwischen den Mitgliedstaaten zu beeinträchtigen, nach Ansicht der Kommission zu einem wichtigen und unentbehrlichen Schritt gemacht.[828] Freilich spielte hierbei nicht allein eine Rolle, dass nationale Behörden unter Art. 3 VOV die gleichen Wettbewerbsregeln angewandt hätten. Eine einheitliche Rechtsanwendung wäre auch in Zukunft nicht gewährleistet gewesen, wenn nationale Behörden zwar dieselben Bestimmungen angewandt, der Anwendung jedoch ein anderes wettbewerbspolitisches Verständnis zugrunde gelegt hätten.[829]Es ist nämlich davon auszugehen, dass sich nationale Behörden, auch bei Anwendung von EG-Recht, von der hinter den nationalen Normen stehenden Wettbewerbskonzeption leiten lassen. Kohärente Entscheidungen hätten deshalb nicht durch die geplante Vorrangregelung gewährleistet werden können. Sie hätten sich allerdings aus der Möglichkeit der Kommission ergeben, Verfahren nach Art. 11 Abs. 6 VOV an sich zu ziehen und so die nationalen Behörden ihrer Zuständigkeit zu berauben. Auf diese Weise wären nationale Behörden auch nach Art. 16 VOV an die Kommissionspraxis gebunden gewesen.

---

[827] Folgeprobleme der europäischen Kartellverfahrensreform, Sondergutachten der Monopolkommission gemäß § 44 Abs. 1 Satz 4 GWB, S. 20, Stellungnahme des Bundesverbandes der Deutschen Industrie (BDI) vom 19.1.2001, B., S. 7, der gegen eine solche Entwicklung ist.

[828] *Schaub*, in: Conference on the reform of European competition law in Freiburg, on 9 and 10 November 2000 S. 3; VOV, Begründung zu Art. 3 VOV.

[829] Folgeprobleme der europäischen Kartellverfahrensreform, Sondergutachten der Monopolkommission gemäß § 44 Abs. 1 Satz 4 GWB, S. 11.

Mit Art. 3 VO Nr. 1/2003 ist nunmehr eine parallele Anwendung des nationalen Rechts zwar möglich. Dies jedoch nur neben EG-Kartellrecht, was bedeutet, dass die Kommission das Verfahren auch hier immer nach Art. 11 Abs. 6 VO Nr. 1/2003 an sich ziehen und nationale Behörden und Gerichte nach Art. 16 VO Nr. 1/2003 wenigstens quasi-normativ an ihre Wettbewerbspolitik binden kann. Da nationales Recht nicht zu unterschiedlichen Ergebnissen führen darf, spielt es dann zumindest im Rahmen des Art. 81 EG auch keine Rolle, dass es parallel angewandt werden kann. Die Geltung strengeren nationalen Rechts im Rahmen des Art. 82 EG mag eine einheitliche Rechtsanwendung zwar punktuell verhindern, grundsätzlich trägt sie dennoch zu einer Stärkung des Wettbewerbsprinzips bei, indem beispielsweise die im GWB wesentlich differenzierteren Regelungen wie Art. 19 Abs. 2, 3, 4 Nr. 4 GWB weiterhin Geltung erlangen.[830]

II. Dezentrale Anwendung des EG-Wettbewerbsrechts

Die vorgeschlagene Abschaffung des Freistellungsmonopols allein eröffnet zwar die Möglichkeit einer verstärkten Anwendung des Gemeinschaftsrechts, tatsächlich kann sie seine häufigere Heranziehung jedoch nicht gewährleisten. Aufgrund der mangelnden Erfahrung mit Art. 81 Abs. 3 EG wäre vielmehr eine verstärkte Anwendung der vertrauten nationalen Wettbewerbsregeln zu befürchten gewesen.[831] Um dies zu verhindern, eine dezentrale Anwendung der EG-Regeln zu erreichen und so zum Gelingen der Reform essentiell beizutragen, war die Einführung einer Pflicht zur parallelen Anwendung von Gemeinschaftsrecht nach Art. 3 VO Nr. 1/2003 unentbehrlich.

III. Ersparnis von Kosten

Die Kommission begründete den absoluten Vorrang des Gemeinschaftsrechts in Art. 3 VOV damit, dass die Möglichkeit paralleler Verfahren im derzeitigen System zu hohen Kosten für Wettbewerbsbehörden und Unternehmen führe, weil in mehreren Mitgliedstaaten die Behörde, bei der aufgrund nationalen Rechts Beschwerde eingelegt wurde, verpflichtet ist, eine förmliche und begründete Entscheidung zu erlassen.[832] Auch müssen Unternehmen ihr Verhalten nicht nur unter Gesichtspunkten des EG-Wettbewerbsrechts, sondern auch unter denen des Rechts verschiedener Mitgliedstaaten beurteilen.[833] Diesem Ziel entspricht Art. 3 VO Nr. 1/2003 mit seiner grundsätzli-

---

[830] Folgeprobleme der europäischen Kartellverfahrensreform, Sondergutachten der Monopolkommission gemäß § 44 Abs. 1 Satz 4 GWB, S. 10, 17.

[831] *Ehlermann*, Artikel 3 des Kommissionsvorschlags vom September 2000 – wohlbegründet!, WuW 2001, 231.

[832] VOV, Begründung, zu Art. 3 VOV.

[833] Stellungnahme des Bundesverbandes der Deutschen Industrie (BDI) vom 19.1.2001, B., S. 7.

chen Pflicht zur parallelen Anwendung, für den Fall, dass die nationale Behörde auch nationales Recht anwenden will, nun nicht. Nach Ansicht der Kritiker des Kommissionsvorschlages wäre eine Ersparnis von Kosten jedoch ohnehin nicht eingetreten. Nationales und EG-Recht wurden bisher grundsätzlich in ein und demselben Verfahren angewandt, sodass zusätzliche Kosten gar nicht entstanden sind.[834]

E. Bewertung

Der Einführung eines generellen Vorrangs des EG-Wettbewerbsrechts, so wie er in Art. 3 VOV vorgesehen war, wurde gerade von deutscher Seite in höchstem Maße Kritik entgegengebracht.[835] Neben erheblichen Zweifeln an seiner Rechtmäßigkeit bestanden weitreichende wettbewerbspolitische Einwände. In erster Linie schien die Gegner des Art. 3 VOV die Verhinderung nationaler Wettbewerbspolitik zu stören. Durch die Anwendung der EG-Regeln eröffne sich der Kommission die Möglichkeit Verfahren an sich zu ziehen. Nationale Behörden seien wegen Art. 16 VOV wenigstens quasi-normativ gebunden und die Entscheidungen der Kommission müssen aufgegriffen werden, auch wenn sie erkennbar politisch motiviert sind.[836] Dies fiele besonders schwer, da sich das deutsche Kartellrecht an einer auf dem Schutz der individuellen Handlungsfreiheit beruhenden Wettbewerbskonzeption orientiere und bei der Beurteilung von Fällen bewusst eine Trennung zwischen Kartellbehörde und Politik, d.h. Bundeswirtschaftministerium vorgenommen habe.[837]

Diese Kritik kann, zumindest teilweise, auch auf Art. 3 VO Nr. 1/2003 übertragen werden. Zwar bleibt nationales Recht parallel anwendbar. Wenigstens im Rahmen des Art. 81 EG dürfen Entscheidungen nach nationalem Recht jedoch nicht von Gemeinschaftsrecht abweichen. Für nationale Wettbewerbspolitik ist nun kein Raum mehr. Diesbezüglich ist jedoch einzuwenden, dass die Kommission wahrscheinlich eher selten von Art. 11 Abs. 6 VO Nr. 1/2003 Gebrauch machen und ein Verfahren an sich ziehen wird. In diesem Zusammenhang ist auch auf die weiter oben gemachten Vorschläge hinsichtlich einer Festlegung und Einschränkung dieser Befugnis hinzuweisen.[838] Freilich wird das Bestreben einheitliche Behördenentscheidungen zu gewährleisten, dessen Unabdingbarkeit im Rahmen der Reformverhandlungen ja auch immer

---

[834] Folgeprobleme der europäischen Kartellverfahrensreform, Sondergutachten der Monopolkommission gemäß § 44 Abs. 1 Satz 4 GWB, S. 12.

[835] Vgl. Folgeprobleme der europäischen Kartellverfahrensreform, Sondergutachten der Monopolkommission gemäß § 44 Abs. 1 Satz 4 GWB, S. 9 ff.

[836] Folgeprobleme der europäischen Kartellverfahrensreform, Sondergutachten der Monopolkommission gemäß § 44 Abs. 1 Satz 4 GWB, S. 10.

[837] Vgl. 3. Kap., § 7, A.

[838] Vgl. 2. Kap., § 4, A., II., 3.

wieder hervorgehoben wird, allein zur Folge haben, dass es einen Wettbewerb verschiedener Lösungsansätze nicht mehr wie bisher geben wird. Es ist jedoch Maßnahmen, die zu einem Gelingen der Reform unbedingt erforderlich sind, höhere Priorität einzuräumen. Abgesehen davon ist im Hinblick auf die wirtschaftliche Globalisierung eine Weiterentwicklung hin zur einheitlichen Anwendung eines Rechtssystems mehr als zu begrüßen.[839]

F. Änderungen durch die 7. GWB-Novelle

Der nationale Gesetzgeber plant, die Übernahme der Regelung in Art. 3 VO Nr. 1/2003 in das GWB.

I. Parallele Anwendbarkeit

In Übereinstimmung mit Art. 3 Abs. 1 Satz 1 VO Nr. 1/2003 soll nach dem Entwurf der 7. Kartellrechtsreform in § 22 Abs. 1 GWB die Verpflichtung zur parallelen Anwendung des europäischen Wettbewerbsrechts neben dem deutschen Wettbewerbsrecht bei allen Fällen mit Zwischenstaatlichkeitsbezug klargestellt werden. Nach § 22 Abs. 3 soll entsprechendes für nach Art. 82 EG verbotene Verhaltensweisen gelten. § 22 Abs. 1 und 3 eines neuen GWB sollen aber auch deutlich machen, dass in diesen Fällen eine Anwendung des deutschen Wettbewerbsrechts neben dem europäischen Wettbewerbsrechts fakultativ ist. Die Wettbewerbsbehörden und Gerichte können das deutsche Wettbewerbsrecht parallel anwenden, sind hierzu aber nicht verpflichtet.

II. Vorrang

Im Bereich des Art. 81 EG soll nach dem neuen § 22 Abs. 2 GWB, in Übereinstimmung mit Art. 3 Abs. 2 VO Nr. 1/2003, die Anwendung des nationalen Rechts nicht zum Verbot von Vereinbarungen und aufeinander abgestimmten Verhaltensweisen führen, welche zwar den zwischenstaatlichen Handel beeinträchtigen können, aber entweder nicht nach Art. 81 Abs. 1 EG verboten oder nach Art. 81 Abs. 3 EG freigestellt sind. § 22 Abs. 2 Satz 1 soll auch klarstellen, dass dies auch dann der Fall ist, wenn eine wettbewerbsbeschränkende Vereinbarung oder Verhaltensweise von einer GVO der Kommission erfasst wird. Bei wettbewerbsbeschränkenden Maßnahmen, die nach deutschem Recht erlaubt sind, soll § 22 Abs. 2 Satz 3 des neuen GWB auf die Regeln des EG-Kartellrechts verweisen. Wie schon erläutert, darf die Wirksamkeit des europäischen Wettbewerbsrechts nicht durch weniger strenge nationale Regelungen eingeschränkt werden.

---

[839] *Schaub*, in: Conference on the reform of European competition law in Freiburg, on 9 and 10 November 2000 S. 4.

Die Bestimmungen in § 19 ff. GWB enthalten zum Teil weiter gehende und differenziertere Regelungen als Art. 82 EG. Dies gilt insbesondere hinsichtlich der Regelung über die Verweigerung des Zugangs zu wesentlichen Einrichtungen nach § 19 Abs. 4 Nr. 4, welche in der Praxis eine erhebliche Rolle spielt.[840] Auch die Vorschriften über das Verbot missbräuchlichen Verhaltens gegenüber wirtschaftlich abhängigen kleinen und mittleren Unternehmen nach § 20 GWB erfüllen eine wichtige wettbewerbs- und mittelstandspolitische Funktion.[841] Das gilt insbesondere für das Verbot des Verkaufs unter Einstandspreis. Da der erweiterte Vorrang nach Art. 3 Abs. 2 VO Nr. 1/2003 gegenüber strengerem nationalen Wettbewerbsrecht nicht für einseitiges wettbewerbsbeschränkendes Verhalten gilt, soll die Anwendung der §§ 19 bis 21 GWB von § 22 Abs. 2 unberührt bleiben. Eine entsprechende Klarstellung ist in § 22 Abs. 2 Satz 2 des neuen GWB vorgesehen. Das deutsche Kartellrecht wird folglich seine strengen Vorschriften über die Missbrauchskontrolle beibehalten und somit nicht an Stärke verlieren.

G. Auswirkungen auf das materielle Kartellrecht

Im Rahmen des Art. 81 EG hat Art. 3 VO Nr. 1/2003 gravierende Auswirkungen auf das materielle Kartellrecht in Deutschland. Aufgrund der weiten Auslegung der Zwischenstaatlichkeitsklausel, die der EuGH, im Interesse der Funktionsfähigkeit eines gemeinsamen Binnenmarktes, vorgenommen hat[842] und durch welche auch rein nationale Wettbewerbsbeschränkungen unter bestimmten Umständen unter den Geltungsbereich des Gemeinschaftsrechts fallen[843], ist nun in allen wirtschaftlich einigermaßen erheblichen Fällen eine Anwendung allein des GWB ausgeschlossen. Die §§ 1 bis 18 GWB erlangen nun nur noch in Bagatellfällen Geltung, was zur Folge hat, dass wirtschaftlich unbedeutende Fälle rechtlich anders behandelt werden als bedeutende. Die einzige Möglichkeit, wie der deutsche Gesetzgeber mit dieser Situation umgehen kann, liegt somit in einer Anpassung der nationalen Vorschriften an Art. 81 EG.[844] Da kartellrechtliche Normen und deren Auslegung aber von der jeweils dahinter stehenden

---

[840] Begründung zu dem Entwurf eines Siebten Gesetzes zur Änderung des Gesetzes gegen Wettbewerbsbeschränkungen vom 26.05.2004, S. 15.

[841] Begründung zu dem Entwurf eines Siebten Gesetzes zur Änderung des Gesetzes gegen Wettbewerbsbeschränkungen vom 26.05.2004, S. 16.

[842] Eine weite Auslegung wurde erstmals in dem „Maschinenbau Ulm"-Urteil des EuGH vorgenommen und seitdem von diesem vertreten; vgl. EuGH, Urteil v. 30.06.1966, Rs. 56/65 (Maschinenbau Ulm), Slg. 1966, 281, 303.

[843] *Gleiss/Hirsch*, Kommentar zum EG-Kartellrecht, Bd. 1, Art. 85 Abs. 1 Rn. 233; *Rehbinder*, in: Immenga/Mestmäcker, EG-Wettbewerbsrecht, Bd. 1, E., Einl. Rn. 9.

[844] So auch Entwurf von Eckwerten einer 7. GWB-Novelle, S. 1; auch *Bechtold*, Gedanken zur Zukunft des deutschen Kartellrechts, WuW 2001, 4.

Wettbewerbskonzeption abhängig sind, können die Ergebnisse bei der Überprüfung von Kartellsachverhalten durch nationale Behörden und Kommission trotz desselben Gesetzeswortlauts voneinander abweichen. Einer Angleichung des Wortlautes muss daher die Übernahme der Entscheidungspraxis von Kommission und EuGH folgen. Auch ist die Anwendung der GVOen in allen Fällen erforderlich.[845]

I. Horizontale und vertikale Wettbewerbsbeschränkungen

Eine Anpassung an Art. 81 EG würde zum einen die Gleichstellung von horizontalen und vertikalen Wettbewerbsbeschränkungen im deutschen Recht bedeuten. Im Unterschied zur Regelung auf europäischer Ebene sind im GWB ausschließlich horizontale Wettbewerbsbeschränkungen, freilich mit Ausnahme der §§ 2 bis 7 GWB, nach § 1 GWB verboten. Vertikale Wettbewerbsbeschränkungen sind grundsätzlich wirksam und unterliegen lediglich der Missbrauchsaufsicht nach § 16 GWB. Die im GWB vorgenommene Unterscheidung ist dadurch gerechtfertigt, dass vertikale Beschränkungen im Gegensatz zu Horizontalbeschränkungen für den Wettbewerb grundsätzlich eher förderlich als schädlich sind.[846] Eine Ausnahme gilt lediglich im Rahmen des § 14 GWB, da dieser eine besonders schutzwürdige Form des Wettbewerbs, den Preis- und Konditionenwettbewerb, sichert. Aus diesem Grund wurde das System des GWB, in welchem zwischen horizontalen und vertikalen Wettbewerbsbeschränkungen unterschieden wird, in der 6. GWB Novelle zunächst beibehalten.

Schon mit den Eckpunkten einer 7. GWB-Novelle ließ das BMWA jedoch die Absicht erkennen, den hier geschilderten Erfordernissen gerecht zu werden und horizontale und vertikale Wettbewerbsbeschränkungen in einem neu gefassten § 1 GWB gleich zu stellen.[847] Eine Ausnahme soll hiernach lediglich für vertikale Preisbindungen gelten.[848] Dieser Vorschlag wurde teilweise aufs schärfste kritisiert.[849] Dem kann jedoch nicht gefolgt werden. Die Tatsache, dass vertikale Wettbewerbsbeschränkungen nicht zwingend negativ auf den Wettbewerb einwirken, diesen vielmehr positiv beeinflussen können, indem sie den Marktzutritt für Newcomer erleichtern und eine Aufrechterhaltung der Qualität von hochwertigen Produkten und den mit ihrem Verkauf zusam-

---

[845] *Lässig*, Dezentrale Anwendung des europäischen Kartellrechts, S. 9.

[846] *Kahlenberg*, Novelliertes deutsches Kartellrecht, BB 1998, 1593, 1594; *Charbonnier*, Vertikale Absprachen im europäischen und internationalen Kartellrecht, DZWir 1996, 265, 267.

[847] So auch Entwurf von Eckwerten einer 7. GWB-Novelle, S. 3.

[848] So auch Entwurf von Eckwerten einer 7. GWB-Novelle, S. 1.

[849] *Rittner*, Vertikalvereinbarungen und Kartellverbote in der 7. GWB-Novelle, WuW 2003, 451 und *Möschel*, Die 7. GWB-Novelle ante portas, WuW 2003, 571 sprechen von einem Schritt zurück in die Vergangenheit..

menhängenden Service, gewähren[850], ist nämlich auch der EG-Kommission nicht verborgen geblieben. Dies lässt sich an der Einführung der GVO für Vertikalvereinbarungen[851] erkennen. Da es sich hierbei um eine umfassende GVO handelt, können einer Angleichung des GWB unter ihrer Geltung[852] wesentliche Bedenken nicht mehr entgegengebracht werden. Ob eine Übernahme der GVO tatsächlich „Verrenkungen“[853] erforderlich machen wird, die über solche, die im Anschluss an Reformen grundsätzlich notwendig sind hinausgehen, bleibt indes abzuwarten.

Es ist deshalb zu begrüßen, dass in dem Entwurf des Gesetzes zur Änderung des GWB eine Erstreckung des nach § 1 GWB geltenden Verbots wettbewerbsbeschränkender Vereinbarungen, in Anpassung an Art. 81 Abs. 1 EG, auch auf vertikale Wettbewerbsbeschränkungen vorgesehen ist.[854] Dies soll durch die Streichung der Wörter „miteinander im Wettbewerb stehenden“ erreicht werden. Wie geplant, soll ein Verbot von Preisbindungen in einem § 4 GWB erhalten bleiben. Dieser wird der Regelung im derzeitigen § 14 GWB entsprechen, der neben Vereinbarungen über Geschäftsbedingungen insbesondere Vereinbarungen über Preisgestaltungen verbietet. § 4 soll für Vereinbarungen mit und ohne zwischenstaatliche Auswirkungen gelten. In Fällen mit zwischenstaatlichen Auswirkungen wird dann allerdings der erweiterte Vorrang des Art. 3 VO Nr. 1/2003 gelten, wonach ein im EG-Recht erlaubtes Verhalten nach nationalem Recht nicht zum Verbot führen darf, wenn sich ein solches nicht auch aus EG-Kartellrecht ergibt.

Die Tatbestandsmerkmale des künftigen § 1 GWB, wie zum Beispiel die Definition von „Unternehmen“ oder „Unternehmensvereinigungen“ oder das Merkmal einer „Verhinderung, Einschränkung oder Verfälschung des Wettbewerbs“, werden in Zukunft im Lichte der zu Art. 81 Abs. 1 EG ergangenen Rechtsprechung und Rechtsanwendungspraxis der Kommission auszulegen und anzuwenden sein. Dies soll nach den Reformplänen und aus den oben bereits genannten Gründen auch für wettbewerbsbe-

---

[850] *Immenga*/Mestmäker, GWB, § 16 Rn. 12, *Biedenkopf*, Vertragliche Wettbewerbsbeschränkungen und Wirtschaftsverfassung, S. 29 f.; *Rittner*, Die Ausschließlichkeitsbindungen in dogmatischer und rechtspolitischer Betrachtung, S. 115 ff.

[851] VO Nr. 2790/99 ABl.EG vom 29.12.1999 Nr. L 336/21.

[852] Nach dem Entwurf von Eckwerten einer 7. GWB-Novelle sollen Gruppenfreistellungsverordnungen über vertikale Wettbewerbsbeschränkungen in ihrer Substanz in das deutsche Recht übernommen werden; vgl. Entwurf von Eckwerten einer 7. GWB-Novelle, S. 3.

[853] *Möschel*, Die 7. GWB-Novelle ante portas, WuW 2003, 571.

[854] Hierzu wird die in § 1 GWB derzeit bestehende Voraussetzung, eines Wettbewerbsverhältnisses zwischen den an einer Vereinbarung beteiligten Unternehmen, gestrichen werden.

schränkende Vereinbarungen oder Verhaltensweisen gelten, die nicht geeignet sind, den Handel zwischen den EG-Mitgliedstaaten zu beeinträchtigen.[855]

II. Einführung einer Generalklausel

Eine Angleichung an das europäische Kartellrecht macht jedoch auch eine Übernahme der Generalklausel des Art. 81 Abs. 3 EG erforderlich. Das GWB verfolgte vor der 6. Kartellrechtsreform ein System kasuistisch ausgestalteter Tatbestände, welche die Ausnahmen vom Kartellverbot regelten und sowohl die Zulassungsvoraussetzungen als auch die Verfahrensregeln unterschiedlich ausgestalteten. Zugunsten der Rechtsicherheit und eines an der Schwere der jeweiligen Wettbewerbsbeschränkung orientierten Zulassungsverfahrens hat sich der Gesetzgeber bei der 6. Kartellrechtsreform gegen die Übernahme einer generellen Freistellungsklausel entschieden. Vielmehr versuchte man mit der Kombination aus beiden Modellen einen Mittelweg zu finden. So wurde auf die wettbewerbspolitisch fraglichen oder in der Praxis unbedeutend gewordenen Regelungen über Rabatt-, Export- oder Einfuhrkartelle verzichtet und in § 7 GWB eine ergänzende Freistellungsklausel eingeführt, deren Wortlaut an den des Art. 81 Abs. 3 EG angelehnt ist.[856]

Im Rahmen des Art. 81 Abs. 3 EG ist es jedoch möglich, auf unterschiedliche Sachverhaltskonstellationen angemessen zu reagieren. Die Rechtssicherheit betroffener Unternehmen müsste somit einer flexiblen Handlungsweise der Kartellbehörde weichen. An der Schwere der jeweiligen Wettbewerbsbeschränkung orientierte Entscheidungen, und auf diese wird es letztlich ankommen, sind davon abgesehen, auch im Rahmen der Generalklausel des Art. 81 Abs. 3 EG möglich.

Die Bundesregierung plant deshalb auch hier eine Anpassung an das europäische Recht. Die 7. GWB-Novelle wird die Einführung des Prinzips der Legalausnahme und einer dem Art. 81 Abs. 3 EG entsprechenden Generalklausel beinhalten. In einem neuen § 2 Abs. 1 GWB sollen die Freistellungsvoraussetzungen des Art. 81 Abs. 3 EG übernommen werden. Auch diese Regelung soll für wettbewerbsbeschränkende Maßnahmen gelten, die nicht geeignet sind, den Handel zwischen den EG-Mitgliedstaaten zu beeinträchtigen. Außerdem sollen Vereinbarungen oder Verhaltensweisen automatisch vom Verbot des § 1 freigestellt sein, wenn sie die Freistellungsvoraussetzungen des § 2 Abs. 1 erfüllen. Eine konstitutive Freistellungsentscheidung einer Kartellbehörde wird nicht mehr erforderlich sein.

---

855 Begründung zu dem Entwurf eines Siebten Gesetzes zur Änderung des Gesetzes gegen Wettbewerbsbeschränkungen vom 26.05.2004.

856 Gesetzentwurf der Bundesregierung, BT-Drucks. 1998, 13/9720, 30, 31.

Auch für die Anwendbarkeit von Gruppenfreistellungsverordnungen soll im neuen GWB eine Regelung getroffen werden. Ein neuer § 2 Abs. 2 GWB soll im Wege einer dynamischen Verweisung bestimmen, dass GVOen bei der Anwendung von § 2 Abs. 1 entsprechend gelten. Für Vereinbarungen oder Verhaltensweisen, die geeignet sind, den zwischenstaatlichen Handel zu beeinträchtigen, gilt dies ohnehin. Für Vereinbarungen oder Verhaltensweisen für die dies nicht der Fall ist, soll die Anwendung von GVOen folglich mit konstitutiver Wirkung festgelegt werden.

Die speziellen Freistellungstatbestände der §§ 2 bis 6 und 8 GWB sollen ersatzlos gestrichen werden. Eine Ausnahme soll lediglich für die Vorschrift des § 4 Abs. 1 GWB über Mittelstandskartelle gelten, der von einem neuen § 3 GWB übernommen werden soll. Dadurch sollen insbesondere kleine und mittlere Unternehmen Rechtssicherheit erhalten und zu Kooperationen ermuntert werden, die ihre Wettbewerbschancen gegenüber großen Unternehmen verbessern. Ebenso wie der derzeitige § 4 Abs. 1 GWB soll § 3 GWB nur die Freistellung horizontaler Wettbewerbsbeschränkungen erfassen. Liegen seine Voraussetzungen vor, so soll eine gesetzliche Fiktion dafür bestehen, dass die allgemeinen Freistellungsvoraussetzungen des künftigen § 2 Abs. 1 GWB erfüllt sind. Die Pflicht, das Vorliegen der allgemeinen Voraussetzungen des neuen § 2 Abs. 1 GWB nachzuweisen, wird daher in Zukunft entfallen, wenn Unternehmen erfolgreich das Vorliegen der Voraussetzungen des § 3 nachweisen.[857]

Die Übernahme der Generalklausel des Art. 81 Abs. 3 EG wird, entgegen der früher vorgebrachten Befürchtungen, aus den oben bereits genannten Gründen nicht zu untragbaren Ergebnissen führen. In diesem Zusammenhang fällt auch ins Gewicht, dass die Freistellungstatbestände der §§ 2 ff. GWB in den meisten Fällen auch heute schon die Voraussetzungen des Art. 81 Abs. 3 EG erfüllen und sich eine wesentliche Änderung somit nicht ergeben wird.[858]

---

[857] Begründung zu dem Entwurf eines Siebten Gesetzes zur Änderung des Gesetzes gegen Wettbewerbsbeschränkungen vom 26.05.2004.

[858] Entwurf von Eckwerten einer 7. GWB-Novelle, S. 3.

4. Kapitel: Zusammenfassung

Zusammenfassend sollen nun die wichtigsten Auswirkungen der Reform in Thesen aufgeführt und schließlich die erarbeiteten Verbesserungsvorschläge wiedergegeben werden.

§ 1 Auswirkungen der Kartellverordnung in Thesen

Auch hier werden die Auswirkungen der Reform auf das EG-Kartellverfahren getrennt von den Auswirkungen auf das Verfahren des BKartA dargestellt.

A. Auswirkungen auf das EG-Kartellverfahren

- In dem nun bestehenden System der Legalausnahme wird es Einzelfreistellungen nicht mehr geben.
- Vereinbarungen, welche die Voraussetzungen des Art. 81 Abs. 1 EG oder des Art. 82 EG nicht erfüllen oder solche, die die Voraussetzungen des Art. 81 Abs. 3 EG erfüllen, sind nach Art. 1 VO Nr. 1/2003 de lege lata erlaubt.
- Auch für Negativatteste und comfort letter ist im neuen System kein Platz mehr.
- Bei Nichtanwendbarkeitsentscheidungen nach Art. 10 VO Nr. 1/2003 handelt es sich um Entscheidungen i.S. des § 249 Abs. 4 EG.
    - Sie haben lediglich deklaratorischen Charakter.
    - Eine Selbstbindung der Kommission besteht nur, wenn sich die zugrunde liegenden Tatsachen nicht verändert haben und die Entscheidung nicht aufgehoben wurde. Rechtswidrige Entscheidungen darf die Kommission mit ex-tunc Wirkung zurücknehmen, rechtmäßige Entscheidung hingegen nicht.
    - Für nationale Wettbewerbsbehörden besteht durch Art. 11 Abs. 6 VO Nr. 1/2003 eine dauerhafte faktische Bindung an Kommissionsentscheidungen. Die praktische Bedeutung des Art. 16 VO Nr. 1/2003 wird gegen Null gehen.
    - Für nationale Gerichte besteht weder eine echte Bindung noch eine Bindung durch Zuständigkeitsverlust. Art 16 VO Nr. 1/2003 wird hier seinen eigentlichen Anwendungsbereich finden.
    - Art. 16 VO Nr. 1/2003 begründet neben der in Art. 234 EG bestimmten Vorlagepflicht eine Vorlagepflicht für unterinstanzliche Urteile auch bei deklaratorischen Kommissionsentscheidungen. Diese besteht auch dann, wenn die Entscheidung des Gerichts die Rechtsfolgenanordnung der

Kommission nicht konterkariert. Art. 16 VO Nr. 1/2003 geht an dieser Stelle über die bisherige EuGH Rechtsprechung hinaus. Ein Verstoß kann zu einem Vertragsverletzungsverfahren führen. Einem solchen wird jedoch keine besondere praktische Bedeutung zukommen, da es wegen der Rechtskraft von Gerichtsurteilen die Vertragsverletzung ohnehin nicht mehr beseitigen können wird.

    - Nichtanwendbarkeitsentscheidungen werden nur dann erlassen, wenn es aus Gründen des öffentlichen Interesses erforderlich erscheint. Wann ein solches öffentliches Interesse besteht, ist in der Verordnung nicht festgelegt.
    - Ein Antragsrecht zum Erlass einer Nichtanwendbarkeitsentscheidung besteht richtigerweise auch dann nicht, wenn das betroffene Unternehmen ein besonderes Interesse an einer solchen Entscheidung vorweisen kann.

- Auch Verfügungen nach Art. 9 VO Nr. 1/2003 sind Entscheidungen i.S. des Art. 249 Abs. 4 EG.
    - Durch sie werden etwaige Unternehmenszusagen bindend.
    - Die Entscheidung der Kommission wirkt selbstbindend, solange sie nicht gegenstandslos geworden ist oder aufgehoben wurde.
    - Eine Bindungswirkung für nationale Behörden ergibt sich, wegen des Zuständigkeitsverlustes nach Art. 11 Abs. 6 VO Nr. 1/2003, auch hier.
    - Eine Bindungswirkung für nationale Gerichte besteht auch nach Art. 16 VO Nr. 1/2003 nicht.
- Sowohl beim Erlass von Abstellungsverfügungen der Kommission nach Art. 7 VO Nr. 1/2003 als auch der Feststellung einer Zuwiderhandlung handelt es sich um Entscheidungen nach Art. 249 Abs. 4 EG.
    - Die Selbstbindung der Kommission tritt auch hier aufgrund des vorausgehenden Verwaltungsaktes ein. Dieser kann lediglich unter Beachtung der vom EuGH entwickelten Grundsätze aufgehoben werden.
    - Für nationale Behörden ergibt sich eine faktische Bindungswirkung jedenfalls aufgrund des Zuständigkeitsverlusts nach Art. 11 Abs. 6 VO Nr. 1/2003.
    - Eine Bindungswirkung für nationale Gerichte ergibt sich aus Art. 16 VO Nr. 1/2003.

  - Die Kommission ist ermächtigt, betroffenen Unternehmen Maßnahmen struktureller Art aufzugeben, um Zuwiderhandlungen abzustellen. Eine Behinderung des technischen Fortschritts auf dem Gemeinsamen Markt durch Entflechtungsanordnungen der Kommission ist nicht zu befürchten. Auch werden sich Entflechtungen nicht unter dem Gesichtspunkt der „economies of scale“ nachteilig für Großunternehmen auswirken. Durch strukturelle Maßnahmen wird der Missbrauchskontrolle vielmehr zu höchst möglicher Effektivität verholfen werden.

- Mit Art. 8 VO Nr. 1/2003 werden einstweilige Anordnungen im europäischen Kartellverfahren ausdrücklich geregelt.
  - Hierbei wurden die Grundsätze der bisherigen Kommissionspraxis übernommen.
  - Es ist jedoch ausschließlich auf den für den Wettbewerb zu befürchtenden Schaden abzustellen.
  - Einstweilige Anordnungen werden nach der VO Nr. 1/2003 ausschließlich von Amts wegen und im öffentlichen Interesse erlassen.

- Die Untersuchungsbefugnisse der Kommission wurden erweitert.
  - Nach Art. 17 VO Nr. 1/2003 können auch sektorübergreifend Vereinbarungen untersucht werden.
  - Auskünfte können nach Art. 18 VO Nr. 1/2003 entweder durch einfaches Auskunftsverlangen oder durch Entscheidung eingeholt werden.
  - Im Rahmen von Nachprüfungen können Auskünfte nach Art. 20 Abs. 3 VO Nr. 1/2003 von allen Vertretern oder Mitgliedern der Belegschaft des Unternehmens oder der Unternehmensvereinigung verlangt werden. Äußerste Grenze des Fragerechts ist weiterhin das Verständnis der bei der Nachprüfung erlangten Unterlagen. Ein Auskunftsverweigerungsrecht kommt deshalb nicht in Betracht.
  - Die Kommission behält die ihr bislang zustehenden Befugnisse, nach Geschäftsunterlagen zu suchen und Geschäftsräume unter Anwendung körperlicher Gewalt zu durchsuchen und kann diese nach Art. 21 Abs. 1 VO Nr. 1/2003 auch in Privaträumen ausüben.
  - Die Befugnis zum Suchen in oder Durchsuchen von Privaträumen stellt einen Eingriff in das Gemeinschaftsgrundrecht auf Unverletzlichkeit der Wohnung dar. Ein solcher macht einen gemeinschaftsrechtlichen Rich-

tervorbehalt mit einer vollständigen Überprüfung der Nachprüfungsentscheidung auf ihre Erforderlichkeit und Verhältnismäßigkeit erforderlich. Der in Art. 21 VO Nr. 1/2003 niedergelegte Richtervorbehalt wird diesen Anforderungen nicht gerecht.

- Die Einräumung eines Rechts betroffener Unternehmen, den Zugriff auf vertrauliche Dokumente über die Kommunikation mit einem Rechtsbeistand vollständig zu verweigern, erscheint unverhältnismäßig. Gleiches gilt jedoch für ein vollständiges Zugriffsrecht der Kommission. Das Unternehmen wird deshalb versuchen müssen, die Vertraulichkeit der Informationen darzulegen. Reicht dies nicht aus, wird es die Herausgabe verweigern und das Gericht erster Instanz anrufen müssen.

- Der Sanktionsrahmen wird angehoben werden.
    - Bei Formalverstößen ist nach Art. 23 Abs. 1 VO Nr. 1/2003 eine erhebliche Erhöhung des Bußgeldrahmens eingetreten.
    - Bei Verstößen gegen materielles Kartellrecht ist nach Art. 23 Abs. 2 VO Nr. 1/2003 die Möglichkeit einer umsatzunabhängigen Bemessung des Bußgeldes entfallen.
    - Auch bei Zwangsgeldern wurde nach Art. 24 VO Nr. 1/2003 die Höchstgrenze angehoben.
    - Die Verhängung von Sanktionen gegen Unternehmensvereinigungen wurde in Art. 23 Abs. 4 VO Nr. 1/2003 neu gestaltet. Ist die Unternehmensvereinigung selbst nicht zahlungsfähig, so können ihre Mitglieder zu einer Solidarhaftung verpflichtet werden. Die notwendigen Grenzen wurden hierbei gewahrt. Insbesondere ein Verstoß gegen den Grundsatz „nulla poena sine culpa" ist nicht ersichtlich. Durch die detaillierte Regelung ist jeweils eine Grundlage für die sanktionsrechtliche Verantwortlichkeit der beanspruchbaren Mitglieder gegeben.

- Der Austausch von Informationen zwischen den nationalen Behörden und der Kommission nach Art. 12 VO Nr. 1/2003 wird für das Gelingen der Reform unabdingbar sein.
    - Die Übermittlung der Informationen wird über ein Intranet erfolgen.
    - Die Rechte der betroffenen Unternehmen werden im Hinblick auf eine Verwertung von Informationen als Beweismittel in ausreichendem Maße berücksichtigt. Im Hinblick auf die unberechtigte Bekanntgabe von

Kenntnissen kommt eine Senkung des Schutzniveaus durch die Weiterleitung von Informationen lediglich dann in Betracht, wenn die Kenntnisnahme der empfangenden Behörde selbst nachteilige Wirkung hat.

- Das Verfahren zur Beteiligung der Mitgliedstaaten an Entscheidungen der Kommission wurde in Art. 14 VO Nr. 1/2003 flexibler gestaltet.
- I.S. einer Beschleunigung des Anhörungsverfahrens des Beratenden Ausschusses ist es nunmehr möglich, die Ladungsfrist kürzer als 14 Tage zu gestalten, wenn kein Mitgliedstaat widerspricht.
- Bei Entscheidungen zum Erlass einer einstweiligen Anordnung beträgt die Frist lediglich sieben Tage.
- Ein schriftliches Anhörungsverfahren ist unter bestimmten Voraussetzungen möglich.
- Auch allgemeine Fragen des gemeinschaftlichen Wettbewerbsrechts und Fälle, mit denen nationale Wettbewerbsbehörden befasst sind, können erörtert werden.

- Das Instrument der GVO bleibt erhalten.
    - GVOen stellen nun eine unwiderlegbare Vermutungen für das Vorliegen der Voraussetzungen des Art. 81 Abs. 3 EG dar. Derjenige, der sich auf sie beruft, wird von seiner Darlegungs- und Beweislast befreit.
    - Der Entzug der GVO nach Art. 29 Abs. 1 VO Nr. 1/2003 beinhaltet die Feststellung, dass die Voraussetzungen des Art. 81 Abs. 3 EG trotz Vorliegens der Voraussetzungen GVO nicht erfüllt sind.

B. Auswirkungen auf das deutsche Kartellverfahren

- Art. 81 Abs. 3 EG ist für nationale Behörden und Gerichte unmittelbar anwendbar.
- Eine Befugnis des BKartA zum Erlass von Entscheidungen zur Abstellung von Zuwiderhandlungen gegen das Gemeinschaftskartellrecht liegt derzeit nach dem GWB vor.
- Eine Befugnis zum Erlass einstweiliger Anordnungen bei der Anwendung von Gemeinschaftskartellrecht liegt nach bestehendem nationalem Recht nicht vor.
- Für die Annahme von Verpflichtungszusagen durch das BKartA ist eine Befugnisnorm im GWB nicht zwingend erforderlich.

    - Entsprechende Vereinbarungen können nicht als einfache Zusicherungen nach § 38 VwVfG eingeordnet werden.
    - Ein öffentlich-rechtlicher Vertrag ist unter bestimmten Voraussetzungen zulässig. Das BKartA wäre an einen solchen Vertrag gebunden, solange nicht ein Kündigungsrecht besteht. Erfüllt das Unternehmen die von ihm gemachten Zusagen nicht, kann das BKartA das wettbewerbswidrige Verhalten nach § 32 GWB untersagen.
- Auch für Entscheidungen entsprechend Art. 5 S. 3 VO Nr. 1/2003 ist eine entsprechende Befugnisnorm im GWB nicht zwingend notwendig. Zwar muss das BKartA derzeit keine formelle Entscheidung erlassen, um ein Verfahren einstellen zu können. Die Möglichkeit dies zu tun, besteht jedoch schon jetzt.
- Verfügungen des BKartA haben keinerlei Bindungswirkung gegenüber der Kommission und anderen nationalen Behörden.
- Die Amtshilferegelung in Art. 22 Abs. 1 VO Nr. 1/2003 greift zu kurz.
- Ohne eine Änderung des GWB kann das BKartA lediglich Verstöße gegen Untersagungen nach § 32 GWB sanktionieren.
- Die Möglichkeit einer Verhängung von Sanktionen gegen natürliche Personen bei Verstößen gegen originäres Gemeinschaftskartellrecht steht im Widerspruch zu gemeinschaftsrechtlichen Grundsätzen.
- Ein Wertungswiderspruch ergibt sich auch hinsichtlich der Höhe der Geldbußen.
- Eine doppelte Sanktionierung kommt nur in Betracht, wenn eine nationale Behörde Sanktionen aufgrund eines Verstoßes gegen nationales Kartellrecht verhängt und entweder die Kommission aufgrund eines Verstoßes gegen Gemeinschaftskartellrecht oder eine andere nationale Behörde aufgrund eines Verstoßes gegen Gemeinschaftskartellrecht oder aufgrund eines Verstoßes gegen nationales Recht. Im ersten und letzten Fall bestand die Möglichkeit einer Doppelsanktionierung schon in der Vergangenheit. Der zweite Fall ist entsprechend gelagert und deshalb gerechtfertigt.
- Nach Art. 2 VO Nr. 1/2003 trifft die Beweislast dafür, dass die Voraussetzungen des Art. 81 Abs. 3 EG vorliegen die Unternehmen, die sich auf ihn berufen. Dies gilt sowohl für Zivil- als auch für Verwaltungsverfahren. Das BKartA wird die Beweislastregelung im nationalen Bußgeldverfahren anwenden müssen. Es wird von den im Ordnungswidrigkeitenrecht bestehenden Verfahrensmaximen

abweichen und unter Umständen gegen nationales Verfassungsrecht verstoßen müssen, um sich nicht einer Vertragsverletzung nach EG-Recht schuldig zu machen.

- § 50 Abs. 3 GWB ist im Lichte der Art. 11 Abs. 3 und 4 VO Nr. 1/2003 zu sehen und hat seine eigenständige Bedeutung verloren.
    - Im Rahmen des § 50 Abs. 3 GWB muss eine Unterrichtung auch bei der Einleitung eines Bußgeldverfahrens erfolgen.
    - Wird eine Unterrichtung nach Art. 11 Abs. 3 VO Nr. 1/2003 unterlassen, so liegt ein wesentlicher Verfahrensfehler nicht vor. Die Verfügung des BKartA ist nicht rechtswidrig.
    - Fehlt es hingegen an einer Unterrichtung nach Art. 11 Abs. 4 VO Nr. 1/2003, so stellt dies einen wesentlichen Verfahrensfehler dar. Die Entscheidung des BKartA ist rechtswidrig.
- Die Weiterleitung von Informationen durch nationale Behörden kommt im Rahmen des Art. 12 VO Nr. 1/2003 von nationaler Behörde zu nationaler Behörde oder Kommission, im Rahmen des Art. 11 Abs. 3 und 4 VO Nr. 1/2003 von nationaler Behörde zu Kommission in Betracht.
    - Eine Senkung des Schutzniveaus hinsichtlich der Preisgabe von Informationen ist nur zu befürchten, wenn sich allein die Kenntnisnahme durch die empfangende Wettbewerbsbehörde nachteilig auswirkt.
    - Das Schutzniveau hat sich im Hinblick auf die Verwendung der Informationen in anderen Kartellverfahren oder in strafrechtlichen Verfahren nicht verringert.
    - Eine Senkung des Schutzniveaus ist jedoch hinsichtlich der möglicherweise verhängten Sanktionen zu befürchten. Die erforderlichen Grenzen werden jedoch eingehalten werden.
- Nationale Behörden haben, wenn die Zwischenstaatlichkeitsklausel erfüllt ist, sowohl im Rahmen des Art. 81 EG als auch im Rahmen des Art. 82 EG neben nationalem Recht immer auch EG-Kartellrecht anzuwenden. Im Rahmen des Art. 81 EG soll, anders als im Rahmen des Art. 82 EG, strengeres nationales Recht nicht anwendbar sein. Eine nationale Erlaubnis wird hinter einem gemeinschaftsrechtlichen Verbot zurücktreten.

§ 2 Regelungsvorschläge

Im Verlauf dieser Arbeit wurden an verschiedenen Stellen Vorschläge gemacht, die zu einer Stärkung der Rechtssicherheit, zur Wahrung der Unternehmensrechte, zur Gewährleistung einer kohärenten Entscheidungspraxis und so zu einem Gelingen der Reform beitragen würden. Diese werden im Folgenden kurz zusammengefasst.

A. Vorschläge betreffend EG-Kartellrecht

- Für den Erlass einstweiliger Anordnungen muss drittbetroffenen Unternehmen ein Antragsrecht eingeräumt werden.

- Für das Suchen in oder das Durchsuchen von Privaträumen muss der Vorbehalt eines Gemeinschaftsgerichts ausdrücklich festgelegt werden.

- Bezüglich des Schutzes vertraulicher Unterlagen ist eine Ausdehnung auf die Kommunikation mit unternehmensinternen Anwälten zu befürworten. Wegen der Gefahr eines Missbrauchs durch die betroffenen Unternehmen jedoch nur, wenn der interne Rechtsbeistand denselben Standes- und somit Verhaltensregeln und Disziplinarmaßnahmen unterworfen ist, wie ein externer Rechtsanwalt.

- Im Hinblick auf die Solidarhaftung für Unternehmensvereinigungen muss die Kommission die Mitteilung ihrer Beschwerdepunkte grundsätzlich im Amtsblatt veröffentlichen, bevor sie eine Entscheidung nach Art. 23 oder Art. 24 VO Nr. 1/2003 gegenüber einer Unternehmensvereinigung trifft. Auch muss den Mitgliedern der Unternehmensvereinigung ein unbeschränktes Recht auf Akteneinsicht zukommen.

- Im Rahmen der Zusammenarbeit der Kommission mit nationalen Behörden wäre die Festlegung der Zuständigkeiten in der VO Nr. 1/2003 wünschenswert gewesen. In der Gemeinsamen Erklärung von Rat und Kommission und der Bekanntmachung der Kommission fehlt es an der Regelung der Zuständigkeit in Fällen des Art. 86 EG. Außerdem muss eine Verpflichtung der Kommission bestehen, in entsprechenden Fällen, aber auch nur in diesen, ein Verfahren einzuleiten. In Konfliktsituationen muss der Beratende Ausschuss als Entscheidungsgremium festgelegt werden.

- Auch im Hinblick auf die Zuordnung der Fälle zwischen nationalen Behörden untereinander greifen die Gemeinsame Erklärung von Rat und Kommission und die Bekanntmachung der Kommission zu kurz. Hiernach unzuständige Behörden müssen verpflichtet sein, Beschwerden nach Art. 13 VO Nr. 1/2003 abzuweisen. Es darf ihnen nicht gestattet sein, Verfahren von Amts wegen einzuleiten. Tun sie dies dennoch, so muss für andere, zuständige Behörden die Möglichkeit bestehen, das Verfahren an sich zu ziehen. Eine Regelung in der Verordnung selbst wäre auch hier wünschenswert gewesen.

- Informationen nach Art. 12 VO Nr. 1/2003 dürfen ausschließlich an die zuständige Behörde, wenn möglich sogar nur an die Person, die den entsprechenden Fall leitet, übermittelt werden. Dies gilt auch in Bezug auf das von der Kommission geplante Intranet. Zugang zum Netz darf grundsätzlich nur die mit der Beschlussfassung betraute Behörde haben.
- Art. 12 Abs. 3 VO Nr. 1/2003 ist zu unflexibel. Er muss die Möglichkeit einer Beweisverwertung mit der Maßgabe beinhalten, dass nur solche Sanktionen verhängt werden, die nicht über die Sanktionen hinausgehen, die in dem die Informationen übermittelnden Staat vorgesehenen sind.
- Im Rahmen des Art. 11 Abs. 3 VO Nr. 1/2003 müssen auch nationale Behörden verpflichtet werden, über Vorgänge zu unterrichten, die trotz einer Beschwerde oder eines Anfangsverdachts nicht zu einem Eingreifen geführt haben.
- Eine Harmonisierung der Sanktionsbefugnisse entsprechend dem Vorschlag des Europäischen Parlaments ist zu befürworten.

B. Vorschläge betreffend das GWB

Vorliegend ist festzuhalten, dass es sich bei den folgenden Vorschlägen sozusagen um einen Minimalstandart handeln soll, der erforderlich wäre, um eine effektive Durchsetzung des europäischen Wettbewerbsrechts, trotz Beibehaltung des nationalen Verfahrensrechts, zu gewährleisten.

- Im Hinblick auf ein flexibles Vorgehen des BKartA bei Anwendung von EG-Kartellrecht ist die Aufnahme einer Befugnis zum Erlass einstweiliger Anordnungen in § 50 Abs. 2 GWB erforderlich.
- Wegen der, im Zusammenhang mit der Konstruktion öffentlich-rechtlicher Verträge auftretenden Zulässigkeitsprobleme, ist die Einfügung einer neuen, dem Art. 9 VO Nr. 1/2003 entsprechenden Regel in das GWB notwendig.
- Eine Änderung des § 50 Abs. 2 GWB mit der Maßgabe, dass sowohl Verstöße gegen einstweilige Anordnungen und Auskunftspflichten als auch originäre Verstöße gegen Gemeinschaftskartellrecht sanktioniert werden können, ist unabdingbar.
- Die Festlegung von Voraussetzungen und Grenzen für Leistung und Inanspruchnahme von Amtshilfe ist zwingend erforderlich.

5. Kapitel: Ausblick

Seit die VO Nr. 1/2003 gilt, muss sich die Kommission nicht mehr mit einer Unzahl von Anmeldungen auseinandersetzen. Sie wird lediglich von Amts wegen und im öffentlichen Interesse tätig. Da sich ein Transparenzverlust dennoch nicht abzeichnet, wird das mit den Reformbestrebungen verfolgte Ziel einer wirksamen Kontrolle des Wettbewerbs durch verstärktes Vorgehen gegen schwere Wettbewerbsbeschränkungen wohl erreicht werden können.

Gleichzeitig wurde das Verwaltungsverfahren erheblich vereinfacht. Für betroffene Unternehmen hat dies die Ersparnis beachtlicher Kosten zur Folge. An einigen Stellen bedeutet es jedoch auch den Verlust an Rechtssicherheit. Gerade im Hinblick auf die Erweiterung der Ermittlungsbefugnisse der Kommission und den Informationsaustausch zwischen den Wettbewerbsbehörden wird deshalb die Notwendigkeit einiger unternehmensschützender Regelungen deutlich.

Nationale Behörden können in Zukunft Fälle, bei denen die Voraussetzungen des Art. 81 Abs. 1 EG vorliegen, auch dann prüfen, wenn Art. 81 Abs. 3 EG möglicherweise greift. Hierdurch wird die dezentrale Anwendung des Wettbewerbsrechts verstärken werden.

Für nationale Behörden bedeutet dies jedoch in erster Linie eine Mehrbelastung. Wegen der unmittelbaren Anwendbarkeit des Art. 81 Abs. 3 EG, werden sie in Zukunft mehr Fälle zu entscheiden haben. Hierbei müssen sie sich mit der Entscheidungspraxis der Kommission und des EuGH zu Art. 81 Abs. 3 EG auseinandersetzen. Eine ausgleichende Wirkung wird jedoch nicht etwa dadurch geschaffen, dass sie auf diese Weise an der Entwicklung des Wettbewerbsrechts der Gemeinschaft teilhaben können. Zum einen entfalten ihre Entscheidungen weder gegenüber anderen nationalen Behörden noch gegenüber der Kommission Bindungswirkung. Zum anderen kann ihnen die Kommission Verfahren, mit denen sie sich bereits befasst haben, jederzeit wieder entziehen. Mit der Befugnis zur Anwendung des Art. 81 Abs. 3 EG wurde der Aufgabenbereich nationaler Kartellbehörden erweitert. Um eine effektive Durchsetzung des europäischen Wettbewerbsrechts trotz Anwendung des nationalen Verfahrensrechts gewährleisten zu können, werden sich die nationalen Behörden also umstellen müssen. Mit der bevorstehenden 7. GWB-Novelle werden nicht nur die hier vorgeschlagenen Änderungen, die sozusagen einen Minimalstandart darstellen würden, vorgenommen werden. Der Gesetzgeber plant vielmehr eine umfassende Neuordnung der Vorschriften des GWB. Dies ist im Hinblick auf eine kohärente Anwendung der Wettbewerbsvorschriften als einzig richtige Lösung zu beurteilen.

Es gilt jedoch zu beachten, dass wegen der weiten Auslegung der Zwischenstaatlichkeitsklausel und aufgrund der Wirtschafts- und Währungsunion, der EU-Osterweiterung und der wirtschaftlichen Globalisierung auch in Zukunft in immer mehr Fällen EG-Kartellrecht anwendbar sein wird. Schon deshalb ist die Möglichkeit einer unmittelbaren Anwendung des Art. 81 Abs. 3 EG und die damit einhergehende dezentrale Anwendung des Gemeinschaftsrechts zu begrüßen. Abgesehen von der Entlastung der Kommission ist von besonderer Bedeutung, dass nationale Behörden über eine besondere Kenntnis der lokalen Märkte verfügen. Sie sind für Beschwerdeführer besser zu erreichen und können Nachprüfungen schneller durchführen. Die sich für sie ergebenden Nachteile sind deshalb unter dem Gesichtspunkt einer grundsätzlichen Stärkung des Wettbewerbsprinzips zu sehen und größtenteils in Kauf zu nehmen.

Literaturverzeichnis

Ausschuss für Recht und Binnenmarkt, in: Bericht des Europäischen Parlaments über den Vorschlag für eine Verordnung des Rates zur Durchführung der in den Artikeln 81 und 82 EG-Vertrag niedergelegten Wettbewerbsregeln und zur Änderung der Verordnungen (EWG) Nr. 1017/68, (EWG) Nr. 2988/74, (EWG) Nr. 4056/86 und (EWG) Nr. 3975/87 vom 21.6.2001, endgültig A5-0229/2001, S. 40.

Bael, Ivo van /Bellis Jean-Fran□ois, Competition Law of the EEC, Second Edition, 1990, Bicester.

Baron, Michael, Rechtssicherheit in einem System der Parallelkompetenzen, Vortrag im Rahmen der Konferenz über die Reform des Europäischen Wettbewerbsrechts, Freiburg, 9./10. November 2000, veröffentlicht unter: www.europa.eu.int.

Basedow, Jürgen/Immenga, Ulrich (Hrsg.), Immenga/Mestmäcker, EG-Wettbewerbsrecht Kommentar, Bd. 1 und 2, München 1997.

Bartosch, Andreas, Von der Freistellung zur Legalausnahme: Der Vorschlag der EG-Kommission für eine „neue Verordnung Nr. 17", EuZW 2001, 101 - 107.

Bartodziej, Peter, Reform der EG-Wettbewerbsaufsicht und Gemeinschaftsrecht, Baden-Baden 1994.

Becher, Klaus F., Reform des Wettbewerbsrechts aus der Sicht der Industrie, in: Europäisches Wettbewerbsrecht im Wandel, S. 35 - 41.

Bechtold, Rainer; Kartellgesetz, Gesetz gegen Wettbewerbsbeschränkungen, Kommentar, 3. Aufl., München 2002.

ders., Modernisierung des EG-Wettbewerbsrechts: Der Verordnungsentwurf der Kommission zur Umsetzung des Weißbuchs, BB 2000, 2425 - 2431.

ders., Gedanken zur Zukunft des deutschen Kartellrechts, WuW 2001, 4.

Bechtold, Rainer/ Hirsch, Martin/ Hootz, Christian, Gleiss/Hirsch, Kommentar zum EG-Kartellrecht, Bd. 1, 4. Auflage, Heidelberg 1993.

ders., Kommentar zum EWG-Kartellrecht, Bd. 2, 3. Auflage, Heidelberg 1978.

Bellamy, Christopher/Child, Graham, Common market law of competition, Fourth Edition, London 1993.

Bernhardt, Peter, Das Vertragsverletzungsverfahren gemäß Art. 169 EWGV und seine Anwendung durch die Kommission gegen einen Mitgliedstaat im Rahmen des freien Warenverkehrs, in: Seidl-Hohenveldern, Ignaz, Auf dem Weg nach Europa - Fragen zur europäischen Integration, Köln 1991.

Beutler, Bengt, Der Schutz der Vertraulichkeit zwischen Anwalt und Mandanten im europäischen Recht, RIW 1982, 820, 822.

Biedenkopf, Kurt H., Vertragliche Wettbewerbsbeschränkungen und Wirtschaftsverfassung, Heidelberg 1958.

ders., Über das Verhältnis wirtschaftlicher Macht zum Privatrecht, in: Coing, Helmut/ Kronstein, Heinrich/Mestmäcker, Ernst-Joachim (Hrsg.), Festschrift für Böhm, Karlsruhe 1965, S. 113 ff.

Bleckmann, Albert, Europarecht, 5. Auflage, München 1990.

Bloom, A UK Perspective on the Europeanisation of National Competition Law, in: Modernisation and Decentralisation of EC Competition Law, p. 69

Bogdany, Armin v. /Buchhold, Frank, Die Dezentralisierung der europäischen Wettbewerbskontrolle, Schritt 2, GRUR 2001, 798 - 805.

Bonk, Heinz Joachim/Stelkens, Paul/ Sachs, Michael (Hrsg.), Verwaltungsverfahrensgesetz, Kommentar, 6. Auflage, München 2001.

Bornkamm, Jochim, Anwendung des EG-Kartellrechts durch den nationalen Zivilrichter, in: Schwerpunkte des Kartellrechts 1992/93: Verwaltungs- und Rechtsprechungspraxis Bundesrepublik Deutschland und EG, Köln 1993.

Boujong, Karlheinz (Hrsg.), Karlsruher Kommentar zum Gesetz über Ordnungswidrigkeiten, München 1989

Borries, Reimer v. (Hrsg.), Europarecht von A - Z, Europäischer Binnenmarkt, Europäische Gemeinschaft, Europäische Union, 2. Auflage, München 1993.

Böse, Martin, Strafen und Sanktionen im Europäischen Gemeinschaftsrecht, Köln 1993.

Boyd, John, A.M. & S. and the in-house lawyer, European Law Review 1982, 493 - 499.

Braakmann, August (Hrsg.), Die Anwendung der Art. 85 und 86 des EG-Vertrags durch die Gerichte der Mitgliedstaaten, Luxemburg 1997

Brinker, A.A. Ingo, Ansätze für eine EG-konforme Auslegung des nationalen Kartellrechts, WuW 1996, 549 - 558.

Brock, Rüdiger, Der zwischenstaatliche Auskunftsverkehr innerhalb der Europäischen Union auf der Grundlage des EG-Amtshilfe-Gesetzes bei den direkten und indirekten Steuern, Frankfurt a. M. 1999.

Bronett, Georg-Klaus de, Das Beschwerderecht von Personen und Personenvereinigungen bezüglich der Anwendung der Art. 85 und 86 EG-Vertrag durch die Europäische Kommission, WuW 1997, 865 - 873

Brose, Claus-Detlev/Helmke, Horst, Zur Kollision von Kartellzivilprozeß (§ 90 GWB) und Auskunftsverfahren (§ 46 GWB), WuW 1981, 845 - 852.

Büdenbender, Ulrich, Durchleitungen in der Elektrizitätswirtschaft und Eigentumsschutz, WuW 2000, 119 - 135.

Bundesverband der Deutschen Industrie (BDI), Stellungnahme des Bundesverbandes der Deutschen Industrie (BDI) vom 19.1.2001 veröffentlicht unter: www.bdi-online.de

Bundeskartellamt, Praxis und Perspektiven der dezentralen Anwendung des EG-Wettbewerbsrechts, Arbeitsunterlage für die Sitzung des Arbeitskreises Kartellrecht am 8. und 9. Oktober 1998 zu erhalten unter: www.bundeskartellamt.de

Bundesministerium für Wirtschaft und Arbeit, Entwurf von Eckwerten einer 7. GWB-Novelle vom 24.2.2003, veröffentlicht unter: www.bmwa.bund.de

Bundesministerium für Wirtschaft und Arbeit, Entwurf eines Siebten Gesetzes zur Änderung des Gesetzes gegen Wettbewerbsbeschränkungen vom 26.05.2004, veröffentlicht unter: www.bundeswirtschaftsministerium.de/Navigation/Service/Gesetze

Bundesministerium für Wirtschaft und Arbeit, Begründung zu dem Entwurf eines Siebten Gesetzes zur Änderung des Gesetzes gegen Wettbewerbsbeschränkungen vom 26.05.2004, veröffentlicht unter: www.bundeswirtschaftsministerium.de/Navigation/ Service/Gesetze,

Charbonnier, Volker, Vertikale Absprachen im europäischen und internationalen Kartellrecht, DZWiR 1996, 265 - 273.

Chambu, Pierre, Official Written Response of France to the White Paper, in: Modernisation and Decentralisation of EC Competition Law, p. 79 - 88.

Cederschiöld, Charlotte, Efficient protection of competition in an enlarged Community through full association of national competition authorities and national courts“, p.3, in: Conference on the reform of european competition law in Freiburg, on 9 and 10 November 2000; veröffentlicht unter: www.europa.eu.int.

Coing, Helmut/ Kronstein, Heinrich/Mestmäcker, Ernst-Joachim (Hrsg.) Festschrift für Böhm, Karlsruhe 1965.

Dahm, Georg/Delbrück, Jost/Wolfrum, Rüdiger, Völkerrecht, Bd. I/1, 2. Aufl., Berlin 1988.

Dallmann, Michael, Nachprüfung und Richtervorbehalt im Kartellverfahrensrecht der Europäischen Wirtschaftsgemeinschaft, Berlin 1994.

Dannecker, Gerhard, Beweiserhebung, Verfahrensgarantien und Verteidigungsrechte im europäischen Kartellordnungswidrigkeitenverfahren als Vorbild für ein europäisches Sanktionsverfahren, ZStW 111 (1999), 257 - 296.

ders./Fischer-Fritsch, Jutta, Das EG-Kartellrecht in der Bußgeldpraxis, Köln 1989.

ders./Immenga, Ulrich (Hrsg.), Immenga/Mestmäcker, GWB Kommentar zum Kartellgesetz, Band 1, 3. Auflage, München 2001.

Däubler, Wolfgang, Der Widerruf von Verwaltungsakten im Recht der europäischen Gemeinschaften, NJW 1965, 1646 - 1650.

ders., Die Klage der EWG Kommission gegen einen Mitgliedstaat, NJW 1968, 325 - 331.

Deringer, Arved, Stellungnahme zum Weißbuch der Europäischen Kommission über die Modernisierung der Vorschriften zur Anwendung der Art. 85 und 86 EG-Vertrag (Art. 81 und 82 EG), EuZW 2000, 5 - 11.

Dietze, Philipp v., Verfahrensbeteiligung und Klagebefugnis im EG-Recht, Frankfurt a.M. 1994.

Dißars, Björn-Axel, Das Negativattest nach europäischem Kartellrecht, Hamburg 1996.

Due Ole, Verfahrensrechte der Unternehmen im Wettbewerbsverfahren vor der EG-Kommission, EuR 1988, 33 - 45.

Edward, David A. O./Lane, Robert C., European Community Law, second edition, Edinburgh 1995.

Edward, David, Der Schutz des Anwaltsgeheimnisses in den Ländern der Europäischen Gemeinschaften, AnwBl. 1980, 45 - 47.

Ehlermann, Claus-Dieter, Artikel 3 des Kommissionsvorschlags vom September 2000-wohlbegründet!, WuW 2001, 231.

Ehricke, Ulrich, Die Bindungswirkungen von Negativattesten und Verwaltungsschreiben im Gemeinschaftsrecht, ZHR, 158 (1994), 170 -181.

Eilmansberger, Thomas, Zum Vorschlag der Kommission für eine Reform des Kartellvollzugs, JZ 2001, 373 - 420.

Emmerich, Volker, Kartellrecht, 9. Auflage, München 2001.

ders., Zur Mär von der Arbeitsüberlastung der Kommission, WuW 2001, 3.

ders., Anmerkungen zu der „neuen" Wettbewerbspolitik der Europäischen Kommission, WRP, 2000, 858 - 862.

Esser-Wellié, Michael, Die Anwendung der Artikel 85 und 86 EG-Vertrag durch nationale Gerichte, WuW 1995, 457 - 474.

Europäisches Parlament, Legislativvorschlag, in: Bericht des Europäischen Parlaments über den Vorschlag für eine Verordnung des Rates zur Durchführung der in den Artikeln 81 und 82 EG-Vertrag niedergelegten Wettbewerbsregeln und zur Änderung der Verordnungen (EWG) Nr. 1017/68, (EWG) Nr. 2988/74, (EWG) Nr. 4056/86 und (EWG) Nr. 3975/87 vom 21.6.2001, endgültig A5-0229/2001, S. 5.

Faull, J.M.H./Weiler, J.H.H., Conflicts of Resolution in European Competition Law, European Law Review 1978, 116 - 139.

Fischer-Fritsch, Jutta/Dannecker, Gerhard, Das EG-Kartellrecht in der Bußgeldpraxis, Köln 1989.

Fleischer, Holger/Doege, Niels, Der Fall United States v. Microsoft, WuW 2000, 705 - 717.

Frowein Jochen/Peukert, Wolfgang, Europäische Menschenrechts-Konvention, EMRK-Kommentar, 2. Auflage, Kehl 1996.

Geiger, Rudolf, EG-Vertrag, Kommentar zu dem Vertrag zur Gründung der Europäischen Gemeinschaft, 2. Auflage, München 1995.

Geiger, Andreas, Das Weißbuch der EG-Kommission zu Art. 81, 82 EG - eine Reform, besser als ihr Ruf, EuZW 2000, 165 - 169.

Gillmeister, Ferdinand, Ermittlungsrechte im deutschen und europäischen Kartellordnungswidrigkeitenverfahren, Baden-Baden 1985.

Girnau, Marcus, Die Stellung der Betroffenen im EG-Kartellverfahren, Köln 1993.

Glassen, Helmut/ Hahn, Helmuth v. / Kersten, Hans-Christian/Rieger, Harald (Hrsg.), Frankfurter Kommentar zum Kartellrecht, Losebl.-Ausg., Köln.

Grabitz, Eberhard/ Hilf, Meinhard, Das Recht der Europäischen Union, Kommentar, Losebl.-Ausg., München 1999.

Groeben, Hans v.d./Thiesing, Jochen/Ehlermann, Claus-Dieter, Kommentar zum EU-/EG-Vertrag, 5. Auflage, Bd. 2 I, II, III, 4, Baden-Baden 1991

Groger, Thomas/Janicki, Thomas, Weiterentwicklung des europäischen Wettbewerbsrechts, WuW 1992, 991 - 1005.

Gröning, Jochem, Die dezentrale Anwendung des EG-Kartellrechts gemäß dem Vorschlag der Kommission zur Ersetzung der VO 17/62, WRP 2001, 83 - 89.

ders., Zur Gefahr divergierender Entscheidungen bei dezentraler Anwendung des EG-Kartellrechts, WRP 2000, 882 - 886.

Gumbel, Tim, Grundrechte im EG-Kartellverfahren nach der VO Nr. 17/62, Berlin 2001.

Haans, Joost, The Effects of the White Paper on the Dutch Competition Act, in: Modernisation and Decentralisation of EC Competition Law, p. 113 - 122.

Hahn, Helmuth v. / Glassen, Helmut/ Kersten, Hans-Christian/Rieger, Harald (Hrsg.), Frankfurter Kommentar zum Kartellrecht, Losebl.-Ausg., Köln.

Hamann Hartmut, Das Unternehmen als Täter im europäischen Wettbewerbsrecht, Freiburg 1992.

Hanebuth, Klaus, Das Auskunftsrecht im europäischen Wirtschaftsrecht, Baden-Baden 1967.

Haus, Florian C., Entflechtung nach der KartellVO?, WuW 2001, 659 - 664.

Hausen, Götz Eike zur, Der Schutz des Anwaltsgeheimnisses im Verwaltungsverfahren der Kommission der Europäischen Gemeinschaften, AnwBl. 1980, 322 - 325.

Hellmann, Hans-Joachim, Die neue Bußgeldpraxis der Kommission, WuW 1999, 333 - 342.

Hermanns, Ferdninand, Der Syndikus-Anwalt und der Schutz des Anwaltsgeheimnisses in Deutschland, AnwBl. 1980, 326 - 327.

Heuchert, Klaus Peter, Der Einfluß der Konzentration auf den technischen Fortschritt, Diss. Gießen 1975.

Hirsch, Martin/Bechtold, Rainer/ Hootz, Christian, Gleiss/Hirsch, Kommentar zum EG-Kartellrecht, Bd. 1, 4. Auflage, Heidelberg 1993.

ders., Kommentar zum EWG-Kartellrecht, Bd. 2, 3. Auflage, Heidelberg 1978.

Hitzler, Gerhard, Einstweilige Anordnungen der EG-Kommission in Verfahren nach Art. 85 und 86 EWG-Vertrag nach der Rechtsprechung des Europäischen Gerichtshofs, WuW 1985, 189 - 201.

Hootz, Christian/ Hirsch, Martin/Bechtold, Rainer, Gleiss/Hirsch, Kommentar zum EG-Kartellrecht, Bd. 1, 4. Auflage, Heidelberg 1993.

ders., Kommentar zum EWG-Kartellrecht, Bd. 2, 3. Auflage, Heidelberg 1978.

Hossenfelder, Silke/Müller, Martina/Parlasca, Susanne, Das Kartellverbot und seine Ausnahmen, ZHR 160 (1996), 1 - 30.

Hossenfelder, Silke/ Lutz, Martin; Die neue Durchführungsverordnung zu den Artikeln 81 und 82 EG-Vertrag, WuW 2003, 118 – 229.

Hübschmann, Walter (Hrsg.), Kommentar zur Abgabenordnung und Finanzgerichtsordnung, Losebl.-Ausg., Köln.

Immenga, Ulrich/Basedow, Jürgen (Hrsg.), Immenga/Mestmäcker, EG-Wettbewerbsrecht Kommentar, Bd. 1 und 2, München 1997.

Immenga, Ulrich/Dannecker, Gerhard (Hrsg.), Immenga/Mestmäcker, GWB Kommentar zum Kartellgesetz, Band 1, 3. Auflage, München 2001.

Jaeger, Wolfgang, Die möglichen Auswirkungen einer Reform des EG-Wettbewerbsrechts für die nationalen Gerichte, WuW 2000, 1063 - 1074.

Jakob, Thinam/Schröter, Helmuth/Mederer, Wolfgang (Hrsg.), Kommentar zum Europäischen Wettbewerbsrecht, Baden-Baden 2003.

Jarass, Hans D./Pieroth, Bodo, Grundgesetz für die Bundesrepublik Deutschland, 6. Aufl., München 2002.

Jens, Uwe, Probleme einer Entflechtungsregelung im deutschen Wettbewerbsrecht, WuW 1978, 264 - 268.

Jeschek, Hans-Heinrich, Das deutsche Wirtschaftsrecht, JZ 1959, 457.

Jung, Christian A.H., Subsidiarität im Recht der Wettbewerbsbeschränkungen , Heidelberg 1995.

Junker, Carolin, Der Verwaltungsakt im Deutschen und Französischen Recht und die Entscheidung im Recht der Europäischen Gemeinschaften, Diss. München 1990.

Kahlenberg, Harald, Novelliertes deutsches Kartellrecht, BB 1998, 1593 - 599.

Kambourolgou, Papagiotis, EWG-Wettbewerbspolitik und Subsidiarität, WuW 1993, 273 - 283.

Kerse, C.S., E.C. Antitrust Procedure, London 1994.

Kessler, Eduardo Prieto, The Experience of National Authorities: Spain, in: Modernisation and Decentralisation of EC Competition Law, p.123 - 128.

Kersten, Hans-Christian/Glassen, Helmut/ Hahn, Helmuth v./Rieger, Harald (Hrsg.), Frankfurter Kommentar zum Kartellrecht, Losebl.-Ausg., Köln.

Kimmel, Adolf, Die Verfassungen der EG-Mitgliedstaaten, 4. Auflage, München 1996.

Kirchhoff, Wolfgang, , Europäische Fusionskontrolle, BB 1990, Beilage 14 zu Heft 11, S. 1 - 15.

Klaue, Siegfried, Gemeinschaftskartellrecht und nationales Kartellrecht, WuW 1969, 593 - 601.

Klocker, Peter, Befugnisse des Bundeskartellamtes im europäischen Recht, WuW 1999, 109 - 116.

Kommission der Europäischen Gemeinschaften, White paper on reform of Regulation 17, Summary of the observations, 7.4., veröffentlicht unter: www.europa.eu.int

Kommission der Europäischen Gemeinschaften, Press Releases vom 26.11.2002, veröffentlicht unter: www.europa.eu.int.

Kommission der Europäischen Gemeinschaften – XXX. Bericht über die Wettbewerbspolitik 2000, SEK/2001/0694 endgültig.

Kommission der Europäischen Gemeinschaften, Draft Joint Statement of the Council and the Commission on the Functioning of the Network of Competition Authorities, Ratsdokument MD 74/02 vom 25.11.2002, veröffentlicht unter: www.bmwa.bund.de

Kommission der Europäischen Gemeinschaften, Bekanntmachung über die Behandlung von Beschwerden durch die Kommission gemäß Artikel 81 und 82 EG-Vertrag, ABL.EG vom 27.04.2004 Nr. C 101/65.

Kommission der Europäischen Gemeinschaften, Bekanntmachung der Kommission über die Zusammenarbeit innerhalb des Netzes der Wettbewerbsbehörden, ABL.EG vom 27.04.2004 Nr. C 101/43.

Kommission der Europäischen Gemeinschaften, Bekanntmachung der Kommission über informelle Beratung bei neuartigen Fragen zu den Art. 81 und 82 des Vertrages, die in Einzelfällen auftreten (Beratungsschreiben), ABl.EG v. 27.04.2004 Nr. C 101/78.

Kopp, Ferdinand/Ramsauer, Ulrich, Verwaltungsverfahrensgesetz, 7. Auflage, München 2000.

Korthals, Claudia/Bangard, Annette, Die neuen Leitlinien der Kommission zur Bußgeldbemessung in Kartellverfahren - eine Kritik, BB 1998, 1013.

Kreis, Helmut, Ermittlungsverfahren der EG-Kommission in Kartellsachen, RIW 1981, 281 - 297.

Kronstein, Heinrich/ Coing, Helmut/Mestmäcker, Ernst-Joachim (Hrsg.), Festschrift für Böhm, Karlsruhe 1965

Kühlhorn, Thomas, Ermittlungen der EG-Kommission nach Art. 11 und 14 der VO 17/62, WuW 1986, 7 - 26.

Kuhlmann, Goetz-Joachim, Ausschließung und Ablehnung des Staatsanwalts, DRiZ 1976, 11 - 16.

Kulka, Michael, Art und Umfang der Nachprüfungsbefugnisse der EG-Kommission bei Verdacht von Zuwiderhandlungen gegen Wettbewerbsregeln, DB 1989, 2112 - 2117.

Lampert, Thomas, Die Anwendbarkeit der EG-Fusionskontrollverordnung zum Fusionskontrollrecht im Verhältnis der Mitgliedstaaten, Köln 1995.

Langen, Eugen/Bunte, Hermann-Josef, Kommentar zum deutschen und europäischen Kartellrecht, Bd. 1, 9. Auflage, Neuwied 2000.

Lässig, Peter, Dezentrale Anwendung des europäischen Kartellrechts, Köln 1997.

Lemke, Michael, Heidelberger Kommentar zum Ordnungswidrigkeitengesetz, Heidelberg 1999. (zit. *Lemke* in HK-OWiG, § 1 Rn)

Lenaerts, Koen, Sanktionen der Gemeinschaftsorgane gegenüber natürlichen und juristischen Personen, Bonn 1997

Löffler, Heinz F., Kommentar zur europäischen Fusionskontrollverordnung, Neuwied 2001.

Lutz, Martin/ Hossenfelder, Silke; Die neue Durchführungsverordnung zu den Artikeln 81 und 82 EG-Vertrag, WuW 2003, 118 – 229.

Mattfeld, Antje, Anmerkungen zum Urteil des EuGH vom. 18.5.1982, Rs. 155/79 (AM&S Europe Ltd.) Slg 82, 1575., EuR 1983, 47 - 53.

Mederer, Wolfgang/Schröter, Helmuth/Jakob, Thinam (Hrsg.), Kommentar zum Europäischen Wettbewerbsrecht, Baden-Baden 2003.

Meier, Gert; Europäische Amtshilfe – Ein Stützpfeiler des Europäischen Binnenmarktes- EuR, 1989, 237 - 248

Mestmäcker, Ernst-Joachim, Versuch einer kartellpolitischen Wende in der EU, EuZW 1999, 523 - 529.

ders., Europäisches Wettbewerbsrecht, München 1974.

Mestmäcker, Ernst-Joachim/Kronstein, Heinrich/ Coing, Helmut (Hrsg.), Festschrift für Böhm, Karlsruhe 1965

Miersch, Michael, Kommentar zur EG-Verordnung Nr. 4064/89 über die Kontrolle von Unternehmenszusammenschlüssen, Neuwied 1991.

Miert, Karel van, Die Wettbewerbspolitik der neuen Kommission, WuW 1995, 553 - 560.

Monopolkommission, Sondergutachten der gemäß § 44 Abs. 1 Satz 4 GWB vom 30.10.2001, Folgeprobleme der europäischen Kartellverfahrensreform, veröffentlicht unter: www.monopolkommisssion.de

Monopolkommission, 28. Sondergutachten zum Weißbuch der Kommission vom 28. April 1999, Kartellpolitische Wende in der Europäischen Union?, veröffentlicht unter: www.monopolkommisssion.de

Monopolkommission, Mehr Wettbewerb ist möglich, Hauptgutachten I 1973/1975, Baden/Baden 1976.

Monopolkommission, Fusionskontrolle bleibt vorrangig, Hauptgutachten III 1978/1979, Baden-Baden 1980.

Moosecker, Karlheinz, Grenzen der Nachprüfungsbefugnisse der EG-Kommission - Mitwirkung der nationalen Stellen und Beachtung nationaler Verfahrensgarantien, WuW 1989, S. 1003 - 1016.

Möschel, Wernhard, Subsidiartätsprinzip und europäisches Kartellrecht, NJW 1995, 281 - 285.

ders., Reform der europäischen Kartellpolitik, Gutachten des wissenschaftlichen Beirats beim Bundesministerium für Wirtschaft und Technologie vom 1.7.2000, WuW 2000, 1096 - 1101.

ders., Preiskontrollen über Marktbeherrschende Unternehmen, JZ 1975, 393 - 399.

ders., Systemwechsel im Europäischen Wettbewerbsrecht?, JZ 2000, 61 - 112.

ders., Freiburg Conference, Reform of European Competition law, veröffentlicht unter: www.europa.eu.int

ders., Die 7. GWB-Novelle ante portas, WuW 2003, 571.

Müller, Martina/ Hossenfelder, Silke/ Parlasca, Susanne, Das Kartellverbot und seine Ausnahmen, ZHR 160 (1996), 1 - 30.

Neiser, Jens, Die Praxis der deutschen Fusionskontrolle, Berlin 1981.

National Economic Research Associates (n/e/r/a), The Commission's White Paper On Modernisation: Economic Analysis and Legal Certainity, competition brief, july 1999, 1, 2, 7, veröffentlicht unter: www.nera.de

Obernolte, Wolfgang, Die erste Durchführungsverordnung zu den Artikeln 85 und 86 des EWG-Vertrages, WRP 1962, 103 - 111.

Okresek, Wolf, Art. 6 und 8 MRK, Hausdurchsuchung und Beschlagnahme im Finanzstrafverfahren (Art. 50 MRK), ÖJZ 1993, 532 - 535.

Oppermann, Thomas, Europarecht, 2. Aufl., München 1999.

Oppermann, Thomas/Hiermaier, Werner, Zur Einführung: Das Rechtsschutzsystem des EWG-Vertrags , JuS 1980, 782 - 790.

Ortiz Blanco, Luis, European Community Competition Procedure, Oxford 1996

Parlasca, Susanne/ Hossenfelder, Silke/Müller, Martina, Das Kartellverbot und seine Ausnahmen, ZHR 160 (1996), 1 - 30.

Paulweber, Michael/Kögel, Rainer, Das europäische Wettbewerbsrecht am Scheideweg, AG 1999, 500 - 515.

Pernice, Ingolf, Gemeinschaftsverfassung und Grundrechtsschutz-Grundlagen, Bestand und Perspektiven, NJW 1990, 2409 - 2496.

Peukert, Wolfgang/Frowein Jochen, Europäische Menschenrechts-Konvention, EMRK-Kommentar, 2. Auflage, Kehl 1996.

Pfeiffer, Gerd (Hrsg.) Karlsruher Kommentar zur Strafprozessordnung und zum Gerichtsverfassungsgesetz, 4. Aufl., München 1999.

Püttner, Günter, Der Schutz wohlerworbener Rechte im Gemeinschaftsrecht, EuR 1975, 219 - 229.

Regierung der Bundesrepublik Deutschland, Stellungnahme zum Weißbuch der Kommission über die Modernisierung der Vorschriften zur Anwendung der Artikel 81 und 82 EG in: Kartellpolitische Wende in der Europäischen Union? Zum Weißbuch der Kommission vom 28. April 1999,28. Sondergutachten der Monopolkommission, veröffentlicht unter: www.monopolkommisssion.de.

Rehbinder, Eckhard, Schutzlücken beider kartellrechtlichen Kontrolle von Marktmacht, ZHR 137 (1974), 527 - 538.

Rehmann, Wolfgang A., Zur Vollstreckung einer Nachprüfungsentscheidung der Kommission der EG, NJW 1987, 3061 - 3062.

Rengeling, Hans-Werner, Grundrechtsschutz in der Europäischen Gemeinschaft, München 1993.

Ress, Georg/Ukrow, Jörg, Neue Aspekte des Grundrechtsschutzes in der Europäischen Gemeinschaft, EuZW 1990, 499 - 505.

Richter, Burkhard, Teiluntersagung in der Fusionskontrolle, Köln 1987.

Riegel, Reinhard, Das Eigentum im europäischen Recht, Berlin 1975.

Rieger, Harald/Glassen, Helmut/ Hahn, Helmuth ./Kersten, Hans-Christian/ (Hrsg.), Frankfurter Kommentar zum Kartellrecht, Losebl.-Ausg., Köln.

Ritter, Lennart/Braun, W. David/Rawlinson, Francis, European Competition Law: A Practitioner's Guide, Second Edition, The Hague 2000.

Rittner, Fritz, Die Ausschließlichkeitsbindungen in dogmatischer und rechtspolitischer Betrachtung, Düsseldorf 1957.

ders., Zurück zum Missbrauchsprinzip im EG-Kartellrecht?, DB 1999, 1485 - 1486.

ders., Vertikalvereinbarungen und Kartellverbote in der 7. GWB-Novelle, WuW 2003, 451.

Rivas José, Horspool, Margot (Hrsg.), Modernisation and Decentralisation of EC Competition Law, The Hague 2000.

Rogowski, Michael, Europäisches Kartellrecht im Wandel, WM 2001, 620.

Rosenkötter, Günter, Das Recht der Ordnungswidrigkeiten, 5. Auflage, Stuttgart 2000.

Sachs, Michael/Stelkens, Paul/Bonk, Heinz Joachim (Hrsg.), Verwaltungsverfahrensgesetz, Kommentar, 6. Auflage, München 2001.

Satzky, Horst, Zusagen im Rahmen der Zusammenschlusskontrolle, ZHR 141 (1977), 554 - 583.

Schaub, Alexander, Wandel des Europäischen Wettbewerbsrechts, in: Schwarze, Jürgen (Hrsg.) Europäisches Wettbewerbsrecht im Wandel, S. 13 - 25.

ders., Freiburg Conference, Reform of European Competition law, veröffentlicht unter: www.europa.eu.int.

Scherer, F.M., Firm, Size, Market Structure, Opportunity and the Output of Patented Iventions, American Economic Review, Vol. 55, 1965, 1097- 1102.

Scholz, Rupert, Grundrechtsprobleme im europäischen Kartellrecht - Zur Hoechst-Entscheidung des EuGH, WuW 1990, S. 99-108.

Schulte-Braucks, Die Entflechtung als Aufgabe der Wettbewerbspolitik, BB 1981, 1369 - 1374.

ders., Die Auflösung marktbeherrschender Stellungen, Baden-Baden 1980.

Schumpeter, Joseph A., Capitalism, Socialism and Democracy, 4th edition, London 1954.

Schünemann, Bernd/ González, Carlos Suárez, Bausteine des europäischen Wirtschaftsstrafrechts, Köln 1994.

Schütz, Jörg, Zur Änderung des Kartellverfahrens gemäß Artikel 81 EG, WuW 2000, 686 - 696.

Schwarze, Jürgen (Hrsg.), Europäisches Wettbewerbsrecht im Wandel, Baden-Baden 2001.

ders., Europäisches Verwaltungsrecht, Bd. 1 und 2, Baden-Baden 1988.

ders., Die Auswirkungen des Vorrangs des Gemeinschaftsrechts auf das deutsche Kartell- und Wettbewerbsrecht, JZ 1996, 57 - 64.

ders., Grundrechte der Person im Europäischen Gemeinschaftsrecht, NJ 1994, 53 - 59.

Schröter Helmuth, in: *Braakmann, August* (Hrsg.), Die Anwendung der Art. 85 und 86 des EG-Vertrags durch die Gerichte der Mitgliedstaaten, Luxemburg 1997

Schröter, Helmuth/Jakob, Thinam/Mederer, Wolfgang (Hrsg.), Kommentar zum Europäischen Wettbewerbsrecht, Baden-Baden 2003.

Sedemund, Jochim, Das Verfahren der EWG in Wettbewerbssachen, EuR 1973, 306 - 307.

Seidl-Hohenveldern, Ignaz(Hrsg.), Auf dem Weg nach Europa-Fragen zur europäischen Integration, Köln 1991.

Shoda, Akira, Die dritte Novelle des japanischen Antimonopolgesetzes, WuW 1978, 202 - 209.

Siohl, Ulrich, Die Schuldfeststellung bei Unternehmen oder Unternehmensvereinigungen im Rahmen des Art. 15 VO 17 zum EWG-Vertrag, Frankfurt a.M. 1986.

Snoxall, M.D., Legal Professional Privilege and its Place in the Legal System of the United Kingdom, AnwBl 1980, 321 - 322.

Stelkens, Paul/Bonk, Heinz Joachim/Sachs, Michael (Hrsg.), Verwaltungsverfahrensgesetz, Kommentar, 6. Auflage, München 2001.

Tabbert, Jörg, Unternehmensgröße, Marktstruktur und technischer Fortschritt, Göttingen 1974.

Temple Lang, John, The Position of Third Parties in EEC Competition Cases, European Law Review 1978, 177 - 1990.

Thieß, Uwe, Ordnungswidrigkeitenrecht, Neuwied 2002.

Ule, Carl Hermann/Laubinger Hans-Werner, Verwaltungsverfahrensrecht, 4. Auflage, Köln 1995.

Ulmer, Peter, Rule of Reason im Rahmen von Art. 85 EWGV, RIW 1985, 517 - 524.

Walz, Robert, Der Vorrang des europäischen vor dem nationalen Kartellrecht, Baden-Baden, 1994.

Weiß, Wolfgang, Die Verteidigungsrechte im EG-Verfahren, Köln 1996.

Wendt, Peter, Zur Widerrufbarkeit von Negativattesten im EWG Kartellrecht, AWD/BB 1964, 20 - 22.

Wiedemann, Gerhard, Handbuch des Kartellrechts, München 1999.

Windbichler Christine, Informelles Verfahren bei der Fusionskontrolle, Heidelberg 1981.

Winterfeld, Achim von, Neuere Entwicklungen bei der Vereinfachung und Beschleunigung von Kartellverwaltungsverfahren vor der EG Kommission, RIW 1984, 929 - 934.

ders., Die Rechte der Verteidigung in Kartellverfahren vor der EG-Kommission, RIW 1981, 801 - 808.

ders., Ermittlungsbefugnisse der EG-Kommission gegenüber Unternehmen am Beispiel des Kartellrechts, RIW 1992, 524 - 528.

Winton, Graham, United Kingdom Reaction to the White Paper, in: Modernisation and Decentralisation of EC Competition Law, in: Modernisation and Decentralisation of EC Competition Law, p.129 - 131.

Wogau, Karl von, Reform des Wettbewerbsrechts aus der Sicht des Europäischen Parlaments, in: Europäisches Wettbewerbsrecht im Wandel, Baden-Baden 2001, S. 27 - 34.

Wolf, Dieter, Zum Verhältnis von europäischem und deutschem Wettbewerbsrecht, EuZW 1994, 233 - 238.

Wolff, Jürgen, Wettbewerbsbeschränkende Wirkungen der Gründung gemeinsamer Produktionsunternehmen und ihre Beurteilung nach den §§ 1, 23 GWB, BB 1966, 920 - 924.

Wolter, Matthias, Die Zusagenpraxis des Bundeskartellamtes, WuW 1979, 213 - 225.

Zinsmeister, Ute, Die dezentrale Anwendung des EG-Wettbewerbsrechts durch die nationalen Kartellbehörden in der Praxis, WuW 1999, 115 - 120.

Zweigert, Konrad, Der Einfluss des Europäischen Gemeinschaftsrechts auf die Rechtsordnungen der Mitgliedstaaten, RabelsZ Bd. 28, 1964, 601 - 642.

Schriftenreihe zum deutschen und europäischen Gesellschafts- und Wirtschaftsrecht

Herausgegeben von Günter Christian Schwarz

Band 1 Matthias Scheifele: Die Gründung der Europäischen Aktiengesellschaft (SE). 2004.

Band 2 Julia Zwiener: Die Auswirkungen der Verordnung Nr. 1/2003 auf das europäische und deutsche Kartellverfahren. 2005.

www.peterlang.de

Kolibri 360 GmbH
Ferdinand-Jühlke-Straße 7
99095 Erfurt, Deutschland
produktsicherheit@kolibri360.de

Druck:
CPI Druckdienstleistungen GmbH
im Auftrag der
Kolibri 360 GmbH
Ferdinand-Jühlke-Str. 7
99095 Erfurt